Das Periodizitätsprinzip und alternative Besteuerungsmodelle

Europäische Hochschulschriften

European University Studies

Publications Universitaires Européennes

Reihe II **Rechtswissenschaft**

Series II Law

Série II Droit

Band/Volume **5911**

Moritz Federico Mentzel

Das Periodizitätsprinzip und alternative Besteuerungsmodelle

PL ACADEMIC RESEARCH

Bibliografische Information der Deutschen Nationalbibliothek
Die Deutsche Nationalbibliothek verzeichnet diese Publikation in der Deutschen Nationalbibliografie; detaillierte bibliografische Daten sind im Internet über http://dnb.d-nb.de abrufbar.

Zugl.: Chemnitz, Techn. Univ., Diss., 2016

Ch 1
ISSN 0531-7312
ISBN 978-3-631-71689-2 (Print)
E-ISBN 978-3-631-71691-5 (E-PDF)
E-ISBN 978-3-631-71692-2 (EPUB)
E-ISBN 978-3-631-71693-9 (MOBI)
DOI 10.3726/b10772

PL Academic Research ist ein Imprint der Peter Lang GmbH.
Peter Lang – Frankfurt am Main · Bern · Bruxelles · New York · Oxford · Warszawa · Wien

Diese Publikation wurde begutachtet.

www.peterlang.com

Meinen Eltern
/
für Verena

Vorwort

Die vorliegende Arbeit entstand in den Jahren 2013 bis 2015 unter Betreuung von Frau Prof. Dr. Dagmar Gesmann-Nuissl während meiner Zeit als externer Doktorand an der Fakultät der Wirtschaftswissenschaften der Technischen Universität Chemnitz. Sie wurde von dieser im Wintersemester 2015/2016 als Dissertation angenommen.

Mein besonderer Dank gilt meiner Doktormutter Frau Prof. Dr. Gesmann-Nuissl für die Betreuung meiner Dissertation, ihre Anregungen und Kritik sowie ihre stete Förderung und Unterstützung. Des Weiteren bedanke ich mich bei Frau Prof. Dr. Silke Hüsing für die zügige Erstellung des Zweitgutachtens und bei Herrn Prof. Dr. Ludwig Gramlich für die Mitwirkung als Vorsitzender der Prüfungskommission.

Bei meinen Eltern bedanke ich mich für die Unterstützung und den Rückhalt, die ich nicht nur im Rahmen meiner Promotion, sondern Zeit meines Lebens in allen Belangen erfahren habe.

Bei meiner Frau Verena bedanke ich mich besonders für ihre Geduld und Unterstützung in spannenden Zeiten.

Berlin, im Oktober 2016

Inhaltsverzeichnis

Abkürzungsverzeichnis

A.A.	andere Ansicht
Abs.	Absatz
AEUV	Vertrag über die Arbeitsweise der europäischen Union
AG	Aktiengesellschaft
AktG	Aktiengesetz
AktStR	Aktuelles Steuerrecht (Zeitschrift)
AO	Abgabenordnung
AöR	Archiv des öffentlichen Rechts (Zeitschrift)
Aufl.	Auflage
BB	Der Betriebs-Berater (Zeitschrift)
Bd.	Band
Beschl.	Beschluss
BFH	Bundesfinanzhof
BFHE	Amtliche Sammlung der Entscheidungen des Bundesfinanzhofs
BFH/NV	Sammlung amtlich nicht veröffentlichter Entscheidungen des Bundesfinanzhofs
BFuP	Betriebswirtschaftliche Forschung und Praxis (Zeitschrift)
BGB	Bürgerliches Gesetzbuch
BStBl.	Bundessteuerblatt
BVerfG	Bundesverfassungsgericht
BVerfGE	Amtliche Sammlung der Entscheidungen des Bundesverfassungsgerichts
BVerwG	Bundesverwaltungsgericht
BVerwGE	Amtliche Sammlung der Entscheidungen des Bundesverwaltungsgerichts
bzgl.	bezüglich
bzw.	beziehungsweise
DB	Der Betrieb (Zeitschrift)
ders.	derselbe
d. h.	das heißt
dies.	dieselbe
DStJG	Deutsche Steuerjuristische Gesellschaft (Jahrbuch)
DStR	Deutsches Steuerrecht (Zeitschrift)
DStZ	Deutsche Steuerzeitung (Zeitschrift)
EStB	Der Ertrag-Steuer-Berater (Zeitschrift)
EStDV	Einkommensteuer-Durchführungsverordnung
EStG	Einkommensteuergesetz
etc.	et cetera

EU	Europäische Union
EuGH	Europäischer Gerichtshof
EuGHE	Amtliche Sammlung der Entscheidungen des Europäischen Gerichtshofs
EuZW	Europäische Zeitschrift für Wirtschaftsrecht
evtl.	eventuell
EWR	Europäischer Wirtschaftsraum
EZB	Europäische Zentralbank
f. / ff.	folgende / fortfolgende
Fn.	Fußnote
FR	Finanzrundschau (Zeitschrift)
GbR	Gesellschaft bürgerlichen Rechts
gem.	gemäß
GewStG	Gewerbesteuergesetz
GG	Grundgesetz
ggf.	gegebenenfalls
GmbH	Gesellschaft mit beschränkter Haftung
GmbHR	GmbH-Rundschau (Zeitschrift)
GmbH-Stb	Der GmbH-Steuerberater (Zeitschrift)
GmbH & Co. KG	Kommanditgesellschaft mit GmbH als Komplementär
GrS.	Großer Senat
GrStG	Grundsteuergesetz
HGB	Handelsgesetzbuch
h.M.	herrschende Meinung
Hrsg.	Herausgeber
i.E.	im Ergebnis
iStR	internationales Steuerrecht (Zeitschrift)
i.V.m.	in Verbindung mit
JZ	Juristenzeitung (Zeitschrift)
KG	Kommanditgesellschaft
KGaA	Kommanditgesellschaft auf Aktien
KraftStG	Kraftfahrzeugsteuergesetz
KStG	Körperschaftsteuergesetz
Mio.	Million
MSIStR	Münchener Schriften zum internationalen Steuerrecht
MüKo	Münchener Kommentar
m.w.N	mit weiteren Nachweisen

NJW	Neue Juristische Wochenschrift (Zeitschrift)
o.ä.	oder ähnliche
OHG	Offene Handelsgesellschaft
PWP	Perspektiven der Wirtschaftspolitik (Zeitschrift)
RFH	Reichsfinanzhof
Rn.	Randnummer
RStBl.	Reichssteuerblatt
Rz.	Randziffer
S.	Satz / Seite
s. /s.a.	siehe / siehe auch
sog.	so genannte
Stbg.	Die Steuerberatung (Zeitschrift)
StuW	Steuer und Wirtschaft (Zeitschrift)
u. a.	unter anderem / unter anderen
u.ä.	und ähnliche
Ubg.	Die Unternehmensbesteuerung (Zeitschrift)
UmwStG	Umwandlungssteuergesetz
UStG	Umsatzsteuergesetz
Urt.	Urteil
u.U.	unter Umständen
v.	vom/von
vgl.	vergleiche
WM	Zeitschrift für Wirtschafts- und Bankrecht
z. B.	zum Beispiel
ZRP	Zeitschrift für Rechtspolitik (Zeitschrift)

Abbildungs- und Tabellenverzeichnis

1. Einleitung

Die vorliegende Arbeit widmet sich dem steuerrechtlichen Periodizitätsprinzip und alternativen Besteuerungsmodellen.

1.1 Ausgangslage und Zielsetzung

Das Periodizitätsprinzip ist *das* steuerrechtliche Prinzip, welches den Steuerpflichtigen – als Privatperson oder als Unternehmer – am häufigsten in seinem Alltag berührt und beeinflusst. Gemessen an seiner Bedeutung kommt ihm jedoch in der Wissenschaft nur wenig Aufmerksamkeit zuteil. Dies mag zum einen daran liegen, dass es in seiner Bedeutung oftmals missverstanden wird – bzw. seine Wirkung und sein Einfluss unterschätzt werden. Zum anderen ist es wohl gerade seine gewohnte Allgegenwärtigkeit, die seine kritische Hinterfragung als wenig sinnvoll oder einträglich erscheinen lässt.

In der steuerrechtlichen Praxis zeichnet sich ein etwas anderes Bild ab. Auch dort ist zwar das Periodizitätsprinzip unumstößlicher Teil der Realität. Gerade deshalb jedoch ist der praktische Umgang mit den Folgen des Periodizitätsprinzips von großer Bedeutung, insbesondere in der Steuergestaltung von Unternehmern und Unternehmen. Doch darf man wohl davon ausgehen, dass auch in der Praxis der steuerberatenden und steuergestaltenden Berufe die Folgen des Periodizitätsprinzips zwar erkannt und wenn möglich angegangen werden – ihr Ursprung in der Periodizität der Ertragsteuern jedoch nur eine geringe Beachtung erhält.

Als Beispiel mag man – vielleicht etwas überraschend – den zuletzt prominenten Fall eines bayerischen Sportfunktionärs heranziehen, der am 13. März 2014 wegen Steuerhinterziehung in erheblicher Höhe verurteilt wurde. Dieser hatte über Jahre hinweg erhebliche Gewinne aus Spekulationsgeschäften nicht versteuert. Zum Zeitpunkt seiner Verurteilung waren diese Gewinne jedoch wohl bereits in voller Höhe durch spätere Verluste aus Spekulationsgeschäften wieder untergegangen. Bei periodenübergreifender Betrachtung waren dem Verurteilten also gar keine Gewinne entstanden. Bei periodenübergreifender Betrachtung hätte eine Steuerpflicht nie entstehen dürfen. Bei periodenübergreifender Betrachtung wäre der Tatbestand der Steuerhinterziehung mangels Erfolg nie erfüllt gewesen. Man könnte also die These aufstellen, eine Verurteilung hätte es ohne eine periodische Ertragsbesteuerung, also ohne das steuerrechtliche Periodizitätsprinzip nie gegeben.

Dieses Beispiel veranschaulicht zum einen die erhebliche Bedeutung des Periodizitätsprinzips für die Praxis der Ertragsbesteuerung. Gleichzeitig macht es jedoch auch bewusst, dass eine Rückführung der steuerlichen Folgen auf das Periodizitätsprinzip unüblich und ungewohnt ist. Die vorliegende Arbeit soll daher dazu dienen, das Periodizitätsprinzip als steuerrechtliches Prinzip zu erfassen und umfänglich auf seine Bedeutung, seine Ausgestaltung und seine Wirkung zu untersuchen. So soll eine Betrachtung des Ertragsteuerrechts aus Sicht der Periodenbesteuerung erleichtert und gefördert werden.

1.2 Gang der Untersuchung

Die Arbeit ist in drei Abschnitte aufgeteilt, welche sich jeweils aus unterschiedlichen Perspektiven mit dem Periodizitätsprinzip auseinandersetzen.

Zunächst soll in einem ersten Schritt (Teil 2 der Arbeit) der Begriff des Periodizitätsprinzips, seine rechtliche Bedeutung und seine konkrete Ausformung im deutschen Ertragsteuerrecht überprüft und herausgearbeitet werden. Eine umfassende Bewertung des Periodizitätsprinzips muss dabei auch eine verfassungsrechtliche Einordnung beinhalten. Dazu gilt es zu untersuchen, welche Maßstäbe das Grundgesetz und das allgemeine Staatsrecht für die Ertragsbesteuerung bereithalten und inwiefern diese einen Bezug zum Periodizitätsprinzip aufweisen. Dabei wird sich herausstellen, dass insbesondere die Frage nach der Steuergerechtigkeit und der steuerrechtlichen Leistungsfähigkeit in der Zeit eine große Bedeutung zukommt. Den Abschluss des zweiten Teils bildet sodann eine Prüfung des durch den Gesetzgeber konkretisierten Gehalts des Periodizitätsprinzips anhand der zuvor erarbeiteten Maßstäbe.

In einem zweiten Schritt (Teil 3 der Arbeit) soll erörtert und dargestellt werden, welche alternativen Modelle der Ertragsbesteuerung für eine Milderung oder Ausschaltung der negativen und teils verfassungswidrigen Folgen der gesetzlichen Umsetzung des Periodizitätsprinzips bestehen. Dazu sollen nicht nur allgemeine Ansätze, sondern auch konkrete Reformvorschläge vorgestellt und auf ihre Wirkung untersucht werden. Den dritten Teil abschließend, wird ein neuer Vorschlag für eine lebenszeitliche Durchschnittseinkommensteuer vorgestellt.

Zuletzt wird in Teil 4 der Arbeit die Bedeutung des Periodizitätsprinzips für die Unternehmensbesteuerung dargestellt und inwiefern durch gesellschaftsrechtliche, bilanzrechtliche und steuerrechtliche Gestaltung die Wirkungen der periodischen Besteuerung abgemildert oder vermieden werden können. Dabei war darauf zu achten, dass die dargestellten Gestaltungsmöglichkeiten zwar eine Verbesserung der Steuergerechtigkeit in der Zeit ermöglichen, nicht jedoch der rechtswidrigen oder missbräuchlichen Steuervermeidung dienen sollen. Während die ersten beiden Teile dieser Arbeit vor allem wissenschaftlich ausgerichtet sind, hat der letzte Teil auch und gerade für die Praxis der Steuergestaltung Bedeutung. Dieser Tätigkeit kommt grundsätzlich große Bedeutung zu, wenn es darum geht, Gerechtigkeitslücken des deutschen Steuerrechts durch entsprechende gestalterische und planerische Maßnahmen zu schließen. Allein diesem Ziel soll der vierte Teil der Arbeit dienen.

2. Das Periodizitätsprinzip

Das Periodizitätsprinzip, seine Folgen und seine rechtliche Bedeutung sind – sofern sie behandelt wurden – schon seit Jahrzehnten in der steuerrechtlichen Literatur umstritten. Die damit verbundenen Problematiken sind vielseitig und reichen von Fragen der Steuerverwaltung über das Bilanzrecht[1], bis zur fast ausufernden Frage der allgemeinen Steuergerechtigkeit[2]. Vor allem an letztem Punkt haben sich teils harte Fronten in der Literatur aufgebaut[3]. Bei allem wissenschaftlichen Ehrgeiz der in dieses spannende Thema fließt, darf jedoch eines nicht außer Acht geraten: Außerhalb von Theorie und Wissenschaft sind jedes Jahr Millionen Steuerzahler direkt vom Periodizitätsprinzip betroffen[4]. Die einen werden es nicht wirklich wahrnehmen oder zumindest geduldig hinnehmen, andere hingegen unternehmen jedes Jahr große Anstrengungen, um seine Auswirkungen zu vermeiden[5].

Die Einkommensteuer[6], aber auch die anderen Ertragsteuern sind traditionell[7] Jahressteuern[8]. Für die einen mag sich das aus dem Prinzip der Abschnittsbesteuerung ergeben[9], dem Steuerpflichtigen ergibt es sich aus § 2 Abs. 7 EStG bzw. aus § 7 Abs. 3 KStG oder aus § 14 GewStG.

Der Gesetzgeber hat in § 2 Abs. 7 EStG geregelt: „*Die Einkommensteuer ist eine Jahressteuer*". Für diese Regelung werden in der Literatur verschiedene Gründe aufgezeigt. Zum einen wird das Verlangen des Steuerpflichtigen nach Rechtssicherheit[10] oder Flexibilität[11] genannt, zum anderen werden Praktikabilitätsgründe[12] angeführt. Einig ist man sich jedoch, dass der wohl einzig wirklich ausschlaggebende Grund für

1 Insbesondere zur Frage der interperiodischen Bilanzidentität s. exemplarisch *Mittelbach*, DStR 1962/63, S. 262 ff; *Waldner*, DStR 1962/63, S. 229 ff.
2 Siehe exemplarisch *Giloy*, FR 1979, S. 133 ff.; *Ismer*, DStJG 34, S. 91 ff.
3 Eine gewisse Zeit schien es, als spalteten sich die Lager vornehmlich in Verfechter der Meinung von *P. Kirchhof* bzw. der Meinung von *Tipke* und *Lang*.
4 So auch *Tipke*, StuW 2007, S. 201 (S. 202).
5 Hier sind sowohl missbräuchliche Sachverhaltsgestaltungen, als auch legale Steuerplanung und entsprechende Unternehmensstrukturierung angesprochen.
6 *Hey* in: Tipke/Lang, Steuerrecht, § 8 Rn. 44.
7 *Seer*, BB 2004, S. 2272 (S. 2274).
8 *Mirth*, Bundesverfassungsgericht und interperiodische Verlustberücksichtigung, S. 89.
9 *Mirth*, S. 89.
10 *Drüen*, Periodengewinn und Totalgewinn: Zum Einfluss des Totalgewinngedankens auf die steuerrechtliche Gewinnermittlung, S. 92.
11 *Homburg*, Allgemeine Steuerlehre, S. 224.
12 *Lindauer*, BB 2004, S. 2720 (S. 2724); *Petersen*, StuW 2006, S. 266 (S. 273).

die Jahressteuer das Bedürfnis des Staates nach regelmäßigen Steuereinnahmen ist[13]. Der Steuerstaat ist zu seiner Finanzierung schlicht darauf angewiesen, auf einen stetigen und kalkulierbaren Eingang von Steuern zugreifen zu können[14].

Für den Steuerpflichtigen bedeutet dies, dass er jährlich bis zum 31. Mai im Rahmen einer Steuererklärung Auskunft über seine Leistungsfähigkeit geben muss, um anschließend zu viel geleistete Steuern zurückzuerhalten oder doch Minderleistungen ausgleichen zu müssen. Für Unternehmen hat es zur Folge, dass jährlich entschieden werden muss, welche Ausgaben noch in das ausklingende Jahr gezogen werden müssen und welche hingegen in das nächste Jahr geschoben werden können, bevor ein Stichtag, der auf das laufende Geschäft keine Rücksicht nimmt, darüber entscheidet, welcher Betrag in welchem Jahr zur Steuerpflicht führt.

Denn abseits der wissenschaftlichen Diskussion über die Natur der periodenbezogenen Steuererhebung und abseits der Frage nach theoretischen Gerechtigkeitserwägungen begleitet das Periodizitätsprinzip den Alltag aller Steuerpflichtigen.

2.1 Begriffsklärung

2.1.1 Prinzipien

Zur Klärung des Begriffs des Periodizitätsprinzips bedarf es vorab einer Bedeutungsanalyse des Wortes ‚Prinzip'. Sofern aus der Natur eines Prinzips relevante Schlüsse hinsichtlich Bedeutung und Auslegung eines solchen gezogen werden können, bedarf es in einem ersten Schritt der Feststellung, wann ein Prinzip vorliegt. In einem weiteren Schritt soll sodann festgelegt werden, welche Stellung ein Prinzip in unserem Normen- und Wertesystem innehat.

Das deutsche Wort ‚Prinzip' leitet sich vom lateinischen ‚principium' ab[15], welches wiederum seinen Ursprung in dem Ausdruck ‚primum capere' findet[16]. Beides bezieht sich auf das Erste, den Anfang, den Ursprung, den Ausgangspunkt, die Grundlage[17].

---

13 Vgl. z.B. *Karrenbrock*, DB 2004, S. 559 (S. 560); *Tipke*, StuW 1971, S.1 (S. 16). Selbst *P. Kirchhof*, der auch eine verfassungsrechtliche Rechtfertigung des Periodizitätsprinzip sieht, erkennt das Motiv der Verstetigung des staatlichen Aufkommens an, *P. Kirchhof*, StuW 2006, S. 3 (S. 16).

14 Siehe auch *Lang*, Die Bemessungsgrundlage der Einkommensteuer, S. 187; *Ohmer*, Die Grundlagen der Einkommensteuer, S. 110; *Stenz*, § 15b EStG – Verlustverrechnungsbeschränkungen bei Steuerstundungsmodellen, S. 109; *Weber-Grellet*, Steuern im modernen Verfassungsstaat, S. 240.

15 *Mössner*, in: Gestaltung der Steuerrechtsordnung, S. 91; *Pfeifer*, Etymologisches Wörterbuch des Deutschen, S. 1043.

16 *Tipke*, Die Steuerrechtsordnung Band 1, 2. Auflage, S. 69.

17 *Pfeifer*, S. 1043; *Georges*, Ausführliches Lateinisch-Deutsches Handwörterbuch, 2. Band, S. 1923.

Entsprechend liegt die Deutung nahe, Prinzipien seien Grundsätze oder Grundentscheidungen, denn diese sind Ursprung und Basis aller auf ihnen aufbauenden Wertungen. Synonym werden häufig auch Worte wie Maxime, Wertung oder Leitidee verwendet[18]. Rechtsprinzipien sind für *Larenz* daher *„leitende Gedanken (...) einer rechtlichen Regelung, die selbst noch keine der Anwendung fähige Regeln sind"*[19]. Auch *Canaris* stellt fest, dass Prinzipien keine Normen seien und daher zur Anwendung einer Konkretisierung durch Unterprinzipien und Einzelwertungen bedürfen[20].

Dabei kann es durchaus Ausnahmen von Prinzipien geben[21], verschiedene Prinzipien können auch zueinander im Widerspruch stehen[22]. Kein Prinzip ist grundsätzlich für sich genommen ausschließlich[23]. Im Rahmen des Rechtsgebildes müssen sich Prinzipien aber keinesfalls aus der Verfassung als maßgeblicher Wertentscheidung ergeben. Vielmehr können sie sich auch aus einem System oder dem Zusammenspiel einfachgesetzlicher Normen, entwickeln[24]. In dieser Hinsicht bedürfen sie eines Bezugsobjektes. So gibt es allgemeine Prinzipien des Rechts, der Rechtssetzung und der Rechtsauslegung, aber auch spezielle Prinzipien des Verfassungsrechts, des Privatrechts oder eben des Steuerrechts. Ohne einen solchen Bezug kann es keine Prinzipien geben.

Das Periodizitätsprinzip gilt als solches einzig in Bezug auf das Steuerrecht. Es ist demnach also innerhalb des Kontextes aller steuerrechtlichen Prinzipien zu sehen und zu deuten. Dem Steuerrecht – wie vielen Rechtsgebieten – mangelt es nicht an Prinzipien, sie bilden das *„Gerüst der Steuerrechtsordnung"*[25]. Maßgeblich sind neben dem Periodizitätsprinzip z.B. das Leistungsfähigkeitsprinzip, das Nettoprinzip und das Realisationsprinzip, um nur einige der wichtigsten zu nennen[26]. All diesen ist ein entscheidendes Merkmal von Prinzipien gemein: Sie sind nur Grundsätze, zu deren Umsetzung es konkretisierender Normen bedarf[27]. Daran lässt sich am Beispiel des Steuerrechts feststellen, dass Prinzipien keine Normen sind, sondern selbst vielmehr steuerrechtliche Normen erst zu einem einheitlichen System vereinigen[28]. Diese Prinzipien geben die nötigen Leitlinien für die folgerichtige Fortentwicklung des Steuerrechts durch den Gesetzgeber und die Rechtsprechung[29].

---

18 *Tipke*, Die Steuerrechtsordnung Band 1, 2. Auflage, S. 68 mit weiteren Beispielen.
19 *Larenz*, Richtiges Recht: Grundzüge einer Rechtsethik, S. 23.
20 *Canaris*, Systemdenken und Systembegriff in der Jurisprudenz, S. 57.
21 *Birk*, in: Leitgedanken des Rechts Band II, S. 1599.
22 *Canaris*, S. 53.
23 *Canaris*, S. 53.
24 *Weber-Grellet*, S. 156.
25 *Weber-Grellet*, S. 156.
26 Zu den steuerrechtlichen Prinzipien im allgemeinen siehe auch *Tipke*, Steuerrechtsordnung Band 1, 2. Auflage, S. 67 ff.
27 Insofern ist die Unterscheidung *Weber-Grellets* in materielle und formelle Fundamentalprinzipien unbeachtlich, s. dazu *Weber-Grellet*, S. 156.
28 *Mössner*, S. 99.
29 *Mössner*, S. 99.

Das Periodizitätsprinzip stellt selbst nur eine allgemeine Regel auf, zu deren Umsetzung der Gesetzgeber zahlreiche konkretisierende Normen erlassen hat. Als abstrakte und im Steuerrecht allgemein geltende Regel, wird das Periodizitätsprinzip zu Recht als solches erkannt[30]. Laut *Ismer* ergibt sich sogar bereits nur aufgrund der Vielzahl von Veranlagungszeiträume ausgestaltenden Normen im deutschen Steuerrecht die Rechtfertigung von einem Periodizitätsprinzip zu sprechen[31].

Das Periodizitätsprinzip als solches ist also eine Grundlage der Besteuerung, Teil eines steuerrechtlichen Prinzipiensystems, dass jedoch als Ganzes wie in seinen Einzelteilen zur speziellen Anwendung der weiteren Konkretisierung bedarf. Gleichzeitig aber schließt es Ausnahmen und Durchbrechungen nicht aus – nur so können die verschiedenen geltenden steuerrechtlichen Prinzipien in Einklang gebracht werden.

2.1.2 Begriff des Periodizitätsprinzips

‚Periodizität' beschreibt als Wort letztlich nur die Wirkung der ‚Periode', des ‚Periodischen'. ‚Periode' (vom griechischen *períodos* = Kreislauf, Zeitabschnitt) bedeutet so viel wie Zeitraum, regelmäßig wiederkehrender Ablauf[32]. In ihr steckt das sich Wiederholende, die Aneinanderreihung von immer neuen gleichen Abschnitten. Diese Wirkung erfasst das Wort ‚Periodizität'. Das Periodizitätsprinzip ist daher zu verstehen als der Grundsatz, dass Steuern in regelmäßigen, sich wiederholenden Abschnitten erhoben werden müssen.

Für das Periodizitätsprinzip finden sich jedoch sowohl in der Literatur, als auch in der Rechtsprechung viele Namen und Bezeichnungen, die nicht immer trennscharf verwendet werden. So ist beispielsweise vom *Zeitabschnittsprinzip*[33], dem *Abschnittsprinzip*[34], dem *Jahresabschnittsprinzip*[35], dem *Prinzip der Jährlichkeit*[36], dem *Jahresprinzip*[37], dem *Annuitätsprinzip*[38], dem *Annuizitätsprinzip*[39], dem *Jahressteuerprinzip*[40] und dem *Prinzip der gegenwartsnahen Besteuerung*[41] die Rede, wenn vermeintlich das Periodizitätsprinzip gemeint ist.

30 So auch *Ismer*, DStJG 34, S. 91 (S. 93).
31 *Ismer*, DStJG 34, S. 91 (S. 93).
32 *Pfeifer*, S. 990.
33 *Tipke*, Die Steuerrechtsordnung Band 2, 2. Auflage, S. 754.
34 *Röder*, StuW 2012, S. 18 (S. 21).
35 *Tipke*, Die Steuerrechtsordnung Band 2, 2. Auflage, S. 756.
36 *Homburg*, S. 224.
37 *Lüdicke*, DStZ 2010, S. 434 (S. 435).
38 *P. Kirchhof*, StuW 1985, S. 319 (S. 329); *Tipke*, Die Steuerrechtsordnung Band 1, 2. Auflage, S. 72.
39 *Stenz*, S. 109.
40 *P. Kirchhof*, in: Kirchhof, Einkommensteuergesetz, § 2 Rn. 18; *Orth*, in: Kessler/Kröner/Köhler, Konzernsteuerrecht, § 11 Rn. 3.
41 *P. Kirchhof*, in: Gestaltung der Steuerrechtsordnung, S. 451 (S. 460).

Diese Begriffe sind in zwei Gruppen zu teilen: Eine Gruppe der weiten Begrifflichkeit sowie eine Gruppe der konkretisierenden Begrifflichkeit.

Das Periodizitätsprinzip trifft nach seinem Wortsinn nur eine Aussage: Steuern sind prinzipiell periodisch zu erheben, d.h. jeweils nach bestimmten Zeiträumen[42]. Entgegen *Mirth*[43] ist darin alleine jedoch noch keine Aussage darüber zu entdecken, ob die Besteuerung in einem solchen Zeitraum völlig unabhängig von der vorangegangenen oder nachfolgenden Periode erfolgt oder ob Vorfälle aus diesen Perioden in der jeweilig gegenwärtigen Periode berücksichtigt werden.

Die Begriffe des *Abschnittsprinzips* sowie des *Zeitabschnittsprinzips* sind als Übersetzungen dieses Wortsinnes zu verstehen, sie sollen denselben Inhalt umfassen. Dabei ist jedoch zu beachten, dass dem Ausdruck des ‚Abschnitts' nicht die volle Bedeutung der Periodizität innewohnt. Denn wichtig in Bezug auf das Periodizitätsprinzip ist die regelmäßige Wiederholung der abschnittsweisen Besteuerung; alleine auf die Besteuerung nach Abschnitten hinzudeuten bewirkt nicht denselben Sinngehalt. Diese Abschnitte könnten unregelmäßig sein, die Besteuerung nach einem Abschnitt auch zeitlich gesehen einmalig. Dennoch ist der Begriff des Abschnittsprinzips trotz seiner Unschärfe als Synonym[44] für das Periodizitätsprinzip zu verwenden, da er sich in Wissenschaft und Rechtsprechung bereits weit verbreitet hat[45] und wohl im vollen Sinne des Periodizitätsprinzips zu verstehen ist.

Sofern vom *Jahresabschnittsprinzip* bzw. dem *Prinzip der Jährlichkeit* u.ä. die Rede ist, sind diese Ausdrücke als Konkretisierung des Periodizitätsprinzips[46] zu verstehen. In § 2 Abs. 7 EStG hat der Gesetzgeber die Entscheidung getroffen, die Einkommensteuer (und aufgrund entsprechender Regelungen auch die sonstigen Ertragsteuern) jährlich zu erheben. Dies ist nichts anderes als die Festlegung der abstrakten Periode auf den konkreten Zeitraum von einem Kalenderjahr. Folglich ist das Jahresabschnittsprinzip nur eine Ausformung und Konkretisierung des weitergehenden und genereller wirkenden Periodizitätsprinzips[47]. Denn das Periodizitätsprinzip sagt nichts darüber aus, welche Periodenlänge die richtige oder anzuwendende ist. Diese Entscheidung musste erst vom Gesetzgeber getroffen werden. Die Begriffe Jahresabschnittsprinzip[48] und Periodizitätsprinzip sind also

42 So wohl auch *Ismer*, DStJG 34, S. 91 (S. 93).

43 *Mirth*, S. 90.

44 Auch *Ismer* ist der Ansicht, dass die Begriffe ‚Periodizitätsprinzip' und ‚Abschnittsprinzip' synonym zu verwenden sind; *ders.*, DStJG 34, S. 91 (S. 93).

45 Siehe exemplarisch *Hey*, in: Tipke/Lang, Steuerrecht, § 8 Rn. 44; BFH, BStBl. II 2005, S. 262 (S. 265).

46 Wie wichtig die richtige terminologische Einordnung ist, zeigt die Verwendung des Begriffes ‚Jährlichkeitsprinzip' durch *Waldhoff* und *Vogel*. In ihren Ausführungen beziehen sie sich damit auf den Grundsatz der jährlichen Verabschiedung eines Haushaltsplanes; sie verwenden den Begriff folglich in einem völlig anderen Kontext. *Waldhoff/Vogel*, Grundlagen des Finanzverfassungsrechts, Rn. 140.

47 So auch *Stenz*, S. 110; *Hackmann*, Finanzarchiv N.F., 1975/76, S. 1 (S. 1).

48 Exemplarisch für alle Begriffe, die diesem in Wortwahl und Sinngehalt entsprechen.

keinesfalls deckungsgleich und daher ihrer Bedeutung entsprechend differenziert zu verwenden. So könnte im wissenschaftlichen Diskurs zur periodischen Besteuerung sicherlich das eine oder andere Missverständnis ausgeschlossen werden.

Was den zuvor genannten Begriff des *Prinzips der gegenwartsnahen Besteuerung* betrifft, so fällt dieser augenscheinlich weder in die eine, noch in die andere Begriffskategorie. Dieser von *P. Kirchhof* verwendete Begriff[49] ist dahingehend zu verstehen, dass er dem Jahresabschnittsprinzip eine Wertung zugrunde legt, die so aus dem Periodizitätsprinzip per se nicht abzuleiten ist. Die Besteuerung im Jahresrhythmus soll nicht nur die stetige Finanzierung des Steuerstaates garantieren, sondern gleichzeitig im Interesse des Steuerschuldners gegenwartsnah erfolgen[50]. Inwiefern dies richtig ist und ob ein solcher Grundsatz tatsächlich besteht, kann hier dahingestellt bleiben. Festzuhalten ist jedenfalls, dass der Begriff des sog. *Prinzips der gegenwartsnahen Besteuerung* weder synonym für das Periodizitätsprinzip, noch für das Jahresabschnittsprinzip verwendet werden kann.

2.1.3 Historische Herkunft

Die Ertragsteuern bzw. ihre historischen Vorgänger kannten nicht schon immer die Besteuerung nach der Periode. Dies hängt auch damit zusammen, dass der Gewinn aus betriebswirtschaftlicher Sicht nicht schon immer nach Geschäftsjahren berechnet wurde, sondern vielmehr in der Totalperiode. Nach dem römischen Recht etwa, wurde der Gewinn einer Gesellschaft erst bei ihrer Auflösung unter den Gesellschaftern verteilt[51]. Bis zum Beginn des 19. Jahrhunderts wurde dem Totalgewinn allgemein große Bedeutung beigemessen[52]. Mit der Verbreitung der Ertragsteuern stieg jedoch das Bedürfnis auf staatlicher Seite, Gewinne zeitnah zu erfassen, um sie der Besteuerung unterwerfen zu können.

Im preußischen Einkommensteuerrecht von 1851 galt daher zunächst der Durchschnitt der jeweils letzten drei Jahre als Bemessungsgrundlage[53], sozusagen als Übergang vom Totalgewinn zum Periodengewinn. Viele ähnliche Regelungen fanden sich in den späteren Einkommensteuergesetzen von Sachsen, Hamburg und auch Bremen[54].

Erst das Reichseinkommensteuergesetz gab die Besteuerung nach dem dreijährigen Durchschnitt im Jahre 1920 aus fiskalischen Gründen auf[55]. Seitdem werden deutsche Ertragsteuern grundsätzlich im Jahresrhythmus erhoben, als periodische

49 *P. Kirchhof*, in: Gestaltung der Steuerrechtsordnung, S. 451 (S. 460).

50 Die vorliegend vertretene Deutung des genannten Begriffs entspringt in erster Linie den Ausführungen von *P. Kirchhof*, in: Gestaltung der Steuerrechtsordnung, S. 451 (S. 475 ff.).

51 Vgl. *Gaius*, Institutionen, Buch 3, 151.

52 *Drüen*, S. 72.

53 § 30 Abs. 2 S. 1 des preußischen Einkommensteuergesetzes von 1851.

54 *Mirth*, S. 5 f.

55 *Drüen*, S. 27.

Steuern[56]. Wohl u. a. infolge dessen, hat der Totalgewinn auch in der Betriebswirtschaft an Bedeutung verloren[57].

2.1.4 Praktische Bedeutung des Periodizitätsprinzips

Während die rechtssystematische Bedeutung des Periodizitätsprinzips keineswegs unbestritten ist[58], liegt die praktische Bedeutung auf der Hand. Diese geht weit über eine bloße verwaltungstechnische Komponente, dem Bedürfnis nach jährlichen Steuererklärungen und Steuerbescheiden hinaus. Es ist nicht nur so, dass jährlich Steuern zu zahlen sind, sondern dass die jeweils zugrunde zu legende Bemessungsgrundlage auch auf das jeweilige Jahr berechnet wird. In einem Steuerrecht, welches zur rechtmäßigen Besteuerung auf die jeweilige Leistungsfähigkeit des einzelnen abstellt, bedeutet dies, dass aufgrund des Periodizitätsprinzips diese Leistungsfähigkeit in künstlichen, den Zeitraum der Erwerbstätigkeit beliebig zertrennenden Zeiträumen gemessen wird. Gemäß der konkretisierenden Entscheidung des deutschen Gesetzgebers ist die Leistungsfähigkeit also periodisch in Jahren zu bemessen.

Dies ist logische Folge, will man jährlich Steuern aus dem Ertrag erheben[59]. Im Falle eines progressiven Steuersatzes, wie er im deutschen Einkommensteuergesetz festgelegt ist (§ 32a EStG), kann dies jedoch bei schwankendem Einkommen zu überperiodischen Härten oder Verzerrungen führen[60]. Umso gleichmäßiger hingegen das Einkommen des Steuerpflichtigen fließt, desto geringer sind die Auswirkungen der abschnittsweisen Besteuerung[61]. Die mögliche Benachteiligung wächst jedoch mit der Kürze des Zeitabschnitts, dem Grad der Progression, sowie dem Grad der Einkommensschwankung[62].

Am deutlichsten ist dies – wie so oft – anhand von extremen Beispielen zu verdeutlichen: Verdient ein Steuerpflichtiger sein gesamtes Lebenseinkommen in einem kurzen Zeitraum, wird er darauf aufgrund der Tarifprogression relativ hohe Steuern zahlen. Hätte er dieses Lebenseinkommen gleichmäßig über einen langen Zeitraum verteilt erwirtschaftet, wäre aufgrund des progressiven Tarifs eine

56 *Drüen*, S. 23.

57 *Drüen*, S. 73.

58 *Lang*, Die Bemessungsgrundlage der Einkommensteuer, S. 188.

59 Tatsächlich reicht es dem Staat längst nicht mehr jährlich Steuern zu erheben. Durch die monatliche Erhebung der Lohnsteuer, Körperschaftsteuer- und Umsatzsteuervorauszahlungen bezieht der Staat den größten Teil seines Steueraufkommens ohnehin schon in weit kleineren Abschnitten.

60 *Jachmann*, Nachhaltige Entwicklung und Steuern, S. 140; *Ohmer*, S. 101; *von Groll*, in: Steuerrecht und Gesellschaftsrecht als Gestaltungsaufgabe, S. 150; *Tipke*, Die Steuerrechtsordnung Band 2, 2. Auflage, S. 755; *Holt*, National Tax Journal, Dec. 1, 1940, S. 349 (S. 349).

61 Vgl. *Giloy*, FR 1979, S. 133 (S. 133).

62 *Tipke*, Die Steuerrechtsordnung Band 2, 2. Auflage, S. 756; *Ders.*, StuW 2002, S. 148 (S. 166).

deutlich niedrigere Steuer angefallen[63]. *Vickrey* sieht hierin den größten Fehler des progressiven Steuertarifs[64]. Es wird daher vertreten, dass aufgrund der durch die Tarifprogression entstehenden Ungleichbehandlung und Ungerechtigkeit, periodisch erhobene Steuern ausschließlich nach einem proportionalen Steuertarif erhoben werden dürften[65].

Tatsächlicher Ausgangspunkt dieses Dilemmas ist jedoch das Periodizitätsprinzip bzw. die Umsetzung desselben. Würde die Einkommensteuer nicht das Periodeneinkommen, sondern das Totaleinkommen erfassen, so würden sich interperiodische Einkommensschwankungen bei einem progressiven Tarif ausgleichen und keine Wirkung zeigen. Grundlage der jährlichen Ertragsteuern sind jedoch weder Totalgewinn noch Lebenseinkommen[66].

Umgekehrt ist es natürlich so, dass bei einem gleichbleibenden proportionalen Tarif, wie z.B. bei der Körperschaftsteuer[67] oder der Gewerbesteuer[68], die willkürliche Unterteilung der Einkommens- und Besteuerungsperioden bei Gewinnschwankungen keine Auswirkungen zeigt, so lange immer Gewinne entstehen. Sollten jedoch in einem Veranlagungszeitraum Verluste entstehen, so wirkt sich auch bei Körperschaften das Periodizitätsprinzip negativ aus. Unterschlägt man einmal gedanklich die Möglichkeit der überperiodischen Verlustverrechnung[69], führt die periodische Besteuerung in Verbindung mit Verlustperioden dazu, dass der zu versteuernde Gewinn in der Summe der Perioden nicht dem Gewinn der Totalperiode entspricht. Denn letzterer wäre um die zwischenzeitlich erlittenen Verluste zu kürzen. Eine Nullbesteuerung in Verlustperioden vermag diesen Unterschied nicht auszugleichen. Es ergibt sich dann selbst bei einem proportionalen Tarif eine für den Steuerpflichtigen negative Wirkung der periodischen Besteuerung.

Doch auch abseits von Einkommens- bzw. Gewinnschwankungen und Tarifmodalitäten kann das Periodizitätsprinzip Auswirkung auf die Höhe der Besteuerung haben. Die Unterteilung des Erwerbszeitraums des Steuerpflichtigen in stets willkürliche Perioden[70] führt dazu, dass es von bloßen Zufällen oder aber auch steuerplanerischer Gestaltung abhängt, ob ein steuerwirksames Ereignis in die eine oder die andere Periode fällt und entsprechend unterschiedliche steuerliche Folgen hat. Eine höhere Steuer in Veranlagungszeitraum 01 kann so zu einem Liquiditätsverlust

---

63 So auch *Lang*, in: Tipke/Lang, Steuerrecht, § 4 Rn. 120. Ein sehr einleuchtendes Beispiel findet sich auch schon bei *Endriss*, FR 1966, S. 17 (S. 17).

64 *Vickrey*, Journal of Political Economy, Vol. 47, No. 3, 1939, S. 379 (S. 379). Er sieht darin auch einen Verstoß gegen das Leistungsfähigkeitsprinzip, S. 379.

65 *Homburg*, S. 238.

66 *Drüen*, S. 103.

67 Der Körperschaftsteuersatz beträgt 15 %, § 23 KStG.

68 Die Höhe des Gewerbesteuersatzes hängt vom jeweiligen Hebesatz ab und liegt im Mittel bei ca. 14 % (*Birk/Desens/Tappe*, Steuerrecht, Rn. 1100).

69 Zur tatsächlichen rechtlichen Situation hinsichtlich der überperiodischen Verlustverrechnung im deutschen Steuerrecht siehe unten in Teil 2.3.3.1 dieser Arbeit.

70 *Lang, u.a.*, Kölner Entwurf, S. 55.

in einer Höhe führen, wie er vielleicht im Veranlagungszeitraum 02 gar nicht entstanden wäre[71]. Entsprechend hält auch *Jachmann* fest, dass die Abschnittsbesteuerung bei investiertem Einkommen zu einer höheren endgültigen Steuerlast führt, als bei innerhalb einer Periode konsumiertem Einkommen[72]. Das Periodizitätsprinzip hat also mittelbar Einfluss auf die Höhe der Besteuerung, wenn es dazu führt, dass Sachverhalte in den einen oder den anderen Veranlagungszeitraum fallen und dies unterschiedliche steuerliche Auswirkungen hat.

2.1.5 Totalgewinngedanke

Der Gegensatz zum Periodizitätsprinzip ist der Totalgewinngedanke[73], beide stehen sich diametral gegenüber[74]. Er stellt nicht auf den Gewinn in der Periode ab, sondern auf den gesamten erzielten Gewinn eines Steuersubjekts, also auf die Totalperiode. Dieser aus dem kaufmännischen Bereich stammende Grundgedanke[75] hat auch seinen Eingang in das Steuerrecht gefunden. Sofern *Stenz* der Ansicht ist, an den Totalgewinngedanken würden im Einkommensteuergesetz keine Rechtsfolgen geknüpft[76], so ist dem nur bedingt zuzustimmen. So fordert das deutsche Einkommensteuergesetz das Streben nach dem Gesamtgewinn bzw. nach der Gewinnabsicht in der Zeit, wenn es darum geht geschäftliche Investitionen von reiner Liebhaberei abzugrenzen[77]. Nur wenn diese Absicht vorliegt, können auch anfängliche oder dauerhafte Verluste steuerlich berücksichtigt werden[78]. Auch die Rechtsprechung ging zwischenzeitlich von der „*Leitidee des Totalitätsprinzips*" im Steuerrecht aus[79].

71 Beispiel: Der Selbständige A erhält von einem Kunden am 31. Dezember 01 10.000 EUR. Dadurch erhöht sich sein Gewinn und entsprechend seine Steuerschuld. Zahlt der Kunde erst am 1. Januar 02, so erhöht sich sein Gewinn in 01 nicht um 10.000 EUR, entsprechend geringer fällt auch seine Steuerschuld aus. Macht A nun im Übrigen im Jahr 02 nur Verluste in Höhe von 10.000 EUR, so entsteht für ihn in 02 gar keine Steuerschuld. Fließt das Geld hingegen noch in 01 zu, müsste er es versteuern. In Höhe dieser Steuer erleidet er einen Liquiditätsverlust, dessen Eintritt einzig vom Zahlungszeitpunkt seines Kunden abhängt.

72 *Jachmann*, S. 141.

73 *Drüen*, S. 85.

74 *Röder*, StuW 2012, S. 18 (S. 21).

75 Für den Kaufmann ist – anders als im Steuerrecht – der Totalgewinn in der Totalperiode ausschlaggebend. Eine Investition kann sich nur dann lohnen, wenn sich in dem Zeitraum ab Aufnahme des Geschäfts, bis zur Beendigung desselben ein Totalgewinn einstellt. Das Steuerrecht hingegen betrachtet in erster Linie das Periodenergebnis.

76 *Stenz*, S. 106.

77 *Mirth*, S. 106; *Jachmann*, S. 145 f.

78 *Jachmann*, S. 146.

79 BFH, BStBl. II 2004, S. 414 (S. 415). Allerdings entschied der selbe Senat später ausdrücklich, das Totalitätsprinzip sei keine Leitidee des EStG; BFH, BStBl. II 2005, S. 262 (S. 269).

Dieses würde lediglich aus Gründen der Staatsfinanzierung durch das Periodizitätsprinzip durchbrochen[80].

Außerdem wird oftmals verlangt, dass die sogenannte Gesamtgewinngleichheit im Steuerrecht gewährleistet wird[81], also eine gleichmäßige rechtsformunabhängige Besteuerung dasselbe steuerliche Totalergebnis gewährleisten muss. Um diese Gesamtgewinngleichheit zu überprüfen, muss denknotwenig auf die Totalperiode abgestellt werden.

Allerdings stellt der Totalgewinngedanke im Steuerrecht kein systemtragendes Prinzip dar, sondern dient vielmehr der partiellen Korrektur des Periodizitätsprinzips[82]. Ungeachtet der geringen Bedeutung im materiellen Steuerrecht, beschäftigt diese „*Denkgröße*" die steuerrechtliche Praxis dennoch regelmäßig[83]. Dies mag vor allem daran liegen, dass der Steuerpflichtige im Rahmen seiner wirtschaftlichen Betätigung von diesem Leitmotiv ausgeht. Eine Betätigung, bei der kein Totalgewinn erwartet werden kann, bietet keinen ökonomischen Anreiz. Dieser Wertung kann sich auch das Steuerrecht letztlich nicht gänzlich entziehen.

2.2 Rechtliche Bedeutung des Periodizitätsprinzips

Die rechtliche Bedeutung des Periodizitätsprinzips ist in verschiedener Hinsicht unklar bzw. strittig. Für die Bewertung des Periodizitätsprinzips ist aber sowohl seine Natur, als auch seine Abgrenzung zu anderen Grundsätzen des (Steuer-)Rechts von Bedeutung.

2.2.1 Abgrenzung materielles Prinzip / technisches Prinzip

Uneinigkeit herrscht in der Literatur insbesondere in der Frage, ob das Periodizitätsprinzip ein materielles Prinzip oder ein technisches Prinzip sei.

Materiellen Prinzipien ist eigen, dass sie alleine bereits Grund und Ursprung einer gesetzlichen Entscheidung bzw. Wertung sind, wohingegen technische Prinzipien der verwaltungstechnischen Umsetzung solcher materieller Prinzipien dienen. Ersteren soll daher ein bedeutenderer Rang zukommen, als letzteren, da die Umsetzung eines Prinzips letztlich variabel ist, das materielle Prinzip als solches jedoch in seiner Bedeutung Bestand hat.

Der Ursprung dieser Unterscheidung hinsichtlich des Periodizitätsprinzips liegt wohl in den gegensätzlichen Auffassungen von *P. Kirchhof* und *Tipke*. Während

---

80 BFH, BStBl. II 2004, S. 414 (S. 415).

81 So z.B. *Kanzler*, in: Herrmann/Heuer/Raupach: Einkommensteuer- und Körperschaftsteuergesetz, § 4 EStG Anm. 506.

82 *Drüen*, S. 132.

83 *Stenz*, S. 106.

P. Kirchhof in der Abschnittsbesteuerung ein materielles Prinzip sieht[84], geht *Tipke* von einem technischen Prinzip aus[85].

P. Kirchhof führt dazu aus, das „*materielle Prinzip der abschnittsweisen Besteuerung*" sichere eine zeitgerechte Erfassung individueller Zahlungsfähigkeit und verteile daher die Steuerlasten des einzelnen jeweils situationsgerecht[86]. Das Periodizitätsprinzip beinhalte eine Zuordnung von Einkommen und Zeit, die wiederum dazu diene, den gegenwärtigen staatlichen Finanzbedarf sicherzustellen[87]. Dabei orientiere sich der Staat an dem gegenwärtigen wirtschaftlichen Erfolg des einzelnen Steuerpflichtigen[88]. Die gegenwartsnahe Einkommensbelastung sei eine „*Zentralforderung materieller Steuergerechtigkeit*"[89], Einnahmen und Aufwand gegenwartsgerecht einzubeziehen sei „*verfassungsrechtlich vorgegebener Gehalt*"[90] der Einkommensteuer. Lediglich die vom Gesetzgeber getroffene Wahl der Periodenlänge, nämlich ein Jahr, sei eine „*eher*" technische Vorschrift[91]. Aus letzterer Aussage kann man ableiten, dass *P. Kirchhof* selbst in der Regelung des § 2 Abs. 7 EStG noch die Ausformung eines materiellen Prinzips sieht[92]. Zuvorderst steht für ihn das Bedürfnis nach einer gegenwartsnahen staatlichen Teilhabe „*am Erfolg privater Marktteilhabe*"[93]. Er wertet deshalb das Abschnittsprinzip als Prinzip der „*Besteuerungsgerechtigkeit oder Steuergleichheit in der Zeit*"[94].

Diese Ansicht scheint auch von der Rechtsprechung geteilt zu werden. Der BFH geht unter Berufung auf *P. Kirchhof* sogar noch weiter und bescheinigt dem „*Jahressteuerprinzip*", es sei ein „*materielles Prinzip der Einkommensbesteuerung*"[95]. Es sei insofern nicht nur erhebungstechnische Notwendigkeit und verfolge die „*gleichmäßige Heranziehung der Steuerpflichtigen zur Sicherstellung*" der Staatsfinanzierung, sondern gewährleiste auch die „*Gleichbehandlung in der Zeit*"[96]. Interessanter Weise nannte derselbe Senat des BFH das Periodizitätsprinzip jedoch auch schon ein „*ungerechtes*" Prinzip[97].

---

84 *P. Kirchhof*, StuW 1985, S. 319 (S. 329).
85 *Tipke*, Die Steuerrechtsordnung Band 2, 2. Auflage, S. 756.
86 *P. Kirchhof*, StuW 1985, S. 319 (S. 329).
87 *P. Kirchhof*, in: Kirchhof, Einkommensteuergesetz, § 2 Rn. 18.
88 *P. Kirchhof*, StuW 2006, S. 3 (S. 16).
89 *P. Kirchhof*, in: Kirchhof, Einkommensteuergesetz, § 2 Rn. 18; *ders.*, in: Gestaltung der Steuerrechtsordnung, S. 451 (S. 476).
90 *P. Kirchhof*, DStJG 24, S. 9 (S. 18).
91 *P. Kirchhof*, in: Kirchhof, Einkommensteuergesetz, § 2 Rn. 20.
92 Allerdings spricht er noch in DStJG 24, S. 9 (S. 18) vom „*formalen Prinzip der Jahressteuer*".
93 *P. Kirchhof*, in: Kirchhof, Einkommensteuergesetz, § 2 Rn. 20.
94 Zitiert nach *Tipke*, StuW 2002, S. 148 (S. 165).
95 BFH, BStBl. II 2005, S. 262 (S. 265); BFH, BStBl. II 2004, S. 414 (S. 415); Beschl. v. 17.02.2005 – XI B 138/03, *juris*.
96 BFH, BStBl. II 2005, S. 262 (S. 265); Beschl. v. 17.02.2005 – XI B 138/03, *juris*.
97 BFH, BStBl. II 2004, S. 414 (S. 415).

Tipke und andere[98] hingegen, wenden sich gegen diese Interpretation des Periodizitätsprinzips. Das Periodizitätsprinzip sei gerade kein Wertungsprinzip, sondern vielmehr ein technisches Prinzip[99]. An *P. Kirchhofs* These wird insbesondere dessen Ableitung eines materiellen Prinzips aus dem Finanzbedarf des Staates abgelehnt. Die Steuer sei Solidarbeitrag und nicht etwa als Gegenleistung dafür zu verstehen, dass dem Steuerpflichtigen seine wirtschaftliche Betätigung ermöglicht wird[100]. Steuern könnten nicht schon deshalb gerecht sein, weil der Staat zeitnah auf sie angewiesen sei, zumal ein großer Teil der Einnahmen ja auch Verschwendungen zum Opfer fiele und somit objektiv nicht benötigt würde[101]. Des Weiteren bleibt festzuhalten, dass die Steuerbelastung nach wie vor ein zu rechtfertigender Eingriff ist[102], mehr als gerechte Steuern jedoch letztlich niemals verlangt werden können – unabhängig von der Finanzlage des Staates[103]. Die Geltung von Art. 3 Abs. 1 GG darf nicht aufgrund der Staatsfinanzierung beeinträchtigt werden. Insofern wirft *Tipke P. Kirchhof* auch vor, er gleite *„vom Leistungsfähigkeitsprinzip ab in* Äquivalenzdenken *zugunsten des Staates*“[104].

Letztlich ist sich der wohl herrschenden Meinung[105] der Literatur anzuschließen. Die Erhebung des Grundsatzes, dass Steuern periodisch erhoben werden, zu einem materiellen Prinzip erscheint konstruiert und überschätzt die Bedeutung des Periodizitätsprinzips als wertungslenkende Grundnorm. Vielmehr ist nicht das Periodizitätsprinzip Ausgang von Wertungen im Steuerrecht, als es selbst eine Wertung des Gesetzgebers ist. Der Gesetzgeber hat sich aus fiskalischen Gründen dafür entschieden, seine Ertragsteuern periodisch zu erheben. Dies ist eine verwaltungstechnische Frage der Erhebung.

Insofern unterscheidet *P. Kirchhof* in seiner Ansicht, das Periodizitätsprinzip sei ein materielles Prinzip, nicht eindeutig zwischen Ursache und Wirkung. Die Besteuerung in Perioden hat keinesfalls den Hintergrund, dass sich der Gesetzgeber genötigt fand, die Steuerpflichtigen gegenwartsnah zu besteuern, um so deren Anspruch auf Steuergerechtigkeit zu achten. Vielmehr findet eine periodische Besteuerung einzig und allein aus fiskalischen Gründen und mit abnehmender

---

98 *Lang/Englisch* sprechen von der „überwiegenden Ansicht im Schrifttum“, StuW 2005, S. 3 (S.6). Exemplarisch seien *Seer*, BB 2004, S. 2272 (S. 2274); *Kube*, DStR 2011, S. 1781 (S. 1785), *Karrenbrock*, DB 2004, S. 559 (S. 563), *Weber-Grellet*, S. 157, *Musil*, in: Herrmann/Heuer/Raupach: Einkommensteuer- und Körperschaftsteuergesetz, § 2 EStG Rn. 900 und *Hey*, in: Tipke/Lang, Steuerrecht, § 8 Rn. 44 genannt.

99 *Tipke*, StuW 1971, S.1 (S. 16).

100 *Jachmann*, S. 144.

101 *Tipke*, StuW 2002, S. 148 (S. 165).

102 *Jachmann*, S. 144.

103 *Tipke*, StuW 2002, S. 148 (S. 166).

104 *Tipke*, StuW 2002, S. 148 (S. 166).

105 Siehe *Lang/Englisch*, StuW 2005, S. 3 (S. 6); *Herzig*, in: Verluste im nationalen und internationalen Steuerrecht, S. 37 (S. 38).

Bedeutung[106] auch aus praktischen Gründen statt[107]. Da sich der Gesetzgeber aber nun mal für eine periodisierte Besteuerung entschieden hat, stellt sich nun die Frage nach der verfassungsrechtlichen Ausgestaltung dieser Periodisierung. Inwieweit die Grundrechte und der Anspruch auf Steuergerechtigkeit eine gegenwartsnahe Erfassung aller besteuerungsrelevanten Umstände erfassen, kann hier dahin gestellt bleiben. Denn in jedem Fall erfolgt aus dem Periodizitätsprinzip nicht die Wertung der gegenwartsnahen gerechten Besteuerung, sondern vielmehr bloß die Besteuerung in der Periode. Eine weitergehende Wertung, insbesondere in verfassungsrechtlicher Sicht ist darin eben nicht zu sehen. Es gibt auch kein allgemeines Grundprinzip der Periodizität, das vom Gesetzgeber aufgegriffen werden muss.

P. Kirchhof ist insofern beizupflichten, als dass es eine Steuergerechtigkeit in der Zeit geben muss. Diese ergibt sich jedoch nicht aus dem Periodizitätsprinzip, sondern wird – wenn überhaupt – von diesem wohl beeinträchtigt.

Das Verlangen nach Steuergerechtigkeit in der Zeit jedoch ergibt sich bereits aus dem Leistungsfähigkeitsprinzip[108]. Lediglich aus Gründen der Praktikabilität und der Haushaltsfinanzierung hat man sich auf das Jahr bzw. die Periode als Unterteilung dieser Steuergerechtigkeit in der Zeit festgelegt. Die periodische Besteuerung ist jedoch kein absolutes und unabdingbares Muss und kein zwingender Maßstab für eine Steuergerechtigkeit in der Zeit.

2.2.2 Das Periodizitätsprinzip in der Normenhierarchie

Neben der Qualifizierung als materielles oder technisches Prinzip, bedarf es im Rahmen einer abschließenden Erfassung des Periodizitätsprinzips auch einer Einordnung desselben innerhalb der sog. Normenhierarchie.

Die klassische Normenhierarchie erfasst nur geschriebenes Recht. So ist an der Spitze der gängigen Einteilung der Normen jeweils das Bundesverfassungsrecht zu finden, dem im Rang die formellen Gesetze, die Rechtsverordnungen und die Satzungen folgen[109]. Diese Normenhierarchie erfasst jedoch kein ungeschriebenes Recht, wie z.B. allgemein gültige Moralnormen, gesellschaftliche Wertungen, gerichtliche Rechtsfortbildung und staatstragende Prinzipien.

Das Periodizitätsprinzip ist als solches weder im Grundgesetz verankert, noch findet es sich als solches in einfachgesetzlicher Ausführung wieder. Das Periodizitätsprinzip ist somit innerhalb des deutschen Rechts kein *„normiertes*

---

106 Im Zeitalter elektronischer Steuererklärungen und steigender Digitalisierung von Daten, sowie verbesserter programmgesteuerter Berechnungen erscheint eine zeitnahe Besteuerung rein aus praktischen Gründen immer weniger notwendig.

107 Auch *Friauf* sieht in der Periodisierung lediglich *„Zweckmäßigkeitserwägungen“*, die keinen verfassungsrechtlichen Stellenwert besitzen, *Friauf*, DStJG 12, S. 3 (S. 13); *Tipke* spricht von einem *„Prinzip der Zweckmäßigkeit“*; *ders.*, Die Steuerrechtsordnung Band 1, 2. Auflage, S. 72.

108 Siehe ausführlich in Teil 2.4.1.3 dieser Arbeit.

109 So z.B. *Gröpl*, Staatsrecht I, Rn. 149.

Prinzip"[110]. Die Regelung der Jährlichkeit der Ertragsteuern, wie sie sich z.B. in § 2 Abs. 7 EStG findet, ist einfachgesetzliche Konkretisierung des Periodizitätsprinzips[111], dient also nur seiner technischen Umsetzung – nicht jedoch seiner Begründung. Gleichzeitig sind diese Regelungen aber auch die einzigen verbindlichen Quellen, denen man die Gültigkeit des Periodizitätsprinzips für das deutsche Steuerrecht entnehmen kann. Der staatstheoretische Gedanke der periodischen Besteuerung als einzig valide Möglichkeit zur stetigen und regelmäßigen Finanzierung, die Erhebung dieses Besteuerungsmodells zum Prinzip, sind im deutschen Recht nicht ausdrücklich festgehalten.

Nun könnte man argumentieren, durch die Konkretisierung zum Jahresprinzip, habe sich der Gesetzgeber der allgemeinen Gültigkeit des Periodizitätsprinzips verschrieben und dieses einfachgesetzlich in die Normenhierarchie integriert. Dann müsste man jedoch daraus den Schluss ziehen, dass das Prinzip der Abschnittsbesteuerung unter der Verfassung steht, also stets nachrangig zu betrachten ist.

Dies erscheint insofern fragwürdig, als das Periodizitätsprinzip dem Wunsch nach einer funktionierenden Staatsfinanzierung entsprungen ist. Die Finanzierung des modernen Steuerstaates kann in seiner Bedeutung jedoch nicht grundsätzlich der Bedeutung des Grundgesetzes nachrangig sein. Ohne den finanzierten und funktionierenden Staat gäbe es keinen Raum für das Grundgesetz und seine Wertungen[112]. Ein gültiges Grundgesetz ist ohne Staat schon gedanklich nicht möglich. Im Übrigen auch keine Normenhierarchie im rechtsstaatlichen Sinne[113].

Es ist insofern eher anzunehmen, dass das Periodizitätsprinzip ein staatstragendes Prinzip ist, eine Notwendigkeit des Steuerstaates. Es ist als solches sicherlich nachrangig gegenüber manch anderem dem modernen demokratischen Staatsgebilde zugrunde liegenden Prinzip. Aber es ist wichtiger Bestandteil des Prinzips der Finanzierung des demokratischen Staates durch die Erhebung von Steuern. Ein Blick auf die historische Entwicklung und auch die geographische Verbreitung der periodischen Steuererhebung machen deutlich, dass diese als selbstverständlich und grundlegend vorausgesetzt wird. Inwiefern dies grundsätzlich richtig ist und die periodische Besteuerung tatsächlich alternativlos im Bereich der Staatsfinanzierung ist[114], kann insoweit dahingestellt bleiben.

Der einfachgesetzlichen Regelung des Jahressteuerprinzips kommt dabei nur die Rolle der Umsetzung des Periodizitätsprinzips zu; eine Ausformung eines staatstragenden Grundsatzes, die ihrer Bedeutung entsprechend unterhalb des Grundgesetzes angesiedelt werden konnte.

---

110 Zu der Begrifflichkeit siehe *Tipke*, Steuerrechtsordnung Band 1, 2. Auflage, S. 70 f.

111 Siehe Teil 2.1.2 dieser Arbeit.

112 *Tipke*, Die Steuerrechtsordnung Band 1, 1. Auflage, S. 230.

113 *Drüen* erhebt daher das Fiskalinteresse in den Verfassungsrang; *ders.* S. 95.

114 *Lang* sieht insofern eine Erforderlichkeit der Periodizität *„aus technischen und fiskalischen Gründen"*. *Ders.*, Entwurf eines Steuergesetzbuches, Rn. 536.

Es bleibt jedoch zu klären, an welcher Stelle innerhalb der Normenhierarchie derartige staatstragende Prinzipien anzusiedeln sind, sofern sie nicht selbst in Verfassungsrang gehoben wurden.

Anzunehmen ist sicherlich, dass derartige Prinzipien, also Leitideen des funktionierenden Staates, in der Hierarchie höher anzusiedeln sind, als einfache Gesetze. Denn diese beruhen in ihrer Entstehung eben gerade auf diesem funktionierenden Staat. Fest steht jedoch auch, dass ein Prinzip, wie das der Periodizität, keinem besonderen Schutz oder Änderungsvorbehalt unterliegt. Eine derartige finanzrechtliche Grundentscheidung, die jedoch nie ausdrücklicher Bestandteil des Grundgesetzes geworden ist, kann von jeder Regierung korrigiert oder vollständig ausgehebelt werden, sofern das Grundgesetz dabei nicht betroffen wird. Findet sich also – im konkreten Fall des Periodizitätsprinzips – eine Alternative der stetigen und sicheren Finanzierung des Staatshaushaltes, so stünde es dem Gesetzgeber grundsätzlich frei, diese Alternative an Stelle des Periodizitätsprinzips zu wählen[115].

Gleichzeitig ist es jedoch so, dass die periodische Besteuerung momentan das gewählte Mittel zur Finanzierung des Staates ist. Als Grundentscheidung und Leitidee liegt sie deshalb dem gesamten System der Ertragsteuern zugrunde. Eine gewisse Wertrangigkeit ist dem Periodizitätsprinzip somit nicht abzusprechen.

Es ist festzuhalten, dass das Periodizitätsprinzip in der Normenhierarchie über den einfachen Gesetzen, jedoch nicht im oder über dem Grundgesetz anzusiedeln ist. Da es nach vom Grundgesetz vorgegebenen Regelungen jederzeit in seiner Wirkung durch die Exekutive abgeschafft werden könnte und seine Wirkungen jederzeit in Abhängigkeit zu den Vorgaben des Grundgesetzes und seinen Wertungen stehen, ist auch ein Nebeneinander von Grundgesetz und Periodizitätsprinzip nicht anzunehmen. Der Gedanke der periodischen Besteuerung geht dem Grundgesetz zwar zeitlich voraus, steht ihm in Bedeutung und Wertrangigkeit jedoch nach. Das Periodizitätsprinzip ist in der Normenhierarchie also zwischen Grundgesetz und formellem Gesetz anzusiedeln.

2.3 Das Periodizitätsprinzip im Gefüge des deutschen Steuerrechts

Wie bereits festgestellt[116], trifft das Periodizitätsgebot keinerlei Vorgaben hinsichtlich seiner Umsetzung. Seine zentrale und einzige Aussage bleibt, dass Steuern periodisch zu erheben sind, um so die fortlaufenden finanziellen Bedürfnisse des Steuerstaates zu decken. Im Folgenden soll daher ermittelt werden, wie der deutsche Gesetzgeber das Periodizitätsprinzip im deutschen Ertragsteuerrecht umgesetzt hat. Es ist zum einen die Bestimmung der maßgeblichen Periode zu beleuchten, zum

---

115 Hierin zeigt sich erneut, dass es sich bei dem Periodizitätsprinzip um ein technisches Prinzip handelt. Ein materielles Prinzip wäre nicht einfach austauschbar, seine Wertungen hätten Eingang in das Grundgesetz gefunden.

116 Siehe Teil 2.1.2 dieser Arbeit.

anderen aber auch die zahlreichen gesetzlichen Ausnahmen von der rein periodischen Betrachtungsweise.

2.3.1 Das Jahressteuerprinzip

Das deutsche Steuerrecht ist ein Vielsteuersystem[117]. Das bedeutet, dass sich der deutsche Staat nicht aus einer Steuer oder einer Steuerart finanziert, sondern aus mehreren verschiedenen. So gibt es in der Bundesrepublik Deutschland nicht nur diverse Ertragsteuern[118], sondern auch eine Reihe von Realsteuern[119] und Konsumsteuern[120] im weitesten Sinne[121]. Insgesamt gibt es in Deutschland mehr als 40 Steuerarten, die jeweils an unterschiedlichste Tatbestände anknüpfen[122].

Von diesen unterliegen jedoch nicht alle dem Periodizitätsprinzip. Steuern, die an einzelne Vorgänge anknüpfen, wie z. B. die Erbschaftsteuer oder die Grunderwerbsteuer, werden jeweils mit diesen Vorgängen fällig und werden mangels ständiger Wiederholung nicht periodisch erhoben.

Die periodischen Steuern unterliegen hingegen in aller Regel dem sog. Jahressteuerprinzip, d. h. sie werden jährlich für den Zeitraum eines Kalenderjahres erhoben. Als periodische Steuern sind vor allem die Ertragsteuern hervorzuheben, aber auch die Umsatzsteuer ist eine periodische Jahressteuer[123].

Für die einzelnen Steuerarten ergibt sich ihre Periodizität aus den jeweiligen Steuergesetzen[124]. Für die Einkommensteuer als ertragreichste Steuer Deutschlands[125] ergibt sich die Jährlichkeit in erster Linie aus § 2 Abs. 7 S. 1 EStG. Danach ist die Einkommensteuer ausdrücklich eine Jahresteuer. Ähnliche Regelungen finden sich in § 7 Abs. 3 S. 1 KStG für die Körperschaftsteuer und § 14 S. 2 GewSt für die Gewerbesteuer. Nur auf diese periodischen Steuern findet also das Periodizitätsprinzip Anwendung, für die anderen Steuerarten bleibt es dagegen weitgehend bedeutungslos.

Das insbesondere die Einkommensteuer dem Jahressteuerprinzip unterworfen ist, kann auch an weiteren Normen abgelesen werden, die ausdrückliche Regelungen für das Kalenderjahr treffen oder auf das Wirtschaftsjahr abstellen. So fußt die

---

117 Zum Begriff der Vielsteuer siehe *Hey*, in: Tipke/Lang, Steuerrecht, § 3 Rn. 57 ff.

118 Einkommensteuer, Körperschaftsteuer, Gewerbeertragsteuer.

119 Vor allem die Grundsteuer.

120 Z.B. Umsatzsteuer, Energiesteuer, Stromsteuer, Branntweinsteuer, Grunderwerbsteuer, Versicherungsteuer, Kraftfahrzeugsteuer.

121 Als Steuern auf die Einkommens- und Vermögensverwendung werden üblicherweise die Verbrauchsteuern, die Verkehrsteuern sowie die Aufwandsteuern zusammengefasst, siehe z.B. *Fehrenbacher*, Steuerrecht, § 1 Rn. 21.

122 *Fehrenbacher*, § 1 S. 18.

123 Siehe § 16 Abs. 1 UStG. Abzustellen ist dabei nicht auf den tatsächlich belasteten Endkunden, sondern auf den zur Abführung der Steuer verpflichteten Unternehmer.

124 Siehe z.B. § 9 Abs. 2 GrStG, § 11 Abs. 1 KraftStG.

125 Siehe Tabelle bei *Hey*, in: Tipke/Lang, Steuerrecht, § 7 Rn. 19.

Gewinndefinition des § 4 Abs. 1 EStG auf der Idee des Wirtschaftsjahres, einem unter Umständen vom Kalenderjahr abweichenden Zeitraum, der jedoch ebenfalls zwölf Monate umfasst und damit dem Kalenderjahr in der Länge gleicht. § 4a Abs. 1 Nr. 3 S. 1 EStG hält entsprechend fest, dass das Wirtschaftsjahr grundsätzlich dem Kalenderjahr entspricht.

§ 7 Abs. 1 S. 1, Abs. 2 S. 1, Abs. 3 S. 1 EStG spricht ebenfalls ausdrücklich vom Jahr als dem Zeitraum, in den die Absetzung für Abnutzung zu zerlegen ist. Nur dieser Zeitraum gewährleistet die Zuordnung eines Wertverlustes in die entsprechende Jahresperiode. Auch die Ermittlung des Altersentlastungsbetrags richtet sich gem. § 24a S. 1 EStG nach dem Kalenderjahr. Gleiches gilt für die Berücksichtigung außergewöhnlicher Belastungen gem. § 33a Abs. 1 und 2 EStG.

Den deutlichsten Hinweis auf das Jahressteuerprinzip abseits von § 2 Abs. 7 EStG enthält jedoch § 11 Abs. 1 S. 1 und Abs. 2 S. 1 EStG. Dieser regelt das sog. Zu- und Abflussprinzip, das Kernstück der Periodenzuordnung von Einnahmen und Ausgaben. Demnach gelten Einnahmen als in dem Jahr bezogen, in dem sie tatsächlich zugeflossen sind; Ausgaben hingegen können in dem Jahr abgesetzt werden, in dem sie tatsächlich abgeflossen sind.

Es zeigt sich also, dass das Jahressteuerprinzip konsequenter Weise Eingang in das gesamte System der Einkommensteuer gefunden hat. Es ist eine Grundentscheidung des Gesetzgebers, die sich in § 2 Abs. 7 EStG findet und in ihrer Umsetzung jeden Bereich der Einkommensbesteuerung durchdringt und nachhaltig prägt.

Aus dem Jahressteuerprinzip ergibt sich für die Einkommensteuer (sowie für alle Ertragsteuern) deshalb folgerichtig: Das Kalenderjahr ist Veranlagungszeitraum[126] (§ 25 Abs. 1 EStG, § 31 Abs. 1 KStG i.V.m. § 25 Abs. 1 EStG, § 14 S. 2 GewStG), es ist Bemessungszeitraum[127] (§§ 32a Abs. 1, 2 Abs. 5 S. 1 EStG, § 7 Abs. 1 KStG, § 10 GewStG) und es ist Ermittlungszeitraum[128] (§ 2 Abs. 7 S. 2 EStG, § 7 Abs. 3 S. 2 KStG, § 7 Abs. 1 GewStG).

2.3.2 Die besondere Bedeutung des progressiven Steuertarifs

Die Auswirkungen des Periodizitätsprinzips können weit über die bloße jährliche Steuerpflicht hinausgehen. Dies ist jedoch nur dann der Fall, wenn es durch gewisse Umstände zu einer Veränderung des durchschnittlichen überperiodischen Steuersatzes gegenüber der Einzelperiode kommt. Dies ist eigentlich nur im Bereich der Einkommensteuer denkbar.

Der Grund für derartige Verschiebungen ist der progressive Steuertarif der Einkommensteuer. Aus § 32a Abs. 1 EStG ergibt sich ein von der Bemessungsgrundlage abhängiger progressiver Tarif. Dieser bewegt sich zwischen dem Einstiegssatz von

126 Zeitraum für den eine steuerliche Veranlagung, also eine förmliche Steuerfestsetzung, vorgenommen wird.

127 Auch ‚Erhebungszeitraum': Der Zeitraum, der für die Berechnung der Steuer herangezogen wird.

128 Zeitraum, in dem z.B. der Gewinn ermittelt wird.

14 % für Einkommen ab 8.472 Euro[129] bis zum sogenannten Spitzensteuersatz von 45 % für Einkommen ab 250.731 Euro.

Aus eben diesem Grund ist es für den Steuerpflichtigen nicht unerheblich, in welches Jahr welche Teile seines Einkommens fallen. Die manchmal rein zufällige Verschiebung von Einkommen von dem einen in ein anderes Jahr kann schnell zu einer deutlich höheren Belastung dieses Einkommensteils führen, sollte der Steuerpflichtige mit seinem Einkommen im jeweils anderen Jahr einem höheren Steuersatz unterliegen. Dieses Problem vermag auch die Ausnahme vom Zu- und Abflussprinzip in § 11 Abs. 1 S. 2, Abs. 2 S. 2 EStG nur sehr bedingt zu lösen.

Die oft zufällige Zuordnung von Einkünften in dieses oder jenes Kalenderjahr, die an den jeweiligen Jahresenden erfolgt, ist jedoch nur ein Problem, dass sich aufgrund des Zusammenspiels von Periodizität und progressivem Steuertarif ergibt.

Ein weitaus größeres Problem ergibt sich aus der Tatsache, dass der durchschnittliche überperiodische Steuertarif deutlich von dem der einzelnen Perioden abweichen und selbst bei zwei gleichen Einkommen in der Totalperiode eine unterschiedliche steuerliche Gesamtbelastung entstehen kann[130]. Dieser Unterschied wird umso deutlicher, desto größer die Einkommensschwankungen zwischen den einzelnen Perioden sind.

Beliebtes Beispiel[131] und gute Veranschaulichung für diese Problematik ist der Vergleich zwischen einem Profi-Sportler und einem klassischen Beamten: Während der Profi-Sportler sein gesamtes Lebenseinkommen innerhalb weniger Jahre erwirtschaftet und anschließend ausschließlich davon zehrt, verdient der Beamte stetig den gleichen (oder sehr ähnlichen) deutlich niedrigeren Betrag im Jahr.

Beispiel: *Zur besseren Veranschaulichung sollen beide auf ihr (gleich langes) Leben gerechnet die gleiche Summe verdienen. Allerdings hat der Profisportler (1) sein Lebenseinkommen in einer sehr kurzen Zeit verdient und musste es folglich aufgrund des progressiven Tarifs mit dem Spitzensteuersatz versteuern. Der Beamte (2) hingegen streckt sein Einkommen und zahlt daher jährlich, wie auch in der Totalperiode, einen deutlich niedrigeren Betrag an Steuern. Beide haben zwar in der Totalperiode denselben Betrag zu versteuern, werden jedoch aufgrund des Zusammenspiels von Periodizitätsprinzip und progressivem Steuertarif extrem ungleich belastet. Zur vereinfachten Darstellung soll für das vorliegende Beispiel die Totalperiode 20 Einzelperioden (Jahre) umfassen, der Sportler mit effektiv 50 % und der Beamte hingegen mit effektiv 25 % besteuert werden*[132]. *Die folgende Grafik stellt dabei zur Veranschaulichung jeweils*

129 Im Veranlagungszeitraum 2015.

130 Vgl. *Musil*, in: Herrmann/Heuer/Raupach: Einkommensteuer- und Körperschaftsteuergesetz, § 2 EStG Rn. 900; *Ruppe*, in: Herrmann/Heuer/Raupach: Einkommensteuer- und Körperschaftsteuergesetz, Einf. ESt, Rn. 33; *Hackmann*, Finanzarchiv N.F., 1975/76, S. 1 (S. 2).

131 Siehe exemplarisch *Tipke*, Steuerrechtsordnung Band 2, 2. Auflage, S. 755, m.w.N.

132 Die Darstellung anhand des effektiven Steuersatzes ist eine Vereinfachung, die letztlich auf die Richtigkeit der Darstellung keinen Einfluss hat.

das fortlaufend kumulierte Einkommen und die fortlaufend kumulierte effektive Besteuerung dar.

Abbildung 1: Beispielfall zur Verdeutlichung der Wirkung des Periodizitätsprinzips in der Totalperiode[133]

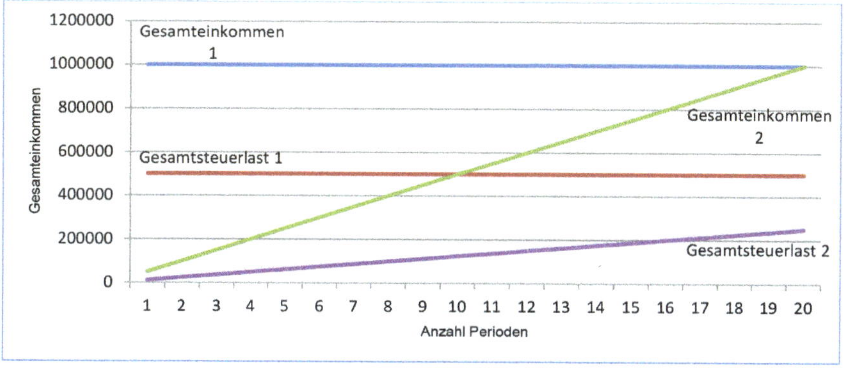

Aus diesem Beispiel wird deutlich, dass sowohl der Sportler (1) als auch der Beamte (2) in der Totalperiode dasselbe Einkommen erwirtschaften, jedoch steuerlich unterschiedlich belastet werden. Dieses sicherlich extreme Beispiel veranschaulicht deutlich welche Auswirkungen die periodische Besteuerung auf schwankende Einkommen hat, sofern diese einem progressiven Steuertarif unterliegen. Dies gilt in erster Linie vor allem für Selbstständige und Unternehmer, da diese am ehesten Schwankungen in ihrem Einkommen ausgesetzt sind. In Fällen von Krankheit oder Arbeitslosigkeit oder auch schlicht in kleinerem Maße[134], können jedoch auch Arbeitnehmer betroffen sein[135].

2.3.3 Die besondere Bedeutung der Verlustverrechnung

Die Bedeutung des Periodizitätsprinzips im Ertragsteuerrecht ergibt sich jedoch nicht nur aus dem progressiven Steuertarif der Einkommensteuer. Dieser betrifft letztlich nur die Besteuerung der natürlichen Personen und der Personengesellschaften. Juristische Personen unterliegen mit ihren Erträgen jedoch lediglich der Körperschaftsteuer sowie der Gewerbesteuer. Diese zeichnen jedoch beide feste proportionale Steuertarife aus, führen also per se keine überperiodische Verschiebungen herbei.

133 Quelle: Eigene Darstellung.
134 Zu denken sei z.B. an lange und schlecht bezahlte Ausbildungsphasen bei Akademikern.
135 *Tipke*, Die Steuerrechtsordnung Band 2, 2. Auflage, S. 756.

Allerdings stellt sich bei allen Ertragsteuern die Frage nach der Behandlung von Verlusten. Wie gleich zu zeigen sein wird, hat diese einen großen Einfluss auf die Wirkung des Periodizitätsprinzips.

Aus dem Grundsatz der jährlichen Besteuerung, der im Ertragsteuerrecht vorherrschend ist, lässt sich ableiten, dass Jahre ohne Einkommen/Gewinn isoliert als eben solche zu betrachten sind. Eine Steuerschuld liegt in diesen Jahren folglich nicht vor.

Überperiodisch betrachtet stellt sich jedoch die Frage, welche Rolle diese Verluste im Folgejahr haben sollen. Grundsätzlich dürfte es nach dem Jahressteuerprinzip auf diese Verluste im Folgejahr nicht ankommen – sie müssten unberücksichtigt bleiben. Bliebe das Jahressteuerprinzip an dieser Stelle undurchbrochen, so hätte dies fatale Folgen hinsichtlich der Steuerbelastung in der Totalperiode[136]. Die absolute Steuerlast mehrerer Perioden könnte den Saldobetrag der Einkünfte dieser Perioden um ein vielfaches übersteigen. Eine Besteuerung nach der individuellen Leistungsfähigkeit wäre unmöglich. Denn indem die reine Periodenbesteuerung bei der Ermittlung von Leistungsfähigkeit einzig auf einzelne Veranlagungszeiträume abstellt, missachtet sie tatsächliche Gegebenheiten der Gewinnerzielung. Wirtschaftliche Tätigkeiten halten sich nicht an Jahresgrenzen, vielmehr belaufen sich Investitions-, Verlust- und Gewinnphasen ggf. auf deutlich längere Zeiträume[137]. So führen z.B. Anfangsverluste zu niedrigerer Liquidität[138] und damit geringerer Leistungsfähigkeit. Verluste aus einem Jahr spiegeln sich notwendiger Weise in der Leistungsfähigkeit des Steuersubjektes im nächsten Jahr.

Aus diesem Grund gibt es im Bereich der Verlustbehandlung zahlreiche Durchbrechungen des Periodizitätsprinzips.

2.3.3.1 Das System des Verlustvor- und -rücktrags

Das System des Verlustvor-und -rücktrags im deutschen Steuerrecht fußt auf dem Grundsatz der Besteuerung gemäß der individuellen Leistungsfähigkeit[139]. In der Gewährung eines intertemporalen Verlustabzugs ist entgegen verbreiteter Auffassung daher keine Steuervergünstigung zu sehen[140]. Vielmehr dient der periodenübergreifende Verlustabzug dem Ausgleich von Härten[141], die unweigerlich aus dem Periodizitätsprinzip und damit aus dem Jahressteuerprinzip erwachsen.

---

136 *Pönicke*, BB 2005, S. 1549 (S. 1551).
137 Siehe z.B. zur Filmproduktion: *Dörffler/Käfferlein*, FR 2004, S. 869 (S. 871).
138 *Orth*, FR 2005, S. 515 (S. 523).
139 Vgl. *Pönicke*, BB 2005, S. 1549 (S. 1551); *Eckhoff*, in: Leitgedanken des Rechts Band II, S. 1601 (S. 1605); *von Groll*, S. 156; *Karrenbrock*, DB 2004, S. 559 (S. 563).
140 So auch *Tipke*, Steuerrechtsordnung Band 2, S. 760, 780; *Lindauer*, BB 2004, S. 2720 (S. 2720); *Pönicke*, BB 2005, S. 1549 (S. 1551); *Karrenbrock*, DB 2004, S. 559 (S. 563). Zwischenzeitlich sprach selbst das Bundesverfassungsgericht von einer Subvention, BVerfGE 82, S. 60 (S. 99).
141 So auch BFH, BStBl. II 2005, S. 262 (S. 269).

Der Verlustvor- bzw. -rücktrag stellt eine Durchbrechung des Periodizitätsprinzips bzw. des Jahressteuerprinzips dar[142]. Er erlaubt es, Verluste einer (Jahres-) Periode in folgende Perioden vorzutragen bzw. in vergangene Jahre zurückzutragen, um sie mit dortigen Gewinnen zu verrechnen.

Die zentrale Regelung zum Verlustabzug in den Ertragsteuern findet sich in § 10d EStG. Die entsprechenden Regelungen für die Gewerbesteuer (§ 10a GewStG) sind dieser Regelung weitestgehend nachgeformt, während das Körperschaftsteuergesetz auf § 10d EStG verweist (§ 8 KStG).

§ 10d Abs. 1 S. 1 EStG erlaubt es dem Steuerpflichtigen zunächst, einen steuerlichen Jahresverlust in Höhe von bis zu einer Million Euro[143] in den vorangegangenen Veranlagungszeitraum zurückzutragen und mit dortigen Gewinnen zu verrechnen. Sofern die Verluste diesen Betrag übersteigen oder eine Verrechnung mangels entsprechender Gewinne im Vorjahr nicht möglich war, können die Verluste in nachfolgende Veranlagungszeiträume vorgetragen werden und dort verrechnet werden, § 10d Abs. 2 EStG. Das Gewerbesteuergesetz ist dieser Regelung weitestgehend angepasst, wobei § 10a GewStG jedoch einen Verlustrücktrag nicht vorsieht.

2.3.3.2 Die Mindestbesteuerung

Allerdings ist der Verlustvortrag insofern durch den Gesetzgeber beschränkt worden, als er zeitlich gestreckt wird.

§ 10d Abs. 2 S. 1 EStG regelt für den Verlustvortrag eine Staffelung nach der Höhe der Verluste. Danach dürfen Verluste bis zu einer Höhe von einer Million Euro direkt und vollständig mit Gewinnen des Folgejahres verrechnet werden, sofern verrechenbare Gewinne in dieser Höhe vorliegen. Darüber hinaus ist der Verlustvortrag jedoch auf 60 % der nach der Verrechnung verbleibenden Gewinne begrenzt.

Weitere Verluste, die auf diese Weise nicht im ersten Vortragsjahr verrechnet werden konnten, gehen zwar als Verrechnungspotenzial nicht verloren, dürfen jedoch erst im abermals folgenden Veranlagungszeitraum verrechnet werden. Es erfolgt eine zeitliche Streckung der Verluste und ihrer Verrechnung.

Die zeitliche Streckung ist jedoch nur eine Folge der Regelung des § 10d Abs. 2 S. 1 EStG. Die viel schwerwiegendere Bedeutung dieser Regelung ist, dass es bei einem den Betrag von einer Million Euro übersteigenden Verlust und vorhandenem Verrechnungspotenzial dennoch immer zu einer Besteuerung von mindestens 40 % der eine Million Euro übersteigenden Gewinne kommt. Dieses Phänomen nennt man daher die sog. ‚Mindestbesteuerung'.

Aufgrund der Mindestbesteuerung kommt es in einem Verlustvortragsjahr immer dann zu einer Besteuerung, wenn das Ergebnis der Formel [*(Gewinn – 1 Mio. €) x 0,4*] positiv ist. Unbeachtlich ist dabei, ob der Saldo aus Verlustjahr und

142 Vgl. *Hallerbach*, in: Herrmann/Heuer/Raupach: Einkommensteuer- und Körperschaftsteuergesetz, § 10d EStG, Rn. 5, 6.

143 Im Falle zusammenveranlagter Ehegatten ist ein Verlustrücktrag bis zu zwei Millionen Euro möglich.

Verlustvortragsjahr positiv oder negativ ist. Es tritt also in einem gewissen Bereich dieselbe wirtschaftliche Folge ein, die auch dann vorläge, wenn das Periodizitätsprinzip nicht zugunsten einer Verlustverrechnung durchbrochen würde.

Diese Regelung wurde in ihrer grundlegenden Wirkung im Jahre 2004[144] in das Einkommensteuergesetz eingeführt und gilt in entsprechender Weise sowohl für die Körperschaftsteuer[145], als auch für die Gewerbesteuer[146]. Ausgangspunkt der Mindestbesteuerung waren laut Gesetzesbegründung[147] u. a. die Bekämpfung hoher Verlustvortragsvolumina von Kapitalgesellschaften[148]. Auch wenn das damalige Verlustvortragspotenzial allein bei der Körperschaftsteuer und bei der Gewerbesteuer bei ca. 500 Mrd. Euro lag[149], so vermag diese Begründung dennoch nicht zu überzeugen. Denn indem der Verlustvortrag zeitlich gestreckt wird, wird zwar die Wirkung dieser Vorträge zeitlich in die Zukunft verschoben, das Verlustvortragspotenzial nimmt jedoch mangels Verrechnungsmöglichkeiten durch die Mindestbesteuerung noch verstärkt zu[150]. Tatsächlich wird vermutet, dass das Verlustvortragspotenzial bis 2011 auf 700 bis 800 Mrd. Euro angestiegen ist[151].

Der eigentliche Beweggrund für die Einführung der Mindestbesteuerung dürfte ein anderer sein. So wird geschätzt, dass die Mindestbesteuerung dem Staat eine jährliche Erhöhung des Steueraufkommens von drei Milliarden Euro beschert[152]. Diese Steuermehreinnahmen sind jedoch richtiger Weise nichts anderes als ein zinsloser Kredit[153], denn früher oder später werden die auf diese Weise künstlich verschobenen Verlustvorträge das Steueraufkommen wiederum mindern. Diese

---

144 Gesetz zur Umsetzung der Protokollerklärung der Bundesregierung zur Vermittlungsempfehlung zum Steuervergünstigungsabbaugesetz vom 22. Dezember 2003, Bundesgesetzblatt 2003 Teil I, Nr. 65. Die Beträge für den sofortigen Verlustrücktrag bzw. Verlustvortrag wurden später deutlich angehoben.

145 Siehe § 8 Abs. 1 S. 1 KStG i.V.m. § 10d EStG.

146 Während das KStG hinsichtlich des Verlustabzugs auf das EStG verweist, findet sich in § 10a GewStG eine eigene Vorschrift zum Verlustabzug. Diese ist jedoch grundlegend inhaltsgleich mit § 10d EStG.

147 BT-Drucks. 15/1518, S. 13.

148 Zur Bedeutung von Verlustvorträgen in deutschen Konzernabschlüssen und einer Hochrechnung von Verlustvorträgen einzelner DAX-Unternehmen siehe *Zwirner/Busch/Reuter*, DStR 2003, S. 1042 ff.

149 So *Rennings*, FR 2011, S. 741 (S. 741).

150 So auch *Wissenschaftlicher Beirat Steuern von Ernst & Young*, DB 2012, S. 1704 (S. 1707).

151 *Dorenkamp*, FR 2011, S. 733 (S. 737).

152 *Rennings*, FR 2011, S. 741 (S. 742). Auch der BFH geht in seinem Beschluss vom 26. Februar 2014 – I R 59/12 (*juris*) davon aus, dass die Mindestbesteuerung ausschließlich fiskalisch motiviert ist.

153 *Dorenkamp* spricht insofern von Steueraufkommen „*auf Pump*“, FR 2011, S. 733 (S. 737).

künftigen Mindereinnahmen werden dann jedoch nicht als Staatsschulden sichtbar werden[154].

Wirtschaftlich betrachtet führt die Mindestbesteuerung dazu, dass unternehmerische Verluste nicht mehr nur Zeichen und Auswirkung schlechter Wirtschaftsjahre sind, sondern gleichzeitig auch noch Hypothek für die Zukunft. Insofern ist es aus der Sicht des betriebswirtschaftlichen Steuercontrollings nicht mehr nur opportun Gewinne steuerlich niedrig zu rechnen, sondern gegebenenfalls auch steuerliche Verluste zu vermeiden, um mit diesen Verlusten nicht auch noch in die Mindestbesteuerung zu geraten[155].

2.3.4 Sonstige interperiodische Regelungen

Von dem Grundsatz des Periodizitätsprinzips und damit von dem Grundsatz der Einkommens- bzw. Gewinnermittlung ausschließlich nach den Ereignissen eines Jahres wurden nach und nach zahlreiche Ausnahmen und Durchbrechungen normiert. Diese folgen nicht immer den Grundgedanken eines systematischen oder folgerichtigen Steuerrechts, sondern dienen oftmals Zwecken der Lenkung, der Verhinderung von Missbrauch, sowie der Staatsfinanzierung[156]. Teilweise dienen sie jedoch auch der Vermeidung von Härten, welche die periodische Besteuerung mit sich bringt.[157] Denn so groß das Verlangen nach einer Periodisierung des Ertragsteuerrechts auch sein mag, so muss dieses sich dennoch im Kern an die tatsächlichen Gegebenheiten anpassen. Denn wirtschaftliche Betätigung und gewinnstrebendes Handeln und Investieren kennt keine starren Perioden[158].

2.3.4.1 Regelmäßig wiederkehrende Leistungen

In § 11 EStG ist geregelt, in welchem Veranlagungszeitraum entstandene Einnahmen bzw. Ausgaben steuerlich zu berücksichtigen sind. Darin ist grundsätzlich zunächst nur eine Konkretisierung des Jahressteuerprinzips zu sehen. Entsprechend der Idee der Jahressteuer fallen demnach Einnahmen und Ausgaben grundsätzlich in die Veranlagungszeiträume, in denen sie zugeflossen oder abgeflossen sind (Zu- und Abflussprinzip). Eine minimale Durchbrechung dieses Prinzips hat

---

154 *Bareis*, DB 2013, S. 144 (S. 147).

155 Zu diesbezüglichen gestalterischen Möglichkeiten siehe unten in Teil 4 dieser Arbeit.

156 So ist z.B. der Begründung des Gesetzgebers zur sog. Mindestbesteuerung des § 10d EStG sowohl die Absicht zur Verstetigung der Steuereinnahmen, als auch die Missbrauchsverhinderung zu entnehmen: BT-Drucks. 15/1518, S. 13; BT-Drucks. 17/4653, S. 2.

157 So z.B. die Regelung eines interperiodischen Verlustausgleichs, § 10d EStG. Siehe dazu oben Teil 2.3.3 dieser Arbeit.

158 So auch *Hallerbach*, in: Herrmann/Heuer/Raupach: Einkommensteuer- und Körperschaftsteuergesetz, § 10d EStG, Rn. 5.

der Gesetzgeber jedoch für die sog. regelmäßig wiederkehrenden Einnahmen bzw. regelmäßig wiederkehrenden Ausgaben getroffen. Gem. § 11 Abs. 1 S. 2 EStG sind diese Einnahmen, sofern sie kurz vor Beginn oder kurz nach Ende eines Kalenderjahres dem Steuerpflichtigen zufließen demjenigen Kalenderjahr zuzurechnen, zu dem sie wirtschaftlich gehören. Für Ausgaben gilt dies gem. § 11 Abs. 2 S. 2 EStG entsprechend. Regelmäßig wiederkehrende Leistungen liegen dann vor, wenn sie periodisch nach festen Zeitabschnitten fällig werden und ihre regelmäßige Wiederkehr von vornherein rechtlich vorgesehen war[159]. Der klassische Anwendungsbereich liegt hier im Rahmen der Vermietung und Verpachtung. So sind Mieteinnahmen und Mietausgaben regelmäßig wiederkehrende Leistungen[160]. Als kurz vor Beginn bzw. Ende eines Kalenderjahres ist nach ständiger Rechtsprechung ein Zeitraum von höchstens 10 Tagen anzusehen[161]. Um diesen Zeitraum wird somit – nur für den Bereich der regelmäßig wiederkehrenden Leistungen – das Jahressteuerprinzip durchbrochen.

Zu der Gruppe der regelmäßig wiederkehrenden Leistungen sind gedanklich und inhaltlich auch Einkünfte aus nichtselbständiger Arbeit, also Lohnzahlungen zu zählen. Diese werden zwar gesetzlich ähnlich behandelt wie die wiederkehrenden Leistungen nach § 11 Abs. 1 S. 1 EStG, sind jedoch begrifflich von diesen ausgenommen durch § 11 Abs. 1 S. 4 EStG. Dieser verweist insoweit auf die Regelung des § 38a Abs. 1 S. 2 EStG, wonach laufender Lohn unabhängig vom tatsächlichen Zahlungszugang dem Jahr zuzurechnen ist, in dem der betreffende Lohnzahlungszeitraum endete. Auch insofern hat der Gesetzgeber eine Ausnahme vom Zuflussprinzip gemacht und eine Zuordnung von Einkünften nicht am tatsächlichen Zugang, sondern an der rechtlichen Zugehörigkeit festgemacht. Für den Ausgang von Lohnzahlungen gilt dies hingegen nicht – gemäß § 11 Abs. 1 S. 5 EStG bleiben die Vorschriften über die Gewinnermittlung unberührt.

2.3.4.2 Vorauszahlungen auf Nutzungsüberlassungen

Eine weitere Abweichung vom Zu- und Abflussprinzip ist in § 11 Abs. 1 S. 3 und Abs. 2 S. 3 EStG geregelt. Danach sind Vorauszahlungen für eine mehr als fünf Jahre andauernde Nutzungsüberlassung sowohl als Einnahme (freiwillig), als auch als Ausgabe (verpflichtend) gleichmäßig auf den Zeitraum zu verteilen, für den die Vorauszahlung geleistet wurde. Der Anwendungsbereich dieser Norm liegt vor allem im Bereich der Erbbauzinsen bzw. im Bereich der Zuschüsse zu Baukosten[162].

Bezeichnend ist hier, dass hinsichtlich der zeitlichen Streckung der Vorauszahlung zwischen Einnahmen und Ausgaben unterschieden wird. Die Einnahmen *können* zeitlich gestreckt werden. Werden sie nicht gestreckt, so hat dies aus Sicht

---

159 *Seiler*, in: Kirchhof, Einkommensteuergesetz, § 11 EStG Rn. 36 f.

160 *Seiler*, in: Kirchhof, Einkommensteuergesetz, § 11 EStG Rn. 37.

161 BFH, BStBl. II 1987, S. 16 (S. 17); Beschl. v. 06.11.2002 – X B 30/02, *juris*.

162 *Seiler*, in: Kirchhof, Einkommensteuergesetz, § 11 EStG Rn. 41.

des Staates eine zeitliche Vorwegnahme von Steuermehreinnahmen zur Folge. Denn würden die Einnahmen gestreckt, erhielte der Staat auch die auf die Einnahmen zu entrichtenden Steuern nur nach und nach[163]. Aus wirtschaftlicher Sicht hingegen – und in Betrachtung der Leistungsfähigkeit des Einnahmenempfängers – ergibt eine zeitliche Streckung Sinn. Schließlich verzichtet der Einnahmenempfänger im Gegenzug für die erhaltene Vorauszahlung auch selber auf die Nutzung oder anderweitige Verwertung des betreffenden Gutes für den vereinbarten Zeitraum. Wirtschaftlich stellt die Vorauszahlung den Empfänger nicht besser als die abschnittsweise Vergütung für die Nutzungsüberlassung – sieht man einmal von einem etwaigen Zinsvorteil ab.

Auf der anderen Seite hingegen *müssen* die getätigten Vorauszahlungen zeitlich gestreckt werden, ein sofortiger Abzug der Ausgaben in voller Höhe und damit eine entsprechende Senkung der steuerbaren Einkünfte ist nicht gestattet. Zwar kann angeführt werden, dass auch hier die zeitliche Streckung der wirtschaftlichen Leistungsfähigkeit des Steuerpflichtigen entspricht[164], allerdings würde ein Wahlrecht den Steuerpflichtigen auch nicht schlechter stellen, als es verfassungsrechtlich geboten ist. Ein Wahlrecht ist hier jedoch nur vorgesehen, soweit der Gesetzgeber den steuerlichen Vorteil auf seiner Seite sieht. Dieser wiederum liegt im Jahressteuerprinzip und dessen Zusammenspiel mit dem progressiven Einkommensteuertarif begründet.

2.3.4.3 Außerordentliche Einkünfte

Wie bereits unter Teil 2.3.2 dieser Arbeit dargelegt, kann es aufgrund des Zusammenspiels von Periodizitätsprinzip und progressivem Einkommensteuertarif insbesondere bei schwankenden Einkommen zu Härtefällen kommen.

Aus diesem Grund hat der Gesetzgeber in § 34 Abs. 1 EStG besondere tarifliche Entlastungen für sog. außerordentliche Einkünfte geschaffen[165].

Nach der Rechtsprechung des BFH sind außerordentliche Einkünfte einmalige, für die jeweilige Einkunftsart ungewöhnliche Einkünfte, die das zusammengeballte Ergebnis mehrerer Jahre darstellen[166]. Auf diese Definition und auf die direkte Anwendung von § 34 Abs. 1 EStG ist praktisch jedoch nur noch selten abzustellen, nämlich ausschließlich in Fällen, in denen andere Gesetze auf die Wirkung von § 34

---

163 Aufgrund des progressiven Einkommensteuertarifs kann der Verzicht auf die zeitliche Streckung unter Umständen sogar zu einer insgesamt höheren Steuerlast führen, als wenn die Einnahmen über mehrere Jahre verteilt würden.

164 Wobei der einmalige Liquiditätsentzug sicherlich wirtschaftlich schwerer zu tragen ist, als der einmalige Liquiditätsgewinn.

165 *Wacker*, in: Schmidt, Einkommensteuergesetz, § 34 EStG, Rn. 1.

166 BFH, BStBl. II 1981, S. 214 (S. 215); Urt. v. 17.2.1993 – I R 119/91, BFH/NV 1993, S. 593 (S. 594).

Abs. 1 EStG verweisen[167]. Im Übrigen regelt nämlich der Katalog des § 34 Abs. 2 EStG die gesetzlich vorgesehenen Fälle von außerordentlichen Einkünften abschließend.

Diese außerordentlichen Einkünfte unterliegen mit der sog. Fünftelregelung einer Tarifglättung. Hierbei wird gemäß § 34 Abs. 1 EStG eine Verteilung der außerordentlichen Einkünfte auf fünf Jahre fingiert. Zunächst ist die Differenz zwischen der Einkommensteuer für das Einkommen ohne die außerordentlichen Einkünfte und der Einkommensteuer für das Einkommen zuzüglich einem Fünftel der außerordentlichen Einkünfte zu ermitteln. Diese Differenz ist anschließend mit fünf zu multiplizieren. Das Ergebnis dieser Rechnung ist die auf die außerordentlichen Einkünfte anzusetzende Einkommensteuer. Dabei wird unterstellt, dass die ordentlichen Einkünfte in den folgenden vier Veranlagungszeiträumen gleich bleiben. Diese Pauschalierung kann für den Steuerpflichtigen letztlich sowohl vorteilhaft als auch nachteilig sein. Fest steht in jedem Fall, dass der Steuerpflichtige durch die fiktive Einkünfteverteilung nicht genau so gestellt wird, wie wenn eine Einkommenszuteilung nach der wirtschaftlichen Zuordnung erfolgen würde.

2.3.4.3.1 Veräußerungsgewinne

Gem. § 34 Abs. 2 Nr. 1 EStG gehören zu den außerordentlichen Einkünften die Veräußerungsgewinne im Sinne der §§ 14, 14a Abs. 1, 16 und 18 Abs. 3 EStG. Im Rahmen der Gewinneinkünfte werden typischerweise über viele Jahre hinweg stille Reserven aufgebaut. Im Falle einer Betriebsveräußerung werden diese dann geballt realisiert[168], was zu entsprechenden Veräußerungsgewinnen führt. Da auch die Betriebsaufgabe zu diesem Problem führt[169], ist die entsprechende Regelung des § 16 Abs. 3 EStG ebenso von § 34 Abs. 2 Nr.1 EStG erfasst. Begünstigt wird also die Veräußerung bzw. die Aufgabe von Betrieben, Teilbetrieben sowie von Mitunternehmeranteilen[170].

§ 34 Abs. 3 EStG gibt dem Steuerpflichtigen darüber hinaus die Möglichkeit die Anwendung eines sog. ermäßigten Steuersatzes zu beantragen, sofern der Veräußerungsgewinn fünf Millionen Euro nicht übersteigt und der Steuerpflichtige das 55. Lebensjahr vollendet hat oder dauernd berufsunfähig ist. Diese Tarifermäßigung kann jedoch nur für einen Veräußerungsgewinn pro Veranlagungszeitraum beantragt werden, § 34 Abs. 3 S. 5 EStG. Hierin zeigt sich deutlich der Sozialzweckcharakter des § 34 EStG[171].

---

167 *Mellinghoff*, in: Kirchhof, Einkommensteuergesetz, § 34 EStG, Rn. 14.
168 *Mellinghoff*, in: Kirchhof, Einkommensteuergesetz, § 34 EStG, Rn. 15.
169 *Mellinghoff*, in: Kirchhof, Einkommensteuergesetz, § 34 EStG, Rn. 15.
170 *Wacker*, in: Schmidt, Einkommensteuergesetz, § 34 EStG, Rn. 26.
171 Siehe unten in Teil 2.3.4.3.5 dieser Arbeit.

2.3.4.3.2 *Entschädigungen*

Zu den außerordentlichen Einkünften gehören gem. § 34 Abs. 2 Nr. 2 EStG auch Entschädigungen nach § 24 Nr. 1 EStG. Zu diesen zählen Entschädigungen für entgangene Einnahmen (Nr. 1a), für die Aufgabe oder Nichtausübung einer Tätigkeit, die Aufgabe einer Gewinnbeteiligung oder Anwartschaft auf eine solche (Nr. 1b) sowie Ausgleichzahlungen an Handelsvertreter nach § 89b HGB. Voraussetzung ist jedoch jeweils, dass die Entschädigung auch den Tatbestand der außerordentlichen Einkünfte nach § 34 Abs. 1 EStG erfüllt, insbesondere also ein zusammengeballter Zufluss der Entschädigung gegeben ist[172]. Zweck dieser Ausnahme ist es insbesondere, Abfindungen und Entlassungsentschädigungen steuerlich zu begünstigen und so zu verhindern, dass die wirtschaftlichen Auswirkungen des Arbeitsplatzverlustes nicht noch durch den progressiven Steuertarif verschärft werden.

2.3.4.3.3 *Nutzungsvergütungen*

Ebenso als außerordentliche Einkünfte begünstigt sind unter Umständen Nutzungsvergütungen nach § 24 Nr. 3 EStG, sofern sie für mindestens mehr als drei Jahre auf einmal nachgezahlt werden (§ 34 Abs. 2 Nr. 3 EStG). Eine Anwendung auf geballte Nutzungsvergütungen für die Zukunft ist insofern ausgeschlossen[173]. Für Vorauszahlungen bleibt es entsprechend bei der Regelung des § 11 Abs. 1 S. 3 EStG.

2.3.4.3.4 *Vergütungen für mehrjährige Tätigkeiten*

Abgerundet werden die außerordentlichen Einkünfte mit der Erfassung der Vergütung für mehrjährige Tätigkeiten nach § 34 Abs. 2 Nr. 4 EStG. Mehrjährige Tätigkeiten liegen bereits dann vor, wenn sie sich über mindestens zwei Veranlagungszeiträume und einen Zeitraum von mehr als 12 Monaten erstrecken. Anders als bei den Nutzungsvergütungen nach § 34 Abs. 2 Nr. 3 EStG sind nach der Rechtsprechung auch Vorauszahlungen für mehrjährige Tätigkeiten erfasst[174]. Dies ist letztlich konsequent, da es für die Besteuerung nach der Leistungsfähigkeit nicht darauf ankommt, ob der Steuerpflichtige eine Entlohnung im Voraus oder im Nachhinein erhält, sofern die Zahlung seine Leistungsfähigkeit für denselben Zeitraum absichern soll. Aus dem Zweck der Norm, die Wirkung des progressiven Steuertarifs zu mildern[175], ist auch hier zu folgern, dass die zu begünstigende Vergütung innerhalb eines Veranlagungszeitraumes erfolgen muss[176]. Denn nur, wenn diese Bedingung erfüllt ist, kann eine negative Progressionswirkung überhaupt eintreten.

---

172 *Wacker*, in: Schmidt, Einkommensteuergesetz, § 34 EStG, Rn. 35; *Mellinghoff*, in: Kirchhof, Einkommensteuergesetz, § 34 EStG, Rn. 22.
173 BFH, BStBl. II 1994, S. 640 (S. 642).
174 BFH, BStBl. II 1970, S. 683 (S. 685 f.).
175 BFH, BStBl. II 2007, S. 180 (S. 181).
176 *Mellinghoff*, in: Kirchhof, Einkommensteuergesetz, § 34 EStG, Rn. 31.

2.3.4.3.5 *§ 34 EStG als Sozialzwecknorm*

§ 34 EStG ist eine reine Sozialzwecknorm[177]. Um dem Problem einer übermäßigen steuerlichen Belastung aufgrund des Zusammenspiels[178] des progressiven Steuertarifs und den geballten Einnahmen aus einem längeren Zeitraum entgegen zu wirken, kennt das deutsche Einkommensteuergesetz schon seit dem Jahre 1920 einen Härteausgleich für derartige Fälle[179]. Laut *Mellinghoff* ist in § 34 EStG eine systematische Ergänzung des Jahressteuerprinzips zu sehen[180]. Diese Ansicht geht fehl. Zunächst stellt § 34 EStG keine Ergänzung, sondern eine Ausnahme vom Jahressteuerprinzip dar, denn er ermöglicht die Glättung von tariflichen Spitzen durch die fiktive Verteilung von Einkommen auf mehrere Jahre. Der eherne Grundsatz des Jahressteuerprinzips ist es nun einmal, dass Einkünfte in dem Jahr zu erfassen sind, in dem sie eintreten, nicht in dem Jahr, welchem sie wirtschaftlich zuzuordnen wären[181]. Zum anderen ist § 34 EStG keine wirklich systematische Rolle zuzuschreiben, vielmehr durchbricht § 34 EStG die Wirkung des Zusammenspiels von periodischer Besteuerung und progressivem Tarif sehr selektiv und nur in bestimmten, ausdrücklich genannten und für begünstigungswürdig empfundenen Fällen[182]. Ein System ist darin nicht zu erkennen. Bei § 34 EStG handelt es sich um eine Härtefallregelung, die es lediglich punktuell vermag, die tariflichen Auswirkungen von interperiodischen Einkunftsschwankungen zu korrigieren.

2.3.4.4 *Absetzungen für Abnutzung / Wertsteigerungen*

Auch mittels der verschiedenen Regelungen bzgl. der Wertabschreibung von abnutzbaren Wirtschaftsgütern in den §§ 7 ff. EStG trifft der Gesetzgeber Entscheidungen hinsichtlich des Zusammenspiels der einzelnen Periode und der überperiodischen Erfassung der Leistungsfähigkeit.

Nach den §§ 7 ff. EStG sind Kosten für die Anschaffung von abnutzbaren Wirtschaftsgütern nicht in voller Höhe in der Periode abzuziehen, in der sie entstanden sind, sondern vielmehr zeitlich gestreckt über die Dauer der Nutzung dieses Wirtschaftsgutes. Dies ist insofern konsequent, als die Leistungsfähigkeit des Steuerpflichtigen auch nach der Anschaffung des Wirtschaftsgutes nicht sofort in Höhe der Anschaffungskosten sinkt, sondern sich vielmehr in dem erworbenen Wirtschaftsgut

---

177 BFH Beschl. v. 09.12.2002 – X B 28/02, *juris*.

178 Vgl. *Siegel*, DStR 2007, S. 978 (S. 979).

179 *Mellinghoff*, in: Kirchhof, Einkommensteuergesetz, § 34 EStG, Rn. 1 Fn. 1.

180 *Mellinghoff*, in: Kirchhof, Einkommensteuergesetz, § 34 EStG, Rn. 1.

181 So auch *Siegel*, DStR 2007, S. 978 (S. 980).

182 Anschaulich wird dies insbesondere bei Betrachtung der mehrfachen erheblichen Änderungen der Vorschrift (siehe hierzu *Wacker*, in: Schmidt, Einkommensteuergesetz, § 34 EStG, Rn. 2). Eine Norm mit systematisch relevantem Charakter kann nicht beliebig geändert werden, sofern sich das Grundsystem nicht ebenfalls ändert. Am Jahressteuerprinzip und dem progressiven Steuertarif hat der Gesetzgeber aber bekanntlich festgehalten.

bewahrt. Es liegt ein erfolgsneutraler Aktiv-Passiv-Tausch vor[183]. Verliert dieses Wirtschaftsgut über Zeit an Wert bzw. Nutzen, nimmt die Leistungsfähigkeit des Steuerpflichtigen real – aber durch die Absetzung für Abnutzung auch steuerrechtlich ab. Letztlich verteilt der Gesetzgeber auf diese Weise vereinfachend und typisierend die überperiodische Leistungsfähigkeit des Steuerpflichtigen zur besseren periodischen Erfassung in Bruchteilen auf die einzelnen Perioden.

Betrachtet man die einschlägigen Regelungen jedoch genauer, so ist zu erkennen, dass der Gesetzgeber diesen Weg zum einen nicht konsequent durchhält und zum anderen auch aus anderen Motiven als dem der Steuergerechtigkeit gesetzgeberisch tätig geworden ist. So können z. B. nach § 6 Abs. 2 EStG bewegliche abnutzbare Wirtschaftsgüter bis zu einem Wert von 410 EUR sofort in voller Höhe abgesetzt werden, auch wenn ihr Nutzen sich noch über Jahre in der Leistungsfähigkeit des Steuerpflichtigen spiegelt.

In den §§ 7b bis 7k EStG finden sich wiederum eine Reihe von Spezialregelungen zur Abschreibung für Abnutzung, welche letztlich der steuerlichen Verhaltenslenkung bzw. der Steuersubvention bestimmten (wirtschaftlichen) Verhaltens dienen. So werden erhöhte Abschreibungen ermöglicht oder eine gewisse Bewertungsfreiheit zugebilligt. Dies hat letztlich nur noch bedingt mit der Berücksichtigung der überperiodischen Leistungsfähigkeit zu tun, sondern ist einzig auf gesellschaftspolitische Beweggründe zurückzuführen (so z. B. auf den Umweltschutz (§ 7d EStG) oder die Förderung bezahlbaren Wohnraumes (§§ 7c, 7k EStG)).

Wertsteigerungen im steuerlich relevanten betrieblichen Vermögen eines Steuerpflichtigen werden im Übrigen getreu dem Realisationsprinzip erst steuerlich erfasst, wenn sie sich manifestieren. Die so in einem Wirtschaftsgut verborgenen stillen Reserven können also periodenübergreifend gebildet werden und werden im Prinzip wie bei einer Totalgewinnbesteuerung erst mit ihrer Aufdeckung erfasst und besteuert. Das gleiche gilt letztlich auch für steuerbare Veräußerungserlöse nach § 23 EStG.

2.3.4.5 Rückstellungen

Gemäß § 5 Abs. 1 S. 1 EStG ist bei der Gewinnermittlung von Gewerbetreibenden, welche der Buchführungspflicht unterliegen, das Betriebsvermögen anzusetzen, welches nach den handelsrechtlichen Grundsätzen ordnungsgemäßer Buchführung auszuweisen ist. Auf diesem Weg finden grundsätzlich die Bilanzierungsregelungen des Handelsgesetzbuches Anwendung im Steuerrecht. Im Handelsrecht gelten jedoch von jeher andere Ansätze hinsichtlich der periodischen Zuordnung von Erträgen und Aufwand als im Ertragsteuerrecht. Zwar gilt – wie im Steuerrecht – gem. dem Realisationsprinzips der Grundsatz, dass Gewinne nur dann auszuweisen sind, wenn sie bis zum Abschlussstichtag realisiert wurden[184]. Allerdings gilt im

183 *Birk/Desens/Tappe*, Rn. 893.

184 *K. Schmidt*, Handelsrecht Unternehmensrecht I, § 15 Rn. 71.

Handelsrecht auch das sog. Imparitätsprinzip, also der Grundsatz absehbare zukünftige Risiken und Aufwendungen zu antizipieren und bereits vor ihrer Entstehung bilanziell zu berücksichtigen[185]. Entsprechend ist in § 249 HGB die Pflicht zu Bildung von Rückstellungen geregelt. Sofern mit Kosten oder Risiken mit einiger Wahrscheinlichkeit zu rechnen ist, ist dies in der Bilanz insbesondere zum Schutze der Allgemeinheit kenntlich zu machen[186]. Denn diese Kosten werden den jeweils Buchführungspflichtigen in Zukunft entsprechend belasten.

Inwiefern diese Regelung dem Vorsichtsprinzip[187] oder eher dem Vollständigkeitsprinzip[188] entspringt, kann dahinstehen. Entscheidend ist, dass die Idee der gewinnmindernden Rückstellung einem periodischen und ertragsorientierten Steuersystem grundsätzlich fremd sein muss. Zum einen widerspricht es der Besteuerung nach dem jährlichen Ertrag, wenn bei der Ermittlung desselben etwaiger zukünftiger Aufwand zum Abzug kommt. Die Vermischung von zukünftigem Aufwand und gegenwärtigen Erträgen ist eine klare Durchbrechung des einjährigen Veranlagungszeitraumes und ein Schritt zur Besteuerung nach dem Ertragsdurchschnitt mehrerer Jahre. Zum anderen liegt der Ursprung des steuerrechtlichen Realisationsprinzips darin, dass der Gesetzgeber zur Sicherstellung seiner Steuereinnahmen nur greifbare und tatsächlich eingetretene Vorgänge berücksichtigt[189]. Der Abzug fiktiver Ausgaben bei der Ermittlung der steuerbaren Einkünfte stellt erkennbar eine veritable Gefahr für den Staatshaushalt dar.

Dennoch ist gem. § 5 Abs. 1 S. 1 EStG grundsätzlich auch § 249 HGB bei der Gewinnermittlung anzuwenden. Aus genannten Gründen jedoch, hat der Gesetzgeber in § 5 Abs. 2a, 3, 4, 4a und 4b EStG, sowie in § 6a EStG zahlreiche weitgehende Ausnahmen zu § 249 HGB normiert. Weitere spezielle Regelungen finden sich auch in den §§ 20 ff. KStG für Versicherungsunternehmen, Pensionsfonds und Bausparkassen. Auf diese Weise hat der Gesetzgeber die Möglichkeiten zur Bildung steuerlich anerkannter Rückstellungen stark eingeschränkt. Der Grundsatz der Passivierungspflicht für ungewisse Verbindlichkeiten bleibt jedoch auch im Steuerrecht bestehen[190].

Soweit der Gesetzgeber im Rahmen der Gewinnermittlung Rückstellungen für zukünftige Risiken oder Ausgaben zulässt, stellt dies eine klare Durchbrechung des Jahressteuerprinzips dar. Denn Rückstellungen spiegeln keinen im jeweiligen Veranlagungszeitraum eingetretenen Aufwand wieder, der konkret die Leistungsfähigkeit und die Bemessungsgrundlage des Steuerpflichtigen senkt. Vielmehr sind

---

185 *K. Schmidt*, § 15 Rn. 71; *Morck*, in: Koller/Roth/Morck: HGB Kommentar, § 249 HGB, Rn. 1.

186 *K. Schmidt*, § 15 Rn. 74.

187 *K. Schmidt*, § 15 Rn. 79; weitere Nachweise bei *Tiedchen*, in: Herrmann/Heuer/Raupach, Einkommensteuer- und Körperschaftsteuergesetz, § 5 EStG Rn. 490.

188 *Tiedchen*, in: Herrmann/Heuer/Raupach: Einkommensteuer- und Körperschaftsteuergesetz, § 5 EStG Rn. 490 mit weiteren Nachweisen.

189 *Birk/Desens/Tappe*, Rn. 831.

190 *Morck*, in: Koller/Roth/Morck: HGB Kommentar, § 249 HGB, Rn. 4.

sie reine Vorsichtsmaßnahmen in Erwartung zukünftiger Belastungen. Damit stehen Rückstellungen nicht nur im Widerspruch zum Zu- und Abflussprinzip, sondern auch zum Jahressteuerprinzip, dass auf der Besteuerung nach dem vergangenen Veranlagungszeitraum beruht. Das Ergebnis dieses vergangenen Veranlagungszeitraums wird jedoch durch die Bildung von Rückstellungen bei eigentlich streng jährlicher Sichtweise verfälscht.

Die Tatsache, dass der Gesetzgeber dennoch in begrenztem Rahmen Rückstellungen in der Steuerbilanz akzeptiert, ist insofern verwunderlich. In jedem Fall ist dies nicht mit der These *P. Kirchhofs* hinsichtlich der zeitnahen Besteuerung der gegenwärtigen Leistungsfähigkeit[191] in Einklang zu bringen. Denn die gegenwärtige Leistungsfähigkeit ist in dem Zeitraum, in dem die Rückstellungen gebildet werden, noch gar nicht gemindert.

2.3.5 Zusammenfassung

Es bleibt festzuhalten, dass sich der deutsche Gesetzgeber im Ertragsteuerrecht für eine Besteuerungsperiode von einem Kalenderjahr entschieden hat. Damit liegt er sicherlich auf einer Linie mit den meisten Steuersystemen weltweit. Die starre Besteuerung nach Jahresperioden hat jedoch zur Folge, dass sich bei schwankenden Jahresergebnissen und einem progressiven Steuertarif Ungleichheiten hinsichtlich der Besteuerung in der Totalperiode ergeben können. Gleiches gilt auch für das Zusammentreffen von einheitlichen Steuertarifen und Verlustjahren.

Allerdings hat der deutsche Gesetzgeber auch einige Durchbrechungen des Systems des Jahressteuerprinzips normiert. So akzeptiert er grundsätzlich eine interperiodische Verlustverrechnung in Form eines Verlustvor- oder -rücktrags. Auch hat er in § 11 EStG einige Abweichungen von einem starren Jahressteuerprinzip um die jeweiligen Jahreswechsel normiert. Während dies zu einem großen Teil wohl praktischen Überlegungen geschuldet ist, so handelt es sich bei den Regelungen hinsichtlich der außerordentlichen Einkünfte um reine Sozialzwecknormen zum Ausgleich von Härtefällen. Die Möglichkeit zur Bildung von Rückstellungen hingegen, ist wohl dem Wunsch nach einem möglichst einheitlichen Bilanzrecht geschuldet.

Diese Ausnahmen vom Jahressteuerprinzip unterliegen keiner erkennbaren Systematik, geschweige denn einer einheitlichen Zielsetzung. Vielmehr lassen sich in den einzelnen Regelungen praktische, fiskalische, politische und soziale Beweggründe erkennen, die jedoch nicht auf dem allgemeinen Bewusstsein der Wirkungen des Jahressteuerprinzips, des Periodizitätsprinzips oder der systemtragenden Prinzipien des Ertragsteuerrechts fußen.

Die teils gravierenden Auswirkungen des Jahressteuerprinzips im Zusammenspiel mit wirtschaftlichen und rechtlichen Begebenheiten und ein Flickwerk an Ausnahmen und Durchbrechungen bieten oftmals Anreiz und zugleich Möglichkeiten

---

191 Siehe oben in Teil 2.2.1 dieser Arbeit.

zur legalen und illegalen Steueroptimierung und Sachverhaltsgestaltung[192]. Es liegt in der Natur der Sache, dass Steuerpflichtige versuchen werden Ausnahmen zu ihren Gunsten zu nutzen, um (vermeintliche) Härtefälle weitestgehend auszuschließen. Umso härter jemand von den Auswirkungen des Jahressteuerprinzips betroffen ist, desto größer werden seine Anstrengungen ausfallen, diese zu minimieren. Dies wird insbesondere um die jeweilige Jahreswende der Fall sein, da es vor allem dann oftmals nur vom Zufall abhängen wird, ob ein steuerlich relevantes Ereignis in das eine oder das andere Kalenderjahr fällt. Soweit § 11 EStG hier Regelungen bzgl. des Jahreswechsels und wiederkehrende Leistungen trifft, hat dies auf die zufällige Verschiebung von Ereignissen nur geringen Einfluss, da wiederkehrende Leistungen ohnehin grundsätzlich regelmäßig und zu festen Zeitpunkten fließen werden[193].

Durch entsprechende Sachverhalts- und Steuergestaltungen werden jedoch etwaige Ungerechtigkeiten und Ungleichbehandlungen des Steuerrechts nicht gemildert, sondern gegebenenfalls sogar verstärkt. Denn nicht jedem stehen die entsprechenden Möglichkeiten zur Steueroptimierung zur Verfügung.

2.4 Verfassungsmäßigkeit der deutschen Ausgestaltung des Periodizitätsprinzips

Die Wirkungen des Jahressteuerprinzips – und damit des Periodizitätsprinzips – wurden schon oft und seit langem in der Literatur und teilweise sogar in der Rechtsprechung bemängelt[194]. Entsprechend waren sie auch schon Anlass so manches grundlegenden Reformvorschlags aus dem Bereich des Steuerrechts – hervorzuheben sind hier insbesondere die jeweiligen Vorschläge *Hackmanns*[195] und *Mitschkes*[196] zur Umsetzung einer Lebensbesteuerung.

Im Folgenden soll daher die deutsche Ausformung des Periodizitätsprinzip hinsichtlich ihrer Verfassungsmäßigkeit untersucht werden, also unter Berücksichtigung der vom Gesetzgeber getroffenen Durchbrechungen und Ausnahmen vom Jahressteuerprinzip. Der Schwerpunkt der Prüfung soll dabei auf der einjährigen Periode, der Wechselwirkung mit dem progressiven Steuertarif im Rahmen der Einkommensteuer sowie auf der interperiodischen Verlustverrechnung nach der aktuellen deutschen Gesetzeslage liegen. Diese Verengung der Prüfung auf die deutsche Umsetzung des Periodizitätsprinzips ist aufgrund des

---

192 Siehe dazu insbesondere Teil 4.3 dieser Arbeit.

193 Der Zugang von Lohn-, Renten- oder Mietzahlungen ist in aller Regel wenig zufällig und bietet dem Empfänger wenig Möglichkeiten gestaltend einzugreifen. Anders ist dies sicherlich hinsichtlich Geschäftsinvestitionen, dem Ausstellen von Rechnungen oder Fällen höherer Gewalt.

194 Siehe BFH, BStBl. II 2004, S. 414 (S.415): *„ungerechtes Prinzip* (...) *der Abschnittsbesteuerung*".

195 Siehe insbesondere *Hackmann*, Die Besteuerung des Lebenseinkommens und *ders.*, StuW 1982, S. 173 ff.

196 Siehe *Mitschke*, StuW 1980, S. 252 ff.

Konkretisierungsbedürfnisses dieses Prinzips geboten – eine abstrakte Prüfung unter Ausblendung der tatsächlichen deutschen gesetzlichen Gegebenheiten erscheint hingegen wenig zielführend. Das Periodizitätsprinzip ist in seiner Reinform zu abstrakt um auf konkrete Grundrechtsverstöße untersucht zu werden. Des Weiteren ist es denkbar, dass der Gesetzgeber etwaige Konflikte des Periodizitätsprinzips mit höherrangigem Recht im Wege seiner Konkretisierung durch das Jahressteuerprinzip ausgeräumt hat.

Eine Überprüfung insbesondere der einjährigen Periode erscheint deshalb angebracht, weil sie die maßgebliche Kernaussage der deutschen Umsetzung des Periodizitätsgesetzes darstellt. Hinsichtlich der Wahl des richtigen Besteuerungszeitraumes obliegt es dem Gesetzgeber jedoch, kollidierende Verfassungsgüter und Prinzipien in Einklang zu bringen – er steht insofern vor einem Optimierungsauftrag[197]. An dieser Schnittstelle zwischen dem Periodizitätsprinzip und einer gerechten und verfassungskonformen Besteuerung ist der Gesetzgeber in besonderem Maße gefordert. Gerade in Bezug auf den geltenden einjährigen Besteuerungszeitraum ist es vertretbar, Zweifel an dessen Gerechtigkeit und Praktikabilität anzubringen[198]. Denn der Gesetzgeber ist dazu verpflichtet, durch die Wahl des Besteuerungszeitraums die Lebensperiode eines Menschen nicht sachwidrig[199] oder willkürlich zu zerteilen.

Als gewählte Umsetzung des Sozialstaatsprinzips[200] spielt der progressive Steuertarif des § 32a Abs. 1 EStG im Einkommensteuerrecht eine hervorgehobene Rolle. Die unterschiedliche Belastung unterschiedlich hoher Einkommen wird als Gebot der Gerechtigkeit betrachtet[201]. Seine Wechselwirkungen mit einer periodischen Besteuerung sind jedoch gleichheitsrechtlich in Zweifel zu ziehen und entsprechend eingehend zu prüfen.

Die Problematik der überperiodischen Verlustverrechnungen ist nicht erst seit der Normierung der sog. ‚Mindestbesteuerung' verfassungsrechtlich relevant. Vielmehr stellt die Verlustverrechnung in der Zeit auch eine zentrale Durchbrechung des Periodizitätsprinzips und somit eine Milderung seiner Folgen dar. Je nach Anschauung kann diese Durchbrechung jedoch auch einen zu rechtfertigenden Eingriff in grundrechtlich geschützte Positionen darstellen[202]. In jedem Fall steckt in der Thematik des Verlustvor- und -rücktrags große fiskalische sowie wirtschaftliche Relevanz. Sie stellt neben der Bemessungsgrundlage und dem Steuertarif eine der größten Stellschrauben dar, die dem Gesetzgeber im Steuerrecht zur Verfügung stehen.

In einem ersten Schritt sollen zunächst diejenigen verfassungsrechtlichen Güter und Rechtsgrundsätze erörtert werden, die besonders im Steuerrecht ihre

197 *Drüen*, S. 96.
198 *Mitschke*, StuW 1980, S. 122 (S. 122).
199 *Drüen*, S. 101.
200 *Tipke*, Steuerrechtordnung Band 2, 2. Auflage, S. 403.
201 *Musil*, in: Herrmann/Heuer/Raupach: Einkommensteuer- und Körperschaftsteuergesetz, § 2 EStG Rn. 900.
202 *Jachmann*, S. 141.

Wirkung entfalten. Anschließend sollen sie auf ihre Berührungspunkte mit dem Periodizitätsprinzip untersucht werden. In einem letzten Schritt ist festzustellen, inwiefern die festgestellten Verstöße gegen höherrangiges Recht gerechtfertigt werden können.

2.4.1 Grundsätze einer verfassungsgemäßen Besteuerung und ihr Bezug zum Periodizitätsprinzip

Wie in den meisten Rechtsgebieten, haben sich auch im Steuerrecht eine Vielzahl von Grundsätzen, Prinzipien und Rechtsinstituten entwickelt, welche die allgemeinen Aussagen des Grundgesetzes für dieses spezielle Rechtsgebiet konkretisieren. Diese Konkretisierungen vermögen es jedoch nicht, eigenständig an die Stelle des Grundgesetzes zu treten. Vielmehr muss die Primärnorm, also das höherrangige Recht in seiner Urform stets Ausgang jeder rechtlichen Bewertung bleiben. Entsprechend finden sich in der folgenden Untersuchung sowohl die Primärnormen, als auch deren für das Steuerrecht spezifischen Konkretisierungen.

2.4.1.1 Der allgemeine Gleichheitssatz

In seiner grundsätzlichen Ausrichtung spiegelt das Steuerrecht sowohl den allgemeinen Gleichheitssatz, als auch die sog. Freiheitsgrundrechte wieder[203]. Die größere Bedeutung kommt jedoch dem Gleichheitssatz zu, denn nur dieser gewährleistet die gleiche steuerliche Belastung aller Bürger[204]. Diese ist im Steuerrecht von ganz zentraler Bedeutung. Denn Steuerrecht bedeutet immer auch Eingriffsrecht[205]. Anders aber als im sonstigen Eingriffsrecht, wie z. B. dem Polizeirecht oder dem Strafvollzugsrecht, ist so gut wie jeder Bürger direkt betroffen. Aus diesem Grund bedarf es in erhöhtem Maße der Wahrung der sog. Belastungsgleichheit bzw. der Belastungsgerechtigkeit. Es ist daher nur konsequent, dass das Bundesverfassungsgericht in seiner ständigen Rechtsprechung von einer bereichsspezifischen Ausprägung des Gleichheitssatzes ausgeht: Der Sicherstellung der gleichmäßigen steuerlichen Belastung[206]. Entsprechend gilt selbstverständlich auch und gerade im Steuerrecht, dass der Gesetzgeber wesentlich Gleiches gleich und wesentlich Ungleiches ungleich zu behandeln hat[207]. Erst diese Gleichbehandlung in der steuerlichen Belastung erlaubt es dem Gesetzgeber, seine Bürger zur gemeinsamen Finanzierung des Staates heranzuziehen[208].

---

203 Vgl. *Tipke*, Die Steuerrechtsordnung Band 1, 2. Auflage, S. 290.

204 *Tipke*, Die Steuerrechtsordnung Band 1, 2. Auflage, S. 290.

205 *Birk/Desens/Tappe*, Rn. 172; *Fehrenbacher*, § 1 Rn. 4; *Englisch*, in: Gestaltung der Steuerrechtsordnung, S. 167 (S. 169); BVerfG, BVerfGE 115, S. 97 (S. 111).

206 BVerfG, BVerfGE 99, S. 280 (S. 289); BVerfGE 105, S. 17 (S. 46); BVerfGE 93, S. 121 (S. 134).

207 BFH, BStBl. II 2013, S. 498 (S. 499).

208 *Eckhoff*, in: Leitgedanken des Rechts Band II, S. 1601 (S. 1602).

Ausgangspunkt jeder Frage nach Gerechtigkeit ist daher selbstverständlich auch im Steuerrecht der Gleichheitssatz des Art. 3 Abs. 1 GG[209]; das deutsche Steuerrecht muss sich zuvorderst an diesem messen lassen[210]. Die von Art. 3 Abs. 1 GG geforderte Gerechtigkeit betrifft dabei die Gleichbehandlung der Steuerpflichtigen durch den Staat, nicht hingegen ihr Verhältnis zu diesem[211].

Es herrscht weitestgehend Einigkeit dahingehend, dass gleichmäßige Besteuerung keineswegs einen progressiven Steuertarif ausschließen muss[212]. Vielmehr gebietet es der Gleichheitssatz lediglich, Steuerpflichtige bei gleicher Leistungsfähigkeit gleich hoch zu belasten[213]. Um einen Vergleich hinsichtlich der Leistungsfähigkeit von Steuerpflichtigen zu ermöglichen, kommt man jedoch nicht umhin, einen zeitlichen Vergleichszeitraum festzulegen[214]. Das im Ertragsteuerrecht vorherrschende Jahressteuerprinzip legt nahe, das Kalenderjahr als Vergleichsbasis heranzuziehen[215]. Inwiefern dies der richtige Ansatz ist, ist umstritten. Schließlich wird von vielen Seiten die Zugrundelegung der Lebensleistungsfähigkeit als Vergleichsmaßstab verlangt[216].

Zur Entscheidung der Frage nach dem richtigen Vergleichszeitraum ist es geboten, Sinn und Wesen der Ertragsteuer zu beleuchten: Der Steuerstaat finanziert sich durch die Erhebung von Abgaben[217]. Anders als Gebühren und Beiträge sind Steuern nicht zweckgebunden[218], sie dienen vielmehr der allgemeinen Finanzierung des Staatshaushaltes, ohne dass der Steuerpflichtige eine konkrete Gegenleistung verlangen kann[219]. Sie werden daher mit dem Gedanken erhoben, in der Gemeinschaft der Steuerzahler gemeinsam den Staat zu finanzieren, von dem sodann alle Steuerpflichtigen gleichzeitig profitieren, in dem sie ihre Freiheit ausleben können, ihren Lebensunterhalt verdienen können, von dem sie Schutz, Bildung und eine soziale Absicherung erhalten. Der Steuerstaat ist ein Solidarpakt, von dem jeder in seiner Weise profitiert[220]. Entsprechend ist das Ertragsteuerrecht unter anderem auch in deutlicher Weise vom Sozialstaatsprinzip geprägt[221].

---

209 *Stadie*, Allgemeines Steuerrecht, S. 30 Rn. 85.
210 *Röder*, StuW 2012, S. 18 (S. 19).
211 *Tipke*, Die Steuerrechtsordnung Band 2, 2. Auflage, S. 757.
212 Siehe exemplarisch *P. Kirchhof*, DStJG 24, S. 9 (S. 16).
213 BVerfG, BVerfGE 105, S. 17 (S. 46).
214 Vgl. *Stenz*, S. 115.
215 Vgl. BFH, BStBl. II 2005, S. 262 (S. 265).
216 So z.B. *Tipke*, StuW 2002, S. 148 (S. 166); *Jachmann*, S. 145; *Hallerbach*, in: Herrmann/Heuer/Raupach, Einkommensteuer- und Körperschaftsteuergesetz, § 10d EStG, Rn. 10; *Ohmer*, S. 110; *Lang*, Die Bemessungsgrundlage der Einkommensteuer, S. 187.
217 *Birk/Desens/Tappe*, Rn. 70; *Tipke*, Die Steuerrechtsordnung Band 1, 1. Auflage, S. 230.
218 *Birk/Desens/Tappe*, Rn. 117.
219 *Lang*, in: Tipke/Lang, Steuerrecht, § 3 Rn. 15.
220 Entsprechend ist die Steuerpflicht auch Sozialpflicht, *Tipke*, Die Steuerrechtsordnung Band 1, 1. Auflage, S. 428.
221 *Tipke*, Die Steuerrechtsordnung Band 1, 2. Auflage, S. 290.

Zu diesem Solidarpakt kann jedoch nicht jeder denselben Anteil beitragen. Entsprechend beruht das Ertragsteuerrecht[222] auf dem Gedanken der Besteuerung nach der individuellen Leistungsfähigkeit. Umso größer die Leistungsfähigkeit des Steuerpflichtigen ist, desto stärker kann er auch zur Finanzierung des Staates herangezogen werden. So lässt sich grundsätzlich auch der im Einkommensteuerrecht vorherrschende progressive Steuertarif begründen[223]. Nun ist jedoch festzustellen, dass der Beitrag des einzelnen nicht mit einer einmaligen Zahlung gedeckt ist, so wie der Staat sich nicht zeitlich unbegrenzt von einer einmaligen Abgabenerhebung finanzieren kann. Der Staat muss vielmehr laufend neu finanziert werden. Dieser Grundsatz ist letztlich der Ausgangspunkt des Periodizitätsprinzips[224]. Entsprechend unterliegen jedoch seine Bürger – zeitlich nur durch ihre Lebensdauer begrenzt – solange seiner Besteuerung, wie sie in irgendeiner Weise von ihm profitieren[225].

Wenn jedoch die Verpflichtung zur Staatsfinanzierung in ihrem zeitlichen Umfang näher an der Lebensdauer des Steuerpflichtigen liegt, als am einzelnen Kalenderjahr, ist nicht ersichtlich, weshalb allein auf eine Gleichheit im Kalenderjahr abzustellen sein sollte. Es ist nicht zu begründen, weshalb der lebenszeitliche Beitrag zur Staatsfinanzierung von der Lebensleistungsfähigkeit losgekoppelt zu betrachten sein soll. Nichts anderes aber bedeutet es, allein auf die Gleichheit in der Jahresperiode abzustellen.

Die Verpflichtung des Bürgers zur Steuer beruht auf dem Gedanken, dass jeder Einzelne Verantwortung für die Allgemeinheit und den gemeinsamen Staat trägt[226]. Diese Verantwortung ist jedoch nicht auf einzelne Lebensabschnitte zu reduzieren[227]. Die Zerteilung eines Lebens in Abschnitte, nach denen sich die Verantwortung für den Staat bemessen soll ist in jedem Fall willkürlich, sie muss ihrem Wesen nach willkürlich sein[228]. Sofern der Bürger sein ganzes Leben vom Staat und der Gemeinschaft profitiert, muss sich sein Beitrag zu diesem Staat auch an seinem ganzen Leben und der darin erreichten Leistungsfähigkeit messen lassen und nicht nur an einigen leistungsstarken Perioden. Nur dann ist gewährleistet, dass er seinen gerechten Beitrag entsprechend seiner tatsächlichen Leistungsfähigkeit geleistet hat. Betrachtet man das bereits herangezogene Beispiel des Profisportlers[229], stellt sich die konkrete Frage, wieso dieser in seinem Leben einen größeren Beitrag zum finanziellen Erhalt des Staates beitragen soll, als jemand anderes mit

222 Anders als die deshalb zu Recht kritisierten Verbrauchsteuern.
223 *Tipke*, Die Steuerrechtsordnung Band 1, 1. Auflage, S. 403 f.
224 Siehe oben in Teil 2.2.1 dieser Arbeit.
225 Jede in Deutschland zu erhebende Steuer schließt auf die eine oder andere Weise an einen mit Deutschland verbundenen Sachverhalt an. Der Steuerpflichtige mag seinen Wohnsitz in Deutschland haben, deutsches Einkommen haben, in Deutschland Güter konsumieren oder in Deutschland erben.
226 *Jachmann*, S. 145.
227 *Jachmann*, S. 145.
228 Vgl. *Tipke*, StuW 2002, S. 148 (S. 166).
229 Siehe oben in Teil 2.3.2 dieser Arbeit.

derselben Lebensleistungsfähigkeit. Idealer Weise muss sich eine Steuer, die sich nach der Leistungsfähigkeit richtet daher an der Lebensleistungsfähigkeit orientieren. Vergleichsmaßstab des allgemeinen Gleichheitssatzes muss in zeitlicher Hinsicht also (auch) ein der Lebenszeit des einzelnen Steuerpflichtigen angepasster Zeitraum sein.

Zweierlei gilt es jedoch zu bedenken. Zum einen ist es umso schwieriger eine absolute Gleichbehandlung zu erreichen, umso größer der einschlägige Vergleichszeitraum ist. Die gleichmäßige und gerechte Besteuerung nach der Lebensleistungsfähigkeit bleibt auch in Zeiten einer fast vollständigen Digitalisierung und weit fortgeschrittener elektronischer Datenerfassung ein schwer zu erreichendes Ideal[230].

Zum anderen ist das Kalenderjahr als Maßstab für eine gleichheitsgerechte Besteuerung auch bei Zugrundelegung der Lebensleistungsfähigkeit nicht obsolet. Denn die stetige Staatsfinanzierung verlangt nach periodischen Steuern[231], will der Gesetzgeber nicht auf die Einnahmen aus den Ertragssteuern verzichten. Wenn jedoch periodisch Steuern erhoben werden, so muss auch innerhalb dieser Perioden eine gleichheitsgerechte Besteuerung garantiert sein. Die Lastengleichheit muss daher also sowohl in der Periode, als auch weitestgehend in der Lebenszeit sichergestellt werden.

Der Gleichheitssatz des Art. 3 Abs. 1 GG hat eine herausragende Bedeutung in der Rechtfertigung von Steuern und findet daher im Steuerrecht eine besondere Ausprägung. Da es zur Finanzierung des Staates einer periodischen Steuererhebung bedarf[232], ist als zeitlicher Vergleichsrahmen des Gleichheitssatzes im Steuerrecht sowohl die vom Gesetzgeber gewählte Steuerperiode des Kalenderjahres, als auch ein überperiodischer, am Leben des Steuerpflichtigen orientierter Zeitrahmen heranzuziehen[233]. Diesen Zeitrahmen gilt es genauer zu definieren[234], da der Vergleich von Lebensspannen verschiedener Personen mangels einheitlicher Vergleichsbasis wenig zielführend sein kann.

Das Periodizitätsprinzip befindet sich daher nur in einer begrenzten Wechselbeziehung mit dem Gleichheitssatz des Art. 3 GG. Es begründet einzig einen von zwei Vergleichszeiträumen, welchen der Gesetzgeber jedoch grundsätzlich frei wählen kann. Allerdings stellt der Gleichheitssatz einen wichtigen Gerechtigkeitsmaßstab auf, an dem die spezifische deutsche Ausprägung des Periodizitätsprinzips zu messen ist. Denn insbesondere periodenübergreifende Regelungen wie die Behandlung von Verlusten greifen auch und vor allem in den überperiodischen Vergleichszeitraum ein.

---

230 Auch *Tipke* hegt Zweifel hinsichtlich der Administrierbarkeit, StuW 2002, S. 148 (S. 166).

231 Siehe oben in Teil 2.2.1 dieser Arbeit.

232 Siehe oben in Teil 2.2.2 dieser Arbeit.

233 A.A. *Röder*, StuW 2012, S. 18 (S. 20).

234 Siehe hierzu ausführlich unten in Teil 2.4.1.3.2 dieser Arbeit.

2.4.1.2 Die Freiheitsgrundrechte

Neben dem allgemeinen Gleichheitssatz sind dem Steuerrecht auch durch die Freiheitsgrundrechte Grenzen gesetzt[235]. In Bezug auf die Problematik der periodischen Besteuerung kommt vor allem den Grundrechten aus Art. 14 GG, Art. 12 Abs. 1 GG und Art. 9 Abs. 1 GG Relevanz zu.

2.4.1.2.1 Art. 14 GG

Es liegt nahe, in dem finanziellen Eingriff der Besteuerung einen Eingriff in das Eigentumsrecht des Art. 14 GG zu vermuten. Die schützende Reichweite des Art. 14 GG ist jedoch hinsichtlich des steuerrechtlichen Eingriffes umstritten.

So finden sich diesbezüglich nicht nur die unterschiedlichsten Meinungen in der Literatur, auch das Bundesverfassungsrecht verfolgt in der Sache keine einheitliche Linie[236].

So gilt gemäß der ständigen Rechtsprechung des ersten Senats des Bundesverfassungsgerichts der Grundsatz, dass Art. 14 GG nicht das Vermögen als solches gegen die Auferlegung von Geldleistungspflichten schützt[237].

Diesem Ansatz war grundsätzlich auch der zweite Senat gefolgt, allerdings unter Anwendung einer Abmilderung, nach der ein Verstoß gegen Art. 14 GG doch in Betracht komme, wenn die Geldleistungspflicht den Betroffenen übermäßig belasten und seine Vermögensverhältnisse grundlegend beeinträchtigen würden[238]. Dieser *„salvatorischen Klausel“*[239] hat sich schließlich auch der erste Senat angeschlossen[240].

In späteren Urteilen jedoch hat sich die Rechtsprechung des zweiten Senats des Bundesverfassungsgerichts dahingehend gewandelt, dass seiner Ansicht nach der Steuereingriff in die allgemeine Handlungsfreiheit in deren Ausprägung als persönliche Entfaltung im vermögensrechtlichen Sinne eingreife[241], Art. 14 GG grundsätzlich auch das Vermögen schütze[242] und die Steuerbelastung aufgrund ihres Eingriffs in den Schutzbereich des Art. 14 GG verhältnismäßig ausgestaltet werden müsse[243]. Auch ein Steuergesetz greife als rechtfertigungsbedürftige Inhalts- und Schrankenbestimmung in den Schutzbereich der Eigentumsgarantie ein[244].

---

235 So auch *P. Kirchhof*, in: Gestaltung der Steuerrechtsordnung, S. 451 (S. 456); *ders.*, StuW 2006, S. 3 (S. 5).

236 Zur Übersicht siehe z.B. *Wieland*, in: Dreier, Grundgesetzkommentar Band 1, Art. 14 GG, Rn. 65 ff.; ders. DStJG 24, S. 29 (S. 31 ff.).

237 BVerfG, BVerfGE 4, S. 7 (S. 17); BVerfGE 95, S. 267 (S. 300).

238 BVerfG, BVerfGE 14, S. 221 (S. 241).

239 *Wieland*, in: Dreier, Grundgesetzkommentar Band 1, Art. 14 GG, Rn. 65; *Rittstieg*, in: Wassermann, GG, Art. 14 Rn. 249.

240 BVerfG, BVerfGE 19, S. 119 (S. 128 f.).

241 BVerfG, BVerfGE 87, S. 153 (S. 169); BVerfGE 93, S. 121 (S. 137).

242 BVerfG, BVerfGE 93, S. 121 (S. 137 ff.).

243 BVerfG, BVerfGE 115, S. 97 (S. 111).

244 BVerfG, BVerfGE 115, S. 97 (S. 111).

In der Literatur wird – mit unterschiedlichsten Begründungen – überwiegend vertreten, die Eigentumsgarantie aus Art. 14 GG schütze grundsätzlich auch vor Besteuerung[245].

Ausgangspunkt der Ansichten sowohl der Rechtsprechung als auch des Schrifttums ist jeweils die Auslegung des Begriffes ‚Eigentum' in Art. 14 GG. Da der steuerliche Eingriff eine *„abstrakte Wertsummenverpflichtung"*[246] darstellt, obliegt es dem Steuerpflichtigen sein Mittel zur Begleichung der Steuerschuld frei zu wählen[247]. Im Rahmen der Besteuerung wird vom Steuerpflichtigen also nicht die Aufgabe einer bestimmten Eigentumsposition verlangt, sondern vielmehr eines von ihm spezifizierbaren Teils seiner Eigentumsgesamtheit, also seines Vermögens[248]. Während eine Unterscheidungslinie also entlang der Frage verläuft, ob der Begriff des Eigentums auch das Vermögen als solches umfasst, gehen manche in ihrer Auslegung einen Schritt weiter. So vertritt *P. Kirchhof* die These, dass Art. 14 GG weniger den sachenrechtlichen Aspekt des Eigentums schützt, als vielmehr die Freiheit über Eigentum zu bestimmen, es zu nutzen und frei damit zu handeln[249]. Er betont also vielmehr die Handlungsfreiheit die sich aus jeglichem Eigentum ableiten lässt, also auch aus reinem Geldvermögen.

Einen interessanten Ansatz verfolgt auch *Klawonn*, der nicht auf die Unterscheidung zwischen Eigentum und Vermögen abstellt, sondern vielmehr hervorhebt, dass das abstrakte Vermögen einer Person aus der Mehrheit vieler konkreter Eigentumspositionen besteht[250]. Bei der Prüfung eines Eingriffs in den Schutzbereich des Art. 14 GG sei daher darauf abzustellen, inwiefern die abstrakte Besteuerung diese vielen konkreten Eigentumspositionen betrifft. Daraus leitet er zum einen eine Bestandsgewährleistung zugunsten des vorhandenen Vermögens ab[251] und zum anderen einen Schutz vor übermäßiger Besteuerung von Erträgen[252]. Letzteres ergebe sich aus der Freiheit des Steuerpflichtigen, sich seine Lebensgrundlagen selbst zu erarbeiten. Die Ausübung dieser Freiheit würde durch eine übermäßige Besteuerung behindert, der individuelle Erwerbswille weitgehend beseitigt[253]. Umso mehr ein konkretes Eigentumsrecht jedoch die Selbständigkeit und die freie Entfaltung sichere, desto stärker sei auch der Schutz vor Zugriffen durch den Staat[254].

Dieser Ansatz leuchtet aufgrund seiner überzeugenden Einfachheit, aber auch aus staatsphilosophischen Gesichtspunkten ein. Grundidee des modernen Steuerstaates

---

245 *Wieland*, in: Dreier, Grundgesetzkommentar Band 1, Art. 14 GG, Rn. 67, m. w. N.
246 *Wendt*, NJW 1980, S. 2111 (S. 2113).
247 *Rittstieg*, in: Wassermann, GG, Art. 14 Rn. 251; *Depenheuer*, in: v. Mangoldt/Klein/Starck, GG, Art. 14 Rn. 161.
248 *Depenheuer*, in: v. Mangoldt/Klein/Starck, GG, Art. 14 GG, Rn. 161.
249 *P. Kirchhof*, in: Steuern im Verfassungsstaat, S. 27 (S. 46).
250 *Klawonn*, Die Eigentumsgewährleistung als Grenze der Besteuerung, S. 240.
251 *Klawonn*, S. 240.
252 *Klawonn*, S. 241.
253 *Klawonn*, S. 241.
254 *Klawonn*, S. 241

ist es, dass sich der Staat seinerseits nicht durch wirtschaftliche Tätigkeit finanziert, sondern vielmehr an der wirtschaftlichen Tätigkeit der Bürger partizipiert[255]. Dies spiegelt sich auch in der Sozialverpflichtung des Eigentums aus Art. 14 Abs. 2 GG[256]. Im Gegenzug gewährleistet der Staat seinen Bürgern die Freiheit sich zum eigenen Wohle und zum Wohle aller wirtschaftlich zu betätigen[257]. Dieses Verhältnis von Geben und Nehmen zwischen Staat und Bürger gilt es möglichst im Gleichgewicht zu halten. Entsprechend stehen die Abgabenpflicht einerseits und die Freiheitsrechte andererseits gleichrangig nebeneinander[258]. Die Besteuerung muss folglich ihre Grenzen u. a. in den Freiheitsgrundrechten finden, insbesondere in Art. 14 GG.

Dieser Ansatz überzeugt, weil er die handlungsfreiheitliche Auslegung *P. Kirchhofs* bzgl. des Eigentumsbegriffs mit der Ansicht des zweiten Senats des Bundesverfassungsgerichts hinsichtlich der Reichweite des Schutzes von Art. 14 GG verbindet. Selbst der Ansicht des ersten Senats des Bundesverfassungsgerichts kann der Ansatz in Teilen gerecht werden. Ein Schutz des Vermögens als solches wird auch von *Klawonn* nicht verlangt.

Art. 14 GG schützt folglich sowohl vor der Besteuerung der Substanz dessen, was zur Ertragsgewinnung benötigt wird, als auch vor einer übermäßigen Besteuerung des Ertrages. Entsprechend müssen Steuergesetze verhältnismäßig ausgestaltet sein. Nur so kann das oben beschriebene Gleichgewicht zwischen freier wirtschaftlicher Betätigung und Staatsfinanzierung gewahrt werden.

Gleichzeitig regelt Art. 14 Abs. 2 GG die Sozialbindung des Eigentums. Diese stellt eine variable Untergrenze der Besteuerung dar, die gleichheitsrechtlich anzuwenden ist.

Als absolute Obergrenze schützt Art. 14 Abs. 3 GG auch im Steuerrecht vor Enteignungen und enteignungsgleichen Eingriffen. Eine übermäßige Besteuerung dürfte jedoch vor allem im Ertragsteuerrecht schon deutlich früher erreicht sein[259].

2.4.1.2.2 Art. 12 Abs. 1 GG

Art. 12 Abs. 1 GG schützt die freie Berufswahl[260]. Anders als bei Art. 14 GG ist der Eingriff des Steuerrechts in die Berufsfreiheit nicht auf den ersten Blick zu erkennen. Sieht man in der Berufsfreiheit jedoch nicht bloß die Freiheit jeden Beruf auszuüben, sondern vielmehr die Freiheit zum Erwerb von Einkommen[261], so wird der Eingriff in diese Freiheit durch das Steuerrecht deutlich klarer.

---

255 *P. Kirchhof*, in: Steuern im Verfassungsstaat, S. 27 (S. 32 f.).

256 *Depenheuer*, in: v. Mangoldt/Klein/Starck, GG, Art. 14 Rn. 169; *Klawonn*, S. 239.

257 So auch *P. Kirchhof*, DStJG 24, S. 9 (S. 14).

258 *Rittstieg*, in: Wassermann, GG, Art. 14 Rn. 252.

259 Siehe insbesondere zum Gedanken des Halbteilungsgrundsatzes auch im Ertragsteuerrecht *P. Kirchhof*, AöR, Band 128, 2003, S. 1 (S. 20).

260 *Tipke*, Die Steuerrechtsordnung Band 1, 2. Auflage, S. 431.

261 *Tipke*, Die Steuerrechtsordnung Band 1, 2. Auflage, S. 434; *P. Kirchhof*, AöR, Band 128, 2003, S. 1 (S. 23).

Das Bundesverfassungsgericht geht in seiner Rechtsprechung von einem Eingriff in Art. 12 GG durch Steuergesetze aus, wenn sie in einem engen Zusammenhang mit der Berufsausübung stehen und objektiv berufsregelnde Tendenzen erkennen lassen[262]. Des Weiteren soll Art. 12 Abs. 1 GG auch dann betroffen sein, wenn ein anzuwendender Steuersatz eine wirtschaftliche Betätigung unmöglich macht bzw. „*erdrosselnde Wirkung*" auf die Einnahmeerzielung hat[263]. Allerdings hat das Bundesverfassungsgericht noch in keinem Fall tatsächlich einen Verstoß eines Steuergesetzes gegen die Berufsfreiheit angenommen[264].

P. Kirchhof vertritt die Ansicht, dass auch in allgemeinen Steuern eine berufsregelnde Tendenz zu erkennen sei, sofern diese Anreize setzen, steuerliche Sachverhalte so zu gestalten, dass steuermindernde oder -verhindernde Effekte eintreten[265]. Auch *Tipke* ist der Ansicht, dass schon allgemeine Unternehmenssteuern einen Eingriff in die Berufsfreiheit darstellen können, sofern diese einen zu starken Einfluss auf die Rentabilität von Unternehmen haben[266]. Hinsichtlich der Eingriffsqualität in Bezug auf Art. 12 GG kommt es also nicht darauf an, ob das betreffende Steuergesetz Fiskalzwecknorm oder Lenkungsvorschrift ist[267].

Allerdings ist es nicht Zweck des Art. 12 GG einzelne, von vornherein unrentable Betriebe oder Erwerbsmaßnahmen zu schützen[268]. Vielmehr muss das betreffende Steuergesetz im Durchschnitt der jeweiligen Berufsgruppe eine eingreifende Wirkung haben[269]. Sollte ein solcher Eingriff festgestellt werden können, so unterliegt dieser der Prüfung der Verhältnismäßigkeit[270].

Der Ansatz des Bundesverfassungsgerichts scheint zu kurz zu greifen. Ohne Zweifel kann nicht jedem Steuergesetz ein Eingriff in die Berufsfreiheit des Art. 12 GG attestiert werden, allein weil es den Lohn oder die Rendite besteuert. Allerdings wird der Schutz des Art. 12 GG ausgehöhlt, verlangt man zur Begründung eines Eingriffs nach einer ‚erdrosselnden Wirkung' in dem Sinne, dass eine bestimmte wirtschaftliche Betätigung unmöglich gemacht wird. Ein solches Szenario wird in der Praxis nur schwer festzustellen sein und senkt den Schutz des Art. 12 GG vor staatlichen Eingriffen in die Berufswahl zu weit ab. Vielmehr ist davon auszugehen, dass die freie Berufswahl schon dann eingeschränkt ist, wenn steuerliche Gesichtspunkte von einigem Gewicht für oder gegen einen Beruf oder eine Form der wirtschaftlichen Betätigung sprechen und entsprechend mittelbar Einfluss auf

262 BVerfG, BVerfGE 37, S. 1 (S. 17).
263 BVerfG, BVerfGE 31, S. 8 (S. 23).
264 *Tipke*, Die Steuerrechtsordnung Band 1, 2. Auflage, S. 433.
265 *P. Kirchhof*, AöR, Band 128, 2003, S. 1 (S. 26).
266 *Tipke*, Die Steuerrechtsordnung Band 1, 2. Auflage, S. 434.
267 *P. Kirchhof*, AöR, Band 128, 2003, S. 1 (S. 26).
268 *Tipke*, Die Steuerrechtsordnung Band 1, 2. Auflage, S. 435.
269 *Tipke*, Die Steuerrechtsordnung Band 1, 2. Auflage, S. 435.
270 *P. Kirchhof*, AöR, Band 128, 2003, S. 1 (S. 26).

die Berufswahl nehmen[271]. Solche Problematiken mag das Bundesverfassungsgericht bevorzugt über die Anwendung des allgemeinen Gleichheitssatzes des Art. 3 Abs. 1 GG lösen[272], der Schutzbereich des Art. 12 GG ist nichtsdestotrotz eröffnet.

Art. 12 GG verlangt also nach einem Steuerrecht, dass in der Berufswahl bzw. der Wahl der Form der wirtschaftlichen Betätigung möglichst geringen Einfluss hat und zu keinen (mittelbar) lenkenden Wirkungen führt.

2.4.1.2.3 Art. 9 Abs. 1 GG

Art. 9 Abs. 1 GG gewährleistet die sog. Vereinigungsfreiheit. Nach der Rechtsprechung des Bundesverfassungsgerichts umfasst diese Freiheit das Recht privatrechtliche Vereinigungen zu gründen, ihnen beizutreten oder fern zu bleiben[273]. Vereinigungen im Sinne des Art. 9 GG sind auf Dauer angelegte, freiwillige Zusammenschlüsse einer Mehrheit von natürlichen oder juristischen Personen zur Verfolgung eines gemeinsamen Zwecks und mit einer organisierten Willensbildung[274]. Art. 9 Abs. 1 GG schützt also auch die Freiheit, Mitunternehmerschaften bzw. wirtschaftlich orientierte Personen- oder Kapitalgesellschaften zu gründen[275]. Die Freiheit der Rechtsformwahl wird durch das Steuerrecht nicht unmittelbar betroffen, steuerrechtlich ergeben sich keinerlei Beschränkungen hinsichtlich der zu wählenden Gesellschaftsform. Zieht man jedoch auch mittelbare Beschränkungen in die Betrachtung mit ein, so erscheint ein Eingriff in Art. 9 Abs. 1 GG durch das Steuerrecht nicht mehr ausgeschlossen[276]. Denn in dem Moment, in dem Steuergesetze an die Wahl der Rechtsform unterschiedliche steuerliche Konsequenzen knüpfen, schwindet die Freiheit zur freien Entscheidung. Auch derartige Auswirkungen können einen Verstoß gegen Art. 9 Abs. 1 GG begründen. Denn Sinn des Art. 9 GG ist es nicht bloß, Vereinigungen grundsätzlich zuzulassen, sondern darüber hinaus auch, die Wahl der Vereinigungsform allein vom Willen des Grundrechtsträgers abhängig zu machen. Auf die Wahl der Vereinigungsform darf der Staat nicht durch sachfremde Einflüsse, wie solche des Steuerrechts, einwirken. Unterliegen zwei Gesellschaftsformen unterschiedlichen steuerlichen Belastungen, ist die Wahl

---

271 Nach *P. Kirchhof* wäre eine die Berufswahl lenkende Steuer „*schlechthin unzulässig*", AöR, Band 128, 2003, S. 1 (S. 25).

272 Siehe dazu *P. Kirchhof*, AöR, Band 128, 2003, S. 1 (S. 27).

273 BVerfG, BVerfGE 10, S. 89 (S. 102).

274 BVerwGE 106, S. 177 (S. 181).

275 *Sodan*, Grundgesetz: GG, Art. 9 GG, Rn. 3.

276 *P. Kirchhof* sieht eine klare Beschränkung der sich aus Art. 9 Abs. 1 GG ergebenden Freiheiten, *P. Kirchhof*, AöR, Band 128, 2003, S. 1 (S. 27); *ders.*, FR 2012, S. 701 (S. 702 f.). Nach *P. Kirchhof* seien als Beispiele z.B. die unterschiedliche ertragsteuerliche Behandlung des Einzelkaufmanns, der Personengesellschaft und der Kapitalgesellschaft bzw. die unterschiedliche steuerliche Behandlung von Leistungsverhältnissen zwischen Unternehmer und Unternehmen bei Kapitalgesellschaften, Mitunternehmerschaften und Einzelunternehmen genannt, *ders.* AöR, Band 128, 2003, S. 1 (S. 27).

zwischen diesen für den Grundrechtsträger nicht mehr frei. Entsprechend ergibt sich aus Art. 9 GG daher der Grundsatz der rechtsformneutralen Besteuerung[277]. Dieser kann durch den Gesetzgeber nur insoweit eingeschränkt werden, als dafür ein sachlicher Grund vorliegt. Ein solcher kann insbesondere in den besonderen rechtlichen Voraussetzungen liegen, welche das Zivilrecht an verschiedene Gesellschaftsformen knüpft[278]. Richtiger Weise kann man daher festhalten, dass ein tatsächlich rechtsformneutrales Steuerrecht nicht besteht[279].

2.4.1.2.4 Zwischenergebnis

Aus den Freiheitsgrundrechten ergeben sich einige Vorgaben für das Steuerrecht. Diese müssen auch im Hinblick auf eine periodische Besteuerung beachtet werden.

So darf die periodische Besteuerung weder zu einer übermäßigen Besteuerung führen, noch darf sie zur Folge haben, dass die Sozialbindung des Eigentums untergraben wird. Die Gefahr einer Übermaßbesteuerung besteht in der vorliegenden deutschen Ausformung des Periodizitätsprinzips vor allem hinsichtlich der Beschränkung der interperiodischen Verlustverrechnung. Aber auch die Verbindung von periodischer Besteuerung und progressivem Tarif kann auf die Lebenszeit betrachtet zu einer Übermaßbesteuerung führen. Art. 14 GG schützt nämlich nicht nur die sofortige Eigentumsverwendung, sondern vielmehr auch die zukünftige. Durch eine hohe Besteuerung in der Gegenwart, wird eine Verwendung in der Zukunft jedoch unterbunden[280].

Des Weiteren darf durch das Periodizitätsprinzip auch kein Eingriff in die Freiheit der Berufswahl oder der Rechtsform entstehen. Die periodische Besteuerung darf also nicht zur Wirkung haben, dass bestimmte Gesellschaftsformen steuerlich weniger belastet werden als andere. Gleichzeitig darf die periodische Besteuerung nicht dazu führen, dass sich manche grundsätzlich rentable Betätigung nicht mehr wirtschaftlich rentiert. Ersteres ist in Anbetracht der unterschiedlichen Gestaltungsmöglichkeiten insbesondere im Rahmen der Verlustverrechnung zweifelhaft[281]. Letzteres ist aufgrund der Beschränkung der Verlustverrechnung ebenfalls kritisch

---

277 *P. Kirchhof*, AöR, Band 128, 2003, S. 1 (S. 28). A.A. *Drüen*, GmbHR 2008, S. 393 (S. 397) mit weiteren Ausführungen zur Herleitung dieses Grundsatzes sowohl aus Art. 9 GG als auch aus Art. 3 GG. Das BVerfG hat hingegen mehrfach entschieden, dass sich ein Gebot der rechtsformneutralen Besteuerung nicht aus Art. 3 GG ableiten lässt, BVerfG, BVerfGE 116, S. 164 (S. 197 ff.); Beschl. v. 24.03.2010 – 1 BvR 2130/09, NJW 2010, S. 2116 (S. 2116 f.).

278 So erscheint es konsequent, dass das Ertragsteuerrecht Gewinne von Personengesellschaften – wie das Zivilrecht – nicht den Gesellschaften, sondern ihren Gesellschaftern zurechnet.

279 So richtig *Birk/Desens/Tappe*, Rn. 1100.

280 Auch *Weber-Grellet* geht davon aus, dass es Kerngehalt des Art. 14 GG ist, dem Grundrechtsträger ein staatsfreies Leben auch im Alter zu gewährleisten. Siehe *Weber-Grellet*, S. 30.

281 Siehe hierzu unten Teil 4.3.1 dieser Arbeit.

zu sehen. Denn insbesondere stark zyklisch ausgeprägte Unternehmungen oder Unternehmungen mit hohen Anlaufverlusten werden durch die Mindestbesteuerung in ihrer Rentabilität klar beeinträchtigt[282].

2.4.1.3 *Das Leistungsfähigkeitsprinzip*

Anders als das Periodizitätsprinzip ist das Leistungsfähigkeitsprinzip tatsächlich ein materielles Prinzip, es ist eine Rechtswertungsquelle[283]. Es ist Ausfluss der Steuergerechtigkeit[284] und als solcher *„die erste Konkretisierung des verfassungsrechtlichen Gebots gleicher steuerlicher Lastenverteilung"*[285]. Es sichert eine gleichmäßige und gemäßigte Verteilung der Steuerlast auf alle Steuerpflichtigen[286] und ist letztlich die begriffliche Verkürzung des Prinzips der gleichmäßigen Besteuerung nach der Leistungsfähigkeit[287].

2.4.1.3.1 *Ursprung und Bedeutung*

Das Leistungsfähigkeitsprinzip ist nicht ausdrücklich im Grundgesetz genannt[288]; das Grundgesetz macht keinerlei Vorgaben zur Verteilung der Steuerlast[289]. Sofern Art. 106 Abs. 3 S. 4 Nr. 2 GG davon spricht, bei der Definition des staatlichen Finanzbedarfs eine Überbelastung des Steuerpflichtigen zu vermeiden, regelt dies keinen Maßstab für die Bundessteuergesetzgebung[290]. Vielmehr soll so eine ausgewogene Steuerbelastung durch Bund und Länder sichergestellt werden[291]. In der Weimarer Reichsverfassung vom 11. August 1919 jedoch, war das Leistungsfähigkeitsprinzip noch ausdrücklich verankert[292]. Auf diesem Wege gewann sein Gedanke auch erstmals verfassungsrechtliche Qualität[293].

Nach der ständigen Rechtsprechung des Bundesverfassungsgerichts ergibt sich aus Art. 3 Abs. 1 GG der Grundsatz der Steuergerechtigkeit[294]. Dieser besagt, dass die Verteilung der allgemeinen Steuerlasten auf die Steuerpflichtigen entsprechend ihrer wirtschaftlichen Leistungsfähigkeit zu erfolgen hat[295]. Allerdings wird der Inhalt des Leistungsfähigkeitsprinzips auch durch den Eigentumsschutz aus Art. 14

---

282 Siehe unten in Teil 4.1.4 dieser Arbeit.
283 *P. Kirchhof*, StuW 1985, S. 319 (S. 321).
284 A.A. *Kruse*, StuW 1990, S. 322 (S. 327).
285 *Birk*, StuW 2000, S. 328 (S. 329).
286 *P. Kirchhof*, StuW 1985, S. 319 (S. 325).
287 *Tipke*, Die Steuerrechtsordnung Band 1, 2. Auflage, S. 480.
288 *Karrenbrock*, DB 2004, S. 559 (S. 559).
289 *Birk*, S. 1591.
290 *P. Kirchhof*, StuW 1985, S. 319 (S. 325).
291 *P. Kirchhof*, StuW 1985, S. 319 (S. 325).
292 *Lang*, in: Tipke/Lang, Steuerrecht, § 4 Rn. 82.
293 *Schön*, in: Die Erneuerung des Verfassungsstaates, S. 143 (S. 161).
294 Siehe exemplarisch BVerfG, BVerfGE 105, S. 17 (S. 46).
295 BVerfG, BVerfGE 105, S. 17 (S. 46).

Abs. 1 GG, den Grundsatz der Sozialverpflichtung des Eigentums gemäß Art. 14 Abs. 2 GG sowie durch das Übermaßverbot[296] konkretisiert. Das Leistungsfähigkeitsprinzip ist folglich auch freiheitsrechtlich zu verstehen[297].

In seiner Essenz besagt das Leistungsfähigkeitsprinzip letztlich nicht mehr, als dass jeder nach seiner persönlichen Zahlungsfähigkeit besteuert werden soll[298]. Daraus lässt sich zum einen ableiten, wie weit der Staat auf die individuelle Leistungsfähigkeit des Steuerpflichtigen zurückgreifen darf, zum anderen aber auch, welcher Bereich zwingend vor steuerlichen Eingriffen geschützt bleiben muss. Das Leistungsfähigkeitsprinzip ist entsprechend nicht nur Zugriffsprinzip, sondern auch Schutzprinzip[299]. Ein Steuergegenstand ist daher so zu belasten, dass der Ertrag des Steuergegenstandes zwar zur Bezahlung ausreicht, niemals jedoch die Substanz angegriffen wird[300].

Lang und *Hey* erklären das Leistungsfähigkeitsprinzip ausdrücklich zum *„Primärgrundsatz“* des Steuerrechts[301]. In dieser Anerkennung des Leistungsfähigkeitsprinzips als *„Fundamentalprinzip der Steuergerechtigkeit“* liege die Entwicklung von Jahrhunderten[302]. Der BFH geht von einem *„systemtragenden Prinzip“* aus[303]. *P. Kirchhof* bescheinigt, im Leistungsfähigkeitsprinzip hätten sich die Prinzipien der Gleichheit, Freiheit, Existenz- und Friedenssicherung niedergeschlagen[304]. *Tipke* nennt es gar ein *„ethisches Axiom“*[305]. *Weber-Grellet* sieht in ihm das *„oberste (...) allgemeine Belastungsprinzip“*[306]. *Kruse* hingegen verweigert dem Leistungsfähigkeitsprinzip ausdrücklich den Status eines *„Fundamentalprinzips“*[307].

P. Kirchhof sieht im Leistungsfähigkeitsprinzip jedoch auch die Negation des Entgeltprinzips[308]. Denn die gleichmäßige Steuerbelastung orientiere sich nicht am Interesse am Staat oder an der Inanspruchnahme staatlicher Leistungen, sondern vielmehr an der individuellen Belastbarkeit[309].

---

296 *Wendt*, NJW 1980, S. 2111 (S. 2116).

297 *Hey* in: Tipke/Lang, Steuerrecht, § 3 Rn. 42 Fn. 8. Auch *Kube*, DStR 2011, S. 1781 (S. 1783) sieht im Leistungsfähigkeitsprinzip sowohl einen gleichheitsrechtlichen als auch einen freiheitsrechtlichen Gehalt.

298 *Birk/Desens/Tappe*, Rn. 33.

299 *Lang*, in: Tipke/Lang, Steuerrecht, § 4 Rn. 84.

300 *P. Kirchhof*, StuW 1985, S. 319 (S. 323).

301 *Lang*, in: Tipke/Lang, Steuerrecht, § 4 Rn. 83; *Hey* in: Tipke/Lang, Steuerrecht, § 3 Rn. 41.

302 *Lang*, in: Tipke/Lang, Steuerrecht, § 4 Rn. 81; *ders.*, S. 97; *Hey* in, Tipke/Lang: Steuerrecht, § 3 Rn. 40.

303 BFH, BStBl. II 2013, S. 512 (S. 513). So auch *Seer*, BB 2004, S. 2272 (S. 2274).

304 *P. Kirchhof*, StuW 1985, S. 319 (S. 321).

305 *Tipke*, zitiert nach *P. Kirchhof*, StuW 1985, S. 319 (S. 319).

306 *Weber-Grellet*, ZRP 2003, S. 179 (S. 283).

307 *Kruse*, StuW 1990, S. 322 (S. 327), mit weiteren Nachweisen.

308 *P. Kirchhof*, StuW 1985, S. 319 (S. 320).

309 *P. Kirchhof*, StuW 1985, S. 319 (S. 320). *P. Kirchhof* leitet daraus auch ab, dass der Steuerzahler durch die Entrichtung von Steuern keinen Anspruch auf

Trotz seiner Begründung im allgemeinen Gleichheitssatz und den Freiheitsgrundrechten ist das Leistungsfähigkeitsprinzip nicht nur auf natürliche Personen anzuwenden. Vielmehr schützt es in seiner Ausformung auch juristische Personen und Unternehmen vor einer der Leistungsfähigkeit widersprechenden Besteuerung[310]. Dies ergibt sich schon aus Art. 19 Abs. 3 GG[311]. Bei Unternehmen zeigt sich die Leistungsfähigkeit im Gewinn, wobei es das objektive Leistungsfähigkeitsprinzip gebietet, gewisse weitergehende Abzüge bei der Ermittlung der Steuerlast zuzulassen[312].

Eine bedeutende Konkretisierung erfährt das allgemeine Leistungsfähigkeitsprinzip durch eine objektive und eine subjektive Ausprägung des Nettoprinzips[313].

2.4.1.3.2 Zeitbezug des Leistungsfähigkeitsprinzips

Der Bezug des Leistungsfähigkeitsprinzips zum Periodizitätsprinzip liegt in seiner zeitlichen Bedeutung. Ist es auf die Periode bezogen anzuwenden oder soll ein überperiodisches (Lebens-)Leistungsfähigkeitsprinzip gelten? Aus dem verfassungsrechtlichen Leistungsfähigkeitsprinzip alleine ergibt sich noch kein zeitlicher Maßstab zur Feststellung der steuerlichen Leistungsfähigkeit[314].

Stellt man auf den gleichheitsrechtlichen Gehalt des Leistungsfähigkeitsprinzip ab, ist diesem nur zu entnehmen, dass in einem zu bestimmenden Zeitraum Gleiches gleich und Ungleiches ungleich zu behandeln ist[315]. Stellt man hingegen auf den freiheitsrechtlichen Gehalt ab, verleiht das Leistungsfähigkeitsprinzip ein Schutzrecht nicht nur gegen Ungleichbehandlung, sondern gegen eine übermäßige, die Leistungsfähigkeit übersteigende Belastung[316]. Die persönliche Leistungsfähigkeit kennt jedoch keine festen Perioden, sie kann durchschnittlich in kurzen Perioden anders ausfallen, als in langen Zeitabschnitten.

Man kann daher zu zwei Schlüssen kommen: Entweder, die Leistungsfähigkeit ist aufgrund des Periodizitätsprinzip grundsätzlich ausschließlich in der Periode zu bemessen oder das Periodizitätsprinzip steht im Widerspruch zu einem auf die Lebenszeit angelegten Leistungsfähigkeitsprinzip. Im Schrifttum ist die Frage nach der richtigen Antwort umstritten[317].

Einflussnahme auf den Staat erwerbe, sondern lediglich eine allgemeine Bürgerpflicht erfülle. Ebenfalls *P. Kirchhof*, StuW 1985, S. 319 (S. 320).

310 *Hey* in: Tipke/Lang, Steuerrecht, § 3 Rn. 51.

311 *Hey* in: Tipke/Lang, Steuerrecht, § 3 Rn. 110.

312 *Tipke*, Die Steuerrechtsordnung Band 1, 2. Auflage, S. 481.

313 *Röder*, StuW 2012, S. 18 (S. 19).

314 *Jachmann*, S. 140; *Tipke*, Steuerrechtsordnung Band 1, 2. Auflage, S. 503.

315 BFH, BStBl. II 2013, S. 498 (S. 499).

316 Zum Schutz vor übermäßiger Besteuerung, siehe auch oben in Teil 2.4.1.2.1 dieser Arbeit.

317 *Ohmer*, S. 104.

In ersterem Fall stünden Periodizitätsprinzip und Leistungsfähigkeitsprinzip ohne Widerspruch nebeneinander bzw. sind sogar miteinander verbunden[318]. Dem Periodizitätsprinzip käme eine das Leistungsfähigkeitsprinzip konkretisierende Wirkung zu. Dafür plädiert auch *P. Kirchhof*, wenn er vorträgt, dass nur die periodische Besteuerung des Einkommens auch die im Einkommen angelegte Leistungsfähigkeit erfasse[319]. Einkommen hätte seinen Nutzen nur in seiner jeweiligen Zeitgebundenheit, das Leistungsfähigkeitsprinzip verpflichte daher zu einer zeitgerechten Besteuerung[320]. Auch *Lehner* sieht eine gegenwartsbezogene Leistungsfähigkeit[321]. *Giloy* führt dazu aus, das Lebensbedürfnisse akut seien und folglich auch der Bemessungszeitraum der Leistungsfähigkeit zeitnah begrenzt sein müsse[322].

Hinsichtlich dieser Ansichten ist jedoch zu bedenken, dass nicht alles Einkommen immer auch zeitnah konsumiert wird. Vielmehr kann seine Verwendung auch durch Sparen in die Zukunft verlagert werden oder durch Investitionen zeitlich gestreckt werden. Außerdem kann die gegenwärtige Leistungsfähigkeit durch Kredite zeitlich vorgezogen werden[323]. Sofern *P. Kirchhof* dem entgegen bringt, der „*Typus des Einkommensempfängers*" sei nicht derjenige, der ein möglichst großes Lebenseinkommen ansammeln will, sondern derjenige, der gegenwartsbezogen sein Einkommen konsumiert,[324] so greift diese Argumentation zu kurz[325]. Denn oft ist gerade derjenige, der seine Leistungsfähigkeit mit geringerem Einkommen bestreiten muss auch jener, welcher in der Regel verstärkt der Gefahr ausgesetzt ist, in zukünftigen Jahren einmal nicht mehr leistungsfähig zu sein. Für diesen Steuerpflichtigen bedeutet der steuerliche Eingriff in der Gegenwart eine vielleicht existenzbedrohende Wirkung für der Zukunft. Außerdem ist es tatsächlich so, dass heute mehr denn je Kleinkredite und verzinste Ratenzahlungen vereinbart werden, die nichts anderes darstellen, als eine vorgezogene Leistungsfähigkeit. Geht man im Übrigen davon aus, dass Art. 14 GG auch die Einkommensverwendung in der Zukunft schützt, sowie das mit eigenen Mitteln erworbene staatsfreie Leben auch im Alter, so ist es inkonsequent die Leistungsfähigkeit partout rein periodenbezogen zu beurteilen. Zumal der mündige Bürger von staatlicher Seite vermehrt dazu aufgefordert wird,

---

318 So *Bareis*, DB 2013, S. 144 (S. 146); *Giloy*, FR 1979, S. 133 (S. 137).

319 *P. Kirchhof*, StuW 1985, S. 319 (S. 321).

320 *P. Kirchhof*, StuW 1985, S. 319 (S. 321).

321 *Lehner*, JZ 2002, S. 772 (S. 774).

322 *Giloy*, FR 1979, S. 133 (S. 134). Er führt dazu aus, auch wenn jemand nach „*jahrelangem Müßiggang*" doch schließlich arbeiten gehe, sei er genauso leistungsfähig, wie seine dienstälteren Kollegen mit gleichem Lohn. (S. 136).

323 So auch *Ismer*, DStJG 34, S. 107.

324 *P. Kirchhof*, StuW 1985, S. 319 (S. 329).

325 Auch *Seer* ist der Ansicht, dass der Steuerpflichtige sein Einkommen nicht bewusst periodenbezogen erwirbt. *Ders.* BB 2004, S. 2272 (S. 2274).

heute in die Leistungsfähigkeit seiner Zukunft zu investieren[326]. Das Einkommen von heute sichert unumstößlich auch das Leben von morgen[327].

Eine weite Verbreitung findet entsprechend auch die Ansicht, Leistungsfähigkeit sei lebenszeitlich zu betrachten[328]. Unter Anwendung dieses Ansatzes widerspricht die Periodenbesteuerung dem Leistungsfähigkeitsprinzip[329], da sie dazu führt, dass die Leistungsfähigkeit nur abschnittsbezogen ermittelt wird, sie ein Auseinanderfallen mit der durchschnittlichen Lebensleistungsfähigkeit jedoch nicht berücksichtigt. So ist auch *Karrenbrock* der Meinung, der Gesetzgeber habe dafür Sorge zu tragen, dass die Summe der zu versteuernden Periodeneinkommen nicht das Lebenseinkommen übersteigt[330]. Dies erscheint zwar auf den ersten Blick selbstverständlich, eine derartige periodenübergreifende Übermaßbesteuerung ist jedoch unter Einbeziehung von Verlustperioden, in denen keine Steuer erhoben wird, tatsächlich bei einer stringenten Anwendung des Periodizitätsprinzips denkbar. *Heuermann* leitet die periodenübergreifende Leistungsfähigkeit aus dem Totalgewinngedanken ab. Sofern das Gesetz das Streben nach dem Totalgewinn als Tatbestandsvoraussetzung steuerlich relevanten Handelns voraussetze, müsse der diesbezügliche Beurteilungszeitraum auch entsprechend vergrößert werden[331].

Geht man also von einer Lebensleistungsfähigkeit aus, so liegt im Periodizitätsprinzip nicht mehr eine Konkretisierung, sondern ein Eingriff in das Leistungsfähigkeitsprinzip[332].

Der Rechtsprechung zum Leistungsfähigkeitsprinzip lässt sich keine eindeutige Tendenz hinsichtlich des anzulegenden zeitlichen Maßstabes entnehmen. So äußerte sich der erste Senat des BFH dahingehend, dass die Möglichkeit des interperiodischen Verlustabzugs zeige, dass die Leistungsfähigkeit abschnittsübergreifend zu ermitteln sei[333]. Auch der erste Senat des Bundesverfassungsgerichts geht von einem *„abschnittsübergreifenden Nettoprinzip als Ausfluss des Leistungsfähigkeitsprinzips“*

---

326 Neben der (verpflichtenden) gesetzlichen Rentenversicherung sei nur an die Subventionierung und Förderung privater Altersvorsorge durch den Staat (Stichwort: Riester-Rente) gedacht.

327 Entsprechend hält *Petersen* eine Orientierung der Leistungsfähigkeit am Kalenderjahr für *„lebensfremd“*. *Ders.*, StuW 2006, S. 266 (S. 272).

328 So u.a. *Tipke*, Die Steuerrechtsordnung Band 2, 2. Auflage, S. 756; *Hallerbach*, in: Herrmann/Heuer/Raupach: Einkommensteuer- und Körperschaftsteuergesetz, § 10d EStG, Rn. 10; *Ohmer*, S. 110; *Lang*, Die Bemessungsgrundlage der Einkommensteuer S. 187; *Seer*, BB 2004, S. 2272 (S. 2274); *Busch*, DStR 2007, S. 1069 (S. 1071).

329 *Lang*, in: Tipke/Lang, Steuerrecht, § 4 Rn. 121.

330 *Karrenbrock*, DB 2004, S. 559 (S. 560).

331 *Heuermann*, FR 2012, S. 435 (S. 438). Ähnlich argumentierend auch *Jachmann*, S. 145 f.

332 *Lindauer*, BB 2004, S. 2720 (S. 2724).

333 BFH, BStBl. II 2011, S. 826 (S. 829).

aus[334]. Gleichzeitig hat er aber auch geurteilt, dass der Gesetzgeber den Widerspruch einer periodischen Besteuerung und der Besteuerung nach dem Nettoprinzip nicht einseitig zugunsten des Nettoprinzips lösen muss[335]. Auch vertritt der zweite Senat des Bundesverfassungsgerichts die Ansicht, der Gleichheitssatz gebiete eine gegenwartsnahe Belastung des Steuerpflichtigen – die Jahressteuer gewähre eine Belastungsgleichheit in der Zeit[336].

In jedem Fall stehen Periodizitätsprinzip und Leistungsfähigkeitsprinzip je nach vertretener Ansicht entweder im Einklang oder im klaren Widerspruch. Es kann letztlich nur eines richtig sein.

2.4.1.3.3 Stellungnahme

Das Leistungsfähigkeitsprinzip ist periodenübergreifend auszulegen und zu verstehen. Als Ausfluss sowohl des Gleichheitssatzes, als auch der Freiheitsgrundrechte, ist nicht ersichtlich, weshalb dieses tragende Prinzip einer gerechten Staatsfinanzierung auf einzelne Perioden beschränkt werden sollte. Vielmehr muss jeder Steuerpflichtige sowohl in der Periode als auch periodenübergreifend nicht mehr aber auch nicht weniger als seinen gerechten Anteil zum Steuerstaat beitragen. Er ist damit einerseits in seinem Existenzminimum, als auch vor einer steuerlichen (ungerechten) Überbelastung geschützt – sowohl in der einzelnen Periode, als auch im gesamten Zeitraum seiner Steuerpflicht. Die Leistungsfähigkeit des Steuerpflichtigen muss vom Staat auf die gesamte Dauer seiner Steuerpflicht gewährleistet werden. Denn wie bereits ausgeführt, dient die gegenwärtig erhöhte Leistungsfähigkeit auch zur Sicherstellung der künftigen Leistungsfähigkeit. Wenn der Staat in seiner Besteuerung jährlich betrachtet nicht unterhalb des Existenzminimums ansetzen darf[337], so darf die Besteuerung auch nicht dazu führen, dass der Steuerpflichtige in zukünftigen Jahren unter das Existenzminimum rutscht und auf Leistungen des Sozialstaates angewiesen ist. Jemand, der auf die Dauer seiner Steuerpflicht mit seinem Einkommen durchschnittlich unter dem Existenzminimum liegt, kann nicht in gerechter Weise zur Finanzierung des Staates herangezogen werden. Sinn und Zweck des Sozialstaates ist es schließlich nicht, den Steuerpflichtigen zunächst derart zu belasten, dass er anschließend wieder auf ihn angewiesen ist[338]. Dies widerspräche nicht nur dem Kern des Leistungsfähigkeitsprinzips, sondern auch dem freiheitsrechtlichen Gehalt des Grundgesetzes. Entsprechend verlangt auch ein an

---

334 BVerfG Beschl. v. 22.07.1991 – BvR 313/88, DStR 1991, S. 1278 (S. 1278).

335 BVerfG Beschl. v. 22.07.1991 – BvR 313/88, DStR 1991, S. 1278 (S. 1279).

336 BVerfG, BVerfGE 96, S. 1 (S. 7). Diese – *P. Kirchhof* nahestehende – Ansicht könnte allerdings dadurch begründet sein, dass in der Tat *P. Kirchhof* als Bundesverfassungsrichter an der Entscheidung beteiligt war.

337 Siehe dies bzgl. § 32a Abs. 1 EStG und den entsprechenden Grundfreibetrag.

338 So auch *Birk/Desens/Tappe*, Rn. 197; *Tipke*, Die Steuerrechtsordnung Band 1, 2. Auflage, S. 402.

der Leistungsfähigkeit orientierter Gleichheitssatz neben der periodischen auch eine überperiodische Gleichheit.

Ausgehend vom gleichheitsrechtlichen Ursprung des Leistungsfähigkeitsprinzips ist daher für die Besteuerung nicht nur innerhalb einer Periode (vorliegend dem Kalenderjahr), sondern auch in einem Zeitraum, welcher eine Vielzahl solcher Perioden umfasst, Steuergleichheit und die Wahrung des Leistungsfähigkeitsprinzips zu gewährleisten. Hinsichtlich letzterem Zeitraum auf das Leben eines Steuerpflichtigen abzustellen, ist insofern richtig, als dies die Beachtung der steuerlichen Leistungsfähigkeit während des gesamten Lebens des Steuerpflichtigen sicherstellt. So wird vor allem der freiheitsrechtliche Gehalt des Leistungsfähigkeitsprinzips gewahrt. Allerdings kann eine periodenübergreifende bzw. lebenszeitliche Ermittlung der Leistungsfähigkeit eines Steuerpflichtigen nur im Rahmen einer Durchschnittsbildung erfolgen. Es muss also die durchschnittliche Leistungsfähigkeit sowohl in der einzelnen Periode, als auch in der Summe der Perioden erfasst und sichergestellt werden. Sofern jedoch eine solche Durchschnittsbestimmung ihren Anfang mit dem Zeitpunkt der Geburt des Steuerpflichtigen nimmt, hätte dies zur Folge, dass die Jahre (bzw. eine Vielzahl von Einzelperioden) in denen der Steuerpflichtige seine Leistungsfähigkeit von seinen Eltern ableitet, seine durchschnittliche Leistungsfähigkeit rechnerisch nachhaltig mindern. Seine tatsächliche Leistungsfähigkeit würde insofern nicht richtig erfasst. Folglich ist im Rahmen einer lebenszeitlichen Erfassung der Leistungsfähigkeit nur der Zeitraum zu berücksichtigen, in dem der Steuerpflichtige seine Leistungsfähigkeit nicht von Dritten ableitet. Des Weiteren hat der Steuerstaat auch nur solche Perioden bei der Ermittlung der durchschnittlichen Lebensleistungsfähigkeit zu erfassen, in denen der Steuerpflichtige diese auch im Inland versteuert hat. Die lebenszeitliche Leistungsfähigkeit ist folglich nicht wortwörtlich anhand des Lebens des Steuerpflichtigen zu ermitteln, sondern muss bestimmten Beschränkungen unterliegen, welche das Gefüge der steuerlichen Staatsfinanzierung und der Steuergerechtigkeit gebieten.

Aus gleichheitsrechtlicher Sicht kann die Besteuerung anhand der Lebensleistungsfähigkeit nicht bedeuten, dass das Leben zum Vergleichsmaßstab im Sinne des Art. 3 GG wird. Vielmehr ist im Einzelfall bei der Ermittlung von Verstößen gegen den Gleichheitssatz tatsächlich Gleiches – oder Vergleichbares – aneinander zu messen. So wird vor allem die Anzahl der einzelnen Perioden sowie das in diesen erworbene und versteuerte Einkommen eine maßgebliche Vergleichsbasis bieten.

Ein solches überperiodisches bzw. lebenszeitliches Leistungsfähigkeitsprinzip muss nicht zwingend in einem unauflöslichen Widerspruch mit dem zur Staatsfinanzierung notwendigen Periodizitätsprinzip stehen. Letztlich gilt es eine periodische Besteuerung anhand einer lebenszeitlichen Leistungsfähigkeit zu erreichen. Diesen bloß scheinbaren Widerspruch gilt es durch die Gesetzgebung zu lösen. Fraglich ist insofern, zu Lasten welchen Prinzips dieser Konflikt gelöst werden kann oder soll. Diesbezüglich ist zunächst festzustellen, in welchem Rangverhältnis die widerstreitenden Prinzipien zu einander stehen:

Unter der Annahme, dass das Periodizitätsprinzip ein rein technisches Prinzip ist, dem keine materielle Wertung zukommen soll[339], lässt sich eine Ausformung oder Konkretisierung des aus dem Verfassungsrecht abgeleiteten Leistungsfähigkeitsprinzips durch das Periodizitätsprinzip nicht begründen[340]. Vielmehr ist richtig, dass das Leistungsfähigkeitsprinzip als materielles Prinzip der Wirkung des Periodizitätsprinzips Grenzen aufzeigt. Der Finanzierung des Steuerstaates ist es geschuldet, dass Steuern periodisch erhoben werden müssen. Dies kann jedoch nur in den Grenzen des Leistungsfähigkeitsprinzips geschehen. Entsprechend müssen die Auswirkungen des Periodizitätsprinzips sowohl auf den gleichheitsrechtlichen, als auch auf den freiheitsrechtlichen Gehalt des Leistungsfähigkeitsprinzips weitestgehend gering gehalten werden. Denn das Leistungsfähigkeitsprinzip lässt sich nicht ausschließlich als gleichheitsrechtliches Prinzip erfassen, auch wenn es aus Art. 3 Abs. 1 GG und dem Prinzip der Steuergerechtigkeit abgeleitet wurde. Auch der Schutz vor einer die Freiheitsgrundrechte beschränkenden Überbelastung ist dem Leistungsfähigkeitsprinzip immanent.

Die periodische Besteuerung ist hingegen nur ein notwendiges Übel. Diese Wertung lässt sich letztendlich auch in den Ausformungen des Periodizitätsprinzips durch den Gesetzgeber erkennen. Wie oben dargelegt[341], hat der Gesetzgeber das Periodizitätsprinzip mit Ausnahmen durchzogen[342].

Das Periodizitätsprinzip steht zwar in einem Spannungsverhältnis mit dem Leistungsfähigkeitsprinzip. Allerdings muss es sich diesem unterordnen lassen, da ihm selbst keine Wertungen entspringen, sondern es letztlich nur die fiskalische Notwendigkeit nach einer verstetigten Staatsfinanzierung widerspiegelt. Es muss mit dem Leistungsfähigkeitsprinzip in Einklang gebracht werden, nicht anders herum[343]. Die Beschränkung des Leistungsfähigkeitsprinzips durch das Periodizitätsprinzips muss insofern auf ein Mindestmaß begrenzt werden.

2.4.1.3.4 Zwischenergebnis

Das allgemeine Leistungsfähigkeitsprinzip hat eine herausragende Stellung im deutschen Ertragsteuerrecht und Verfassungsrang. Es hat sowohl einen gleichheitsrechtlichen, als auch einen freiheitsrechtlichen Inhalt und schützt Steuerpflichtige einerseits vor einer Übermaßbesteuerung – und andererseits vor einer ungleichen Verteilung der Steuerlast. Eine Besteuerung jenseits des individuellen Existenzminimums schließt es aus.

Diese Wirkung entfaltet das allgemeine Leistungsfähigkeitsprinzip sowohl innerhalb der jeweiligen Besteuerungsperiode, als auch periodenübergreifend für die

---

339 Siehe oben in Teil 2.2.1 dieser Arbeit.

340 So auch *Friauf*, DStJG 12, S. 3 (S. 16).

341 Siehe oben in Teil 2.3.3 und 2.3.4 dieser Arbeit.

342 Auch *Tipke* weist darauf hin, dass häufige Durchbrechungen der Regel eben gegen diese sprechen. *Tipke*, Die Steuerrechtsordnung Band 2, 2. Auflage, S. 758.

343 Siehe auch Ausführungen unter 2.2.2 dieser Arbeit.

Dauer der individuellen lebenszeitlichen Steuerpflicht. Das Periodizitätsprinzip und seine Auswirkungen sind zwar als notwendiges Übel hinzunehmen, es ist jedoch als rein technisches Prinzip ohne Verfassungsrang dem Leistungsfähigkeitsprinzip unterzuordnen. Der Gesetzgeber ist entsprechend gehalten, den Eingriff in den Schutzbereich des Leistungsfähigkeitsprinzips möglichst gering zu halten.

2.4.1.4 Das objektive Nettoprinzip

Wie bereits erwähnt, findet das Leistungsfähigkeitsprinzip eine weitere Konkretisierung im objektiven[344] und subjektiven Nettoprinzip[345]. Während das subjektive Nettoprinzip ausschlaggebend dafür ist, dass unausweichliche Belastungen aus dem persönlichen Lebensbereich des Steuerpflichtigen bei der Bemessung der Leistungsfähigkeit Berücksichtigung finden müssen[346], trifft das objektive Nettoprinzip dieselbe Wertung für alle erwerbsbezogenen Aufwendungen[347].

Das objektive Nettoprinzip ist in § 2 Abs. 2 EStG einfachgesetzlich ausdrücklich geregelt[348] und ist als Konkretisierung des Leistungsfähigkeitsprinzips[349] – wie dieses – eine Ableitung aus dem allgemeinen Gleichheitssatz[350]. Über § 8 Abs. 1 KStG findet es auch Eingang in die Gewinnermittlung im Rahmen der Körperschaftsteuer[351]; ebenso muss sich die gewerbesteuerliche Bemessungsgrundlage an der objektiven Leistungsfähigkeit messen lassen[352] – dies ergibt sich aus der Verweisung auf die Grundsätze der ertragsteuerlichen Gewinnermittlung in § 7 S. 1 GewStG[353]. Das objektive Nettoprinzip ist also Grundlage aller Ertragsteuern, entsprechend gilt es sowohl für natürliche, als auch für juristische Personen sowie Unternehmen[354].

---

344 *Röder*, StuW 2012, S. 18 (S. 19); *Heuermann*, FR 2012, S. 435 (S. 436).

345 *Birk/Desens/Tappe*, Rn. 630.

346 *Birk/Desens/Tappe*, Rn. 629; *Fehrenbacher*, § 2 Rn. 7.

347 *Fehrenbacher*, § 2 Rn. 6; *Birk/Desens/Tappe*, Rn. 615; *Offerhaus*, DStZ 2000, S. 9 (S. 10).

348 *Heuermann*, FR 2012, S. 435 (S. 438); *Hey*, StuW 2011, S. 131 (S. 140); *Lang/Englisch*, StuW 2005, S. 3 (S. 6); *Lehner*, in: Verluste im nationalen und internationalen Steuerrecht, S. 1 (S. 2); BFH, BStBl. II 2013, S. 512 (S. 513); BVerfG, BVerfGE 122, S. 210 (S. 234); BVerfGE 123, S. 111 (S. 121).

349 *Röder*, StuW 2012, S. 18 (S. 19); *Lehner*, S. 3.

350 *Lehner*, S. 3; BFH, BStBl. II 2003, S. 523 (S. 525).

351 *Röder*, StuW 2012, S. 18 (S. 19); BFH, BStBl. II 2013, S. 512 (S. 513); So auch *Herzig*, in: Verluste im nationalen und internationalen Steuerrecht, S. 37 (S. 38). Dies ist letztlich nur folgerichtig, definiert sich Gewinn doch ganz allgemein als Überschuss der Einnahmen über die Ausgaben, s.a. *Hackmann*, StuW 2006, S. 124 (S. 125).

352 *Lang/Englisch*, StuW 2005, S. 3 (S. 14); BFH Beschl. v. 27.01.2006 – VIII B 179/05, *juris*.

353 BFH, BStBl. II 2013, S. 512 (S. 513).

354 *Lang/Englisch*, StuW 2005, S. 3 (S. 6).

Das objektive Nettoprinzip ist prägendes Merkmal der Ertragsteuern, da es erlaubt bei der Einkommens- bzw. der Gewinnermittlungen diejenigen Aufwendungen zum Abzug zu bringen, die den Erwerb von wirtschaftlicher Leistungsfähigkeit erst möglich gemacht haben. Entsprechend sind seine Ausprägungen die zentralen Stellschrauben der Steuergesetzgebung. Aufgrund der zahlreichen gesetzlichen Ausnahmen vom objektiven Nettoprinzip geht *Lang* deshalb davon aus, dass diesem in seiner Funktion als systemtragende Komponente des Ertragsteuerrechts ein tatsächlicher steuerpolitischer Stellenwert zukommt, der „*gegen Null*" tendiere[355].

2.4.1.4.1 Verfassungsrang

In der Literatur umstritten und von der Rechtsprechung noch nicht entschieden ist die Frage, inwiefern dem objektiven Nettoprinzip Verfassungsrang zukommt. *Heuermann* verweigert diesem „*Subprinzip*"[356] des Leistungsfähigkeitsprinzips die Anerkennung einer verfassungsrechtlichen Qualität mit der Begründung, dass es lediglich einfachgesetzlich normiert sei[357]. *Mellinghoff* vertritt letztendlich dieselbe Ansicht[358]. *Röder* hingegen sieht einen verfassungsrechtlichen Rang des objektiven Nettoprinzips insoweit begründet, wie es eine Konkretisierung des Art. 3 Abs. 1 GG darstellt[359].

Die Rechtsprechung und insbesondere das Bundesverfassungsgericht haben die Frage nach der verfassungsrechtlichen Stellung des objektiven Nettoprinzips bisher stets offengelassen[360]. Allerdings sieht das Bundesverfassungsgericht im objektiven Nettoprinzip eine gesetzgeberische Grundentscheidung, die folgerichtig umgesetzt werden muss[361].

Ein vermittelnder Ansatz ähnlich dem des Bundesverfassungsgerichtes ist richtig. Das objektive Nettoprinzip findet tatsächlich einzig einfachgesetzlichen Niederschlag im deutschen Rechtssystem. Zwar ist es ein im Steuerrecht tragendes Prinzip, da es ohne das objektive Nettoprinzip letztlich kein Einkommen und keinen Gewinn im Sinne des Ertragsteuerrechts gäbe[362]. Es konkretisiert das allgemeine Leistungsfähigkeitsprinzip, indem es die Wahrung des Existenzminimums im Bereich der Einkommens- bzw. der Gewinnermittlung sicherstellt. Gleichzeitig hat es für sich genommen jedoch keinen gleichheitsrechtlichen Gehalt, es ist vielmehr überwiegend als technische Regelung bzw. Umsetzung zu sehen. Die Entscheidung des Gesetzgebers, Einkommen und Gewinn mit Hilfe des objektiven Nettoprinzips zu

---

355 *Lang*, StuW 2007, S. 3 (S. 7).
356 *Heuermann*, FR 2012, S. 435 (S. 436).
357 *Heuermann*, FR 2012, S. 435 (S. 438). *Heuermann* sieht in der Erhebung des Nettoprinzips zu einem Prinzip von Verfassunsgrang eine „*Quasi-Sakrilisierung*", *ders.*, FR 2012, S. 435 (S. 438).
358 *Mellinghoff*, FR 2012, S.989 (S. 991).
359 *Röder*, StuW 2012, S. 18 (S. 19).
360 Siehe exemplarisch BVerfG, BVerfGE 122, S. 210 (S. 234).
361 Siehe exemplarisch BVerfG, BVerfGE 122, S. 210 (S. 234).
362 So auch *Hackmann*, StuW 2006, S. 124 (S. 125).

ermitteln ist jedoch eine grundlegende und tiefgreifende Entscheidung[363], die nicht ohne weiteres wieder durchbrochen werden darf. Das gesamte Ertragsteuerrecht fußt auf diesem Gedanken. Insofern ist der Gesetzgeber in jedem Fall gehalten, diese Grundentscheidung folgerichtig und konsequent umzusetzen[364]. Eine Abkehr vom objektiven Nettoprinzip kann nur grundsätzlich geschehen oder in auf besondere Weise gerechtfertigten Einzelfällen[365]. Dabei ist jeweils zu beachten, dass sowohl das allgemeine Leistungsfähigkeitsprinzip, als auch der allgemeine Gleichheitssatz und die Freiheitsgrundrechte gewahrt bleiben. Denn die Allgemeingültigkeit des objektiven Nettoprinzips trägt einen entscheidenden Teil zur Wahrung all dieser Verfassungsgüter im Steuerrecht bei[366].

2.4.1.4.2 Zeitbezug des objektiven Nettoprinzips

Das objektive Nettoprinzip kommt im Regelfall nur innerperiodisch zur Anwendung, da auch die Einkommens- bzw. die Gewinnermittlung innerperiodisch erfolgt. Dem ist zunächst auch nichts entgegen zu halten, da auch Aufwendungen und Ertrag meist in einem engen Zeitrahmen zueinander stehen. Eine weitestgehend gemeinsame steuerliche Berücksichtigung von Aufwand und Ertrag ist insofern konsequent. Eine interperiodische Komponente des objektiven Nettoprinzips kommt jedoch dann zum Vorschein, wenn Aufwand und Ertrag in verschiedene Perioden fallen.

Im Bereich der natürlichen Personen und der Personengesellschaften kann dies vor allem wegen des progressiven Steuertarifs nachteilige Auswirkungen auf die Steuerlast haben. Wenn dem Ertrag keine Aufwendungen gegenüberstehen, erhöht sich das Einkommen bzw. der Gewinn; entsprechend steigt die progressive Belastung. Derartige Verschiebungen über die Periodengrenze hinweg werden im normalen Geschäft keine zu große Bedeutung erlangen. Anders mag dies jedoch in dem Fall sein, dass unvorhergesehener hoher Aufwand in eine Periode fällt, in der er mit geringerer steuerlicher Wirkung verrechnet werden kann, als z.B. in der vorhergegangenen Periode.

Dem objektiven Nettoprinzip kommt jedoch sowohl im Bereich der natürlichen Personen / Personengesellschaften als auch im Bereich der Kapitalgesellschaften interperiodische Bedeutung zu, wenn der Aufwand in einer Periode nicht in voller Höhe mit dem Ertrag dieser Periode verrechnet werden kann und folglich ein Verlust entsteht[367]. Diesen Verlusten gebietet das objektive Nettoprinzip uneingeschränkte Berücksichtigung[368]. Dies bedeutet, dass Verluste, sofern sie nicht innerhalb der Entstehungsperiode ausgeglichen werden können, interperiodisch zum Abzug zugelassen

---

363 Auch *Mellinghoff* spricht von einer *„systemtragenden Grundentscheidung“*. *Mellinghoff*, FR 2012, S.989 (S. 991).

364 So auch *Lang/Englisch*, StuW 2005, S. 3 (S. 6); *Röder*, StuW 2012, S. 18 (S. 19); *Hey*, in: Tipke/Lang, Steuerrecht, § 3 Rn. 123.

365 *Lang/Englisch*, StuW 2005, S. 3 (S. 6).

366 Zum freiheitsrechtlichen Gehalt des objektiven Nettoprinzips siehe *Lehner*, S. 5 ff.

367 So auch *Lang/Englisch*, StuW 2005, S. 3 (S. 6).

368 *Hey*, in: Tipke/Lang, Steuerrecht, § 8 Rn. 54.

werden müssen[369]. Insofern muss das Periodizitätsprinzip hinter das objektive Nettoprinzip zurücktreten[370] und eine Verknüpfung zweier oder mehrerer Perioden zulassen.

Das objektive Nettoprinzip besagt, dass Aufwendungen, welche der Steuerpflichtige zum Erwerb von Einkünften macht, seine Leistungsfähigkeit mindern und folglich berücksichtigt werden müssen. Daraus lässt sich auch ableiten, dass Verluste, die der Steuerpflichtige bei dem Versuch Einkommen zu generieren erleidet, seine Leistungsfähigkeit auf steuerlich relevante Weise mindern[371]. Der Bezug des Nettoprinzips zum Periodizitätsprinzip ergibt sich nun aus der Frage, inwiefern Verluste zu berücksichtigen sind, die in der Periode der Entstehung nicht mehr verrechnet werden können[372]. Geht man davon aus, dass es dem Steuerpflichtigen freisteht, wie er sein Einkommen bestreitet und dass er nicht auf die eine oder andere Weise wegen seiner getroffenen Wahl schlechter gestellt werden darf als andere[373], so muss man von der Zulässigkeit eines intertemporalen Verlustabzugs ausgehen. Macht sich ein Steuerpflichtiger selbständig und generiert im ersten Jahr seiner Tätigkeit nur Verluste, so stellen diese Aufwendungen für ein gegebenenfalls im zweiten Jahr entstehendes Einkommen dar. Würden die Verluste aus dem ersten Jahr nicht berücksichtigt, so stünde er aufgrund der Wahl seiner Tätigkeit schlechter da, als beispielsweise der angestellte Arbeitnehmer, der in aller Regel aus seiner Tätigkeit keine Verluste generieren wird. Schon aus diesem Grund gebietet das objektive Nettoprinzip eine intertemporale Verlustverrechnung[374].

Des Weiteren ist zu bedenken, dass jede steuerliche Periode letztlich eine willkürliche Zeitspanne umfasst[375]. Die Einkünfteerzielungsabsicht aber, welche Grundlage jedes steuerbaren Verhaltens sein muss, richtet sich nicht an Perioden aus, sie besteht in der Regel periodenübergreifend[376]. Ebenso ist auch die Einkünfteerzielung ein kontinuierlicher Prozess, der in aller Regel weit über die einzelne Periode hinausgeht[377]. Entsprechend richtet sich der Steuerpflichtige auch in seinen Aufwendungen in erster Linie nicht nach der Periode[378], sondern vielmehr danach,

---

369 *Wissenschaftlicher Beirat Steuern von Ernst & Young*, DB 2012, S. 1704 (S. 1705); *Lüdicke*, DStZ 2010, S. 434 (S. 435); *Kube*, DStR 2011, S. 1781 (S. 1785); *Lindauer*, BB 2004, S. 2720 (S. 2724). Wohl h.M.

370 So auch *Hey*, in: Tipke/Lang, Steuerrecht, § 8 Rn. 62.

371 *Birk/Desens/Tappe*, Rn. 616; a.A. *Heuermann*, FR 2012, S. 435 (S. 437).

372 *Lang/Englisch*, StuW 2005, S. 3 (S. 6).

373 So auch *Esterer/Bartelt*, Ubg. 2012, S. 283 (S. 283).

374 So u.a. auch *Lüdicke*, DStZ 2010, S. 434 (S. 435); *Kube*, DStR 2011, S. 1781 (S. 1785); *Wissenschaftlicher Beirat Steuern von Ernst & Young*, DB 2012, S. 1704 (S. 1705).

375 *Tipke*, Die Steuerrechtsordnung Band 2, 2. Auflage, S. 756.

376 *Heuermann*, FR 2012, S. 435 (S. 438).

377 *Röder*, StuW 2012, S. 18 (S. 21).

378 Daran, dass Investitionen bereits im privaten Bereich vermehrt in steuerlich günstigere Jahre verlagert werden wann immer dies möglich ist, ist bereits ersichtlich, dass das Periodizitätsprinzip Einfluss weit über seinen Sinn und Zweck hinaus nimmt.

aufgrund seiner Aufwendungen auf lange Sicht oder über lange Zeiträume hinweg einen Überschuss zu erzielen. Umso kürzer jedoch eine steuerliche Periode ausfällt, desto höher ist die Wahrscheinlichkeit, dass Verluste und Gewinne nicht in dieselbe Periode fallen und somit nicht in derselben Periode miteinander verrechnet werden können[379]. Um dennoch gewährleisten zu können, dass Aufwendungen nicht verloren gehen, bedarf es einer interperiodischen Anwendung des objektiven Nettoprinzips[380]. Anderenfalls wäre es dem Gesetzgeber möglich, sich durch eine starke Verkürzung der Besteuerungsperiode nur noch an den positiven Erträgen zu beteiligen, während negative Ertragsjahre unberücksichtigt blieben.

Die gegenteilige Meinung, nach der das objektive Nettoprinzip keine Aussage hinsichtlich der Behandlung von Verlusten träfe, vermag nicht zu überzeugen[381]. Sie verkennt die Tatsache, dass Verluste letztlich überschüssiger Aufwand sind, dieser jedoch ausdrücklich nach dem objektiven Nettoprinzip zum Abzug zu bringen ist.

Entsprechend deutet sich auch in der Rechtsprechung eine Präferenz für ein abschnittsübergreifendes Nettoprinzip an[382].

Entschieden ist damit jedoch noch nicht die Frage nach dem Rangverhältnis zwischen Periodizitätsprinzip und objektivem Nettoprinzip. Keines der beiden Prinzipien hat Verfassungsrang. Allerdings sind beide Prinzipien – wenn auch aus unterschiedlichen Gründen – für das Steuerrecht grundlegend und systemtragend. Das Bundesverfassungsgericht hat diesbezüglich lediglich ausgeführt, dass der Wertungswiderspruch zwischen den beiden Prinzipien nicht zwingend zugunsten des Nettoprinzips zu lösen ist[383]. Bareis führt hingegen aus, dass auch das Periodizitätsprinzip keineswegs über das objektive Nettoprinzip gestellt werden müsse[384]. Letztendlich ist beiden Ansichten bei genauerer Betrachtung zu entnehmen, dass keines der Prinzipien einen grundsätzlichen Anwendungsvorrang vor dem anderen hat. Allerdings ist zu beachten, dass das objektive Nettoprinzip folgerichtig umgesetzt werden muss, eine Durchbrechung desselben also nur aufgrund eines *„besonderen, sachlich rechtfertigenden Grundes“*[385] erfolgen darf.

2.4.1.4.3 Zwischenergebnis

Dem objektiven Nettoprinzip kommt kein Verfassungsrang zu. Als grundlegende und systemtragende Grundsatzentscheidung der Gesetzgebung muss es jedoch im Steuerrecht folgerichtig umgesetzt werden. Insbesondere im Rahmen der Behandlung von Verlusten kommt dem objektiven Nettoprinzip interperiodische Bedeutung

379 So i.E. auch *Lüdicke*, DStZ 2010, S. 434 (S. 435).
380 So auch *Esterer/Bartelt*, Ubg. 2012, S. 283 (S. 284).
381 So vertreten von *Heuermann*, FR 2012, S. 435 (S. 437).
382 *Röder*, StuW 2012, S. 18 (S. 22); BFH, BStBl. II 2013, S. 512 (S. 513) m.w.N.
383 BVerfG Beschl. v. 22.07.1991 – 1 BvR 313/88, DStR 1991, S. 1278 (S. 1279).
384 *Bareis*, DB 2013, S. 144 (S. 145).
385 BVerfG, BVerfGE 122, S. 210 (S. 234); BVerfGE 123, S. 111 (S. 121). I.E. auch *Esterer/Bartelt*, Ubg. 2012, S. 283 (S. 284).

zu. Eine Abweichung von diesem abschnittsübergreifenden Nettoprinzip bedarf eines besonderen Rechtfertigungsgrundes. Anderenfalls ist nicht nur ein Verstoß gegen das Folgerichtigkeitsgebot zu befürchten, sondern vielmehr auch ein Eingriff in den allgemeinen Gleichheitssatz sowie die Freiheitsgrundrechte.

Das entstehende Spannungsverhältnis zwischen der periodischen Erfassung der Leistungsfähigkeit aufgrund des Periodizitätsprinzips und dem Bedürfnis nach einem periodenübergreifenden Nettoprinzip im Rahmen der Verlustverrechnung kann und muss durch einen uneingeschränkten Verlustabzug gelöst werden[386]. Denn das Periodizitätsprinzip ist nicht nur im Rang unter das Leistungsfähigkeitsprinzip zu stellen, es ist vielmehr zumindest auch nicht als im Rang über dem Nettoprinzip stehend anzusiedeln.

2.4.1.5 Das Gebot der Folgerichtigkeit

Neben dem allgemeinen Leistungsfähigkeitsprinzip leitet das Bundesverfassungsgericht in ständiger Rechtsprechung auch das sog. Gebot der Folgerichtigkeit aus dem allgemeinen Gleichheitssatz ab[387]. Diese Ansicht spiegelt sich auch in der Rechtsprechung des BFH[388].

2.4.1.5.1 Bedeutung

Das Gebot der Folgerichtigkeit gebietet es, dass eine vom Gesetzgeber getroffene Belastungsentscheidung konsequent und folgerichtig im Sinne der Belastungsgleichheit umgesetzt wird[389]. Das Folgerichtigkeitsgebot setzt also zunächst eine Grundentscheidung des Gesetzgebers voraus, die anschließend einheitlich umgesetzt werden muss[390]. Der Gesetzgeber unterliegt dabei in erster Linie einer Selbstbindung, da es seine eigene Grundwertung ist, die er zu befolgen hat[391]. Allerdings hat das Folgerichtigkeitsgebot keine gesetzesübergreifende Wirkung. Vielmehr stellt das Bundesverfassungsgericht auf eine Prüfung der folgerichtigen Umsetzung innerhalb des einzelnen Steuergesetzes ab[392]. Dies führt hinsichtlich gesetzesübergreifender Prinzipien wie z. B. dem Leistungsfähigkeitsprinzip oder dem objektiven Nettoprinzip zu einem geringeren Schutz vor gesetzgeberischen Eingriffen[393].

Ausnahmen von einer folgerichtigen Umsetzung bedürfen nach der Rechtsprechung des Bundesverfassungsgerichts eines *„besonderen sachlichen Grundes“*[394].

---

386 *Lindauer*, BB 2004, S. 2720 (S. 2724).
387 BVerfG, BVerfGE 116, S. 164 (S. 180); BVerfGE 117, S. 1 (S. 30).
388 Siehe exemplarisch BFH, BStBl. II 2013, S. 512 (S. 513).
389 BVerfG, BVerfGE 23, S. 242 (S. 256); BVerfGE 84, S. 239 (S. 271); BVerfGE 93, S. 121 (S. 136); BVerfGE 99, S. 280 (S. 290); BVerfGE 105, S. 73 (S. 126); BVerfGE 122, S. 210 (S. 231).
390 *Tipke*, DB 2008, S. 263 (S. 263).
391 *Drüen*, StuW 2008, S. 3 (S. 9).
392 *Tipke*, StuW 2007, S. 201 (S. 207); *Hey*, in: Tipke/Lang, Steuerrecht, § 3 Rn. 119.
393 Im Ergebnis wohl auch: *Hey*, in: Tipke/Lang, Steuerrecht, § 3 Rn. 119.
394 BVerfG, BVerfGE 122, S. 210 (S. 231).

Als Rechtfertigung kommen insofern außerfiskalische Förderungs- und Lenkungszwecke sowie Typisierungen bzw. Vereinfachungen in Betracht[395]. Keinesfalls zu rechtfertigen ist hingegen der Verstoß gegen das Folgerichtigkeitsgebot durch eine rein fiskalisch motivierte, einzig auf eine Einnahmeerhöhung gerichtete Durchbrechung einer gesetzgeberischen Grundentscheidung[396].

Nach *Englisch* lässt sich das Folgerichtigkeitsgebot des Weiteren in zwei Bedeutungen zerlegen: Zum einen verlangt es vom Gesetzgeber, steuerliche Rechte und Pflichten an einem einheitlichen Verteilungsmaßstab auszurichten[397]. Zum anderen steht es aber auch einer widersprüchlichen Wertung von Grundrechten in der Abwägung mit kollidierenden Prinzipien oder Rechten entgegen[398].

Zwar ist das Folgerichtigkeitsgebot als direkter Ausfluss aus dem allgemeinen Gleichheitssatz ein *„allgemeingültiges Verfassungsgebot“*[399]. *P. Kirchhof* schreibt ihm sogar die *„praktisch bedeutsamste steuerliche Wirkung“* des Gleichheitssatzes zu[400]. Allerdings darf seine Bedeutung auch nicht überbewertet werden. Denn das Folgerichtigkeitsgebot schreibt dem Gesetzgeber nicht vor, dem Steuerrecht überhaupt ein grundlegendes System zugrunde zu legen, geschweige denn ein einmal errichtetes System aufrechtzuerhalten[401]. Trifft er jedoch eine grundlegende Entscheidung, so ist diese konsequent zu befolgen[402].

2.4.1.5.2 Folgerichtigkeitsgebot und Periodizitätsprinzip

Die Bedeutung des Folgerichtigkeitsgebots für das Periodizitätsprinzip ist zweierlei. Zum einen ist die periodische Besteuerung eine der Grundentscheidungen des Gesetzgebers im Ertragsteuerrecht, die es gilt folgerichtig umzusetzen. Zum anderen kann die Umsetzung des Periodizitätsprinzips an Grenzen stoßen, wenn sie die Durchbrechung weiterer gesetzgeberischer Grundentscheidungen des Ertragsteuerrechts bedeutet.

2.4.1.5.2.1 Direkte Bedeutung

Das Periodizitätsprinzip ist im deutschen Ertragsteuerrecht eindeutig als Jahressteuerprinzip umgesetzt[403] und hat bestimmenden Einfluss auf die Bemessung und die Erhebung der betreffenden Steuern. Das Periodizitätsprinzip in seiner Ausgestaltung als Jahressteuerprinzip ist eine bedeutende Grundentscheidung des deutschen Gesetzgebers. Entsprechend muss es gleichheitsrechtlich folgerichtig umgesetzt werden.

---

395 BVerfG, BVerfGE 122, S. 210 (S. 231).
396 BVerfG, BVerfGE 122, S. 210 (S. 233).
397 *Englisch*, in: Gestaltung der Steuerrechtsordnung, S. 167 (S. 170).
398 *Englisch*, in: Gestaltung der Steuerrechtsordnung, S. 167 (S. 171).
399 *Englisch*, in: Gestaltung der Steuerrechtsordnung, S. 167 (S. 219).
400 *P. Kirchhof*, StuW 2006, S. 3 (S. 14).
401 *Eckhoff*, in: Leitgedanken des Rechts Band II, S. 1601 (S. 1606).
402 *P. Kirchhof*, in: Gestaltung der Steuerrechtsordnung, S. 451 (S. 455).
403 Siehe oben in Teil 2.3.1 dieser Arbeit.

Der Gesetzgeber ist folglich gebunden, im Rahmen der Ertragsteuern das Jahressteuerprinzip gegenüber allen Steuerpflichtigen einheitlich anzuwenden. Ausnahmen bedürfen eines besonderen, über den reinen Fiskalzweck hinausgehenden Grundes. Gleichzeitig können aber auch gerechtfertigte Ausnahmen Grundentscheidungen darstellen, die ihrerseits wieder zu einer folgerichtigen Umsetzung durch weitere Ausnahmen zwingen. Dies wäre insbesondere im Bereich der Begünstigung von geballten Einkünften denkbar. Begünstigt der Gesetzgeber manche Einkunftsballungen, indem er für diese Ausnahmen von dem sonst strengen Jahressteuerprinzip schafft, stellt die strikte Unterwerfung von anderen Einkunftsballungen unter das Jahressteuerprinzip unter Umständen einen Verstoß gegen das Folgerichtigkeitsgebot dar.

2.4.1.5.2.2 Indirekte Bedeutung

Das Folgerichtigkeitsgebot erhält jedoch auch indirekt Bedeutung für das Periodizitätsprinzip. So ist z.B. das objektive Nettoprinzip auch in der Zeit, also abschnittsübergreifend folgerichtig umzusetzen. Hat der Gesetzgeber entschieden, dass Erwerbsaufwand steuerlich mindernd bei der Einkommens- bzw. Gewinnermittlung anzusetzen ist, so hat dies auch für Verluste zu gelten[404]. Folgerichtig regelt § 10d EStG die Möglichkeit eines abschnittsübergreifenden Verlustrücktrags bzw. eines Verlustvortrags.

Dieser Verlustabzug widerspricht zwar grundsätzlich dem Periodizitätsprinzip. Er kann jedoch nicht ohne Weiteres durch den Gesetzgeber beschränkt oder gar abgeschafft werden, da die abschnittsübergreifende Verlustberücksichtigung folgerichtige Umsetzung des objektiven Nettoprinzips ist. So ist das Periodizitätsprinzip auch indirekt vom Folgerichtigkeitsgebot betroffen.

2.4.1.5.3 Zwischenergebnis

Das Folgerichtigkeitsgebot hat Verfassungsrang. Es verpflichtet den Gesetzgeber einmal getroffene grundsätzliche steuerliche Belastungsentscheidungen folgerichtig und konsequent umzusetzen. Dies bedeutet für das Periodizitätsprinzip zum einen, dass es nicht beliebig durch Ausnahmen begrenzt werden kann, zum anderen aber in seiner Durchsetzung auch die folgerichtige Umsetzung anderer Grundentscheidungen nicht ohne besonderen sachlichen Grund beschränkt werden kann.

2.4.1.6 Das Willkürverbot

Wie in allen anderen Rechtsgebieten auch, ist der Gesetzgeber auch im Steuerrecht dem sog. Willkürverbot unterworfen. Zu unterscheiden ist dabei einerseits das Willkürverbot, welches sich aus dem Rechtsstaatsprinzip ergibt, sowie das

404 Siehe oben in Teil 2.4.1.4.2 dieser Arbeit.

Willkürverbot des Art. 3 Abs. 1 GG[405]. Darüber hinaus will *Drüen* ein Willkürverbot auch im Grundsatz der Gleichmäßigkeit der Besteuerung sehen[406].

Das Willkürverbot des Rechtsstaatsprinzips gebietet es, Konflikte zwischen verfassungsrechtlichen Prinzipien und Grundrechten ohne Willkür zu Lasten des einen oder des anderen zu lösen[407]. Das Willkürverbot des Art. 3 Abs. 1 GG hingegen schützt vor willkürlicher Ungleichbehandlung durch den Gesetzgeber. In beiden Fällen lässt sich der Begriff der Willkür nur schwer objektiv festlegen[408].

Beide Willkürverbote haben eine – wenn auch unterschiedliche – Bedeutung für die Umsetzung des Periodizitätsprinzips im deutschen Steuerrecht.

Das Willkürverbot des Art. 3 Abs. 1 GG gebietet es, grundsätzlich die vom Gesetzgeber gewählte Besteuerungsperiode nicht willkürlich auf manche Sachverhalte und manche Steuerpflichtige anzuwenden und auf andere nicht.

Das sich aus dem Rechtsstaatsprinzip ergebende Willkürverbot hingegen gebietet es dem Gesetzgeber, sich im Konfliktfall zwischen Periodizitätsprinzip und materieller Gerechtigkeit nicht willkürlich zu Lasten oder zu Gunsten des einen oder anderen zu entscheiden.

Entsprechend könnte angeführt werden, die Wahl gerade der Jahresperiode sei willkürlich[409] und entsprechend nicht mit dem Rechtsstaatsprinzip zu vereinen. Da die periodische Besteuerung grundsätzlich immer auch einen Grundrechtseingriff darstellt, kommt das Willkürverbot in der Konfliktbewältigung zwischen der periodischen Besteuerung und den Grundrechten der Steuerpflichtigen generell zur Anwendung.

2.4.1.7 Die Wettbewerbsneutralität des Steuerrecht

Von einem idealen Steuerrecht ist aus ökonomischer[410], aber vor allem auch aus gleichheitsrechtlicher[411] Sicht Wettbewerbsneutralität zu verlangen. Absolute Wettbewerbsneutralität hieße jedoch die steuerliche Gleichbehandlung von Konsum und Investition, von In- und Ausländern und von verschiedenen Rechtsformen – sowie die Beseitigung von steuerlichen Lenkungen und Subventionen[412]. Das neutrale Steuerrecht sollte Entscheidungen des Steuerpflichtigen grundsätzlich nicht beeinflussen[413].

---

405 Diese Unterscheidung trifft auch das Bundesverfassungsgericht, siehe BVerfG Beschl. v. 22.7.1991 – 1 BvR 313/88, DStR 1991, S. 1278 (S. 1279).

406 *Drüen*, StuW 2008, S. 3 (S. 8).

407 BVerfG, BVerfGE 25, S. 269 (S. 290 f.); BVerfGE 35, S. 41 (S. 47).

408 *Tipke* führt dazu aus, Willkür läge im Steuerrecht vor, „*wenn das Bundesverfassungsgericht im Einzelfall befindet, dass sie vorliege*". *Tipke*, Die Steuerrechtsordnung Band 1, 2. Auflage, S. 306.

409 H.M., u.a. *Tipke*, Die Steuerrechtsordnung Band 2, 2. Auflage, S. 756; *Lindauer*, BB 2004, S. 2720 (S. 2721); *Friauf*, DStJG 12, S. 3 (S. 13).

410 *Schön*, in: Die Erneuerung des Verfassungsstaates, S. 143 (S. 155).

411 Siehe *Schön*, in: Die Erneuerung des Verfassungsstaates, S. 143 (S. 173).

412 *Schön*, in: Die Erneuerung des Verfassungsstaates, S. 143 (S. 155).

413 *Ohmer*, S. 108.

Aufgrund der teils bedeutenden Folgen des Periodizitätsprinzips kann ein neutrales Steuerrecht nur ein solches sein, dem die Totalperiode als Bemessungszeitraum zugrunde liegt[414].

Dieses ökonomische Ideal hat im deutschen Steuerrecht augenscheinlich nur eine sehr geringe Bedeutung. Die Rechtsformwahl ist in Deutschland bedeutend vom Steuerrecht beeinflusst, die Frage nach Konsum- oder Investition hat unterschiedliche steuerliche Auswirkungen und insbesondere das Einkommensteuergesetz ist durchzogen von Lenkungsnormen und Subventionen. Der Grundsatz der Wettbewerbsneutralität gilt im deutschen Steuerrecht nur soweit, wie dieser Ausfluss des Gleichheitssatzes nach Art. 3 Abs. 1 GG ist[415]. Dies bedeutet, dass Neutralität im Steuerrecht grundsätzlich nur dort geboten ist, wo kein sachlicher Grund für eine Ungleichbehandlung zweier gleicher Sachverhalte gefunden werden kann.

2.4.1.8 Der Grundsatz der Rechtssicherheit

Auch im Steuerrecht gilt der Grundsatz der Rechtssicherheit. Dieser ist ein bedeutender Teil des allgemeinen Rechtsstaatsprinzips[416] und dem formellen Rechtsstaatsprinzip zuzuordnen[417]. Er garantiert eine gewisse Verlässlichkeit und Beständigkeit der Rechtsordnung und im Rahmen staatlichen Handelns[418]. Des Weiteren gesteht er den Bürgern eines Staates jedoch denknotwendig auch einen Anspruch auf objektive Überschaubarkeit und Klarheit staatlichen Handelns zu[419]. Dies gilt in verschiedenen Ausprägungen sowohl in der Judikative und Exekutive als auch in Bezug auf die Legislative. Die so geschützte Rechtssicherheit ermöglicht das Ausleben von zugesicherter Freiheit, sowie gleichzeitig einen weitgehenden Vertrauensschutz[420].

Der Grundsatz der Rechtssicherheit schützt nicht vor jedweder Veränderung[421] – dies muss insbesondere für die Legislative gelten. Es ist der Kern einer demokratisch gewählten Legislative, dass diese politischen Strömungen entsprechend und abhängig von vorhandenen Mehrheiten neue Gesetze schafft und alte verändert. Davor kann auch der Grundsatz der Rechtssicherheit nicht schützen. Dieser gewährt

---

414 *Ohmer*, S. 109.

415 Zu unterscheiden vom steuerlichen Grundsatz der Wettbewerbsneutralität ist insofern der allgemeine öffentlich rechtliche Grundsatz der Wettbewerbsneutralität, wie er dort zur Anwendung kommt, wo die öffentliche Hand im Bereich des privatwirtschaftlichen Sektors gewerbliche Tätigkeiten entfaltet. Auf diesen ist letztlich auch die Besteuerung gewerblicher Betriebe juristischer Personen des öffentlichen Rechts nach § 1 Abs. 1 Nr. 6 i.V.m. § 4 KStG zurückzuführen.

416 BVerfG Beschl. v. 22.7.1991 – 1 BvR 313/88, DStR 1991, S. 1278 (S. 1278); *Schmidt-Aßmann*, in: Handbuch des Staatsrechts Band 1, § 24 Rn. 81.

417 *Tipke*, Die Steuerrechtsordnung Band 1, 2. Auflage, S. 114; *Hey*, in: Tipke/Lang: Steuerrecht, § 3 Rn. 93.

418 *Schmidt-Aßmann*, in: Handbuch des Staatsrechts Band 1, § 24, Rn. 81.

419 *Stenz*, S. 116.

420 *Schmidt-Aßmann*, in: Handbuch des Staatsrechts Band 1, § 24, Rn. 81.

421 *Schmidt-Aßmann*, in: Handbuch des Staatsrechts Band 1, § 24, Rn. 81.

jedoch zum einen einen Anspruch auf hinreichend präzise gesetzliche Tatbestände[422] und zum anderen einen Schutz vor rückwirkender Gesetzgebung[423].

Insbesondere letzterem kommt in der Steuergesetzgebung größere Bedeutung zu. Anknüpfungspunkt für die Bewertung einer Rückwirkung ist oftmals die Steuerperiode. Dies zum einen, weil schon der Gesetzgeber größere Veränderungen meist mit Wirkung zum Jahresanfang einführt. Zum anderen lässt sich aber aufgrund der jährlichen Besteuerung argumentieren, dass ein Dispositions- und Vertrauensschutz des Steuerpflichtigen immer nur auf die jeweilige Periode beschränkt besteht; er folglich nicht davon ausgehen darf, dass dieselbe Gesetzeslage auch in der nächsten Periode noch vorherrscht.

Darüber hinaus wird in der Abschnittsbesteuerung aber auch die konkrete Umsetzung des Grundsatzes der Rechtssicherheit gesehen, da es die einzelne Periode ermögliche, sowohl den steuerlichen Sachverhalt, als auch die entsprechend anzuwendenden steuerlichen Vorschriften klar abzugrenzen[424]. In Bezug auf eine längere Periode oder gar eine Lebensbesteuerung wird angeführt, dass es nur schwer mit dem Prinzip der Rechtsstaatlichkeit zu vereinbaren sei, wenn Veranlagungen über mehrere Jahre hinweg noch geändert werden könnten[425]. Das Periodizitätsprinzip könne deshalb auch aus dem Grundsatz der Rechtssicherheit hergeleitet werden[426].

Dem ist nur zum Teil zuzustimmen. Richtig ist, dass es nur bedingt mit dem Grundsatz der Rechtssicherheit zu vereinbaren ist, wenn Veranlagungen Jahre später noch geändert werden können. Allerdings ist dies im Rahmen der Korrekturvorschriften der Abgabenordnung schon jetzt praktisch der Fall. Auch der Verlustrücktrag stellt eine nachträgliche Änderung und damit einen Eingriff in die Rechtssicherheit dar.

Im Übrigen obliegt es nicht dem Steuerpflichtigen durch die Hinnahme von einer einjährigen Besteuerungsperiode selbständig den Grundsatz der Rechtssicherheit zu wahren. Vielmehr ist auch der Gesetzgeber – gerade im Bereich des Steuerrechts – gebunden, die Rechtssicherheit nicht durch andauernde und hochfrequente Gesetzesänderungen zu torpedieren. Der Konflikt zwischen dem Verlangen nach Rechtssicherheit und dem Bedürfnis nach einem gerechten Steuersystem darf nicht einseitig zu Lasten des gerechten Steuersystems entschieden werden. Der Grundsatz der Rechtssicherheit verlangt nicht per se nach einer einjährigen Besteuerungsperiode[427]. Vielmehr gilt es einen Kompromiss zu finden, in dem beiden verfassungsrechtlichen Ansprüchen möglichst weitgehend genüge geleistet wird. Sofern das Bundesverfassungsgericht hinsichtlich der Lösung dieses Konfliktes ausschließlich auf das Willkürverbot verweist[428], greift dies zu kurz. Der Steuerpflichtige hat sowohl

422 *Stein/Frank*, Staatsrecht, S. 156; *Schmidt-Aßmann*, in: Handbuch des Staatsrechts Band 1, § 24, Rn. 85.
423 *Schmidt-Aßmann*, in: Handbuch des Staatsrechts Band 1, § 24, Rn. 86.
424 BVerfG Beschl. v. 22.7.1991 – 1 BvR 313/88, DStR 1991, S. 1278 (S. 1278 f).
425 *Weber-Grellet*, S. 240.
426 *Lang*, Die Bemessungsgrundlage der Einkommensteuer, S. 188.
427 Dies verlangt im Übrigen auch das Bundesverfassungsgericht nicht.
428 BVerfG Beschl. v. 22.7.1991 – 1 BvR 313/88, DStR 1991, S. 1278 (S. 1279).

an der Rechtssicherheit als auch an materieller Gerechtigkeit dasselbe gleichhohe Interesse. Wenn diese Interessen in einen Konflikt geraten und ein Kompromiss möglich ist, in welchem dem einen Interesse ein Mehr an Erfüllung zuteil kommen kann, ohne dass das jeweils andere beeinträchtigt wird, so ist ausschließlich diese Lösung zu wählen. Diese Konfliktlösung kann durch eine reine Willkürkontrolle nicht erreicht werden.

Im Konflikt zwischen der durch das Jahressteuerprinzip gewonnenen Rechtssicherheit und der dadurch beeinträchtigten materiellen Gerechtigkeit[429], wäre es durchaus denkbar, dass eine moderat verlängerte Periode ein Mehr an Gerechtigkeit brächte, während die Rechtssicherheit nicht beeinträchtigt wird.

2.4.1.9 Das Sozialstaatsprinzip

Die Bundesrepublik Deutschland ist ein Sozialstaat und als solcher auszuformen[430]. Dies ergibt sich aus Art. 20 Abs. 1 und 28 Abs. 1 GG[431]. Diese Sozialstaatlichkeit ist eine jener Verfassungsaussagen, die vom Grundgesetz für unabänderlich erklärt werden, Art. 79 Abs. 3 GG[432]. Allerdings trifft das Grundgesetz keinerlei konkretisierende Aussage hinsichtlich der Bedeutung des *„sozialen Staates“*[433]; vielmehr bietet das Grundgesetz allenfalls eine Generalklausel eines sozialstaatlichen Prinzips[434]. Dennoch stellt dieses Prinzip eines der Staatsstrukturprinzipien des Grundgesetzes dar[435]. Die Bedeutung des Sozialstaatsprinzips findet sich zum einen in der Absicherung eines menschenwürdigen Existenzminimums[436] und zum anderen in der Angleichung sozialer Differenzen in der Gesellschaft[437].

2.4.1.9.1 Steuerrechtliche Bedeutung des Sozialstaatsprinzips

Daraus ergeben sich auch für das Steuerrecht zwei unterschiedliche Konsequenzen, denn das Steuerrecht ist beiden genannten Zielen unterworfen. So trägt das Steuerrecht zum einen zur Sicherung des Existenzminimums bei[438]. Diese Wirkung ist durch das Leistungsfähigkeitsprinzip gesichert[439]. Entsprechend dient das Sozialstaatsprinzip nach Ansicht des Bundesverfassungsgerichts auch zur

---

429 Siehe hierzu oben Teil 2.3 dieser Arbeit.
430 *Hey*, in: Tipke/Lang, Steuerrecht, § 3 Rn. 210.
431 *Tipke*, Die Steuerrechtsordnung Band 1, 2. Auflage, S. 399 f.; *Stern*, Das Staatsrecht der Bundesrepublik Deutschland Band 1, S. 877.
432 *Zacher*, in: Handbuch des Staatsrechts Band 1, § 25, Rn. 80.
433 *Tipke*, Die Steuerrechtsordnung Band 1, 2. Auflage, S. 400; *Zacher*, in: Handbuch des Staatsrechts Band 1, § 25, Rn. 1.
434 *Stern*, S. 914.
435 *Stern*, S. 877.
436 Siehe etwa BVerfG, BVerfGE 40, S. 121 (S. 133); BVerfGE 44, S. 353 (S. 375).
437 *Tipke*, Die Steuerrechtsordnung Band 1, 2. Auflage, S. 400.
438 *Tipke*, Die Steuerrechtsordnung Band 1, 2. Auflage, S. 401.
439 *Tipke*, Die Steuerrechtsordnung Band 1, 2. Auflage, S. 402.

Rechtfertigung von Steuernormen, die besondere Rücksicht auf sozial Schwächere nehmen[440].

Zum anderen dient das Steuerrecht aber auch als Mittel zur Umverteilung und damit zum Abbau sozialer Differenzen. Steuergesetze mit dieser Wirkung sind ebenfalls durch das Sozialstaatsprinzip gerechtfertigt[441]. Neben einzelnen speziellen Umverteilungsnormen dienen jedoch in erster Linie der progressive Einkommensteuertarif, sowie die Erbschaftsteuer diesem Zweck[442]. Auch die mittlerweile nicht mehr vollzogene Vermögensteuer ist eine klare Umverteilungssteuer. Allerdings unterliegt auch die sozialstaatlich veranlasste Umverteilung gewissen Grenzen, die sich insbesondere aus der Garantie des Eigentums und des Erbrechts aus Art. 14 GG ergeben[443], sowie aus oben genannten Beschränkungen der Besteuerung und auch aus dem Sozialstaatsprinzip selbst. So muss die Umverteilung denknotwendig spätestens dann zurückstecken, wenn der Schutz des Existenzminimums des Steuerpflichtigen bedroht oder beschränkt wird. Denn die Bundesrepublik Deutschland ist nicht nur Sozialstaat, sondern auch ein freiheitsrechtlich ausgerichteter Rechtsstaat[444]. Einem solchen ist es jedoch nicht gewährt, seine Bürger ihrer Leistungsfähigkeit zu berauben und sie so in ihren Freiheitsrechten zu beschränken und vom Sozialstaat abhängig zu machen[445].

Die progressive Steuer dient der Umsetzung von sozialer Gerechtigkeit[446] und ist vor allem mit dem Sozialstaatsprinzip zu rechtfertigen[447]. Dabei ist richtigerweise davon auszugehen, dass der progressive Steuertarif nur eine von mehreren Möglichkeiten ist, die Einkommensteuer der Umverteilung zu unterwerfen[448]. Auch eine proportionale Steuer könnte diesem Zwecke dienen.

2.4.1.9.2 Sozialstaatsprinzip und Periodizitätsprinzip

Das Sozialstaatsprinzip muss im Steuerrecht periodenübergreifend gelten. Zwar ist es richtig, dass das Existenzminimum zunächst jeweils in der Gegenwart garantiert werden muss[449]. Dies kann jedoch nicht bedeuten, dass der Staat im Wege der Besteuerung zwar das gegenwärtige Existenzminimum schont, jedoch das zukünftige gefährdet. Vielmehr ist das Sozialstaatsprinzip nicht allein als Grundlage für das

---

440 BVerfG, BVerfGE 29, S. 402 (S. 412).

441 *Hey*, in: Tipke/Lang, Steuerrecht, § 3 Rn. 212.

442 *Tipke*, Die Steuerrechtsordnung Band 1, 2. Auflage, S. 401, 405.

443 *Hey*, in: Tipke/Lang, Steuerrecht, § 3 Rn. 213.

444 *Tipke*, Die Steuerrechtsordnung Band 1, 2. Auflage, S. 401.

445 So im Ergebnis auch *Tipke*, Die Steuerrechtsordnung Band 1, 2. Auflage, S. 402; *Birk/Desens/Tappe*, Rn. 197.

446 *Tipke*, Die Steuerrechtsordnung Band 1, 2. Auflage, S. 405.

447 So auch *Tipke*, Die Steuerrechtsordnung Band 1, 2. Auflage, S. 404. Das Bundesverfassungsgericht hingegen führt die Progression auf den Gleichheitssatz aus Art. 3 GG zurück, BVerfG, BVerfGE 8, S. 51 (S. 68 f.).

448 So auch *Tipke*, Die Steuerrechtsordnung Band 1, 2. Auflage, S. 404.

449 So z.B. *Desens*, FR 2011, S. 745 (S. 746).

Leistungsrecht zu verstehen, sondern auch als Schutz vor Zugriffen. Dass auch die zukünftige Leistungsfähigkeit geschützt sein muss, lässt sich an den derzeit geltenden Leistungsrechten gut ablesen. Wenn der Staat im Gegenzug zu seiner Grundabsicherung verlangt, dass der Leistungsempfänger einerseits alles unternimmt, um selbst seine Leistungsfähigkeit wieder herzustellen[450] und gleichzeitig zunächst sein angespartes Vermögen (angesparte Leistungsfähigkeit) aufbraucht[451], dann zeigt dies, dass gegenwärtige Leistungsfähigkeit auch zukünftige Leistungsfähigkeit absichert. Die selbständige Tätigkeit, der eigene Betrieb oder auch die private Vermögensvorsorge, darf nicht durch übermäßige Besteuerung zunichte gemacht werden. Denn diese sichern die Leistungsfähigkeit und damit die Unabhängigkeit des Bürgers vom Sozialstaat in der Zukunft.

Entsprechend muss sinnvollerweise aus Sicht einer Besteuerung im Zeichen des Sozialstaates auf die überperiodische Leistungsfähigkeit abgestellt werden. Nur diese garantiert den Schutz auch zukünftiger Leistungsfähigkeit.

Daraus ergibt sich wiederum, dass grundsätzlich auch im Rahmen der Progression Rücksicht auf die Folgen der Abschnittsbesteuerung bei schwankenden Einnahmen genommen werden muss. Geschieht dies nicht, so kann die Progression dazu führen, dass durch eine übermäßige Besteuerung zukünftige Leistungsfähigkeit geschmälert oder bedroht werden kann.

2.4.1.10 Der Fiskalzweck der Steuer

Neben der Funktion als Lenkungsinstrument[452] und als beliebtes Vehikel für Klientelpolitik[453] bzw. ständiges Wahlkampfthema[454], dient die Steuer grundsätzlich zunächst der Finanzierung des Steuerstaates[455]. Der Staat ist zur Finanzierung seiner selbst, sowie seiner ihm übertragenen oder auferlegten Pflichten auf Steuern angewiesen[456]. Denn der Umfang seiner Tätigkeit erschöpft sich nicht in konkreten und einzeln nach dem Äquivalenzgedanken abzurechnenden Leistungen, sondern umfasst auch und vor allem allgemeindienliche Aktivitäten. Eine Staatsfinanzierung einzig auf

450 Siehe §§ 137 Abs. 1 Nr. 1 i.V.m. 138 Abs. 1 Nr. 2 SGB III.

451 Siehe §§ 7 Abs. 1 Nr. 3 i.V.m. 9 Abs. 1 SGB II. Im Übrigen zeigt auch die Verschonung von zu Wohnzwecken genutzten Immobilien nach § 12 Abs. 3 Nr. 4 SGB II, dass der Sozialstaat auch bei vorübergehender Hilfsbedürftigkeit grds. gewillt ist zukünftige Unabhängigkeit zu fördern.

452 Vgl. *Mitschke*, FR 2008, S. 249 (S. 250); *Birk/Desens/Tappe*, Rn. 203 ff. Man nehme nur die regelmäßige Erhöhung der Tabaksteuer aus Gesundheitsgründen oder die diversen Steuern auf Treibstoffe zur Regulierung des Verbrauchs als Beispiel.

453 *Peichl, u.a.*, PWP 2014, S. 289.

454 Zum Thema Steuerrecht in der Politik siehe *Tipke*, Die Steuerrechtsordnung Band 1, 2. Auflage, S. 248 ff.

455 *Birk/Desens/Tappe*, Rn. 70; *Tipke*, Die Steuerrechtsordnung Band 1, 2. Auflage, S. 232; *Mitschke*, FR 2008, S. 249 (S. 250).

456 *Waldhoff*, in: Handbuch des Staatsrechts Band 5, § 116 Rn. 2.

Basis von Gebühren und Beiträgen ist zwar theoretisch denkbar, aber praktisch nicht umzusetzen und anerkanntermaßen wenig sinnvoll[457].

Daraus ist zu schließen, dass der Staat grundsätzlich zur Erhebung von Steuern berechtigt ist, diese also in der Regel einen gerechtfertigten und hinzunehmenden Eingriff darstellen. Entsprechend ist der Staat in der Wahl seiner Steuerquellen frei – auch in der Höhe sind ihm zunächst keine Grenzen gesetzt[458]. Das Grundgesetz trifft zum Maß der Besteuerungsgewalt keine Aussage[459].

Beschränkungen ergeben sich jedoch zum einen aus der Tatsache, dass Steuern letztlich Teilhabe am privatwirtschaftlichen Handeln der Bürger bedeuten[460]. Privatwirtschaftliches Handeln kennt jedoch tatsächliche Grenzen sowohl hinsichtlich der wirtschaftlichen Möglichkeiten, als auch hinsichtlich der Motivation seiner Beteiligten. Steuern mit erdrosselnder Wirkung vernichten auf Dauer die Einnahmequelle als Ganzes.

Zum anderen findet die Besteuerungsgewalt ihre Grenzen in den Grundrechten der Bürger. Denn auch wenn der Steuereingriff grundsätzlich gerechtfertigt ist, so findet er dennoch nicht in einem rechtsfreien Raum statt[461]. Das Rechtsstaatsprinzip erlaubt es nicht, die fiskalischen Nöte des Staates zum Maßstab der Rechte der Bürger zu machen[462]. Der bloße Fiskalzweck kann niemals Rechtfertigung für einen Verstoß gegen Grundrechte oder staatstragende Prinzipien sein. Vielmehr kann er nur im Einklang mit ihnen gerechtfertigt sein.

Zur Finanzierung des Staates bedarf es kontinuierlicher Einnahmen, da dem Steuerstaat auch kontinuierliche Ausgaben auferlegt sind[463]. Dieser fortlaufende Finanzierungsbedarf rechtfertigt insofern grundsätzlich die periodische Erhebung von Steuern[464]. Allerdings findet der periodische Finanzbedarf, wie auch der allgemeine Finanzbedarf seine Grenzen in der wirtschaftlichen Realität und den Grundrechten der betreffenden Bürger. Führt die periodische Steuererhebung zur Erdrosselung von Steuerquellen, so schadet der Steuerstaat nicht nur seinen Bürgern, sondern auch sich selbst. Beides ist ihm vom Grundgesetz nicht gewährt.

Die steuerliche Periodizität ist also grundsätzlich durch den Fiskalzweck der Steuer gerechtfertigt. Allerdings darf sie nicht zu einer grundrechtswidrigen oder vernichtenden Besteuerung führen.

---

457 Siehe *Weber-Grellet*, ZRP 2003, S. 279 (S. 279): „*Steuern sind notwendig zur Finanzierung der Aufgaben der Gesellschaft.*"

458 Siehe *P. Kirchhof*, in: Handbuch des Staatsrechts Band 5, § 118, Rn. 85.

459 *P. Kirchhof*, in: Handbuch des Staatsrechts Band 5, § 118, Rn. 81.

460 *P. Kirchhof*, in: Handbuch des Staatsrechts Band 5, § 118, Rn. 88.

461 *P. Kirchhof*, in: Handbuch des Staatsrechts Band 5, § 118, Rn. 88.

462 *Jachmann*, S. 144.

463 Entsprechend findet sich in § 8 der Bundeshaushaltsordnung (BHO) die Regelung, dass alle Einnahmen als Deckungsmittel für alle Ausgaben dienen.

464 Siehe dazu bereits oben in Teil 2.2.1 dieser Arbeit.

2.4.1.11 *Zwischenergebnis*

Das Grundgesetz, das allgemeine Staatsrecht, sowie die Rechtsprechung des Bundesverfassungsgericht stellen einige Bedingungen sowohl an das Steuerrecht im Allgemeinen, als auch an seine Ausformung zu einem periodischen Steuerrecht.

Diese Bedingungen sind miteinander in Ausgleich zu bringen. Insofern ist es möglich, dass dem einen oder anderen Belang der (teilweise) Vorrang gegenüber einem anderen gegeben werden muss oder beide in ihrem Gehalt zu gleichen Maßen zurückstecken müssen.

Die Wirkung des Grundgesetzes fußt im Steuerrecht zum größten Teil im Gleichheitssatz oder gleichheitsrechtlichen Ableitungen desselben. Der allgemeine Gleichheitssatz des Art. 3 Abs. 1 GG findet im Steuerrecht uneingeschränkt Anwendung, auch wenn aus ihm gewonnene Subprinzipien vielleicht einen größeren Stellenrang im Steuerrecht innehaben. Die Steuergesetzgebung darf entsprechend weder wesentlich Gleiches ungleich, noch wesentlich Ungleiches gleich behandeln. In einem periodischen Steuersystem findet dieser allgemeine Gleichheitssatz sowohl in Bezug auf die jeweilige Besteuerungsperiode, als auch auf die Totalperiode Anwendung. Ein Verstoß gegen den allgemeinen Gleichheitssatz kann nicht allein mit dem fiskalisch bedingten Bedürfnis nach Periodizität gerechtfertigt werden. Denn die Staatsfinanzierung unterliegt der Bedingung, dass sie alle gleichmäßig belastet.

Auch aus den Freiheitsgrundrechten ergeben sich Grenzen für das periodische Steuerrecht. Größere Bedeutung kommt diesbezüglich dem Eigentumsschutz nach Art. 14 GG zu. Dieser schützt zum einen vor einer Substanzbesteuerung und zum anderen aber auch vor einer übermäßigen Ertragsbesteuerung. Das richtige Besteuerungsmaß muss sowohl der Sozialbindung des Eigentums gerecht werden, darf gleichzeitig aber auch keine Enteignung darstellen. Vielmehr gilt es, ein Gleichgewicht zu finden, welches einerseits die Staatsfinanzierung garantieren kann, andererseits aber die Privatwirtschaft nicht in einem Maße belastet, dass die Fortsetzung der wirtschaftlichen Betätigung und damit das Steueraufkommen gefährdet.

In eine ähnliche Kerbe schlägt insofern auch der Schutz der Berufsfreiheit nach Art. 12 Abs. 1 GG. Die Steuergesetzgebung ist nach aller Möglichkeit so zu gestalten, dass sie keine lenkende Wirkung auf die Berufswahl oder bestimmte unternehmerische Betätigungen hat. Die Rentabilität einer wirtschaftlichen Betätigung darf nicht in erster Linie vom Steuerrecht bestimmt werden. Gleichzeitig dient Art. 12 GG jedoch auch nicht dazu, grundsätzlich unrentable wirtschaftliche Unternehmungen vor steuerlichen Zugriffen zu schützen.

Lenkende Wirkung darf das Steuerrecht auch nicht auf die Wahl der Vereinigungsform zur wirtschaftlichen Betätigung haben. Dies ergibt sich aus Art. 9 GG. Vielmehr muss auch im abschnittsübergreifenden Vergleich sichergestellt sein, dass die zur Verfügung stehenden Gesellschaftsformen nicht unterschiedlichen steuerlichen Belastungen unterliegen.

Als Verbindung von freiheits- und gleichheitsrechtlichen Grundsätzen stellt insbesondere das im Steuerrecht bedeutende allgemeine Leistungsfähigkeitsprinzip hohe Maßstäbe an die steuerbasierende Staatsfinanzierung. So schützt es einerseits vor einer Übermaßbesteuerung, während es gleichzeitig dazu dient eine gleichmäßige Verteilung der Steuerlast sicherzustellen. Von herausragender Bedeutung ist jedoch sein Schutz des Existenzminimums des Steuerpflichtigen vor steuerlichen Eingriffen. Alle drei Funktionen sind dem allgemeinen Leistungsfähigkeitsprinzip sowohl in der jeweiligen Periode, als auch periodenübergreifend zuzugestehen. Auch im überperiodischen Durchschnitt darf folglich das Existenzminimum des einzelnen Steuerpflichtigen nicht berührt werden.

Der einfachgesetzlichen Konkretisierung des allgemeinen Leistungsfähigkeitsprinzips, dem objektiven Nettoprinzip kommt keine verfassungsrechtliche Stellung zu. Es stellt jedoch eine der tragenden Grundentscheidungen des Gesetzgebers im Rahmen der Steuergesetzgebung dar und ist entsprechend nach der Rechtsprechung des Bundesverfassungsgerichts stets folgerichtig umzusetzen. Es ist als Konkretisierung des allgemeinen Leistungsfähigkeitsprinzips denknotwendig abschnittsübergreifend anzuwenden. Eine Durchbrechung dieses Grundsatzes bedarf einer entsprechenden Rechtfertigung, die nicht allein auf fiskalische Gründe gestützt werden kann[465].

Da die Umsetzung des Periodizitätsprinzips im deutschen Steuerrecht einzig auf fiskalischen Gründen beruht, kann es insofern nie den Schutz, den das Folgerichtigkeitsgebot gewährt, durchbrechen. Daraus ergibt sich eine herausragende Bedeutung des Folgerichtigkeitsgebotes für das Periodizitätsprinzip. Denn in dessen Umsetzung und dessen Namen dürfen folglich keine Durchbrechungen von gesetzgeberischen Grundentscheidungen erfolgen.

Das verfassungsrechtliche Willkürverbot gebietet es zum einen, Steuerperioden in ihrer Länge nicht willkürlich zu gestalten. Zum anderen gebietet es im Gleichschritt mit Art. 3 GG, die einmal gewählte Besteuerungsperiode einheitlich auf alle Steuerpflichtigen anzuwenden, ohne willkürliche Ausnahmen zu machen.

Aus dem Grundsatz der Rechtssicherheit ergibt sich in gewisser Weise eine Rechtfertigung des formalen Periodizitätsprinzips. Es ist grundsätzlich im Interesse des Steuerpflichtigen, zeitnah Sicherheit hinsichtlich der einmal festgestellten Steuerschuld zu haben. Diesbezüglich darf jedoch nicht verkannt werden, dass der Steuerpflichtige zum einen ein mindestens ebenso hohes Interesse an einer materiell gerechten und rechtmäßigen Steuer hat und zum anderen die Rechtssicherheit des Steuerpflichtigen mit großer Wahrscheinlichkeit keinerlei Rolle in der Begründung der periodischen Steuererhebung im deutschen Steuerrecht hatte. Die Motivation zur periodischen Besteuerung ist einzig fiskalisch begründet. Das Interesse an Rechtssicherheit ist mit dem Interesse an materieller Rechtmäßigkeit in Einklang zu bringen.

Das Sozialstaatsprinzip bewahrt sowohl das gegenwartsnahe, als auch das periodenübergreifende Existenzminimum vor steuerlichen Eingriffen. Gleichzeitig gewährt es aber auch eine Umverteilung von steuerlicher Leistungsfähigkeit zum

465 BVerfG, BVerfGE 122, S. 210 (S. 233).

Ausgleich sozialen Ungleichgewichts – somit also insbesondere einen progressiven Steuertarif.

Schlussendlich gilt im Steuerrecht ein eherner und unumstößlicher Grundsatz: Der Steuerstaat ist auf die Erhebung von Steuern angewiesen. Zur kontinuierlichen Finanzierung seiner Aufgaben bedarf es daher der regelmäßigen und somit periodischen Besteuerung der Bürger des Steuerstaates. Diese Notwendigkeit muss in der Bewertung von allgemeinen Steuergrundsätzen und materiellen Rechten des Bürgers Berücksichtigung finden, ist jedoch gleichzeitig keine ‚Generalvollmacht' zur Rechtfertigung jedweden Eingriffes. Die Staatsfinanzierung hat selbstverständlich im Einklang mit anderen staatsrechtlichen Grundsätzen und den Grundrechten der Bürger zu erfolgen. So sind auch dem fiskalisch begründeten Periodizitätsprinzip Grenzen aufgezeigt.

2.4.2 Prüfung der deutschen Ausprägung des Periodizitätsprinzips

Es gilt im Folgenden die erarbeiteten und oben aufgezählten Grundsätze des Steuer- und Verfassungsrechts auf die deutsche Ausprägung des Periodizitätsprinzips anzuwenden und in diesem Wege herauszuarbeiten, inwiefern ein Einklang zwischen dem deutschen Steuerrecht und den dargelegten Grundsätzen besteht. Dabei ist nicht einzig auf die Begründung der jährlichen Periode einzugehen, sondern auch auf andere die periodische Wirkung prägende Normen und Regelungen. Eine klare Abgrenzung innerhalb der einzelnen Untersuchungen wird dabei nicht immer einzuhalten sein, da die betreffenden gesetzlichen Regelungen in einer Wechselwirkung miteinander stehen und erst so ihre volle Bedeutung entfalten.

2.4.2.1 Jährlichkeit

Ausgangspunkt einer Untersuchung der deutschen Umsetzung des Periodizitätsprinzips muss die Einjahresperiode sein. Sie ist der Grundstock der Periodizität des Ertragsteuerrechts.

2.4.2.1.1 Jährlichkeit und Fiskalzweck

Wie bereits ausgeführt, dient das Periodizitätsprinzip einzig der fiskalischen Wirkung der Steuer. Es garantiert die stetige und regelmäßige Zufuhr von Finanzmitteln an den Staat. Diesem Anspruch wird auch die Umsetzung in einer jährlichen Ertragsbesteuerung gerecht. Das Kalenderjahr gewährleistet eine Kalkulationsgröße, die nicht zufällig auch dem Zeitrahmen für die jeweiligen Haushaltsgesetze entspricht. Für den Zeitraum eines Jahres kann der Staat in überschaubarer Weise planen, während gleichzeitig längere Projektlaufzeiten und Finanzierungsräume berücksichtigt werden können. Es könnten aber auch größere Zeiträume von etwa zwei bis drei Jahren noch dem Bedürfnis nach stetigen Einnahmen entsprechen[466]. Zum einen stellen die Ertragsteuern längst nicht mehr die einzige Einnahmequelle des Staates dar. Neben der regelmäßigen Finanzmittelaufnahme durch Staatsanleihen sind es vor allem die diversen Verbrauchsteuern die regelmäßige Staatseinnahmen garantieren[467]. Zum anderen nimmt der Staat einen Großteil seiner Einnahmen aus der Einkommensteuer bereits jetzt im Wege von monatlichen Vorauszahlungen ein[468]. Dies geschieht entweder bei abhängig Beschäftigten im Wege der Lohnsteuer oder bei Selbständigen, Gewerbetreibenden und Kapitalgesellschaften im Rahmen von Vorauszahlungen auf die später festzusetzende Steuerschuld. Insofern hat es für den Staat nur noch geringe Bedeutung, ob Steuerfestsetzungen jährlich oder zwei- oder dreijährlich vorgenommen werden[469].

2.4.2.1.2 Jährlichkeit und Willkürverbot

Kritiker des Periodizitätsprinzips sind der Ansicht, dass jede Periodengröße und insbesondere die einjährige Periode letztlich willkürlich ist[470]. Es erscheint also denkbar, dass sich hinter der einjährigen Periode ein Verstoß gegen das verfassungsrechtliche Willkürverbot verbirgt.

Allerdings gilt es hinsichtlich der Willkürlichkeit von Besteuerungsperioden zweierlei zu unterscheiden. Zum einen kann die Dauer der Periode willkürlich sein, zum anderen aber auch nur ihre Wirkung. Letzteres trifft ohne weiteres auf die vom Gesetzgeber gewählte Periodendauer zu, da es auf jede Periodendauer zutrifft. Das Steuerrecht schließt typisierend und verallgemeinernd an eine unendliche Vielzahl von unterschiedlichsten Lebenssachverhalten an. Diese Lebenssachverhalte werden sich nur in den wenigsten Ausnahmen an der jeweils geltenden Besteuerungsperiode ausrichten. In den meisten Fällen richtet sich der Erwerb von steuerlicher Leistungsfähigkeit jedoch nicht nach Jahresgrenzen, sondern unterliegt vielmehr

---

466 *Hackmann* ist der Ansicht, dass von einem periodischen Finanzbedarf nicht zwingend auf eine periodische Steuererhebung geschlossen werden könne. *Ders.*, Finanzarchiv N.F., 1975/76, S. 1 (S. 7).

467 Nach dem Monatsbericht des Bundesministeriums für Finanzen vom 22.7.2013 machten die Einnahmen aus der Umsatzsteuer sowie der Einfuhrumsatzsteuer fast ein Drittel der Steuergesamteinnahmen im Jahre 2012 aus.

468 Die Lohnsteuer machte im Jahr 2012 nach dem Monatsberichts des Bundesministeriums für Finanzen vom 22.7.2013 ungefähr drei Viertel der Gesamteinnahmen aus der Einkommensteuer aus.

469 Die fiskalische Bedeutung von verlängerten Veranlagungsperioden dürfte für den Staat vielmehr darin liegen, dass bei gleichbleibenden Steuertarifen tendenziell Mindereinnahmen erwartet werden dürften.

470 Siehe z.B. *Lang*, Die Bemessungsgrundlage der Einkommensteuer, S. 190; *Ohmer*, S. 110; *Karrenbrock*, DB 2004, S. 559 (S. 560); *Tipke*, Die Steuerrechtsordnung Band 2, 2. Auflage, S. 756; *ders.*, StuW 2002, S. 148 (S. 166); *Lindauer*, BB 2004, S. 2720 (S. 2721); Hey, in: Tipke/Lang, Steuerrecht, § 3 Rn. 82; *Seer*, BB 2004, S. 2272 (S. 2274).

einer Fülle von (teils zufälligen) wirtschaftlichen, privaten, gesellschaftlichen, politischen und naturbedingten Faktoren[471]. Die Zerschneidung der Lebensrealität in Perioden wird in ihrer Wirkung daher immer beliebig und willkürlich sein. Dies stellt jedoch keinen Verstoß gegen das verfassungsrechtliche Willkürverbot dar. Die allgemeine Anwendung eines Gesetzes auf verschiedene Lebenssachverhalte ist grundsätzlich anerkannt und praktisch notwendig, will man nicht auf Einzelfallgesetze zurückgreifen müssen.

Ein Verstoß gegen das Willkürverbot könnte jedoch tatsächlich in der Wahl der Periode liegen, sofern diese willkürlich erfolgte. Die jährliche Periode erscheint insofern willkürlich, als dass wohl ebenso ein halbes Jahr oder zwei Jahre als Zeitraum hätten gewählt werden können oder die Besteuerung z.B. im Einklang mit der Erhebung der Lohnsteuer auf Monatsbasis möglich erscheint. Ebenso könnte jeder andere Zeitraum der Besteuerung zugrunde gelegt werden.

Dennoch erfolgte die Wahl der einjährigen Periode nicht willkürlich. Das Kalenderjahr ist seit jeher das entscheidende Maß der Dinge. Die vier elementaren Jahreszeiten füllen ein Jahr. Wir messen unsere Lebenszeit, unsere Schul- oder Studienzeit, sowie unsere Betriebszugehörigkeit in Jahren. Im Vierjahresmodus werden Bundestagswahlen und Großevents wie die Olympiade, die Fußball-Europameisterschaft und -Weltmeisterschaft abgehalten. Fast die gesamte Weltbevölkerung feiert den Jahreswechsel am 31. Dezember eines jeden Jahres. Im Übrigen ist das Jahr ein großer, aber nicht zu großer Zeitraum. Auch die Tatsache, dass das Jahr in fast allen Ländern der Welt als Besteuerungsperiode gewählt wurde zeigt, dass die Wahl nicht wirklich willkürlich auf das Jahr gefallen sein kann. Hinzu kommt, dass auch bereits zu Zeiten des preußischen Kaiserreichs[472] sowie während der Weimarer Republik[473] und dem Dritten Reich[474] das Jahr Grundlage der Besteuerung war. Die Jahresgrenze ist keinesfalls willkürlich gewählt.

2.4.2.1.3 Jährlichkeit und der Grundsatz der Rechtssicherheit

Wie bereits ausgeführt, verlangt der Grundsatz der Rechtssicherheit nach überschaubaren Zeiträumen für die Besteuerung. Dem Steuerpflichtigen muss es möglich sein, selbständig festzustellen, welche steuerbaren Vorgänge in diesem Zeitraum vorlagen und welche Gesetzeslage auf den Zeitraum Anwendung findet. Des Weiteren muss er sich darauf verlassen können, dass einmal getroffene Entscheidungen hinsichtlich seiner individuellen Belastung Bestand haben. Beides wäre nach verbreiteter Ansicht nicht mehr gewährleistet, stellte man auf eine einmalige Besteuerung des Lebenseinkommens ab[475]. Im Übrigen gewährleistet das

471 Im Ergebnis so auch *Ismer*, DStJG 34, S. 101.
472 Siehe § 13 des preußischen Gesetzes zur Klassensteuer und klassifizierten Einkommensteuer.
473 Vgl. § 10 des Einkommensteuergesetzes vom 10.08.1925.
474 Vgl. § 2 Abs. 1 des Einkommensteuergesetzes vom 27.02.1939.
475 Siehe z.B. *Drüen*, S. 93.

Periodizitätsprinzip dahingehend Rechtssicherheit, dass steuerliche Sachverhalte der Vergangenheit steuerlich beurteilt und abgegolten sind, ihnen also keine weiteren Belastungen mehr entspringen können und die Nettoeinnahmen der Vergangenheit zur freien Verfügung stehen.

All dies gewährleistet jedoch nicht nur das Periodizitätsprinzip als solches, sondern vielmehr erst die Wahl einer entsprechend kurzen Besteuerungsperiode. Diesem wird die jährliche Erfassung des Einkommens bzw. des Gewinns gerecht. Im Laufe eines Jahres gestalten sich steuerliche Sachverhalte durchaus übersichtlich. Gleichzeitig begründet die Steuergesetzgebung in den seltensten Fällen Änderungen innerhalb eines Kalenderjahres, sondern vielmehr zum jeweiligen nächsten Jahr. Der Gedanke der Rechtssicherheit wird durch die Besteuerung auf Jahresbasis sicherlich gewährleistet.

Allerdings ist damit nicht gesagt, dass einzig das Kalenderjahr als die Rechtssicherheit wahrender Besteuerungszeitraum in Frage kommt. Vielmehr sind Gestaltungen denkbar, in denen auch eine zwei- oder dreijährige Besteuerung noch den Bedürfnissen der Rechtssicherheit gerecht wird. Auch ist den Kritikern der Lebensbesteuerung entgegenzuhalten, dass eine Besteuerung des Lebenseinkommens bzw. eine Besteuerung anhand der Lebensleistungsfähigkeit auch im Wege von Zwischenbescheiden, Abschlagszahlungen und jährlichen Zwischenveranlagungen hergestellt werden kann[476]. Auf diese Weise könnte auch die Lebensbesteuerung dem Grundsatz der Rechtssicherheit gerecht werden. Zuzugeben ist jedoch, dass dies bei einer erstmaligen und einmaligen Steuerfestsetzung am Lebensende keineswegs der Fall wäre.

2.4.2.1.4 Jährlichkeit und Leistungsfähigkeit

Die jährliche Besteuerung des Einkommens bzw. des Gewinns kann u.U. dazu führen, dass zwar die jährliche Leistungsfähigkeit des Steuersubjekts und damit dessen jährliches Existenzminimum Berücksichtigung findet, jedoch bei überperiodischer Betrachtung das Existenzminimum tatsächlich doch betroffen ist. So kann die Besteuerung des Einkommens im einen Jahr noch gerechtfertigt sein und das Existenzminimum unangetastet lassen. Zählt man jedoch auch das Einkommen des nächsten Jahres hinzu und bildet einen Durchschnitt, so kann sich ergeben, dass der Steuerpflichtige überperiodisch betrachtet unter das von der Einkommensteuer befreite Existenzminimum gerutscht ist. Dies ist mögliche Folge eines jeden jährlich erhobenen Steuersatzes, unabhängig davon, ob dieser progressiv oder proportional ausgestaltet ist.

Eine totale Umgehung bzw. Verhinderung dieses Problems ist praktisch einzig durch eine echte Lebensendbesteuerung zu erreichen. Der Grund dafür liegt in der Natur der Sache. Die Frage, inwiefern ein Steuerpflichtiger mit seinem Einkommen über oder unter dem jährlichen Existenzminimum liegt, kann einzig in einer Rückschau am Ende des Jahres ermittelt werden. Das Gleiche gilt insofern natürlich auch für einen mehrjährigen Durchschnitt. In diesem Jahr vorherzusagen, ob jemand im

---

476 So im Ergebnis wohl auch *Hey*, in: Tipke/Lang, Steuerrecht, § 8 Rn. 44.

nächsten Jahr das Existenzminimum erreichen wird, ist jedoch oftmals weder den Steuerpflichtigen selber möglich, noch kann dies von der Finanzverwaltung erwartet werden. Dennoch muss in diesem Jahr eine Besteuerung stattfinden. Es muss also immer davon ausgegangen werden, dass der Steuerpflichtige wohl auch im nächsten Jahr entsprechend belastbar sein wird. Den einzigen Ausweg aus diesem Kreislauf bietet daher die einmalige Besteuerung am Lebensende des Steuerpflichtigen. Denn erst dann kann abschließend festgestellt werden, ob der Steuerpflichtige im Schnitt über oder unter dem Existenzminimum lag.

Späteren Ausführungen vorweggreifend[477] ist die echte Lebensendbesteuerung jedoch aus praktischen Gründen abzulehnen[478]. Zum einen ist der Steuerstaat auf rechtzeitige und regelmäßige Einnahmen angewiesen[479], zum anderen kann kaum gewährleistet werden, dass der Steuerpflichtige oder dessen Erben zum Besteuerungszeitpunkt am Lebensende noch über die entsprechenden Mittel verfügen werden, um diese Steuerschuld auch zu begleichen. Auch sind bei einer erstmaligen steuerlichen Erfassung eines Steuerpflichtigen an seinem Lebensende erhebliche Darlegungs- und Beweisprobleme hinsichtlich seines Einkommen sowie seiner abzugsfähigen Ausgaben zu erwarten.

Des Weiteren besteht für den Steuerpflichtigen, der unter das Existenzminimum fällt, jeweils die Möglichkeit im Rahmen des staatlichen Sozialnetzes sein tatsächliches Existenzminimum zu sichern und zu wahren. Im Normalfall wird er also nie tatsächlich unter das Existenzminimum rutschen, mehr als dieses ist das Steuerrecht grundsätzlich nicht zu schonen verpflichtet.

Der Jährlichkeit der Besteuerung ist es also geschuldet, dass u.U. durch zeitlich frühere Steuerzahlungen vorweggreifend in den geschützten Bereich des überperiodischen Existenzminimums eingegriffen wird, sofern dieser zu einem späteren Zeitpunkt unterschritten wird. Diese Wirkung ist jedoch aus praktischen Gründen hinzunehmen. Die Einwirkung auf das Leistungsfähigkeitsgebot ist durch tatsächliche Gegebenheiten und Grundvoraussetzungen des Steuerstaates als gerechtfertigt anzusehen.

Inwiefern die Besteuerung auf diese Unterschreitung in späteren Jahren ausgleichend reagieren muss, um so im Nachhinein das überperiodische Existenzminimum steuerlich wieder herzustellen, ist letztlich keine Frage der Jährlichkeit per se, sondern eine Frage der anzuwendenden Bemessungsgrundlage[480].

2.4.2.2 Progressive Besteuerung

Anders als im Hinblick auf die Jährlichkeit der Ertragsteuer liegt die Bedeutung des progressiven Steuertarifs vor allem im Sozialstaatsprinzip begründet. Durch den progressiven Tarif wird bis zu einem gewissen Punkt eine Umverteilung von

477 Siehe unten in Teil 3.2.5 dieser Arbeit.
478 So ohne nähere Begründung auch *Petersen*, StuW 2006, S. 266 (S. 272).
479 *P. Kirchhof*, StuW 1985, S. 319 (S. 322).
480 Siehe dazu unten in Teil 3.2.5 dieser Arbeit.

ungleich verteiltem Einkommen sichergestellt. In abgeschwächtem Maße, aber dem Sozialstaatsprinzip wohl ebenso genügend, könnte dies auch z.B. durch einen Proportionaltarif erreicht werden.

2.4.2.2.1 Progressive Besteuerung und der allgemeine Gleichheitssatz

Auf den ersten Blick wirft der progressive Tarif der Einkommensteuer keine Fragen hinsichtlich seiner Vereinbarkeit mit dem allgemeinen Gleichheitssatz auf. Er gilt grundsätzlich für alle Einkommensteuerpflichtigen Bürger auf gleiche Weise. Die sich aus ihm ergebende unterschiedliche finanzielle Belastung ist durch das Sozialstaatsprinzip und das allgemeine Leistungsfähigkeitsgebot gerechtfertigt. Zur Finanzierung des Steuerstaates hat jeder seinen Möglichkeiten entsprechend beizutragen.

Diese Betrachtungsweise ergibt sich, wenn man nur die jeweilige Periode einzeln betrachtet. Nach obigen Ausführungen[481] ist es jedoch geboten, den allgemeinen Gleichheitssatz überperiodisch anzuwenden. Bei überperiodisch vergleichbarer Leistungsfähigkeit muss eine vergleichbare Steuerlast die Folge sein.

Dem läuft der progressive Tarif zuwider, sofern er in Verbindung mit einer periodischen Besteuerung angewendet wird[482]. Überperiodisch vergleichbare Leistungsfähigkeit kann aufgrund des progressiven Tarifs unterschiedlich hohen steuerlichen Belastungen unterliegen. Wendet man den allgemeinen Gleichheitssatz also überperiodisch an, führt die Progression zu einer potentiellen Ungleichbehandlung von wohl allen Einkommensteuerpflichtigen.

Ungleichbehandlungen entgegen dem allgemeinen Gleichheitssatz bedürfen einer Rechtfertigung. Dabei ist zunächst vorab festzustellen, dass kleinere Abweichungen in der Steuerlast auf einen längeren Zeitraum wohl in jedem System mehr oder weniger unvermeidbar sind. Der Sachzweck der Praktikabilität der Steuererhebung rechtfertigt eine gewisse Typisierung und Vereinfachung von steuerlichen Lebenssachverhalten, die notwendigerweise zu Reibungsverlusten führen müssen. Die absolute Gleichbehandlung im Steuerrecht ist unerreichbare Utopie. Die Verwirklichung einer Utopie jedoch kann vom Staat nicht verlangt werden.

Größere Abweichungen in der Steuerlast hingegen, die nicht auf notwendigen Typisierungen oder Vereinfachungen beruhen, müssen auch nicht ohne rechtfertigenden Grund hingenommen werden.

Da die Progression ihren Ursprung im Sozialstaatsprinzip hat, könnte dieses grundsätzlich auch Rechtfertigungsgrund für Ungleichbehandlungen sein, die ihren Ursprung in der Progression finden. Allerdings ist es dem Sozialstaatsprinzip fremd, Bürger in ungleicher Weise am Sozialstaatsprinzip zu beteiligen oder partizipieren zu lassen. Vielmehr müssen solche mit gleicher Leistungsfähigkeit in gleicher Weise vom Sozialstaat herangezogen bzw. unterstützt werden. Der Sozialstaat kann daher

---

481 Siehe oben in Teil 2.4.1.1 dieser Arbeit.

482 Zu den Folgen der Kombination von progressivem Steuertarif und Periodizitätsprinzip siehe oben in Teil 2.3.2 dieser Arbeit.

Ungleichbehandlungen nicht rechtfertigen[483]; er darf als solcher auch nicht Ausgangsprunkt von Ungleichbehandlungen sein.

Auch das fiskalisch begründete Bedürfnis nach einer periodischen Besteuerung kann nicht als Rechtfertigungsgrund herangezogen werden. Zum einen gilt der Grundsatz, dass allein fiskalisch begründete Normen niemals Ungleichbehandlungen rechtfertigen können. Die Verteilung der Staatsfinanzierung hat am Maßstab der allgemeinen Gleichheit ausgerichtet zu erfolgen. Zum anderen ist es weder geboten, noch erforderlich Steuerpflichtige im Dienste einer stetigen Staatsfinanzierung ungleich zu belasten. Es ist nicht ersichtlich, weshalb eine stetigen Staatsfinanzierung nicht auch in gleichheitssatzkonformer Weise möglich sein soll.

Sofern man Gründe der Praktikabilität zur Rechtfertigung der geschilderten Ungleichbehandlungen heranziehen will, muss man insbesondere die Frage nach der Verhältnismäßigkeit zulassen. Es mag sein, dass eine vollständige Berücksichtigung der überperiodischen Leistungsfähigkeit aus praktischen Gründen unerreichbar ist. Dies ist in der Literatur weit verbreitete Meinung[484], der insbesondere hinsichtlich einer Lebensendbesteuerung zuzustimmen ist. Unterstellt man einmal zu Argumentationszwecken die Richtigkeit dieser Annahme[485], so muss gerade die Ungleichbehandlung geboten, erforderlich und angemessen sein. Es erscheint bereits mehr als fragwürdig, ob es im Rahmen einer praktikablen Umsetzung des Sozialstaatsprinzips geboten ist, Steuerpflichtige ungleich zu belasten.

Schlussendlich ist diese Ungleichbehandlung jedoch nicht aus praktischen Gründen erforderlich. Es stehen vielmehr auch ohne die vollständige Berücksichtigung überperiodischer Leistungsfähigkeit mildere Mittel zur Umverteilung zur Verfügung. Schon ein kleinerer Tarifspielraum in dem sich die Progression bewegen kann, hätte eine mildernde Wirkung. Des Weiteren könnte sogar ein proportionaler Tarif (auch abgestuft) dem Sozialstaatsprinzip genügen und dennoch deutlich geringere Eingriffe in den allgemeinen Gleichheitssatz zur Folge haben. Außer Betracht bleiben hier noch deutlich weitergehende Modelle, die selbst unter Beibehaltung der geltenden Progression eine weniger starke Ungleichbehandlung und damit ein milderes Mittel darstellten[486]. Insofern erscheint die systemimmanente Ungleichbehandlung aller

483 Der progressive Steuertarif ist als solcher keine Ungleichbehandlung, auch wenn damit jedem Steuerpflichtigen ein individueller Steuersatz zukommt. Dieser bemisst sich schließlich an seiner individuellen Leistungsfähigkeit. Eine Ungleichbehandlung ergibt sich eben erst, wenn an vergleichbare Leistungsfähigkeit unterschiedliche Belastungen geknüpft werden.

484 Siehe z.B. *Hallerbach*, in: Herrmann/Heuer/Raupach, Einkommensteuer- und Körperschaftsteuergesetz, § 10d EStG, Rn. 10; *Weber-Grellet*, S. 240. Zweifel auch bei *Tipke*, StuW 2002, S. 148 (S. 166).

485 Die Praktikabilität der Berücksichtigung der überperiodischen Leistungsfähigkeit hängt stark von dem gewählten Besteuerungsmodell ab. Eine weitestgehende Umsetzung erscheint in Anbetracht der heutigen technologischen Möglichkeiten durchaus möglich – wenn auch nicht als Lebensendbesteuerung.

486 Sie hierzu Teil 3 der vorliegenden Arbeit.

Steuerzahler zur Umsetzung des Sozialstaatsprinzips in Anbetracht der sich gegenüberstehenden Rechtsgüter und der rechtlichen und praktischen Alternativen nicht angemessen im engeren Sinne. Auch mit praktischen Argumenten ist also die festgestellte Ungleichbehandlung durch die periodische Progression nicht zu rechtfertigen.

2.4.2.2.2 Progressive Besteuerung und das allgemeine Leistungsfähigkeitsprinzip

Bei schwankender periodischer Leistungsfähigkeit unterwirft der Gesetzgeber den Steuerpflichtigen entsprechend auch schwankenden Besteuerungstarifen. Dies ist der aus dem Sozialstaatsprinzip abgeleiteten Steuerprogression geschuldet.

Dies hat jedoch regelmäßig zur Folge, dass der Steuerpflichtige nicht entsprechend seiner überperiodischen Leistungsfähigkeit besteuert wird und folglich auch nicht an dieser ausgerichtet zur Staatsfinanzierung herangezogen wird. Denn durch die Anwendung verschiedener Steuersätze in einzelnen Perioden erfolgt eine an der jährlichen Leistungsfähigkeit ausgerichtete Besteuerung ohne ausgleichende Regelungen für den interperiodischen Zeitraum. So entsteht zwar eine individuelle periodische wie überperiodische Besteuerung, diese ist jedoch überperiodisch nicht mehr an der individuellen Leistungsfähigkeit orientiert.

Es ist jedoch gerade die Kernaussage des Leistungsfähigkeitsprinzips, dass der Steuerpflichtige nach seiner individuellen Leistungsfähigkeit zur Staatsfinanzierung beizutragen hat[487]. Dabei ist die individuelle Leistungsfähigkeit überperiodisch zu messen[488].

Dieser Verstoß gegen das Leistungsfähigkeitsprinzip kann auch nicht durch das Sozialstaatsprinzip gerechtfertigt werden. Dieses verlangt nach einer gewissen steuerlichen Umverteilung, nach einer Mehrbelastung derjenigen, deren Leistungsfähigkeit anderen gegenüber erhöht ist und die daher einen größeren Beitrag zur Staatsfinanzierung beitragen können. Dabei trifft das Sozialstaatsprinzip jedoch keinerlei Aussage dahingehend, dass diese Umverteilung auf jährlicher Basis erfolgen müsse bzw. sich an einer jährlich festzustellenden Leistungsfähigkeit orientieren müsse. Im Gegenteil verstößt eine ungerechtfertigte Umverteilung – wie sie momentan periodisch praktiziert wird – sogar gegen den wesentlichen Gedanken des Sozialstaatsprinzips. Denn dieses verlangt nicht nach einer Umverteilung um jeden Preis, sondern nach einer gerechten Verteilung der Lasten des Sozialstaates. Dieser widerspricht jedoch die einzig jährliche Anwendung der Steuerprogression. Der Beitrag zum Steuer- und Sozialstaat muss vielmehr auf den Zeitraum berechnet werden, in dem der Bürger dessen Leistungen und Vorzüge auch nutzt; nur dann kann der gerechte Beitrag auch zutreffend ermittelt werden.

Eine Rechtfertigung des Verstoßes des progressiven Steuertarifes gegen das Leistungsfähigkeitsprinzip kann auch nicht in der Staatsfinanzierung an sich gesehen werden. Zwar führt die periodische Steuerprogression im Vergleich zur

487 *Weber-Grellet*, ZRP 2003, S. 279 (S. 279).
488 Siehe Teil 2.4.1.3.2 dieser Arbeit.

überperiodischen Progression sicherlich zu steuerlichen Mehreinnahmen. Die (Höhe der) Staatsfinanzierung kann jedoch niemals alleinige Rechtfertigung von Grundrechtsverstößen oder Prinzipiendurchbrechungen sein[489].

Daher steht die momentan geltende Ausgestaltung der Steuerprogression in einem Widerspruch mit dem Leistungsfähigkeitsprinzip – der einzig zu Gunsten des überperiodischen Leistungsfähigkeitsprinzips gelöst werden kann. Die Steuerprogression in ihrer jetzigen periodischen Form ist folglich nicht mit dem Grundgesetz vereinbar.

2.4.2.2.3 Progressive Besteuerung und die Vereinigungsfreiheit

Wie bereits ausgeführt und im Übrigen hinreichend bekannt, gilt der progressive Steuertarif einzig im Rahmen des EStG und somit nur für die Erhebung der Einkommensteuer. Körperschaftsteuer und Gewerbesteuer hingegen unterliegen proportionalen Tarifen, die selbst zusammengenommen weit vom sog. Spitzensteuersatz der Einkommensteuer entfernt sind[490]. Der Körperschaftsteuer unterliegen im unternehmerischen Bereich jedoch ausschließlich Kapitalgesellschaften (§ 1 Abs. 1 Nr. 1 KStG), während die Gewinne von Personengesellschaften dem Einkommen ihrer Gesellschafter zugerechnet werden (§ 15 Abs. 1 Nr. 2 EStG) und somit dem progressiven Tarif des EStG unterliegen[491]. Sofern die Gewinne einer Kapitalgesellschaft an eine natürliche Person ausgeschüttet werden, so unterliegen diese dem fixen Einkommensteuersatz von 25 % (§ 32d Abs. 1 S. 1 EStG). Verzichtet ein Gewerbetreibender gänzlich auf jegliche Gesellschaftsform, so unterliegt er mit seinem erwirtschafteten Gewinn seinem persönlichen progressiven Einkommensteuertarif.

Während offensichtlich ist, dass durch diese differenzierte Behandlung unterschiedlichster Gestaltungen unternehmerischen Handelns bereits in der einzelnen Periode unterschiedliche steuerliche Ergebnisse entstehen, verschieben sich diese Unterschiede abermals bei einer überperiodischen Betrachtung. Geht man davon aus, dass alle Gewinne eines Jahres jeweils an die Gesellschafter weitergereicht werden, so wird man im Schnitt von einer höheren steuerlichen Belastung der Gewinne von Kapitalgesellschaften ausgehen können. Unterstellt man jedoch, dass die Gewinne der Kapitalgesellschaften nicht an die Gesellschafter ausgeschüttet werden, sondern vielmehr über mehrere Jahre thesauriert werden, wird schnell erkennbar, dass die niedrigere Besteuerung auf Seiten der Kapitalgesellschaften auf lange Sicht zu erheblichen finanziellen Vorteilen gegenüber den Personengesellschaften führen können. Diesen jedoch ist es nicht möglich Gewinne steuerlich nicht auszuschütten, da sie selbst nicht Steuersubjekt der Einkommensteuer sind, sondern ihre Gewinne immer automatisch ihren Gesellschaftern zugerechnet werden. Auf diese Weise

---

489 *Röder*, StuW 2012, S. 18 (S. 20); *Hey*, in: Tipke/Lang, Steuerrecht, § 3 Rn. 130.

490 Die Körperschaftsteuer beträgt 15 % (§ 23 KStG), während die Gewerbesteuer durchschnittlich mit weiteren 14 % zu Buche schlägt (*Birk/Desens/Tappe*, Rn. 1100). Die genaue Höhe ist vom jeweilig anzuwendenden Hebesatz abhängig.

491 Siehe hierzu auch unten Teil 4.3.1 dieser Arbeit.

verstärkt der periodische Zugriff auf einen Teil der Gewinne die Unterschiede in der Besteuerung des Totalgewinns. Die Regelung des § 34a EStG zur Begünstigung nicht entnommener Gewinne aus Gewerbebetrieb und zur späteren Nachversteuerung dieser Gewinne vermag diesen Unterschied in der Besteuerung thesaurierter Gewinne von Personengesellschaften und Kapitalgesellschaften nicht zu nivellieren[492]. Im Vergleich zwischen Personengesellschaften und Kapitalgesellschaften liegt so gesehen auf Seiten der Kapitalgesellschaften eine systemwidrige Durchbrechung des Periodizitätsprinzips. Es wird dem Gesellschafter einer Kapitalgesellschaft als Steuersubjekt der Einkommensteuer u.U. freigestellt, wann er seine Leistungsfähigkeit[493] versteuern will[494].

Je nach Ausgestaltung, unternehmerischer Tätigkeit und persönlichem Steuersatz entstehen also im Vergleich der Besteuerung der Gewinne von Gewerbetreibendem, Personengesellschaft und Kapitalgesellschaft erhebliche Unterschiede – sowohl in der Periode, als auch periodenübergreifend.

Darin könnte ein Verstoß sowohl gegen die positive, wie auch die negative Vereinigungsfreiheit des Art. 9 GG und den Grundsatz der rechtsformneutralen Besteuerung liegen. Art. 9 Abs. 1 GG garantiert die Freiheit Mitunternehmerschaften zu gründen oder auch darauf zu verzichten. Umso stärker das Steuerrecht mittelbar in diese Freiheit eingreift, indem es an unterschiedliche Gesellschaftsformen unterschiedliche Folgen knüpft bzw. Gesellschaften von Gewerbetreibenden unterscheidet, desto größer ist das Bedürfnis nach einer Rechtfertigung.

Grundsätzlich darf zwar auch das Steuerrecht unterschiedliche Folgen an unterschiedliche Rechtsformen anknüpfen, sofern es dafür einen sachlichen Rechtfertigungsgrund gibt. Ein solcher kann in der Bekämpfung von Missbrauch, der verfassungskonformen Lenkung oder tatsächlichen Differenzen liegen. Sofern die Unterschiede in der Besteuerung von Kapitalgesellschaften und Personengesellschaften jedoch durch das Periodizitätsprinzip verstärkt werden, liegt der Gedanke nahe, dass dies einzig auf das fiskalische Bedürfnis nach stetigen Steuereinnahmen zurückgeführt werden kann. Fiskalische Gründe reichen jedoch nicht aus, um Grundrechte zu beschränken. Anderenfalls wären der Besteuerung keinerlei Grenzen gesetzt, jeder Grundrechtseingriff könnte mit dem Finanzbedarf des Staates gerechtfertigt werden[495]. Das fiskalische Bedürfnis nach stetigen Einnahmen führte so zu einem ungerechtfertigten Eingriff in die Vereinigungsfreiheit nach Art. 9

492 *Reiß*, in: Kirchhof, Einkommensteuergesetz, § 34a Rn. 78.

493 Gewinne einer Kapitalgesellschaft erhöhen u.U. auch ohne Ausschüttung die Leistungsfähigkeit der Gesellschafter. Die Thesaurierung von Gewinnen kann im Einzelfall einer Erhöhung des Wertes des jeweiligen Gesellschaftsanteils führen und damit das Vermögen der Gesellschafter mehren. Sofern die Gesellschafter ausreichende Macht über die Kapitalgesellschaft ausüben, können sie im Einzelfall auch jederzeit auf den Gewinn zugreifen.

494 Dies hängt selbstverständlich davon ab, inwiefern dem Gesellschafter alleine oder gemeinsam mit anderen Entscheidungsgewalt in der Kapitalgesellschaft zukommt.

495 Vgl. *Röder*, StuW 2012, S. 18 (S. 20); *Hey*, in: Tipke/Lang, Steuerrecht, § 3 Rn. 130.

Abs. 1 GG. Allerdings ist die oben benannte systemwidrige Durchbrechung des Periodizitätsprinzips und damit die konkrete deutsche Ausgestaltung des Periodizitätsprinzips vorliegend nicht finanziellen Erwägungen geschuldet. Zum einen führt die festgestellte Durchbrechung zwar zu einem größeren Unterschied in der Besteuerung von Personen- und Kapitalgesellschaften und damit zu einer mittelbaren Beeinträchtigung der Vereinigungsfreiheit; dies führt jedoch nicht zu Mehreinnahmen des Steuerstaates, sondern mindert die Einnahmen vielmehr. Der Grund für diese Regelung ist folglich an anderem Ort zu suchen.

Zwischen Personen- und Kapitalgesellschaften bestehen einige rechtliche Unterschiede, die in ihrer Organisationsform begründet sind[496]. Aufgrund der Tatsache, dass Personengesellschaften kein eigenes Vermögen bilden können, während Kapitalgesellschaften als juristische Personen Vermögensträger sind, sind Personengesellschaften keine eigenständigen Rechtssubjekte, während Kapitalgesellschaften dieses Privileg zuteilwird. Diese Unterschiede stellen als grundlegende vom Gesetzgeber festgelegte Eigenschaften der einzelnen Vereinigungsformen keinen Eingriff in Art. 9 GG dar. Einer dieser grundlegenden Unterschiede liegt in der Frage der Gewinnverwendung / -verteilung. Der Gesellschafter einer Kapitalgesellschaft hat keinen unbedingten Anspruch auf die Ausschüttung von erzielten Gewinnen. Je nach Einzelfall mag er nicht einmal einen relevanten Einfluss auf zu fassende Gewinnverteilungsbeschlüsse haben. Sofern Gewinne jedoch nicht ausgeschüttet werden, entsteht zwar u.U. ein Vermögenszuwachs seitens des Gesellschafters aufgrund einer Wertsteigerung seines Geschäftsanteils. Diese ist jedoch in aller Regel nicht mit dem einbehaltenen Gewinn identisch und faktisch auch oftmals gar nicht gegeben. Im Übrigen stellt eine solche Wertsteigerung lediglich eine Steigerung des Vermögens, nicht jedoch des Einkommens dar. Letzteres jedoch ist Steuerobjekt der Einkommensteuer. Da der Gesellschafter als natürliche Person auch nicht verpflichtet ist über sein Vermögen Buch zu führen, um so Wertsteigerungen als Gewinn zu erfassen und steuerbar zu machen, kommt ein Zugriff auf nicht ausgeschüttete Gewinne im Wege der Einkommensteuer nicht in Frage.

Die Nicht-Besteuerung von in Kapitalgesellschaften thesaurierten Gewinnen im Rahmen der Einkommensteuer stellt also zum einen u.U. eine Durchbrechung des Periodizitätsprinzips dar, ist aber gleichzeitig den Gegebenheiten des Gesellschaftsrechts und der Natur der Einkommensteuer geschuldet. Daraus entstehende Einwirkungen auf die Vereinigungsfreiheit sind folglich der Natur verschiedener Gesellschaftsformen und der Wahl der Steuerobjekte durch den Gesetzgeber geschuldet. Zumindest die periodische Wirkung des progressiven Tarifs des EStG im Vergleich zu dem proportionalen Tarif von KStG und GewStG ist somit im Hinblick auf Art. 9 Abs. 1 GG gerechtfertigt.

---

496 *Hey* plädiert daher für eine rechtsformneutrale Besteuerung unter Beachtung rechtsformspezifischer Besonderheiten. *Hey*, in: Tipke/Lang, Steuerrecht, § 13, Rn. 174 ff.

2.4.2.3 *Beschränkung des Verlustabzugs – Die sog. ‚Mindestbesteuerung'*

Sowohl in der Praxis[497], als auch in der Literatur, ist hinsichtlich der Frage der verfassungskonformen Ausgestaltung der periodischen Steuer vor allem die sog. ‚Mindestbesteuerung' zentraler Angriffspunkt. *Dorenkamp* führt dazu deutlich aus: *„Die Abschaffung der Mindestbesteuerung sollte ganz vorrangiges Ziel der Steuerpolitik sein"*, sie sei *„das Grundübel der Verlustverrechnung"* und es fehle ihr an *„jedweder steuersystematischer Rechtfertigung"*[498]. *Hey* ist der Ansicht, die Mindestbesteuerung sei *„nicht zu rechtfertigen"*[499] und sie sei richtigerweise *„abzuschaffen"*[500]. Der *Wissenschaftliche Beirat Steuern von Ernst & Young* konstatiert, die herrschende Meinung in der Literatur gehe von der Verfassungswidrigkeit der Mindestbesteuerung aus[501].

Die sowohl rechtswissenschaftliche als auch wirtschaftswissenschaftliche[502] Kritik liegt insbesondere darin begründet, dass die Mindestbesteuerung im Bereich unternehmerischer Tätigkeit verheerende Konsequenzen haben kann[503]. Sie führt gegebenenfalls zu einer Erhöhung des unternehmerischen Risikos[504], indem sie die Liquidität der betroffenen Unternehmer und Unternehmen weiter verringert[505]. Besonders kritisch ist dies in der Gründungsphase eines Unternehmens zu sehen, in der Anlaufverluste üblich und damit die spätere Anwendung der Mindestbesteuerung im Moment erster Gewinne wahrscheinlich ist[506]. Typischerweise härter betroffen sind aber auch solche Unternehmen, die in zyklischen Abläufen produzieren, bei denen sich also längere verlustreiche Fertigungsphasen mit kurzen Gewinnphasen abwechseln[507]. Nach *Rennings* waren jedoch im Veranlagungszeitraum 2006 nur *„2.810 von 800.000 Körperschaftsubjekten und 2.871 von über 2,6 Millionen Gewerbesteuerpflichtigen"* von der Mindestbesteuerung betroffen[508]. Aus seinen Ausführungen geht jedoch zum einen nicht hervor, wann ein Steuersubjekt seiner Meinung

---

497 Seit ihrer erstmaligen Einführung war die Mindestbesteuerung regelmäßiger Streitpunkt vor den Finanzgerichten und dem BFH. Siehe z.B.: BFH, BStBl. II 2011, S. 826; BStBl. II 2013, S. 512; BStBl. II 2013, S. 498; zuletzt Beschl. v. 26. Februar 2014 – I R 59/12,(*juris*).

498 *Dorenkamp*, FR 2011, S. 733 (S. 740).

499 *Hey*, StuW 2011, S. 131 (S. 140).

500 *Hey*, StuW 2011, S. 131 (S. 141).

501 *Wissenschaftlicher Beirat Steuern von Ernst & Young*, DB 2012, S. 1704 (S. 1706).

502 Siehe z.B. *Herzig*, in: Verluste im nationalen und internationalen Steuerrecht, S. 37 ff.

503 *Hey*, in: Tipke/Lang, Steuerrecht, § 8 Rn. 67.

504 *Karrenbrock*, DB 2004, S. 559 (S. 564).

505 *Hey*, in: Tipke/Lang, Steuerrecht, § 8 Rn. 67.

506 Siehe dazu *Lindauer*, BB 2004, S. 2720 (S. 2723).

507 Siehe dazu entsprechende Ausführungen bei *Lindauer*, BB 2004, S. 2720 (S. 2723); *Dörfler/Käfferlein*, FR 2004, S. 869 (S. 869); *Lang/Englisch*, StuW 2005, S. 3 (S. 21).

508 *Rennings*, FR 2011, S. 741 (S. 742).

nach als von der Mindestbesteuerung betroffen gilt[509], zum anderen liegt der von *Rennings* gewählte Beobachtungszeitpunkt vor der letzten Finanzkrise, die nicht nur in Südeuropa, sondern auch in Deutschland große Wellen geschlagen hat. Deren Auswirkung wird sich sicherlich auch in der Zahl der betroffenen Unternehmen niedergeschlagen haben.

Bedenklich werden die Auswirkungen der Mindestbesteuerung insbesondere dann, wenn im Rahmen einer Insolvenz oder einer Geschäftsaufgabe Verlustvorträge endgültig verloren gehen, Verrechnungspotenzial aber in der Vergangenheit aufgrund der Mindestbesteuerung nicht benutzt werden konnte[510]. Besonders betroffen von dieser Gefahr sind insbesondere sog. Projektgesellschaften[511], die von vorneherein nur auf eine befristete Dauer angelegt sind.

2.4.2.3.1 Die Mindestbesteuerung und der allgemeine Gleichheitssatz

Die Regelung des § 10d EStG könnte in verschiedener Hinsicht gegen den allgemeinen Gleichheitssatz des Art. 3 Abs. 1 GG verstoßen – zum einen aufgrund ihres faktischen Anwendungsbereiches, zum anderen aufgrund ihrer unterschiedlichen Wirkung.

2.4.2.3.1.1 Anwendungsbereich der Mindestbesteuerung

§ 10d Abs. 2 EStG legt einen Sockelbetrag fest, unterhalb dessen Verluste vollständig verrechnet werden können. Die eigentliche Mindestbesteuerung beginnt entsprechend erst nach dem ein Verlustrücktrag (sofern möglich) in Höhe von einer Million Euro vorgenommen wurde und eine weitere Million Euro an Verlustvorträgen mit Gewinnen verrechnet wurden. Die Mindestbesteuerung kann also frühestens ab einem Gewinn und einem Verlustvortrag von jeweils einer Million Euro einsetzen. Während dies für viele Gewerbetreibende sowie kleine und mittelständische Unternehmen eine willkommene Verschonung von den Wirkungen der Mindestbesteuerung bedeutet, schränkt dies jedoch umgekehrt den Anwendungsbereich der

---

509 Denkbar wäre zum einen nur solche Unternehmen zu zählen, die in diesem Jahr Verluste von mehr als einer Million Euro gemacht haben. Dies träfe allerdings noch keine wirkliche Aussage über die (in späteren Veranlagungszeiträumen einsetzende) tatsächliche Betroffenheit. Zum anderen kann auf die Unternehmen abgestellt werden, die tatsächlich trotz hoher Verlustvorträge der Besteuerung unterworfen wurden. Diese Sicht der Dinge nimmt jedoch all diejenigen Unternehmen aus der Statistik aus, die zwar (noch) nicht konkret betroffen sind, aber schon jetzt entsprechende Verlustvolumina vor sich herschieben und damit im Falle zukünftiger Gewinne mit einiger Sicherheit betroffen sein werden.

510 So lag der Fall insbesondere in dem dem Beschluss des BFH vom 26. Februar 2014 – I R 59/12 (*juris*) zugrunde liegenden Sachverhalt.

511 *Lang/Englisch*, StuW 2005, S. 3 (S. 22).

Mindestbesteuerung auf einige wenige größere Unternehmen ein[512]. Darin könnte ein Verstoß gegen den allgemeinen Gleichheitssatz liegen[513].

Faktisch wird es nur einem geringen Anteil deutscher Unternehmer und Unternehmen möglich sein, nicht nur über eine Million Euro an Verlustvorträgen anzuhäufen, sondern dann auch noch in Folgejahren mehr als eine Million Euro Gewinn zu erwirtschaften. Wahrscheinlicher ist es jedoch, dass die meisten Unternehmen früher oder später einmal Verlustvorträge geltend machen werden. In aller Regel werden sie mit diesen jedoch nicht unter die Mindestbesteuerung fallen. Zwar mag es aus volkswirtschaftlicher Sicht sinnvoll sein, diese Unternehmen von der Mindestbesteuerung zu verschonen, gleichheitsrechtlich ist dies jedoch bedenklich. Durch den ausdrücklichen Sockelbetrag im Gesetzestext zeigt sich der Wille des Gesetzgebers, nur eine bestimmte Gruppe von Unternehmen den Wirkungen der Mindestbesteuerung unterwerfen zu wollen. Die Regelung war und ist erkennbar auf eine bestimmte Gruppe von Unternehmen zugeschnitten. Diese Gruppe unterliegt folglich einer anderen steuerlichen Behandlung als andere Unternehmen. Die zeitliche Streckung von Verlustverrechnungen ist eine Ungleichbehandlung im Sinne des Art. 3 Abs. 1 GG[514]. Um diese Ungleichbehandlung zu rechtfertigen muss jedoch ein Unterschied zwischen den betroffenen und den nicht betroffenen Unternehmen bestehen. Dieser ist zumindest aus steuersystematischer Sicht nicht zu erkennen. Unabhängig von Größe, Umsatz oder Rentabilität eines Unternehmens, richtet sich das deutsche Ertragsteuerrecht einzig nach der Leistungsfähigkeit bzw. dem darin gespiegelten Gewinn. Vergangene Verluste schmälern gegenwärtige und zukünftige Leistungsfähigkeit[515] unabhängig davon, wie hoch diese Verluste waren. Es gibt keinen Grund Leistungsfähigkeit in Abhängigkeit der Höhe eines Verlustvortrages unterschiedlich zu definieren – und eben dies geschieht durch die Mindestbesteuerung. Es gelten augenscheinlich ab einem gewissen Sockelbetrag andere Maßstäbe in Bezug auf den Begriff der Leistungsfähigkeit, wenn trotz bestehender Verlustvorträge ein steuerlicher Zugriff erfolgt, der unterhalb dieses Sockels ausbleibt. Dafür kann es aus steuersystematischer Sicht keine Rechtfertigung geben, da die eigentliche Leistungsfähigkeit oberhalb des Sockels keine andere ist[516].

Eine Rechtfertigung aufgrund einer unterschiedlichen Behandlung sog. ‚echter' und ‚unechter' Verluste[517] ist bei vorliegender Gesetzeslage ebenfalls nicht vertretbar.

---

512 So auch *Raupach*, in: Verluste im nationalen und internationalen Steuerrecht, S. 53 (S. 61).

513 So wohl auch *Raupach*, in: Verluste im nationalen und internationalen Steuerrecht, S. 53 (S. 61).

514 *Röder*, StuW 2012, S. 18 (S. 23).

515 *Röder*, StuW 2012, S. 18 (S. 23).

516 Entsprechend kann kein Vergleich zur Steuerprogression angestellt werden. Dort wird an eine höhere Leistungsfähigkeit eine höhere Last gebunden. Hier wird an dieselbe Leistungsfähigkeit eine höhere Last gebunden.

517 Als ‚unechte' Verluste werden sog. Buchverluste bezeichnet, bei denen durch Sonderabschreibungen o.ä. zwar bilanzielle Verluste entstehen, diese jedoch nicht

Wollte man argumentieren, dass sog. ‚unechte' Verluste die Leistungsfähigkeit nicht tatsächlich mindern und größere Unternehmen ein größeres Potential zur Anhäufung ‚unechter' Verluste haben, so vermögen selbst diese Annahmen nicht, die Ungleichbehandlung durch die Mindestbesteuerung zu rechtfertigen. Denn die jetzige Regelung unterscheidet nicht zwischen ‚echten' und ‚unechten' Verlusten und verfehlt schon aufgrund dieses Differenzierungsmangels[518] den zur Rechtfertigung herangezogenen Zweck. Vielmehr werden alle Verluste bei der Berechnung des Sockelbetrages gleich behandelt. Eine gezielte Verhinderung der Geltendmachung von unechten Verlusten kann mit § 10d EStG also nicht erreicht werden.

Auch die Bekämpfung von steuerlichem Missbrauch – welche grundsätzlich als Rechtfertigungsgrund herangezogen werden könnte – kann mit § 10d EStG nicht erreicht werden, da grundsätzlich alle Unternehmen gleich herangezogen werden – sofern sie den Sockelbetrag überschreiten. In dem Überschreiten des Sockelbetrages kann für sich genommen jedoch kein steuerlicher Missbrauch gesehen werden[519]. Auch hier ist die Norm also wieder zu undifferenziert und zu wenig zielgerichtet, um einen sachlichen Rechtfertigungsgrund zu etablieren. Eine bewusste Ausrichtung auf die Bekämpfung steuerlichen Missbrauchs lässt sich in ihr nicht erkennen[520]. Sofern *Hackmann* in § 10d EStG dennoch eine Eignung zur Missbrauchsbekämpfung erkennt[521], einzig weil er pauschal annimmt, dass die Mindestbesteuerung wohl stärker unechte Verluste verringert, als dass sie Scheingewinne besteuert[522], so ist dieser Ansicht zu widersprechen. Denn selbst, wenn diese Annahme richtig sein sollte, so unterliegt eine Vorschrift zur Bekämpfung von steuerlichem Missbrauch starken Verhältnismäßigkeitsvorbehalten[523] – diesen wird § 10d EStG jedoch nicht gerecht.

2.4.2.3.1.2 Wirkungsweise der Mindestbesteuerung

Die Wirkungsweise der Mindestbesteuerung ist differenziert zu betrachten. Zum einen bewirkt sie eine zeitliche Streckung von Verlustvorträgen, indem sie den frühestmöglichen steuerlichen Abzug hinauszögert. Zum anderen kann sie aber auch den endgültigen Untergang von Verlustvorträgen bewirken und damit eine Scheingewinnbesteuerung[524] oder gar eine Substanzbesteuerung[525] zur Folge haben.

---

durch den Abfluss von Mitteln oder tatsächlichen Verbrauch begründet sind. Näher dazu: *Lehner*, in: Verluste im nationalen und internationalen Steuerrecht, S. 1 (S. 9).

518 Siehe *Lehner*, S. 21.

519 So auch *Röder*, StuW 2012, S. 18 (S. 23).

520 *Röder*, StuW 2012, S. 18 (S. 23).

521 *Hackmann*, StuW 2006, S. 124 (S. 125).

522 *Hackmann*, StuW 2006, S. 124 (S. 126).

523 *Lang/Englisch*, StuW 2005, S. 3 (S. 10).

524 *Lang/Englisch*, StuW 2005, S. 3 (S. 4); *Groß/Steiger*, DStR 2004, S. 1203 (S. 1204).

525 *Lang/Englisch*, StuW 2005, S. 3 (S. 7).

Des Weiteren führt die zeitliche Verschiebung der Verlustverrechnung zu Zins- und inflationsbedingten Nachteilen.

Die Tatsache, dass Unternehmen von beiden Wirkungsweisen unterschiedlich hart betroffen sein können, je nachdem welcher wirtschaftlichen Tätigkeit sie nachgehen, gibt Anlass, einen Verstoß gegen Art. 3 Abs. 1 GG zu vermuten. Wie bereits ausgeführt, sind zum einen Unternehmen mit zyklischen Gewinn- und Verlustphasen, Unternehmen mit langen Fertigungsperioden und risikoreiche Neugründungen härter betroffen als andere Unternehmen. Zum anderen sind aber diejenigen Unternehmen benachteiligt, die aufgrund von Insolvenz, Umwandlung oder Liquidierung oder weil sie auf eine bestimme Zeit befristete Geschäftsmodelle verfolgen, den endgültigen Untergang von Verlustvorträgen hinnehmen müssen[526]. Sofern die Mindestbesteuerung nach § 10d EStG im Laufe der Lebenszeit des Unternehmens Anwendung gefunden hat, bedeutet dieser Untergang von Verlustvorträgen dann die Besteuerung von Scheingewinnen[527].

Dass bestimmte Geschäftsmodelle diesen steuerlich negativen Wirkungen stärker ausgesetzt sind als andere führt zu der Annahme einer rechtfertigungsbedürftigen Ungleichbehandlung. Denn grundsätzlich hat das Steuerrecht jede Form wirtschaftlicher Tätigkeit gleich zu behandeln – es unterliegt insofern grundsätzlich keinerlei Wertungen[528] sondern dient einzig dem Ziel der Einnahmengewinnung. Dass die Wirkungen der Mindestbesteuerung manche Branchen und Geschäftsmodelle härter trifft als andere ist eindeutig und war bereits bei der Entstehung des Gesetzesentwurfs absehbar. Es liegt daher ein eindeutiger Eingriff in den Grundsatz der steuerlichen Neutralität vor. Auch wenn der finale Untergang von Verlustvorträgen vom Gesetzgeber nicht beabsichtigt war, sondern einzig ihre zeitliche Streckung[529], so ist dieser Untergang dennoch Tatsache[530]. Diese gravierende Folge kann auch nicht unter dem Gesichtspunkt der zulässigen Typisierung im Steuerrecht gerechtfertigt werden[531]. Es kann nicht typisierend angenommen werden, Unternehmungen und Gesellschaften seien nicht auf Zeit geschlossen, unterlägen nicht dem Insolvenzfall und würden nicht liquidiert. Die wirtschaftliche Realität sieht zweifelsfrei anders aus – und dies nicht erst seit der Euro-Finanzkrise. Schon da zeitliche Begrenzung, Insolvenz, Umwandlung und Liquidierung ihren Ursprung nicht in unechten Verlusten finden, ist auch in diesen Fällen eine Rechtfertigung durch die Bekämpfung von

526 Dabei ist immer daran zu denken, dass eine Benachteiligung durch die Mindestbesteuerung nur dann angenommen werden kann, wenn jemals ein Verrechnungspotential mit Gewinnen bestand. Anderenfalls wären die Verlustvorträge ohnehin untergegangen.

527 *Lang/Englisch*, StuW 2005, S. 3 (S. 4).

528 Dies wird besonders deutlich bei der Besteuerung von Einnahmen aus illegalen Tätigkeiten.

529 Diese Wertung entnimmt *Lindauer* dem Gesetzesentwurf, BB 2004, S. 2720 (S. 2724).

530 Exemplarisch sei verwiesen auf BFH, Beschl. v. 26. Februar 2014 – I R 59/12, *juris*.

531 So auch *Desens*, FR 2011, S. 745 (S. 750).

steuerlichem Missbrauch auszuschließen. Eine Rechtfertigung mit dem fiskalischen Argument der Verstetigung von Steuereinnahmen muss in diesen Fällen ebenfalls scheitern. Grundsätzlich gilt, dass fiskalische Gründe eine Ungleichbehandlung niemals rechtfertigen können[532]. Selbst unter der Annahme, dass die Verstetigung der Steuereinnahmen einen *„qualifizierten fiskalischen Grund“*[533] darstellt und dieser Grundrechtseingriffe rechtfertigen kann, vermag die Mindestbesteuerung nicht zu rechtfertigen. Denn durch den Untergang von Verlustvorträgen und die Besteuerung von Scheingewinnen erfolgt keine Verstetigung, sondern vielmehr eine reine Erhöhung steuerlicher Einnahmen[534]. Die Erhöhung steuerlicher Einnahmen ist jedoch in jedem Fall ein einfacher fiskalischer Grund und entsprechend niemals zur Rechtfertigung einer steuerlichen Ungleichbehandlung geeignet.[535]

Insofern verstößt die Mindestbesteuerung daher sowohl in ihrem Anwendungsbereich, als auch in ihrer Wirkungsweise gegen den allgemeinen Gleichheitssatz.

2.4.2.3.2 Die Mindeststeuer und das allgemeine Leistungsfähigkeitsprinzip

Wie bereits festgestellt, verlangt das allgemeine Leistungsfähigkeitsprinzip nach einer Besteuerung, die sich sowohl an der periodenbezogenen, als auch an der periodenübergreifenden individuellen Leistungsfähigkeit orientiert[536]. Die Berücksichtigung der periodenübergreifenden Leistungsfähigkeit setzt zwangsläufig eine vollständige überperiodische Verlustverrechnung voraus. Soweit § 10d Abs. 2 EStG nur zu einer zeitlichen Streckung der Verlustvorträge führt, die Verlustverrechnung aber grundsätzlich unangetastet lässt, ließe sich argumentieren, dass dem allgemeinen, aus der Verfassung resultierenden Leistungsfähigkeitsprinzip Genüge geleistet würde. *Heuermann* führt dazu aus, dass es kein verfassungsrechtliches Recht auf eine zeitnahe Nutzung von Verlustvorträgen gebe[537], entsprechend wäre auch der zeitlichen Streckung der Verlustvorträge nichts entgegen zu halten. *Röder* hingegen sieht in der Streckung einen Verstoß gegen das Leistungsfähigkeitsprinzip, da der Staat so Steuereinnahmen zu einem Zeitpunkt erziele, zu dem diese nicht der Leistungsfähigkeit des Steuerpflichtigen entsprechen[538]. *Karrenbrock* sieht in der Verschiebung von Verlustvorträgen in zukünftige Perioden einen *„steuerlichen Zugriff auf noch nicht realisiertes künftiges Einkommen“*, der gegen das Leistungsfähigkeitsprinzip verstoße[539].

Heuermann ist auch in Hinblick auf den freiheitsrechtlichen Gehalt des objektiven Nettoprinzips zu widersprechen. Davon abgesehen, verstößt auch die

---

532 Siehe dazu bereits oben Teil 2.4.1.10 dieser Arbeit.
533 *Desens*, FR 2011, S. 745 (S. 749).
534 *Desens*, FR 2011, S. 745 (S. 750).
535 Exemplarisch BVerfG, BVerfGE 122, S. 210 (S. 233).
536 Siehe oben in Teil 2.4.1.3 dieser Arbeit.
537 *Heuermann*, FR 2012, S. 435 (S. 439).
538 *Röder*, StuW 2012, S. 18 (S. 23).
539 *Karrenbrock*, DB 2004, S. 559 (S. 563).

Streckung von Verlustvorträgen gegen das allgemeine Leistungsfähigkeitsprinzip. Denn wie *Röder* richtig erkennt, widerspricht die Unterschlagung von Verlustvorträgen der Feststellung der Leistungsfähigkeit im Zeitpunkt der Besteuerung. Denn vergangene Verluste schlagen sich in der gegenwärtigen und zukünftigen Leistungsfähigkeit wieder. Dies kann steuerrechtlich nur durch einen Verlustabzug zum nächstmöglichen Zeitpunkt angemessen berücksichtigt werden. Vergangene Verluste sind erst dann steuerrechtlich nicht mehr zu berücksichtigen, wenn sie durch Gewinne neutralisiert wurden und der Steuerpflichtige periodenübergreifend wieder als leistungsfähig anzusehen ist.

Heuermanns Ansicht mag jedoch nicht nur höchst zweifelhaft sein, sie kann auch in Anbetracht der tatsächlichen weitergehenden Folgen der Mindestbesteuerung keine Bedeutung haben. Denn sofern es aufgrund der Mindestbesteuerung zu einem Untergang von Verlustvorträgen kommt, liegt zwangsläufig immer auch eine Besteuerung vor, die oberhalb der individuellen überperiodischen Leistungsfähigkeit ansetzt. Es wird in diesem Fall Einkommen versteuert, welches gar nicht vorlag[540]. Bei Beachtung des Leistungsfähigkeitsprinzips darf es jedoch bei Gesamtverlusten nie zu einer Besteuerung kommen[541].

Der Verstoß der Mindestbesteuerung gegen das allgemeine Leistungsfähigkeitsprinzip kann nicht durch fiskalische Zwecke gerechtfertigt werden[542]. Andere Rechtfertigungsgründe scheiden ebenfalls aus[543]. Die Mindestbesteuerung ist ein ungerechtfertigter Verstoß gegen das allgemeine Leistungsfähigkeitsprinzip.

2.4.2.3.3 Die Mindeststeuer und das objektive Nettoprinzip

Das objektive Nettoprinzip ist zwar grundsätzlich nur einfachgesetzlicher Natur, dient jedoch als steuerrechtliche Grundsatzentscheidung der Durchsetzung von Gleichheits- und Freiheitsrechten. Soweit das objektive Nettoprinzip sicherstellt, dass diejenigen Aufwendungen steuerliche Berücksichtigung bei der Gewinnermittlung finden, die zum Erwerb von Einnahmen getätigt wurden, sichert es so die Einhaltung des gleichheitsrechtlichen Leistungsfähigkeitsprinzips. Konsequent weitergedacht umfasst der Abzug dieser Aufwendungen auch die Notwendigkeit eines Verlustabzugs. Verluste sind letztlich nichts anderes als der Überschuss von Aufwendungen über Einnahmen. Indem das objektive Nettoprinzip folgerichtig ausgelegt auch einen Verlustabzug fordert, setzt es den von Art. 14 GG ausgehenden Schutz des „*für die Verlustkompensation erforderlichen Ertrags*" und des „*Existenzminimums*"[544] vor steuerlichem Zugriff durch. Als steuerrechtliche Grundentscheidung ist das objektive Nettoprinzip folgerichtig umzusetzen.

540 Diese Folge beschreibt auch *Bareis*, DB 2013, S. 144 (S. 146).
541 *Bareis*, DB 2013, S. 144 (S. 145 f.).
542 *Lang/Englisch*, StuW 2005, S. 3 (S. 11).
543 Siehe dazu bereits die Ausführungen oben in Teil 2.4.2.3.1 dieser Arbeit.
544 *Lehner*, S. 8.

Die Streckung von Verlustvorträgen bzw. gar deren Untergang stehen im Widerspruch zu dem objektiven Nettoprinzip[545]. Dieses gebietet die volle Berücksichtigung all derjenigen Aufwendungen, die zum Erwerb von Einnahmen getätigt werden. Durch die zeitliche Verlagerung von Verlustvorträgen werden solche Aufwendungen hingegen faktisch jeweils nur anteilig berücksichtigt, im Falle des Untergangs gar nicht. Dies widerspricht zum einen dem gleichheitsrechtlichen Gehalt des objektiven Nettoprinzips, da die Anwendung der Mindestbesteuerung gleichzeitig eine Besteuerung unterhalb der Grenze der Leistungsfähigkeit bedeutet. Zum anderen bedeutet die Besteuerung diesseits des *„für die Verlustkompensation erforderlichen Ertrags“*[546] einen Verstoß gegen Art. 14 GG. Denn der Steuerstaat partizipiert zwar an der wirtschaftlichen Tätigkeit seiner steuerpflichtigen Bürger, muss ihnen dafür jedoch die zum Erwerb nötige Substanz belassen. Durch die Streckung von Verlustvorträgen findet jedoch eine Besteuerung statt, die zu einem gewissen Grad den Aufwand von persönlichem Eigentum der Steuerpflichtigen ignoriert und insoweit in die für den Erwerb nötige Substanz eingreift. Dabei wird es allein dem Steuerpflichtigen überlassen, diese Überschreitung rechnerisch wieder auszugleichen, indem er dafür Sorge tragen muss, dass sich seine geschäftliche Tätigkeit lange genug in unveränderter Form fortzieht, um zu einem ungewissen Zeitpunkt dennoch seine Verluste ausgleichen zu können. Gelingt ihm dies nicht, so muss er in dem Untergang seiner Verlustvorträge die Endgültigkeit des Eingriffes in sein Eigentum hinnehmen, ohne dafür vom Staat einen Ausgleich zu erhalten. Eine derartige Vorleistung ohne spätere Ausgleichsmöglichkeit ist dem deutschen Steuerrecht fremd und steht in klarem Widerspruch zum objektiven Nettoprinzip[547]. Die Mindestbesteuerung erhöht nicht nur durch den Entzug von Liquidität das unternehmerische Risiko der Betroffenen, sie ermöglicht gleichzeitig eine völlig risikofreie Teilhabe des Staates an deren wirtschaftlicher Betätigung. Die Mindestbesteuerung steht im Widerspruch zu einer folgerichtigen Umsetzung des objektiven Nettoprinzips.

2.4.2.3.4 Die Mindestbesteuerung und die Freiheitsgrundrechte

Die Mindestbesteuerung greift sowohl in das Eigentumsrecht aus Art. 14 GG ein, als auch in die allgemeine Handlungsfreiheit aus Art. 2 Abs. 1 GG.

Wie bereits beschrieben, schützt Art. 14 GG vor steuerlichen Eingriffen sowohl in das Existenzminimum, als auch in den zur Einkommenserwirtschaftung benötigten Bestand, sowie vor einer übermäßigen Besteuerung[548]. Durch die Mindestbesteuerung kann es zu einer Besteuerung von Scheingewinnen und der Substanz

545 So auch *Lang/Englisch*, StuW 2005, S. 3 (S. 12); *Lehner*, S. 21; *Lindauer*, BB 2004, S. 2720 (S. 2723).

546 *Lehner*, S. 8.

547 Vorleistungen sind zwar im deutschen Steuerrecht weit verbreitet (exemplarisch sei die Lohnsteuer genannt), stehen jedoch immer unter dem Vorbehalt einer späteren Evaluierung und gegebenenfalls einer Rückzahlung.

548 Siehe dazu oben in Teil 2.4.1.2.1 dieser Arbeit.

kommen – auch das Existenzminimum kann betroffen sein[549]. Dies stellt einen rechtfertigungsbedürftigen Eingriff in Art. 14 GG dar. Freiheitsgrundrechte können auch aufgrund von Fiskalzwecken nicht unbegrenzt eingeschränkt werden. Vielmehr muss die Verletzung des jeweiligen Schutzbereichs verhältnismäßig, d. h. geeignet, erforderlich und angemessen sein. Die Mindestbesteuerung mag in der Tat geeignet sein, eine gewisse Verstetigung des Finanzhaushaltes herbeizuführen. Dennoch ist die damit verbundene Substanzbesteuerung bzw. der Zugriff auf das Existenzminimum weder im Interesse der langfristigen Verstetigung der Staatsfinanzen, noch ist er zu diesem Zwecke angemessen. Eine andauernde Substanzbesteuerung wird langfristig das Steueraufkommen eher schmälern und gleichzeitig auch zukünftige Investitionen eher behindern[550]. Droht eine Besteuerung der Substanz, welche zur Gewinnerzielung eingesetzt werden soll, werden immer weniger Steuerpflichtige bereit sein diese Substanz zur Verfügung zu stellen. Darauf jedoch ist der Steuerstaat angewiesen.

Die Besteuerung des Existenzminimums kehrt den Sozialstaat in sein Gegenteil und hat letztlich erhöhte soziale Ausgaben zur Folge. Dies ist nicht nur kontraproduktiv in Bezug auf das Erreichen finanzieller Ziele, sondern in Anbetracht der Belastung der betroffenen Steuerpflichtigen auch unangemessen. Im Übrigen ist – bedenkt man die geringe Höhe des steuerlichen Existenzminimums – auch der finanzielle Nutzen einer Existenzbesteuerung höchst zweifelhaft. Eine Verhältnismäßigkeit kann insofern nicht mehr angenommen werden.

Die Mindestbesteuerung betrifft jedoch auch die allgemeine Handlungsfreiheit aus Art. 2 Abs. 1 GG. Die ohnehin schon reale Bedrohung durch den Untergang von Verlustvorträgen im Wege von Insolvenz oder Todesfall besteht aufgrund gesetzlicher Regelungen im Körperschaftsteuergesetz weitestgehend auch im Falle von Umwandlungen und Verschmelzungen. Der Untergang von Verlustvorträgen hat nicht nur eine endgültige steuerliche Überbelastung zur Folge, sondern vermindert auch den Wert des betreffenden Unternehmens. Diese beiden Konsequenzen können dazu führen, dass eine Geschäftsaufgabe, eine Umwandlung oder auch eine Verschmelzung aus wirtschaftlicher Sicht wenig oder zumindest weniger attraktiv ist. Die Mindestbesteuerung hat folglich Einfluss auf zu treffende unternehmerische Entscheidungen. Diese steuerliche Einwirkung auf die unternehmerische Freiheit, welche auch – und nicht zuletzt – durch Art. 2 Abs. 1 GG gewährleistet wird, geht über die allgemeine Wirkung des Steuerrechts auf wirtschaftliche Entscheidungen hinaus. Die Mindestbesteuerung grenzt in bestimmten Fällen die Ausgestaltungsmöglichkeiten wirtschaftlicher Betätigung auf sehr spezielle und begrenzte Weise ein. Der betroffene Steuerpflichtige wird so auf steuerökonomische Weise dazu gedrängt, auf all diejenigen Gestaltungsmöglichkeiten zu verzichten, die zum Untergang von Verlustvorträgen führen können. Diese Verlustvorträge stellen nämlich die

549 *Lang/Englisch*, StuW 2005, S. 3 (S. 4 ff.).
550 Zu ökonomischen Bedenken siehe auch *Karrenbrock*, DB 2004, S. 559 (S. 564).

einzige Möglichkeit des Steuerpflichtigen dar, eine unfreiwillige Überbesteuerung rückgängig zu machen und so seine Investition zurückzuerlangen.

Diese Begrenzung wirtschaftlicher und unternehmerischer Entscheidungsfreiheit stellt einen rechtfertigungsbedürftigen Eingriff in die allgemeine Handlungsfreiheit dar. Eine Rechtfertigung ist diesbezüglich jedoch nicht zu erkennen. Sofern hier auf die Verhinderung steuerlichen Missbrauchs verwiesen wird[551], werden zweierlei Tatsachen verkannt. Zum einen stellen echte Verlustvorträge einen wirtschaftlichen Wert da, über den es dem Steuerpflichtigen möglich sein muss zu verfügen – zumal, wenn er diesen durch eine Überbesteuerung bereits ‚bezahlt' hat. Es muss ihm also auch möglich sein, diese Verlustvorträge im Wege der Umwandlung oder der Verschmelzung auf andere Unternehmen zu übertragen.

Zum anderen unterscheidet § 10d Abs. 2 EStG nicht hinsichtlich ‚echter' und ‚unechter' Verluste. Einzig bei der Verschiebung oder Übertragung letzterer kann jedoch steuerlicher Missbrauch vorliegen. Im Falle ‚echter' Verluste hingegen liegen immer getätigte Aufwendungen vor, deren Abzug gemäß dem objektiven Nettoprinzip uneingeschränkt möglich sein muss.

2.4.2.3.5 Die Mindestbesteuerung in der Rechtsprechung des BFH

Da bislang keine Entscheidung des Bundesverfassungsgerichts zur Verfassungsmäßigkeit des § 10d Abs. 2 EStG und der Mindestbesteuerung ergangen ist[552], kann zur Analyse der von der Rechtsprechung vertretenen Ansicht nur diejenige des BFH herangezogen werden.

Diese beruht einhellig auf dem Gedanken, dass das Leistungsfähigkeitsprinzip in seiner folgerichtigen Anwendung nicht danach verlangt, dass Verlustvorträge möglichst zeitnah bzw. uneingeschränkt zum Abzug gebracht werden können. Eine zeitliche Streckung von Verlustvorträgen wird vielmehr – insofern konsequent – als unproblematisch erachtet[553]. Da der Rechtsprechung des BFH grundsätzlich ein periodenbezogenes Verständnis des Leistungsfähigkeitsprinzips zugrunde liegt, erscheint dies wenig erstaunlich.

Dem folgend, hat der BFH mehrfach die Verfassungsmäßigkeit der Mindestbesteuerung bestätigt[554].

Zu unterschiedlichen Ergebnissen kamen die Senate des BFH jedoch in der Frage nach der Behandlung von Verlusten, welche aufgrund der Mindestbesteuerung endgültig untergehen. So kam der erste Senat in seinem Beschluss vom 26. August 2010 zu dem Ergebnis, dass es *„ernstlich zweifelhaft"* sei, ob die Mindestbesteuerung auch im Falle eines endgültigen Untergangs von Verlustvorträgen noch mit dem

---

551 BT-Drucks. 17/4653.

552 Eine erste Vorlage von § 8 Abs. 1 KStG i.V.m. § 10d Abs. 2 EStG und § 10a Satz 2 GewStG zum Bundesverfassungsgericht durch den BFH erfolgte mit Beschluss vom 26. Februar 2014 – I R 59/12, *juris*. Eine entsprechende Entscheidung steht aus.

553 BFH, BStBl. II 2013, S. 512 (S. 514); BStBl. II 2011, S. 826 (S. 827).

554 So BFH, BStBl. II 2013, S. 498; BStBl. II 2013, S. 512.

Grundgesetz in Einklang stünde[555]. Der vierte Senat hingegen bekräftigte mit Urteil vom 20. September 2012 ausdrücklich die gegenteilige Auffassung für die gewerbesteuerliche Mindestbesteuerung[556]. Der Gesetzgeber habe die Möglichkeit endgültiger Verluste erkannt und entsprechend durch die Erhöhung des Sockelbetrages des § 10d Abs. 2 EStG im Rahmen einer zulässigen Typisierung berücksichtigt[557]. Einzelfälle, in welchen dennoch endgültige Verluste eintreten, sollten über entsprechende Billigkeitsmaßnahmen der Finanzverwaltung aufgefangen werden[558].

Mit Beschluss vom 26. Februar 2014 hat nun der erste Senat sowohl die körperschaftsteuerliche, als auch die gewerbesteuerliche Mindestbesteuerung in Bezug auf ihre Vereinbarkeit mit Art. 3 Abs. 1 GG dem Bundesverfassungsgericht vorgelegt[559]. Nach seiner Ansicht werde durch den endgültigen Ausschluss eines Verlustabzugs die Verlustabzugsfähigkeit in ihrem Kernbereich betroffen[560]. Anders als die bloße zeitliche Streckung des Verlustvortrags verstoße dies gegen den Gleichheitssatz des Art. 3 Abs. 1 GG[561]. Eine solche Grundrechtsverletzung könne nicht durch einzelne Billigkeitsmaßnahmen der Verwaltung kompensiert werden[562]. Eine verfassungskonforme Auslegung von § 10d Abs. 2 EStG und § 10a GewStG sei ebenfalls ausgeschlossen[563], da gegebenenfalls hinsichtlich des Grundes des Untergangs der Verlustabzugsmöglichkeiten nach dem Willen des Gesetzgebers unterschieden werden müsse[564]. Für eine solche Unterscheidung gebe der Gesetzestext jedoch keine ausreichenden Anhaltspunkte[565].

Die Rechtsprechung des BFH zur Mindestbesteuerung überrascht aufgrund ihrer grundsätzlich konsequenten Umsetzung eines periodisch verstandenen Leistungsfähigkeitsprinzips nicht. Allerdings erscheint nur bedingt folgerichtig, dass Teile des BFH zwar eine zeitliche Streckung von Verlustvorträgen billigen – gleichzeitig aber deren gänzlichen Untergang für verfassungswidrig halten. Denn zwischen der Entstehung von Verlusten und deren letztlichen Untergang kann ein grundsätzlich beliebig langer Zeitraum der Verluststreckung liegen. Letztlich ist die Leistungsfähigkeit eines Steuersubjekts jedoch nur geringfügig mehr in Mitleidenschaft gezogen, wenn Verlustvorträge untergehen, als wenn sie sich im zwanzigsten Jahr der Streckung bzw. des Vortrags befinden. Wirtschaftlich konnten die Verlustvorträge

---

555 BFH, BStBl. II 2011, S. 826 (S. 826). Mit Urteil vom 22. August 2012 bekräftigte derselbe Senat diese Ansicht, ließ die Frage jedoch letztlich offen, BStBl. II 2013, S. 512 (S. 515 f.).

556 BFH, BStBl. II 2013, S. 498 (S. 498).

557 BFH, BStBl. II 2013, S. 498 (S. 503).

558 BFH, BStBl. II 2013, S. 498 (S. 503 f.).

559 BFH, Beschl. v. 26. Februar 2014 – I R 59/12, *juris*.

560 BFH, Beschl. v. 26. Februar 2014 – I R 59/12, *juris*.

561 BFH, Beschl. v. 26. Februar 2014 – I R 59/12, *juris*.

562 BFH, Beschl. v. 26. Februar 2014 – I R 59/12, *juris*.

563 Anders noch BFH, BStBl. II 2011, S. 826 (S. 829).

564 BFH, Beschl. v. 26. Februar 2014 – I R 59/12, *juris*.

565 BFH, Beschl. v. 26. Februar 2014 – I R 59/12, *juris*.

dann zwanzig Jahre keine Bedeutung entfalten. Eine andauernde Streckung ist also nicht wirklich weniger belastend als der endgültige Untergang von Verlustvorträgen. Dieser zieht lediglich den Schlussstrich unter eine andauernde periodische Belastung.

Aus der Rechtsprechung des BFH geht jedoch nicht hervor, ob eine zeitliche Streckung von Verlustvorträgen nicht einem zeitlichen Höchstrahmen unterworfen ist. Setzt man auf Wirkungs- bzw. Eingriffsebene den Untergang von Verlustvorträgen mit einer langen Streckung derselben gleich und sieht man in dem Untergang einen nicht zu rechtfertigenden Verstoß gegen Art. 3 GG, so muss man auch die zeitliche Streckung beschränken. Eine solche Beschränkung wird vom BFH nicht vorgenommen; sie dürfte im Grundsatz auch nur schwer zu treffen sein. Es bleibt daher abzuwarten, ob das Bundesverfassungsgericht dem BFH folgt – und wenn ja, ob seine Entscheidung weitere Erkenntnisse bzgl. der Zulässigkeit von Verluststreckungen bringen wird.

In Anbetracht der Uneinheitlichkeit der oben zitierten Rechtsprechung[566] des Bundesverfassungsgerichts zu der Frage der periodenübergreifenden Beurteilung der Leistungsfähigkeit ist nicht abzusehen, wie das Bundesverfassungsgericht bzgl. der Vorlage des BFH entscheiden wird. Offen ist auch, ob das Bundesverfassungsgericht in seiner Entscheidung überhaupt auf die zeitliche Bedeutung des Leistungsfähigkeitsprinzips eingehen oder sich vielmehr nur der vom BFH aufgeworfenen Prüfung anhand von Art. 3 Abs. 1 GG widmen wird. Denn der BFH hat in seiner Vorlage keine Bedenken an einer zeitlichen Streckung des Verlustvortrags aufgeworfen, sondern sieht einzig den endgültigen Untergang des Verlustvortrags als problematisch an[567]. Dieser kann letztlich ohne zeitliche Betrachtung einer rechtlichen Bewertung unterworfen werden, da es insofern auf die Frage des ‚Wann' des Untergangs nicht ankommt.

Wünschenswert wäre es dennoch, nähme das Bundesverfassungsgericht diese Gelegenheit wahr, um hinsichtlich der zeitlichen Streckung von Verlustvorträgen und der Frage der zeitnahen Berücksichtigung der Leistungsfähigkeit grundsätzlich Stellung zu nehmen. Eine genauere Definition der zeitlichen Komponente und der überperiodischen Wirkung des Leistungsfähigkeitsprinzips sowie die Beantwortung der Frage, wie das Leistungsfähigkeitsprinzip in der Zeit durch den Gesetzgeber auszugestalten ist, ist das Bundesverfassungsgericht bisher schuldig geblieben. Vorliegend hätte es Gelegenheit zu dieser Frage Stellung zu beziehen.

Aus den in diesem Teil 2.4 enthaltenen Ausführungen ist zu entnehmen, dass das Leistungsfähigkeitsprinzip eine überperiodische Bedeutung hat. Diese muss auch das Bundesverfassungsgericht erkennen. Sollte das Bundesverfassungsgericht sich der hier vertretenen Ansicht hinsichtlich der zeitlichen Verwirklichung des Leistungsfähigkeitsprinzips[568] anschließen, hätte dies weitreichende Folgen. Im

---

566 Siehe Nachweise in Teil 2.4.1.3.2 (a.E.) dieser Arbeit.
567 BFH, Beschl. v. 26. Februar 2014 – I R 59/12, *juris*.
568 Siehe hierzu Teil 2.4.1.3.2 dieser Arbeit.

Kleinen würde dies zunächst bedeuten, dass das Bundesverfassungsgericht die jetzige Regelung zur Mindestbesteuerung für verfassungswidrig erklären müsste. Eine Neugestaltung der Mindestbesteuerung durch den Gesetzgeber erscheint insofern nicht möglich, da die Mindestbesteuerung letztlich immer zu einer Streckung von Verlustvorträgen und damit zu einem Verstoß gegen das Leistungsfähigkeitsprinzip führen wird[569]. Im Großen hieße eine solche Rechtsprechung des Bundesverfassungsgerichts, dass das gesamte Ertragsteuerrecht hinsichtlich seiner Konformität mit dem überperiodisch zu betrachtenden Leistungsfähigkeitsprinzip überprüft werden müsste. Insbesondere das Zusammenspiel zwischen progressivem Steuertarif und der Periodizität der Einkommensteuer müsste von der Gesetzgebung und der Rechtsprechung hinterfragt werden.

Auch wenn sich das Bundesverfassungsgericht der hier vertretenen Meinung nicht anschließen sollte, so würde eine dezidierte Auseinandersetzung mit der überperiodischen Verwirklichung des Leistungsfähigkeitsprinzips doch einen Anstoß an die Gerichtsbarkeit, aber vor allem an Wissenschaft und Literatur geben, sich mit diesem Thema und den damit verbundenen Fragestellungen vermehrt auseinanderzusetzen. Dies wäre in Anbetracht der theoretischen und praktischen Bedeutung dieses Themas wünschenswert.

2.4.3 Ergebnis

Aus den obigen Ausführungen lassen sich folgende Grundthesen zusammenfassen:

1) Dem deutschen Verfassungsrecht sind mehrere Grundsätze zu entnehmen, die bei der Umsetzung einer periodischen Besteuerung besondere Berücksichtigung finden müssen. So sind sowohl der allgemeine Gleichheitssatz, das allgemeine Leistungsfähigkeitsprinzip, als auch das Sozialstaatsprinzip sowohl in der Periode, als auch überperiodisch zu berücksichtigen. Des Weiteren darf eine periodische Besteuerung auch nicht zu unverhältnismäßigen Eingriffen in Freiheitsgrundrechte führen, etwa durch eine Übermaßbesteuerung. Das objektive Nettoprinzip muss als einfachgesetzliche Grundentscheidung des Gesetzgebers auch überperiodisch folgerichtig umgesetzt werden. Dies bedeutet, dass eine interperiodische Verlustberücksichtigung unabdingbar ist. Diese Grundsätze gilt es mit dem Bedürfnis nach Rechtssicherheit der Bürger und dem Verlangen des Staates nach Finanzierungssicherheit in Einklang zu bringen.
2) Das gegenwärtige Steuersystem steht im Hinblick auf seine periodische Wirkung nicht im Einklang mit oben genannten Grundsätzen.
3) Grundstock des deutschen Periodizitätsprinzips ist die Periode von einem Jahr. Diese ist entgegen verbreiteter Ansichten nicht willkürlich gewählt. Sie gewährleistet eine stetige Finanzierungsbasis des deutschen Staates und gibt den Steuerpflichtigen eine gewisse Rechtssicherheit in der Steuererhebung. Die jährliche Steuererhebung hat zur Folge, dass die Leistungsfähigkeit des Steuerpflichtigen

569 Siehe hierzu Teil 2.4.2.3 dieser Arbeit.

jährlich individuell und nach gleichen Maßstäben ermittelt werden muss. Dies widerspricht nicht dem Bedürfnis nach einer periodenübergreifenden Berücksichtigung der Leistungsfähigkeit, sondern ergänzt dieses vielmehr um einen weiteren zeitlichen Vergleichsmaßstab. Die Jahresperiode steht mit dem Grundgesetz grundsätzlich in Einklang.

4) Der progressive Steuertarif der Einkommensteuer führt in einer auf die Jahresperiode beschränkten Anwendung zu einer gegenwärtig nicht gerechtfertigten Ungleichbehandlung und folglich zu einem Verstoß gegen den allgemeinen Gleichheitssatz. Eine rein periodische Anwendung des progressiven Steuertarifs stellt des Weiteren einen Verstoß gegen das überperiodisch anzuwendende allgemeine Gebot der Besteuerung nach der Leistungsfähigkeit dar. Ein Verstoß gegen die freiheitsrechtliche Vereinigungsfreiheit aus Art. 9 GG hingegen kann in den Auswirkungen des progressiven Steuertarifs nicht gesehen werden.
5) Die sog. Mindestbesteuerung sieht sich zu Recht teils heftiger Kritik ausgesetzt. Sie verstößt nicht nur gegen den allgemeinen Gleichheitssatz und das allgemeine Leistungsfähigkeitsprinzip, sondern widerspricht auch einer folgerichtigen Umsetzung des objektiven Nettoprinzips. Darüber hinaus schränkt die Mindestbesteuerung in ungerechtfertigter Weise sowohl die allgemeine Handlungsfreiheit aus Art. 2 GG, als auch die Eigentumsfreiheit aus Art. 14 Abs. 1 GG ein. Die unumschränkte Verlustberücksichtigung ist eine zentrale Voraussetzung der verfassungsgemäßen Umsetzung des Periodizitätsprinzips – diese wird von der Mindestbesteuerung in unzulässiger Weise verletzt.

3. Alternative Besteuerungsmodelle

Das Steuerrecht sieht sich – insbesondere im Bereich des Einkommensteuerrechts – ständigen Reform- und Änderungsvorschlägen sowohl aus der Politik als auch der Wissenschaft und der Praxis ausgesetzt. Dabei ist allgemein anerkannt, dass das EStG ein unnötig umfangreiches, von Ausnahmen und Gegenausnahmen gespicktes, hochkompliziertes Gesetz ist, welches vom durchschnittlichen Verwender nicht mehr zu durchschauen ist. *Hey* sieht insoweit *„überall Reformbedarf“*[570]. Tatsache ist jedenfalls, dass das EStG zentraler Bestandteil des deutschen Steuerrechts sowie der Staatsfinanzierung ist, von vielen Seiten als unabdingbares Umverteilungsinstrument gesehen wird und seit jeher Spielball der Politik und Ausgangspunkt vieler Wahlversprechen war. Insoweit ist es nicht verwunderlich, dass entsprechende Änderungsvorschläge vom *„Bierdeckel“*[571] bis hin zum *„Bundessteuergesetzbuch“*[572] in ihrer Breite und Tiefe nicht unterschiedlicher sein könnten[573]. Auch ohne, dass solche sicherlich extremen Vorschläge zu Gesetzesänderungen geführt hätten, darf in Anbetracht auch der tatsächlich vorgenommenen Änderungen insgesamt von einer *„Geschichte misslungener oder gescheiterter Steuerreformen“*[574] gesprochen werden.

Für den weiteren Verlauf dieser Arbeit sind in erster Linie ausgewählte wissenschaftliche Reformansätze von Interesse, da es in der Regel nur diese sind, die nicht auf populistischen Schlagwörtern, sondern auf fundierter rechtswissenschaftlicher Kritik beruhen. Doch auch diese Reformvorschläge verfolgen unterschiedliche Korrekturschwerpunkte und basieren auf differenzierten Rechtsansichten. Es gilt daher im Folgenden herauszuarbeiten, inwiefern diese Ansätze einer Lösung der genannten Konflikte einer periodischen Besteuerung mit den verfassungsrechtlichen Grundsätzen dienlich sein können. Im Anschluss soll aus diesen Ansätzen, so wie den oben herausgearbeiteten Grundsätzen ein alternatives interperiodisch neutrales Besteuerungsmodell entwickelt werden.

---

570 *Hey*, StuW 2011, S. 131 (S. 142).

571 Der Vorschlag einer stark vereinfachten Einkommensteuer des Politikers Friedrich Merz. Siehe *Agentur Reuters*, Die Sparkassen Zeitung, 19.08.2005, Nr. 33, S. 1.

572 Siehe *P. Kirchhof*, Bundessteuergesetzbuch.

573 Während Friedrich Merz mit seiner Forderung nach einer Steuererklärung auf dem sprichwörtlichen Bierdeckel vereinfachend geltend machte, dass das Einkommensteuersystem für den Steuerpflichtigen zu kompliziert und undurchsichtig geworden sei, liegt dem Bundessteuergesetzbuch von *P. Kirchhof* ein detaillierter in Gesetzesform vorgebrachter Entwurf einer alternativen Gesamtbesteuerung zugrunde. Zu letzterem siehe Teil 3.3.5 dieser Arbeit.

574 *Drüen*, DStjG 37, S. 9 (S. 11).

3.1 Zielsetzung / Problemstellung

Ziel des folgenden Abschnitts ist es nicht, *die einzigartige und endgültige Steuerreform* zu entwickeln, die jede Frage nach weiteren Reformen beendet. Ziel ist es vielmehr, einen Ansatz zu finden, der eine verfassungsgemäße interperiodische Besteuerung ermöglicht. Es werden im Folgenden also keine konjunkturellen, das Steuerrecht entschlackende oder revolutionierende Ansprüche verfolgt oder dargestellt. Vielmehr muss es im Sinne einer praxisorientierten und lösungsorientierten Forschung sein, einen Ansatz zu verfolgen, der mit möglichst wenigen Eingriffen in das bestehende System und einer hohen möglichen politischen Zustimmung einhergeht. Nur so kann ein Reformvorschlag tatsächlich auch in der Praxis von Bedeutung sein. Gleichzeitig muss ein Reformvorschlag dennoch der rechtlichen Zielsetzung gerecht werden.

Diese setzt im Folgenden voraus: Eine Steuerreform muss die vollständige und uneingeschränkte Verlustberücksichtigung sowohl hinsichtlich der Besteuerung des Einkommens als auch des Gewinns ermöglichen. Gleichzeitig muss sie den Bedürfnissen des interperiodisch zu verstehenden Leistungsfähigkeitsprinzips nachkommen. Dieses verlangt im Zusammenspiel mit dem allgemeinen Gleichheitssatz eine Berücksichtigung der überperiodischen Leistungsfähigkeit und eine bedingungslose überperiodische Gleichbehandlung gleicher überperiodischer Einkommen. Gleichzeitig muss das Bedürfnis des Steuerstaates nach gleichmäßigen und regelmäßigen Steuereinnahmen unter Wahrung der sozialen Gerechtigkeit angemessene Berücksichtigung finden.

3.2 Lösungsansätze

Zur Erreichung oben genannter Ziele können verschiedene Lösungsansätze einzeln und auch kombiniert zum Einsatz gebracht werden.

3.2.1 Reine Konsumbesteuerung

Der wohl denkbar radikalste Ansatz zur Erreichung oben genannter Ziele ist es wohl, die Ertragsteuern durch eine reine (indirekte) Konsumbesteuerung zu ersetzen. Die Vorteile einer solchen Herangehensweise liegen auf der Hand: Steuererklärungen, Gewinn und Verlustrechnungen und Steuerbilanzrecht würden obsolet. Entsprechend schwände der mit der Steuererhebung verbundene Verwaltungsaufwand. Steuerschlupflöcher und herkömmliche sog. ‚Steuersparmodelle' würden restlos beseitigt. Kapitalflucht ins Ausland machte für den Steuerpflichtigen nur noch bedingt Sinn. Die gleichheitswidrigen interperiodischen Auswirkungen des progressiven Steuertarifs würden beseitigt, die Frage nach der steuerlichen Behandlung von Verlusten erübrigte sich.

Die Verlagerung des Ertragsteueraufkommens auf ein der heutigen Umsatzsteuer ähnelndes System birgt jedoch auch einige Probleme und wohl unüberwindbare Schwierigkeiten. In erster Linie stellt die ausschließlich über die Verbrauchsteuern erfolgende Erfassung von Einkommen ein Problem für die Verwirklichung des Sozialstaatsprinzips und die gerechte Lastenverteilung dar. Eine Orientierung am Leistungsfähigkeitsprinzip wäre so gut wie gar nicht mehr umzusetzen[575]. Verbrauchsteuern nehmen ihrer Natur nach keinerlei Rücksicht auf die persönlichen Verhältnisse der mit diesen Steuern belasteten Bürger[576]. Da die Verbrauchsteuern nur sehr bedingt (im Wege unterschiedlicher Steuertarife) danach unterscheiden, ob der Verbrauch oder der Konsum existenznotwendig oder aber bereits Luxus ist, lässt sich die Berücksichtigung des steuerlichen Existenzminimums durch eine reine indirekte Konsumbesteuerung wohl nicht erreichen bzw. gewährleisten[577]. Dieser Umstand sorgt für einen insgesamt sehr geringen Gerechtigkeitsgehalt der indirekten Konsumsteuern[578]. Im Übrigen steht zu befürchten, dass ein Großteil des Steueraufkommens auf diese Weise überproportional auf untere Einkommensschichten übertragen wird, da diese den größten Teil ihres Einkommens konsumieren müssen. Dies umso mehr, als zum Ausgleich des Ausfalls der Ertragsteuern aller Voraussicht nach deutlich höhere Steuersätze angesetzt werden müssten. Der Versuch dennoch eine gerechte Konsumbesteuerung zu schaffen, wird zu einer Vielzahl von Ausnahmen und Sondertarifen führen. Dies wiederum erhöht die mit der Erhebung der Steuer verbundene Bürokratie und die Zahl der denkbaren Umgehungs- und Steuersparmodelle.

Der Vorschlag von *Lang*, durch eine staatliche Vergütung in Höhe des Existenzminimums Steuergerechtigkeit auch im Bereich der Konsumsteuern herzustellen[579], ist nicht zielführend. Diese Methode hätte zur Folge, dass der Staat zunächst das Existenzminimum nehmen müsste, um es sodann wieder bereitzustellen, wie auch *Lang* selber feststellt[580]. Dies hätte nicht nur eine nicht hinnehmbare staatliche Abhängigkeit mündiger und finanziell ursprünglich leistungsfähiger Steuerzahler zur Folge, sondern verstieße wohl auch zumindest gegen die Eigentumsgarantie des Art. 14 GG.

Aufgrund dieses wohl unüberwindbaren Gerechtigkeitsdefizits, welches einer reinen indirekten Konsumbesteuerung innewohnt, ist dieser Ansatz abzulehnen.

Eine Alternative könnte jedoch grundsätzlich der Vorschlag von *Feige* zu einer *„Automated Payment Transaction Tax"*[581] (im Folgenden APT Steuer) darstellen. Die APT Steuer soll dabei das gesamte bestehende Steuersystem ersetzen. Tatsächlich stellt sie eine einleuchtend simple und wohl auch kosteneffiziente Alternative dar[582].

---

575 *Hey*, in: Tipke/Lang, Steuerrecht, § 7 Rn. 86.
576 *Hey*, in: Tipke/Lang, Steuerrecht, § 7 Rn. 70.
577 So auch *Lang*, StuW 1990, S. 107 (S. 126).
578 *Hey*, in: Tipke/Lang, Steuerrecht, § 7 Rn. 70.
579 *Lang*, StuW 1990, S. 107 (S. 126).
580 *Lang*, StuW 1990, S. 107 (S. 127).
581 Siehe *Feige*, The Milken Institute Review, 2001, S. 41 ff.; *ders.*, Economic Policy Vol. 15, No. 31, 2000, S. 473 ff.
582 *Weber-Grellet*, ZRP 2003, S. 279 (S. 280).

Feige schlägt vor, statt eines komplizierten, auf vielen verschiedenen Steuern basierendes Steuersystems, eine einzige Steuer einzuführen. Diese knüpft jedoch nicht an Einkommen oder Gewinn, sondern an den reinen Zahlungsverkehr. Nach seinem Vorschlag soll jede einzelne Zahlungstransaktion mit der APT Steuer belastet werden[583]. Damit ersetzt er bisherige Leistungsfähigkeitsindikatoren wie Einkommen, Vermögen oder Konsum mit dem Indikator der Zahlungstransaktion[584]. Durch diese Verbreiterung der Besteuerungsgrundlage soll ein niedriger Steuersatz von nur 0,3 % ermöglicht werden[585], während die APT Steuer ein gleichhohes Steueraufkommen ermöglicht, wie das bisherige Steuersystem[586]. Diesen Steuersatz ermittelt *Feige* auf der Grundlage, dass mit der Einführung der APT Steuer die Anzahl der Zahlungstransaktionen wohl um 50 % einbräche[587]. Das offensichtliche Problem der Umgehung der APT Tax im Bargeldverkehr will er vermeiden, indem er auf Auszahlungen und Einzahlungen von Bargeld einen erhöhten Steuersatz von 2 % einführen will[588].

Nach *Feiges* Vorstellung soll dieser Ansatz nicht nur deutlich einfacher in Handhabung und Verwaltung sein als die herkömmlichen Steuern[589], sondern auch Steuerhinterziehung minimieren und sozial ausgewogen sein[590]. *Feiges* Ansatz folgt hierbei der Logik, dass Menschen, die über mehr Vermögen oder Einkommen verfügen, auch entsprechend mehr Zahlungsvorgänge vornehmen, als Menschen mit geringeren finanziellen Mitteln[591].

Feige sieht jedoch zum einen die Gefahr, dass in größerem Rahmen Zahlungen entweder durch Tauschmodelle im weitesten Sinne steuerfrei gestaltet werden könnten oder aber über ausländische Banken abgewickelt werden könnten[592]. Zum anderen erkennt er auch in dem Ausmaß seines Reformvorschlag gleichzeitig ein Umsetzungshindernis[593] – schließlich verlangt er nicht weniger als eine komplette Systemumstellung.

---

583 *Feige*, Economic Policy Vol. 15, No. 31, 2000, S. 473 (S. 476).

584 *Weber-Grellet*, ZRP 2003, S. 279 (S. 280).

585 *Feige*, Economic Policy Vol. 15, No. 31, 2000, S. 473 (S. 486); *ders.*, The Milken Institute Review, 2001, S. 41 (S. 46).

586 *Feige*, Economic Policy Vol. 15, No. 31, 2000, S. 473 (S. 476).

587 *Feige*, Economic Policy Vol. 15, No. 31, 2000, S. 473 (S. 486); *ders.*, The Milken Institute Review, 2001, S. 41 (S. 47).

588 *Feige*, Economic Policy Vol. 15, No. 31, 2000, S. 473 (S. 490). Später ging er von einem Prozentsatz von jeweils 1,2 % aus, The Milken Institute Review, 2001, S. 41 (S. 49).

589 *Feige*, Economic Policy Vol. 15, No. 31, 2000, S. 473 (S. 476).

590 *Feige*, Economic Policy Vol. 15, No. 31, 2000, S. 473 (S. 477).

591 *Feige*, Economic Policy Vol. 15, No. 31, 2000, S. 473 (S. 477); *ders.*, The Milken Institute Review, 2001, S. 41 (S. 48). *Boldrin* zweifelt daran zwar nicht grundsätzlich, geht jedoch von einem deutlich niedrigeren progressiven Effekt aus, Economic Policy Vol. 15, No. 31, 2000, S. 503 (S. 505).

592 *Feige*, Economic Policy Vol. 15, No. 31, 2000, S. 473 (S. 478); *ders.*, The Milken Institute Review, 2001, S. 41 (S. 50).

593 *Feige*, Economic Policy Vol. 15, No. 31, 2000, S. 473 (S. 476).

Auch *Boldrin* fürchtet eine weitgehende Steuervermeidung durch die Abwicklung von großen Transaktionen über Drittländer[594]. Sie stellt aber auch grundlegende statistische Annahmen *Feiges* in Frage und äußert daher die Befürchtung, dass es wohl nicht lange bei dem von *Feige* errechneten Steuersatz von 0,3 % bleiben könne[595]. *Huizinga* kritisiert des Weiteren zu Recht, dass die APT Steuer keinerlei Rücksicht auf Kumulierungseffekte in längeren Produktions- oder Veräußerungsketten nimmt[596], wie es z.B. bei der Umsatzsteuer im Wege des Vorsteuerabzugs geschieht. Diese Kumulierungseffekte können selbst bei Steuersätzen von ca. 0,3 % Hemmnisse aufbauen und Marktpreise nachteilig beeinflussen. Sollten dazu *Boldrins* Befürchtungen stimmen und tatsächlich höhere Steuersätze nötig sein, wäre dieser Kumulierungseffekt endgültig nicht mehr zu ignorieren.

Bei der APT Steuer handelt es sich um einen sehr interessanten Ansatz, dessen politische Umsetzung jedoch unwahrscheinlich und auch falsch erscheint. Zwar bietet die APT Steuer tatsächlich eine enorme Vereinfachung des Steuersystems und löst vor allem auch das Problem der interperiodischen Besteuerung der Lebensleistungsfähigkeit. Sie wird jedoch der sozialen Komponente der gemeinsamen Staatsfinanzierung durch die Gesellschaft nicht gerecht. Denn ähnlich wie bei der Umsatzsteuer, unterliegen überproportional diejenigen Bürger der Besteuerung, die ihr gesamtes Einkommen konsumieren müssen. Die Lebensleistungsfähigkeit wird durch den Leistungsfähigkeitsindikator Zahlungstransaktion nur sehr bedingt und jedenfalls nicht ausreichend bestimmt erfasst.

Des Weiteren werden insbesondere bei den Transaktionsvolumina, welche für den Steuerstaat tatsächlich relevant sind, zu große und offensichtliche Umgehungsmöglichkeiten über ausländische Bankkonten, Firmensitze o.ä. geschaffen. So werden zwar bisherige Steuerschlupflöcher gestopft, dafür jedoch andere erst geöffnet. Eine internationale einheitliche Einführung der APT Steuer, welche diesen Problemen entgegen wirken könnte, steht jedoch in weiter Ferne[597].

Vor allem aber ist nicht absehbar, wie und weshalb sich in naher Zukunft eine politische Mehrheit in der Bundesrepublik Deutschland für diese Systemumstellung finden sollte. Eine Reform im Sinne der APT Steuer ist daher zur Zeit gänzlich unrealistisch.

---

594 *Boldrin*, Economic Policy Vol. 15, No. 31, 2000, S. 503 (S. 503 f.).

595 *Boldrin*, Economic Policy Vol. 15, No. 31, 2000, S. 503 (S. 504).

596 *Huizinga*, Economic Policy Vol. 15, No. 31, 2000, S. 505 (S. 506).

597 Selbst hinsichtlich der sich EU-weit im Gespräch befindenden Finanztransaktionssteuer (die letztlich einem ähnlichen Muster folgt, wie die APT Steuer) wird sich erst noch zeigen müssen, inwiefern sie gegen Umgehungen und Geschäftsverlagerungen gefeit ist.

3.2.2 Verlustberücksichtigung

Ein vielfach in der Literatur geforderter Schritt in Sachen Steuerreform ist die Abschaffung der Mindestbesteuerung des § 10d EStG[598] und die Einführung einer uneingeschränkten Verlustberücksichtigung sowohl im Geltungsbereich des EStG als auch des KStG und des GewStG.

Ein derartiger Schritt liegt nahe, da durch die Änderung einiger weniger Normen ohne tiefgreifenden Systemeingriff eine verfassungswidrige Konsequenz der momentanen Umsetzung des Periodizitätsprinzips auf einfache Weise beseitigt werden kann. Dieser Schritt ist also in jedem Fall zu befürworten, zumal er schnell und unkompliziert umgesetzt werden könnte. Das wohl zu erwartende Gegenargument bzgl. der daraus entstehenden Fehleinnahmen des Steuerstaates kann diesem nötigen Reformschritt nicht entgegengehalten werden. Eine rechtswidrige Einschränkung der Grundrechte kann niemals mit finanziellen Vorteilen für den Staat aufgewogen werden, auch dann nicht, wenn nur die Grundrechte einiger weniger betroffen sind. Gegen die Abschaffung der Mindestbesteuerung spricht auch nicht die Gefahr, dass der Verlustabzug in erhöhtem Maße zu Steuerumgehungen oder gar Steuerhinterziehung führen kann. Etwaiges Fehlverhalten einiger weniger gilt es nicht auf dem Rücken aller anderen zu bekämpfen.

Allerdings löst sowohl die Abschaffung der Mindestbesteuerung, als auch die Einführung eines uneingeschränkten interperiodischen Verlustabzugs nicht das Problem der überperiodischen Progressionsverzerrung[599]. Dieser Schritt alleine vermag also noch nicht den Anspruch nach einer überperiodisch gerechten Besteuerung zu erfüllen.

3.2.3 Einheitssteuersatz / Flat Tax

Es ist grundsätzlich kein neuer Gedanke, den progressiven Steuertarif durch einen Einheitssteuersatz zu ersetzen. Auf der Suche nach einer Möglichkeit einer interperiodisch neutralen Besteuerung hat dies eine bestechende Logik[600]. Unterliegt jeder dem gleichen Steuersatz, machen sich interperiodische Einkommens- oder Gewinnschwankungen in der Betrachtung der Gesamtbelastung nicht mehr bemerkbar.

Der Einheitssteuersatz wird nach wie vor propagiert und findet sich in vielen aktuelleren Reformvorschlägen in Form einer sog. Flat Tax wieder[601]. Die Flat Tax wurde bereits 1961 von *Hall* und *Rabushka* entwickelt[602] und enthält drei Grundelemente:

---

598 Siehe exemplarisch *Wissenschaftlicher Beirat Steuern von Ernst & Young*, DB 2012, S. 1704 ff.; *Dorenkamp*, FR 2011, S. 733 (S. 740).

599 So i.E. auch *Orth*, in: Kessler/Kröner/Köhler, Konzernbesteuerung, § 11 Rn. 4.

600 Auch wenn dies für die meisten Befürworter des Einheitssteuersatzes nur nebensächlich oder sogar gleichgültig sein dürfte.

601 Siehe z.B. Reformvorschläge *P. Kirchhof*, Bundessteuergesetzbuch; *M. Rose*, Die Einfachsteuer; *Elicker*, Entwurf einer proportionalen Netto-Einkommensteuer.

602 *Lang*, in: Wege aus dem Steuerchaos, S. 117 (S. 138).

einen Grundfreibetrag, eine umfangreiche Bemessungsgrundlage und einen einheitlichen Steuersatz[603]. Durch den entsprechend zu bemessenden Grundfreibetrag kann vermieden werden, dass gerade Geringverdiener von dem verhältnismäßig hohen Einstiegssteuersatz zu hart getroffen werden. In dem die Flat Tax auf Ebene der Bemessungsgrundlage möglichst weit gefasst ist, kann der Steuersatz wiederum niedriger ausfallen, als dies anderenfalls möglich wäre.

Gekoppelt mit einer (in den meisten Flat Tax Vorschlägen ohnehin enthaltenen) unbegrenzten Verlustberücksichtigung könnte die Einheitssteuer wohl in der Tat alle interperiodischen Probleme lösen. Dem steht jedoch zweierlei entgegen: Zum einen ist höchst fraglich, welcher Tarif letztlich zur Anwendung kommen soll[604]. Dieser darf einerseits nicht zu hoch angesetzt werden, da anderenfalls gerade kleinere Einkommen über Maßen belastet würden. Andererseits muss dieser Satz jedoch hoch genug sein, um das nötige Steueraufkommen zu gewährleisten. *Hey* sieht eben in diesem Dilemma den Grund dafür, dass sich die Flat Tax bislang nicht durchsetzen konnte – eine Erfüllung beider Kriterien mit einem Tarif sei nicht möglich[605]. Dieser Einschätzung ist zu folgen. Die Festsetzung des Einheitstarifs auf ein durchschnittlich ertragbares Niveau wird zur Staatsfinanzierung nicht ausreichen. Gleichzeitig muss der Einheitstarif niedrig angesetzt werden, um grobe Unbilligkeiten zu vermeiden und nicht erdrosselnde Wirkungen hervorzurufen.

Zum anderen erscheint mehr als zweifelhaft, ob die vorgeschlagenen Flat Tax Modelle mit dem Sozialstaatsprinzip zu vereinbaren sind. *Weber-Grellet* hegt daher nicht unverständlich Zweifel an der Verfassungsmäßigkeit der Flat Tax Modelle[606]. Eine Flat Tax verhindert zwar nicht jegliche Umverteilung durch die Einkommensteuer, reduziert diese jedoch drastisch, will man sich einmal die jetzige Tarifspanne von 14 % bis 45 % vor Augen halten.

Manche Reformmodelle versuchen dieses Problem zu umgehen, indem sie mehrere Proportionalstufen einführen, je nach Höhe des Einkommens[607]. Dieser Lösungsweg führt letztlich aber wieder zu denselben interperiodischen Problemen, wie sie auch der progressive Steuertarif verursacht und kann daher hier nicht berücksichtigt werden.

Es spricht jedoch noch ein weiterer Punkt gegen einen auf einem Einheitssteuersatz basierenden Reformvorschlag: Ein solches Modell wird in den nächsten Jahren politisch nicht umzusetzen sein. Selbst wenn es möglich wäre, einen Tarif zu finden, der mit dem Sozialstaatsprinzip und dem Staatshaushalt vereinbar ist,

---

603 *Lang*, in: Wege aus dem Steuerchaos, S. 117 (S. 138); *Weber-Grellet*, ZRP 2003, S. 279 (S. 280).

604 *Elicker* hat deshalb in seinem Entwurf gänzlich auf den Vorschlag eines Tarifes verzichtet, siehe unten 3.3.3. Dies bringt die Diskussion jedoch praktisch nicht weiter.

605 *Hey*, in Tipke/Lang, Steuerrecht, § 7 Rn. 75.

606 *Weber-Grellet*, ZRP 2003, S. 279 (S. 285).

607 So z.B. *Lang, u.a.*: Kölner Entwurf eines Einkommensteuergesetzes.

so wird die Reduzierung der Umverteilungswirkung der Einkommensteuer am mehrheitlichen Willen des Wählers scheitern. Die Einführung einer Flat Tax im deutschen Einkommensteuerrecht erscheint politisch in höchstem Maße unwahrscheinlich. Da die Flat Tax auch nicht zwingend juristisch geboten ist, muss die Suche nach einem möglichen Reformmodell daher über den Einheitstarif hinausgehen. Denn auch in der Wissenschaft muss es ein Ziel sein, realistische Lösungen zu suchen und zu finden.

3.2.4 Nachgelagerte Besteuerung / Konsumorientierte Besteuerung

Unter der Grundthese, dass das geltende Einkommensteuerrecht das Lebenseinkommen des konsumierenden Steuerpflichtigen besser stellt, als den sparenden hat sich die Idee der nachgelagerten Besteuerung bzw. der konsumorientierten Besteuerung entwickelt[608]. Die Tatsache, dass Sparkapital aus versteuertem Einkommen gebildet werden muss und anschließend auch die Erträge aus diesem Kapital erneut zu versteuern sind, während die zwischenzeitliche Entwertung durch die Inflation unberücksichtigt bleibt, bietet die Begründung für die Behauptung, dass konsumiertes Einkommen langzeitlich betrachtet weniger steuerlich belastet wird[609]. Die nachgelagerte Besteuerung verfolgt das Ziel, diese Ungleichbehandlung auszuräumen und eine intertemporäre Neutralität zwischen konsumiertem Einkommen und gespartem Einkommen[610] und die optimale Besteuerung des Lebenseinkommens zu erreichen[611]. Weltweit finden Elemente einer konsumorientierten Besteuerung immer weitere Verbreitung in der Ertragsbesteuerung[612] und der modernen Wirtschaftstheorie[613]. Auch dem deutschen Steuersystem ist die Idee mittlerweile nicht mehr gänzlich fremd, insbesondere die Novellierung der Rentenbesteuerung in den §§ 10, 22 EStG basiert auf dem Konzept der nachgelagerten Besteuerung[614]. Auch in dem Unterschied zwischen Körperschaftsteuersatz und geltendem Spitzensteuersatz nach dem EStG kann man Elemente der nachgelagerten Besteuerung erkennen[615].

---

608 *Seer*, BB 2002, S. 2272 (S. 2273).

609 *Petersen* sieht eine *„extrem unterschiedliche steuerliche Behandlung von Arbeits- und Kapitaleinkommen"*, *ders.*, StuW 2006, S. 266 (S. 266).

610 *Hey*, in: Tipke/Lang, Steuerrecht, § 3 Rn. 80.

611 *Jachmann*, S. 148.

612 *Hey*, in: Tipke/Lang, Steuerrecht, § 3 Rn. 69.

613 *Weber-Grellet* , ZRP 2003, S. 279 (S. 279).

614 *Jachmann*, S. 150. *Seer* sieht hier jedoch auch schon die maximale realistische Umsetzung des Konzeptes in Deutschland erreicht, *ders.*, BB 2002, S. 2272 (S. 2273); *Jachmann* hält nur eine nachgelagerte Besteuerung der Alterseinkünfte überhaupt für praktikabel, *dies.*, S. 152.

615 *Jachmann*, S. 151.

3.2.4.1 Begriffsklärung

Die Begriffe ‚nachgelagerte Besteuerung' und ‚konsumorientierte Besteuerung' sind grundsätzlich synonym zu verwenden, ersterer erscheint jedoch vorzugswürdig, da er Missverständnissen vorbeugt[616]. Denn eine konsumorientierte Besteuerung ist nicht zu verwechseln mit der indirekten Konsumbesteuerung[617] wie man es von Umsatzsteuer, Tabaksteuer, Alkoholsteuer etc. kennt, auch wenn dies der Name leider suggerieren mag. Vielmehr ist es erklärtes Ziel der konsumorientierten Steuer, einzig dem Konsum dienendes Einkommen zu besteuern, während gespartes Kapital bis zu seiner Konsumierung von der Besteuerung freigestellt wird und entsprechend nachgelagert besteuert wird[618].

Dieser Ansatz kann grundsätzlich durch zwei mögliche, im Ergebnis rechnerisch gleichwertige[619] Methoden erreicht werden: Der Zinsbereinigung und der Sparbereinigung.

3.2.4.2 Zinsbereinigung

Bei der sog. Zinsbereinigung wird die Bemessungsgrundlage aus der Summe aller Einkünfte abzüglich der Einkünfte aus Kapitalertrag ermittelt[620]. Vereinfacht gesagt: Kapitalerträge fallen nicht mehr unter die Einkommensteuer, diese Einkunftsart wird ersatzlos gestrichen[621]. In einer Abwandlung dieser Methode kann die Freistellung der Kapitalerträge auch auf die Höhe marktüblicher Zinserträge beschränkt werden – darüber liegende Erträge würden dann doch der Bemessungsgrundlage zugerechnet[622].

Rechnerisch führt die Methode der Zinsbereinigung zwar zu derselben steuerlichen Belastung, wie die Methode der Sparbereinigung[623]. Die Zinsbereinigung hat jedoch den Vorteil, dass ihre Einführung nicht zu einer abrupten Absenkung des Steueraufkommens in einer längeren Übergangsphase führt – wie dies bei der Sparbereinigung zu befürchten steht. Die Senkung der Bemessungsgrundlage um Kapitalerträge dürfte deutlich schwächer ausfallen, als der Wegfall all des Einkommens, dass zur Bildung von Sparkapital verwendet wird – so ist im Übergang eine bessere Kontinuität des Steueraufkommens gewährleistet[624]. Auch dürfte sich die

---

616 So auch *Mitschke*, FR 2008, S. 249 (S. 254).
617 *Hey*, in: Tipke/Lang, Steuerrecht, § 3 Rn. 69.
618 *Weber-Grellet* , ZRP 2003, S. 279 (S. 279).
619 Petersen, StuW 2006, S. 266 (S. 273); *Mitschke*, FR 2008, S. 249 (S. 252); *Hey*, in: Tipke/Lang, Steuerrecht, § 3 Rn. 78; *Tipke*, Die Steuerrechtsordnung Band 2, 2. Auflage, S. 642.
620 *M. Rose*, in: Wege aus dem Steuerchaos, S. 65 (S. 74).
621 *M. Rose*, in: Wege aus dem Steuerchaos, S. 65 (S. 74).
622 *Hey*, in: Tipke/Lang, Steuerrecht, § 3 Rn. 78.
623 Zu einem veranschaulichenden Rechenbeispiel siehe *M. Rose*, in: Wege aus dem Steuerchaos, S. 65 (S. 74).
624 *Hey*, in: Tipke/Lang, Steuerrecht, § 3 Rn. 78; *Jachmann*, S. 154.

Administrierbarkeit durch die Steuerbehörden bei einer Zinsbereinigung gegenüber der Sparbereinigung deutlich besser darstellen[625]. Allerdings ist zweifelhaft, ob sich für die ausdrückliche Ausnahme von Kapitalerträgen von der Ertragsbesteuerung in nächster Zukunft eine politische Mehrheit in Deutschland finden wird[626]. Von 1994 bis 2000 wurde die Methode der Zinsbereinigung in Kroatien praktiziert, jedoch letztendlich wieder abgeschafft[627].

3.2.4.3 Sparbereinigung

Anders als bei der Zinsbereinigung werden bei der Sparbereinigung nicht die Erträge, sondern das angelegte Kapital von der Besteuerung ausgenommen[628]. Auf diese Weise wird erreicht, dass Einkünfte, welche nicht zum Konsum dienen, auch nicht versteuert werden – gleichzeitig kann so die Basis zur Gewinnung von Sparerträgen verbreitert werden. Dies hat jedoch zur Folge, dass diese bis dahin unversteuerten Beträge am Lebensende nachversteuert werden müssen[629]. Gleiches müsste konsequenterweise auch im Falle eines Wegzuges geschehen[630]. Die Umsetzung dieser Methode setzt naturgemäß voraus, dass das zu verschonende Sparkapital verwaltungstechnisch erfasst und nachvollzogen werden kann. Dazu müssten entsprechend qualifizierte Sparkonten, Depots, Fonds und Versicherungen geschaffen werden[631]. Auszahlungen von diesen wären dann voll zu versteuern[632]. Die Methode der Sparbereinigung findet sich inzwischen auch im deutschen Einkommensteuerrecht wieder. So können nach § 10 Abs. 1 Nr. 2 EStG Beiträge zur gesetzlichen Altersvorsorge zum Abzug gebracht werden, während die Erträge dieser Vorsorge dann nach § 22 EStG der normalen Besteuerung unterliegen. Dieser Vorgang befindet sich noch im Übergang, so dass bislang nur ein Teil zum Abzug zugelassen ist und entsprechend auch nur ein Teil zu versteuern ist.

Die Methode der Sparbereinigung birgt jedoch einige Nachteile. So wäre eine Einführung in das deutsche Steuersystem nur schleichend möglich, da anderenfalls durch den abrupten Wegfall eines Großteils der Gesamtbemessungsgrundlage

---

625 *Jachmann* geht von einem hohen administrativen Aufwand der Sparbereinigung aus, sowie von unüberwindbaren Übergangsproblemen; *Jachmann*, S. 151 f.
626 So auch *Hey*, in: Tipke/Lang, Steuerrecht, § 3 Rn. 76.
627 *Tipke*, Die Steuerrechtsordnung Band 2, 2. Auflage, S. 643.
628 *M. Rose*, in: Wege aus dem Steuerchaos, S. 65 (S. 74); *Hey*, in: Tipke/Lang, Steuerrecht, § 3 Rn. 76; *Seer*, BB 2002, S. 2272 (S. 2274); *Tipke*, Die Steuerrechtsordnung Band 2, 2. Auflage, S. 643.
629 *Seer*, BB 2002, S. 2272 (S. 2274).
630 *Seer*, BB 2002, S. 2272 (S. 2274).
631 *M. Rose*, in: Wege aus dem Steuerchaos, S. 65 (S. 74).
632 *M. Rose*, in: Wege aus dem Steuerchaos, S. 65 (S. 74).

(jegliches Sparkapital dürfte nicht mehr besteuert werden) erhebliche Steuermindereinnahmen zu befürchten stünden[633].

Des Weiteren ist die Sparbereinigung mit einem erheblichen administrativen Mehraufwand verbunden[634]. Nicht nur würde sich der ohnehin schon hohe Aufwand der Erfassung des Einkommens für die Verwaltung nicht verringern, er würde um die umfangreiche Kontrolle von Sparkapitalbildung, -verschiebung und -auflösung größer[635]. Sicherlich könnte, ähnlich wie im Rahmen der Abgeltungssteuerregelung, ein Teil dieses Mehraufwandes auf Banken, Versicherungen etc. verlagert werden. Die umfangreiche Verlagerung staatlicher Aufgaben, insbesondere in einem so sensiblen und betrugsanfälligen Bereich wie dem Steuerrecht, ist jedoch kritisch zu sehen[636] und unterliegt staatsorganisationsrechtlichen Grenzen. Gem. Art. 108 GG und § 85 AO ist die Steuerverwaltung ausdrücklich Aufgabe der Finanzverwaltung, also des Staates[637].

Auch die abschließende nachträgliche Wegzugsbesteuerung brächte erweiterten Kontrollaufwand der Behörden und rechtliche Probleme mit sich[638]. Im Übrigen steht zu befürchten, dass die Erhebung einer einmaligen (hohen) Wegzugsbesteuerung nicht nur im Einzelfall erhebliche Schwierigkeiten für den Steuerpflichtigen zur Folge haben könnte[639]. Inwiefern eine solche Wegzugsbesteuerung nicht auch im Konflikt mit dem Europarecht stehen könnte, soll hier nicht erörtert werden, scheint jedoch nicht ohne Weiteres von der Hand zu weisen zu sein[640].

3.2.4.4 Kritik

Die nachgelagerte Besteuerung kann aus zweierlei Gründen nicht als Leitbild für eine Steuerreform mit dem Ziel überperiodischer Neutralität herangezogen werden.

Zum einen kann sie diese nur bedingt erreichen. Während es grundsätzlich richtig ist, im Rahmen der Besteuerung von Kapitalerträgen einerseits die Inflation berücksichtigen zu wollen und andererseits überperiodische Mehrfachbesteuerungen verhindern zu wollen, erreichen die Modelle der nachträglichen Besteuerung

---

633 *Tipke*, Die Steuerrechtsordnung Band 2, 2. Auflage, S. 644; Petersen, StuW 2006, S. 266 (S. 273); *Bareis*, in: Wege aus dem Steuerchaos, S. 29 (S. 51).

634 *Jachmann*, S. 151.

635 Dies sieht selbst der Verfechter der konsumorientierten Besteuerung *M. Rose* so: *ders.*, in: Wege aus dem Steuerchaos, S. 65 (S. 75). Ebenso *Tipke*, Die Steuerrechtsordnung Band 2, 2. Auflage, S. 644; *Seer*, BB 2002, S. 2272 (S. 2274).

636 Siehe exemplarisch *Hey*, FR 1998, S. 497 (S. 502 ff.); *D. Hoffmann*, WM 2010, S. 193.

637 So auch *Hey*, FR 1998, S. 497 (S. 503).

638 *Tipke*, Die Steuerrechtsordnung Band 2, 2. Auflage, S. 644; *Jachmann*, S. 152.

639 *Tipke*, Die Steuerrechtsordnung Band 2, 2. Auflage, S. 644.

640 Zu dieser Problematik siehe exemplarisch *Mörsdorf*, EuZW 2012, S. 296; *Kokott/Ost*, EuzW 2011, S. 496.

echte überperiodische Neutralität immer in Verbindung mit einem proportionalen Steuertarif, also einer Flat Tax. Diese Vorgehensweise ist jedoch abzulehnen[641].

Zum anderen ist die politische Umsetzung eines ganzheitlich konsumorientierten Steuersystems unrealistisch[642]. Diese Einschätzung erscheint auch in Anbetracht der teilweisen Verwirklichung im Bereich der Alterseinkünfte noch gültig. Insbesondere der Umsetzung im Wege einer Zinsbereinigung sind keinerlei Chancen einzuräumen[643]. Der Verzicht auf eine Zinsbesteuerung ist einer politischen Mehrheit in absehbarer Zukunft nicht zugänglich[644]. Dies kann insbesondere aus den Debatten um den proportionalen Tarif der sog. Abgeltungssteuer des § 32d EStG gelesen werden. Aber auch die Sparbereinigung wird praktisch nicht umsetzbar sein. Der administrative Mehraufwand, die zu erwartenden hohen Mindereinnahmen während der Übergangsphase sowie die Übertragung von wichtigen Kontrolltätigkeiten auf die Privatwirtschaft stellen allesamt zu hohe Hürden für eine Reform in diesem Sinne auf.

Entgegen *Bareis* liegt kein Problem darin, dass angeblich eine doppelte Belastung des Konsums durch Umsatzsteuer und Einkommensteuer droht[645]. Diese von ihm beschriebene zweifache Belastung ist bereits jetzt Realität. Auch jetzt konsumieren die Steuerpflichtigen mit bereits versteuertem Einkommen.

3.2.5 Durchschnittsbesteuerung

Eine weitere denkbare Alternative zum bestehenden Steuersystem ist die sog. Durchschnittsbesteuerung. Diese geht mit einer Vergrößerung der Besteuerungsperiode einher, die zu entrichtende Steuer errechnet sich nicht mehr aus dem Einkommen nur eines Jahres, sondern aus dem durchschnittlichen Einkommen mehrerer Jahre. Derartige Modelle sind keineswegs nur theoretischer Natur, sondern wurden in unterschiedlicher Weise in einigen Ländern der Welt zumindest zeitweilig umgesetzt. Vorteil einer Durchschnittsbesteuerung ist, dass sie auch unter Anwendung des progressiven Tarifs zu einer Verbesserung der interperiodischen Gleichbehandlung führen kann.

Durch die Bildung eines durchschnittlichen Einkommens mehrerer Perioden werden Einkommensschwankungen in diesem Zeitraum ausgeglichen. Die oben beschriebenen Effekte des progressiven Tarifs auf schwankende Einkommen[646] werden so – für den Zeitraum der Durchschnittsbildung – eliminiert. Den größten möglichen Effekt erreicht dieses System also dann, wenn der Zeitraum der Durchschnittsbildung möglichst groß ist[647].

---

641 Siehe oben in Teil 3.2.3 dieser Arbeit.
642 *Bareis*, in: Wege aus dem Steuerchaos, S. 29 (S. 51).
643 *Tipke*, Die Steuerrechtsordnung Band 2, 2. Auflage, S. 645.
644 So auch *Tipke*, Die Steuerrechtsordnung Band 2, 2. Auflage, S. 642.
645 So *Bareis*, in: Wege aus dem Steuerchaos, S. 29 (S. 51).
646 Siehe in Teil 3.3.2 dieser Arbeit.
647 So auch *Holt*, National Tax Journal, Dec. 1, 1949, S. 349 (S. 350).

Zu unterscheiden sind drei Grundkonzepte der Durchschnittsbesteuerung: Die gleitende Durchschnittsbesteuerung, die Blockbesteuerung und die fortschreitende Durchschnittsbesteuerung.

Bei der gleitenden Durchschnittsbesteuerung (moving averaging) werden mehrere Jahre zu einer Bemessungsgrundlage zusammengefasst, wobei jeweils das neueste Jahr zu dieser Bemessungsgrundlage hinzukommt und das älteste aus der Berechnung entfällt[648]. Praktiziert wurde diese Methode in den Jahren 1927–1934 in Wisconsin, USA[649] und in den Jahren 1923–1938 in Australien[650]. *Endriss* hat eine gleitende Durchschnittsbesteuerung für die Bundesrepublik Deutschland vorgeschlagen, mit einer fünfjährigen Bemessungsgrundlage[651].

Die Blockbesteuerung (block averaging) hingegen verzichtet auf einen gleitenden Fortlauf in der Bemessungsgrundlage, sondern bildet vielmehr Durchschnitte in festen Jahresblöcken[652].

Denkbar wären hierbei drei verschiedene Varianten, zwischen denen es zu wählen gilt. Zum einen könnten Durchschnittszeiträume von drei bis 5 Jahren gebildet werden[653]. Diese hätten den Vorteil, dass der entstehende administrative Mehraufwand gering wäre, einer technischen Durchsetzung also nichts entgegenzusetzen wäre[654]. Ersichtlich ist dies bereits aus der Tatsache, dass derartige Modelle bereits im 19. Jahrhundert in Deutschland[655] und sogar schon im 18. Jahrhundert in Großbritannien[656] praktiziert wurden. Auch ist es bei diesen verhältnismäßig kurzen Zeiträumen denkbar, auf eine Zwischenbesteuerung zu verzichten – also tatsächlich eine Steuerperiode von z.B. drei Jahren anstelle von einem Jahr einzuführen. Eine Durchschnittsbildung in dem Sinne müsste dann nicht einmal durchgeführt werden. Allerdings haben Intervalle von dieser kurzen Dauer auch nur eine beschränkte Wirkung[657], von einer lebenszeitlichen Verwirklichung des Leistungsfähigkeitsprinzips wäre man immer noch weit entfernt. Denn auch zwischen Dreijahresabschnitten kann es zu erheblichen Einkommensschwankungen kommen. Die willkürlich abschneidende Wirkung der Steuerperiodizität gegenüber periodenübergreifenden Sachverhalten bliebe größtenteils erhalten.

---

648 Siehe hierzu *Hackmann*, Finanzarchiv N.F., 1975/76, S. 1 (S. 12).

649 *Hackmann*, Finanzarchiv N.F., 1975/76, S. 1 (S. 12).

650 *Holt*, National Tax Journal, Dec. 1, 1949, S. 349 (S. 351).

651 *Endriss*, FR 1966, S. 17 (S. 19). *Siegel* sieht in der gleitenden Durchschnittsbesteuerung eine befriedigende Lösung insbesondere für die Besteuerung außergewöhnlicher Einkünfte i. S. d. § 34 EStG; *Siegel* DStR 2007, S. 978 (S. 980).

652 Siehe hierzu *Hackmann*, Finanzarchiv N.F., 1975/76, S. 1 (S. 13).

653 Eine Durchschnittsbildung aus zwei Jahren dürfte praktisch wenig Einfluss auf die beschriebenen Effekte haben und wird deshalb vorliegend nicht Erwägung gezogen.

654 So auch *Lang*, Die Bemessungsgrundlage der Einkommensteuer, S. 189.

655 Siehe *Mirth*, S. 4 ff.

656 *Holt*, National Tax Journal, Dec. 1, 1949, S. 349 (S. 350).

657 So auch *Hackmann*, Finanzarchiv N.F., 1975/76, S. 1 (S. 17).

Eine zweite Alternative wäre die Bildung mittelgroßer Intervalle zwischen zehn und fünfzehn Jahren. Die Durchschnittsbesteuerung innerhalb derartiger Intervalle hätte eine ungleich größere Wirkung als innerhalb drei- bis fünfjähriger Intervalle, da Einkommensschwankungen über einen deutlich größeren Zeitraum ausgeglichen werden können. Allerdings wäre es mit der Notwendigkeit einer stetigen Staatsfinanzierung nicht zu vereinbaren, wenn es jeweils erst am Ende einer solchen Zehnjahresperiode zu einer Besteuerung käme. Auch wäre es problematisch, müssten Steuerpflichtige nach zehn oder fünfzehn Jahren auf einmal Nachzahlungen für das gesamte vergangene Intervall zahlen. Diese Probleme könnten sicherlich substantiell durch das Regime der Lohnsteuer und der Einkommensteuervorauszahlungen Selbständiger und Gewerbetreibender eingegrenzt werden. Eine erste abschließende und Rechtssicherheit bringende Festsetzung erst nach zehn Jahren ist jedoch insgesamt weder für den Steuerzahler, noch für den planenden Staat wünschenswert bzw. zumutbar. Es müsste also zu Zwischenfestsetzungen und einer abschließenden Gesamtfestsetzung am Ende des Intervalls kommen. Die Jahresperiode bliebe insofern erhalten, es würde nur alle zehn oder fünfzehn Jahre eine Korrektur vorgenommen.

Will man jedoch diesen Aufwand bereits ohnehin betreiben, so stellt sich die Frage nach der dritten Alternative der Blockbesteuerung: Der Lebensbesteuerung. Bei dieser umfasst der zeitliche Intervall in dem das Durchschnittseinkommen ermittelt wird die Lebensdauer eines Steuerpflichtigen. Auch hier gilt, dass eine einmalige Endbesteuerung weder den Interessen des Steuerpflichtigen, noch des Staates gerecht wird – eine einmalige Lebensendbesteuerung ist tatsächlich „*naturgemäß nicht möglich*“[658]. Die Gefahr, dass am Lebensende einer Person nicht mehr das zur Begleichung einer entsprechenden Steuerschuld notwenige Vermögen vorhanden ist, liegt auf der Hand[659]. Auch bedarf der Staat stetiger und regelmäßiger Steuereinnahmen[660]. Es müsste also auch hier zu (z. B. jährlichen) Abschlagszahlungen der Steuerpflichtigen kommen. Der Vorteil einer lebenszeitlichen Durchschnittsbesteuerung liegt auf der Hand. Ohne Eingriffe in den progressiven Steuertarif wäre eine vollständige interperiodische Steuergleichheit erreichbar.

Kritiker sehen in dieser Form der Lebensbesteuerung (teilweise zu Recht) einige Schwierigkeiten. Bedenken werden vor allem hinsichtlich der Frage eines zwischenzeitlichen Tarifwechsels[661], der Berücksichtigung der Inflation[662], dem

---

658 *Petersen*, StuW 2006, S. 266 (S. 272).

659 *P. Kirchhof*, in: Gestaltung der Steuerrechtsordnung, S. 451 (S. 476); *ders.*, in: Kirchhof, Einkommensteuergesetz, § 2 Rn. 18.

660 *Jachmann*, S. 145.

661 *Tipke*, Die Steuerrechtsordnung Band 2, 2. Auflage, S. 762. *Ismer* sieht durch eine langfristige Tarifbindung das Demokratieprinzip gefährdet, *ders.*, DStJG 34, S. 104; *Holt*, National Tax Journal, Dec. 1, 1949, S. 349 (S. 351).

662 *Ismer*, DStJG 34, S. 102; *Holt*, National Tax Journal, Dec. 1, 1949, S. 349 (S. 351).

Weg- und Zuzug von Steuerpflichtigen, der Administrierbarkeit[663] und der Rechtssicherheit[664] geäußert.

Eine Lebensbesteuerung bewirkt letztendlich auch die dritte Variante, die fortschreitende oder kumulative Durchschnittsbesteuerung[665]. Bei dieser Methode werden keine Blöcke gebildet, vielmehr wächst die Anzahl der zu berücksichtigenden Steuerjahre stetig an, wobei entsprechend die Durchschnittsberechnung jeweils angepasst werden muss. Durch eine jährlich fortlaufende Durchschnittsberechnung und Steuerkumulierung wird sichergestellt, dass die Summe der über die Jahre gezahlten Steuern immer dem Satz entspricht, der bei einem gleichbleibenden Einkommen in Höhe des Durchschnittswertes anzuwenden gewesen wäre. Auf diese Weise ist grundsätzlich eine Durchschnittsbesteuerung auch ohne erheblichen Mehraufwand auf Lebenszeit möglich.

Da die fortschreitende Durchschnittsbesteuerung und die interperiodische Progressionsglättung nach der hier vertretenen Ansicht im Ansatz und in ihrer grundlegenden Funktionsweise identisch sind, sei zu weiteren Ausführungen zu dieser Methode auf Teil 3.2.6, sowie auf die Darstellung von *Vickreys* Ansatz einer kumulativen Durchschnittsbesteuerung in Teil 3.3.6 dieser Arbeit verwiesen. Vorweggenommen sei nur, dass wohl einzig die fortschreitende Durchschnittsbesteuerung bzw. die interperiodische Progressionsglättung eine veritable Lösung der von der periodischen Besteuerung aufgeworfenen Probleme leisten kann.

3.2.6 Interperiodische Progressionsglättung

Die interperiodische Progressionsglättung entspricht in Funktion und Wirkungsweise grundsätzlich der *„fortschreitenden Durchschnittsbesteuerung"* wie sie auch *Hackmann*[666] beschreibt. Jedoch ist der Begriff der interperiodischen Progressionsglättung vorzugswürdig. Dieser verdeutlicht die Unterscheidung dieser Methode vom herkömmlichen Modell der Durchschnittsbesteuerung und lenkt den Blick auf die Wirkung dieses Ansatzes: Die Anpassung des progressiven Tarifs an die Lebensleistungsfähigkeit im Wege einer interperiodischen Glättung. Die interperiodische Progressionsglättung ermöglicht nämlich mit vergleichsweise geringem Aufwand eine periodische Besteuerung mittels eines progressiven Tarifs bei gleichzeitiger Berücksichtigung der Lebensleistungsfähigkeit. Sie birgt jedoch auch einige Schwierigkeiten.

Die Funktionsweise der interperiodischen Progressionsglättung ist wie folgt: Zunächst gilt weiterhin die periodische (also jährliche) Festsetzung der zu zahlenden

---

663 *Tipke*, StuW 2002, S. 148 (S. 166); *Pechman*, National Tax Journal, Sep. 1, 1954, S. 261 (S. 261). *Mitschke* sieht hingegen eine Reduzierung des Verwaltungsaufwands, *ders.*, StuW 1980, S. 122 (S. 124).

664 *Drüen*, S. 93.

665 Siehe hierzu *Hackmann*, Finanzarchiv N.F., 1975/76, S. 1 (S. 18). *Siegel* sieht in dieser Methode die ideale Lösung für das Problem der Besteuerung außergewöhnlicher Einkünfte i. S. d. § 34 EStG, *ders.*, DStR 2007, S. 978 (S. 980).

666 *Hackmann*, Finanzarchiv N.F., 1975/76, S. 1 (S. 21).

Steuer. Im ersten Jahr der Steuererhebung nach dieser Methode ändert sich nichts gegenüber der geltenden Rechtslage. Im zweiten Jahr wird dann aus dem Einkommen aus Jahr 01 und Jahr 02 ein Durchschnittseinkommen gebildet. Legt man dieses Durchschnittseinkommen dem geltenden progressiven Steuertarif zugrunde, errechnet sich die Steuer (D), die richtiger Weise jeweils in Jahr 01 und Jahr 02 hätte gezahlt werden müssen, um der Besteuerung nach dem Lebensleistungsfähigkeitsprinzip gerecht zu werden. Tatsächlich kann jedoch in Jahr 01 eine Steuer in anderer Höhe erhoben worden sein. Daher gilt es nun, die Steuer (D) mit der Anzahl der zu berücksichtigenden Jahre zu multiplizieren (in diesem Fall mit der Zahl 2) und die in den vorherigen Jahren gezahlte Steuer abzuziehen. Der übrig bleibende Betrag ist die für das Jahr 02 festzusetzende Steuer. Auf diese Weise kann nun ohne allzu großen Aufwand über einen beliebig langen Zeitraum (z.B. über die Lebensdauer) verfahren werden. Ähnlich einem nach geltendem Recht festzusetzenden Verlustvortrag muss nur in jedem Jahr das kumulierte Einkommen aller heranzuziehenden Perioden, die Periodenanzahl und die gesamte über diese Zeiträume entrichtete Steuer festgesetzt werden. Diese Daten stehen dann im folgenden Jahr zur Berechnung verlässlich zur Verfügung und können entsprechend fortgeschrieben werden.

Beispiel: A hat in Jahr 01 ein Einkommen von 50.000 EUR und in Jahr 02 ein Einkommen von 10.000 EUR. Nach geltendem Recht wird er in Jahr 01 ca. 12.780 € Einkommensteuer zahlen und in Jahr 02 ca. 256 €. Unter Anwendung der Progressionsglättung wird er zwar in Jahr 01 ebenfalls 12.780 € Einkommensteuer zahlen, in Jahr 02 jedoch ca. 1.662 € erstattet bekommen. Faktisch wird A so gestellt, als habe er in beiden Jahren jeweils ein Einkommen von 30.000 EUR gehabt.

Eine derartige Vorgehensweise ist an sich nicht neu. So haben u. a. *Mitschke* und *Hackmann* schon früh ausgefeilte Vorschläge zu einer interperiodischen Progressionsglättung gemacht[667].

Dennoch ist es nicht angebracht, die Methode der Progressionsglättung als abschließend erörtert zu betrachten. Dafür bestehen zu viele Variablen in der konkreten Umsetzung. Mag auch Einigkeit über die grundsätzliche Funktionsweise der Progressionsglättung bestehen, so sind einige Fragen nicht abschließend und definitiv geklärt:

- Beginn und Ende der Glättungsphase[668].
- Die Berücksichtigung von Tarifänderungen während der Glättungsphase[669].
- Die Behandlung von Weg- und Zuzug von Steuerpflichtigen[670].

667 Siehe *Mitschke*, StuW 1980, S. 122 ff. und 252 ff.; *Hackmann*, StuW 1982, S. 173 ff.

668 Siehe *Hackmann*, Finanzarchiv N.F., 1975/76, S. 1 (S. 22 ff.); sowie unten in Teil 3.4.2.1 dieser Arbeit.

669 Siehe hierzu *Mitschke*, StuW 1980, S. 122 (S. 130); *Hackmann*, Finanzarchiv N.F., 1975/76, S. 1 (S. 14) sowie unten in Teil 3.4.2.2 dieser Arbeit.

670 Siehe *Hackmann*, Finanzarchiv N.F., 1975/76, S. 1 (S. 24), sowie unten in Teil 3.4.2.3 dieser Arbeit.

- Die Umsetzung eines Ehegattensplittings in der Progressionsglättung[671].
- Die richtige Berücksichtigung der Inflation im Laufe der Glättungsphase[672].

Die Vorschläge von *Mitschke* und *Hackmann*, sowie der in dieser Arbeit unterbreitete Vorschlag einer Einkommensteuerreform[673] bieten jedoch praktikable Antworten auf all diese Fragen.

Es dürften auch keine begründeten Bedenken hinsichtlich der Umsetzbarkeit einer interperiodischen Progressionsglättung bestehen. Der zusätzliche Verwaltungsaufwand hält sich in Grenzen[674] und ist im Zeitalter der fortschreitenden Digitalisierung des Steuerverfahrens wohl kaum noch der Rede wert[675]. Dies, zumal eine Verlustfeststellung für einen entsprechenden Verlustvortrag hinfällig würde.

Da es im Rahmen der interperiodischen Progressionsglättung bei einer progressiven Besteuerung bleibt, wird sie auch dem Ziel der Umverteilung und dem Sozialstaatsprinzip gerecht. Allerdings ist davon auszugehen, dass die Einführung einer interperiodischen Progressionsglättung bei gleichbleibenden Steuertarifen zu nicht unerheblichen Steuermindereinnahmen führen würde[676]. Man käme also nicht umhin, die Tarife entsprechend anzuheben. Davon würden naturgemäß in erster Linie diejenigen betroffen, deren Einkommen auf längere Zeit gesehen keinen oder wenigen Schwankungen unterliegt. Denn diese erfahren als einzige durch die interperiodische Progressionsglättung keine finanzielle Besserstellung. Allerdings ist zu bedenken, dass es nicht Ziel der Progressionsglättung ist, Steuersenkungen oder gar Steuergeschenke zu bringen, sondern eine gesteigerte Steuergerechtigkeit. Steuerpflichtige, deren Einkommen keinen Schwankungen unterliegt, sind zur Zeit diejenigen, die von der vorherrschenden Steuerungerechtigkeit profitieren. Die Progressionsglättung bietet eine praktikable Möglichkeit, ohne Gefährdung des Steueraufkommens und bei Beibehaltung des progressiven Steuertarifes ein lebenszeitliches Leistungsfähigkeitsprinzip im Steuerrecht umzusetzen.

3.3 Reformvorschläge

Im Folgenden sollen einige Reformvorschläge dargestellt werden, welche sich (auch) mit der Problematik der leistungsfähigkeitsbezogenen periodischen Besteuerung im Rahmen der Einkommensbesteuerung auseinandersetzen. Da bereits seit Ende des

---

671 Siehe hierzu *Mitschke*, StuW 1980, S. 122 (S. 133); *Hackmann*, Finanzarchiv N.F., 1975/76, S. 1 (S. 24 ff.); sowie unten in Teil 3.4.2.4 dieser Arbeit.

672 Siehe hierzu *Mitschke*, StuW 1980, S. 122 (S. 128 ff.); *Holt*, National Tax Journal, Dec. 1, 1949, S. 349 (S. 352).

673 Siehe Teil 3.4 dieser Arbeit.

674 So auch *Mitschke*, StuW 1980, S. 122 (S. 127). Anders noch *Rössler*, FR 1966, S. 154 (S. 155), der für eine nur fünfjährige Progressionsglättung von einem nicht mehr zu bewältigenden Mehraufwand ausging.

675 So wohl auch *Siegel*, DStR 2007, S. 978 (S. 980).

676 Zu diesem Ergebnis kommt auch *Hackmann*, Finanzarchiv N.F., 1975/76, S. 1 (S. 36).

zweiten Weltkrieges eine ständige Diskussion über die Reformierung der deutschen Einkommensteuer geführt wird[677], musste entsprechend eine Beschränkung der darzustellenden Reformvorschläge vorgenommen werden. Diese erfolgte anhand der Aktualität der Vorschläge, sowie ihrer Eignung als Beispiel eines bestimmtes Reformgedankens[678].

3.3.1 Mitschke: Erneuerung des deutschen Einkommensteuerrechts

Mitschke hat im Jahr 2003 einen umfassenden Vorschlag zur Reform des EStG vorgelegt[679]. Sein Gesetzesentwurf für ein erneuertes EStG besticht durch eine starke Verschlankung bestehender Regelungen und den weitestgehenden Verzicht auf Sonderregelungen und Ausnahmen. Auffällig ist insbesondere die Einführung einer Familienbesteuerung sowie die ausnahmslose Erweiterung der gewerblichen Einkünfte um Dividenden und Gewinnbeteiligungen von Gesellschaftern.

Hinsichtlich der Korrektur von Fehlentwicklungen der periodischen Besteuerung ist der Entwurf *Mitschkes* relativ ergiebig. Zwar sieht auch er in § 4 des Entwurfs einen einjährigen Festsetzungszeitraum für die Einkommensteuer vor[680]. Allerdings vermag der Entwurf die negativen Folgen der periodischen Besteuerung weitestgehend zu beseitigen.

Auch sieht *Mitschke* einen (fast) uneingeschränkten Verlustausgleich und -abzug vor (§ 12 des Entwurfs)[681]. Verluste, welche nicht innerhalb der Periode mit anderen Einkunftsarten ausgeglichen werden können, sollen so zunächst über fünf Jahre zurückgetragen werden. Dieser im Vergleich zum geltenden Recht lange Rücktragszeitraum ist im Vergleich zum Verlustvortrag nicht nur die *„zinsgünstigere"*[682] Alternative für den Steuerschuldner, sie führt auch zu einer schnelleren Wiederherstellung seiner Leistungsfähigkeit. Ein Verlustrücktrag kann mit Feststellung des Verlustes durchgeführt werden, während Voraussetzung für den Verlustvortrag zukünftige Gewinne sind, welche wiederum nur jeweils nach Ablauf mindestens einer Periode festgestellt werden können. Der Verlustrücktrag beschleunigt daher die Verrechnung von Verlusten und korrigiert so in begrüßenswerter Weise schneller eine überperiodische Übermaßbesteuerung. Insofern wäre es natürlich wünschenswert, wenn ein zeitlich unbeschränkter Verlustrücktrag vorgesehen würde. Dies lehnt *Mitschke* jedoch aus Gründen der Verjährung und der Praktikabilität ab[683].

---

677 *Drüen*, DStJG 37, S. 9 (11).
678 Zu einer weiteren Übersicht verschiedener Reformansätze siehe *Lang, u.a.*, Kölner Entwurf, S. 34 ff.; sowie *Kube*, BB 2005, S. 743 ff.
679 Siehe *Mitschke*, Erneuerung des deutschen Einkommensteuerrechts.
680 *Mitschke*, Erneuerung des deutschen Einkommensteuerrechts, Rn. 56.
681 *Mitschke*, Erneuerung des deutschen Einkommensteuerrechts, Rn. 64.
682 *Mitschke*, Erneuerung des deutschen Einkommensteuerrechts, Rn. 155.
683 *Mitschke*, Erneuerung des deutschen Einkommensteuerrechts, Rn. 155.

Der Entwurf vermag es nicht, die überperiodische Verzerrungswirkung des progressiven Steuertarifs zur Gänze abzuschalten, kommt dem jedoch sehr nahe. § 27 des Entwurfs sieht einen Einstiegstarif von 20 % auf ein zu versteuerndes Einkommen bis 4.000 € vor; der diese Summe übersteigende Betrag wird dann mit 30 % besteuert[684]. Dieser *„gebrochen-lineare Tarif"*[685] führt dazu, dass im Gegensatz zum progressiven Tarif fast keine überperiodischen Verzerrungen in der Steuerlast auftreten können. Diese sind so auf Fälle begrenzt, in denen Einzelperioden zum Teil mit 30 % besteuert werden, in der Gesamtperiode jedoch im Schnitt nur eine Steuerlast von 20 % entstehen dürfte. Solche Fälle sind zwar denkbar, jedoch sind die tatsächlichen finanziellen Folgen im Einzelfall und der damit verbundene Verstoß gegen das allgemeine Leistungsfähigkeitsgebot wohl überschaubar. Ausschließen ließe sich dies nur noch mit einem proportionalen Tarif. Sowohl der von *Mitschke* vorgeschlagene Tarif, als auch ein echter proportionaler Tarif hieße jedoch die Abkehr vom progressiven Tarif, der ein großer Bestandteil des deutschen Sozialstaatsprinzips ist. Zwar ist der progressive Tarif wohl nicht unumstößlich oder gar verfassungsrechtlich bindend verankert. Es ist jedoch zu erwarten, dass eine Abkehr von diesem gesellschaftspolitisch auf deutlich größeren Widerstand trifft, als die momentane (größtenteils unerkannte) Schieflage des Einkommensteuertarifes.

3.3.2 Lang u.a.: Kölner Entwurf eines Einkommensteuergesetzes

Im Jahr 2005 hat *Lang* gemeinsam mit sieben weiteren Steuerrechtlern den sog. *Kölner Entwurf eines Einkommensteuergesetzes* vorgelegt. In erster Linie soll dieser Entwurf der gleichmäßigen Besteuerung nach dem Leistungsfähigkeitsprinzip dienen[686].

Insofern ist es konsequent, dass die Verfasser das Periodizitätsprinzip als technisches Prinzip ansehen und entsprechend die *„periodenübergreifenden Elemente der Bemessungsgrundlage"* weitreichender ausgestalten[687]. So ist zwar der Verlustrücktrag (§ 32 des Entwurfs) auf zwei Jahre, der Verlustvortrag (§ 33 des Entwurfs) jedoch weder zeitlich, noch der Höhe nach beschränkt[688]. Eine Mindestbesteuerung ist nicht vorgesehen. Dies wird ausdrücklich auf ein lebenszeitliches Verständnis der leistungsgerechten Besteuerung zurückgeführt[689].

Des Weiteren sieht der Entwurf eine nachgelagerte Besteuerung im Rahmen der Zukunftssicherung vor. So sollen nach den §§ 30 f. des Entwurfs Beiträge in eine sog. *„zertifizierte Zukunftssicherung"* zum Zeitpunkt der Abführung als Erwerbsausgaben

---

684 *Mitschke*, Erneuerung des deutschen Einkommensteuerrechts, Rn. 79.
685 *Mitschke*, Erneuerung des deutschen Einkommensteuerrechts, Rn. 189.
686 *Lang, u.a.*, Kölner Entwurf, S. 51.
687 *Lang, u.a.*, Kölner Entwurf, S. 129.
688 *Lang, u.a.*, Kölner Entwurf, S. 18.
689 *Lang, u.a.*, Kölner Entwurf, S. 98.

berücksichtigt werden, während spätere Auszahlungen dann als Erwerbseinnahmen angesetzt werden sollen[690].

Weitere Maßnahmen zur lebenszeitlichen Einkommensbestimmung nehmen die Verfasser durch weite Abschreibungsvorschriften (§ 17 des Entwurfs), eine Inflationsbereinigung von Veräußerungseinkünften (§ 28 des Entwurfs) und eine regelmäßige Anpassung der Tarifzonen anhand des Verbraucherpreisindexes (§§ 3, 36 des Entwurfs) vor[691].

Der anzuwendende Steuertarif soll nach dem Entwurf nicht linear progressiv sein, sondern fünf Tarifzonen folgen; der Spitzensteuersatz soll bei 35 Prozent liegen[692].

Wie auch *Drüen* erkennt, ist der *Kölner Entwurf* in seinen Abweichungen vom bestehenden Recht eher konservativ[693]. Es ist zwar ausdrücklich zu begrüßen, dass sich die Verfasser für eine möglichst lebenszeitlich orientierte Leistungsfähigkeit aussprechen, jedoch wird diese durch den vorgelegten Entwurf nur bedingt und nur punktuell auch umgesetzt. Eine zeitliche Beschränkung des Verlustrücktrags mag zwar Gesichtspunkten der Rechtssicherheit entgegen kommen, behindert jedoch auch die möglichst zeitnahe Berücksichtigung von Verlusten. Des Weiteren ist das von *Lang, u. a.* vorgeschlagene Tarifsystem zwar nicht linear, so aber dennoch progressiv, was letztlich eine Besteuerung anhand der Lebensleistungsfähigkeit nicht dienlich ist, werden nicht weitere Reformschritte (zur Begrenzung der Steuerlast) unternommen.

3.3.3 Elicker: Entwurf einer proportionalen Netto-Einkommensteuer

Auch *Elicker* nimmt sich in einem umfassenden Reformvorschlag[694] u. a. dem Problem der Periodizität an. Die größte von ihm vorgebrachte Neuerung stellt jedoch seine Vorstellung von der Einkommensermittlung dar. Dabei teilt er das Vermögen der Steuerpflichtigen in Privatvermögens- und Erwerbsvermögenssphäre. Nach § 2 des Entwurfs stellt dann der Überschuss der Entnahmen (aus der Erwerbsvermögenssphäre in die Privatvermögenssphäre) über die Einlagen (aus der Privatvermögenssphäre in die Erwerbsvermögenssphäre) das Einkommen dar[695]. Von diesem abzuziehen sind dann lediglich die Freibeträge nach § 8 des Entwurfs[696] und die

690 *Lang, u.a.*, Kölner Entwurf, S. 17.
691 *Lang, u.a.*, Kölner Entwurf, S. 56.
692 *Lang, u.a.*, Kölner Entwurf, S. 2.
693 *Drüen*, DStJG 37, S. 9 (S. 33).
694 *Elicker*, Entwurf einer proportionalen Netto-Einkommensteuer.
695 *Elicker*, Entwurf einer proportionalen Netto-Einkommensteuer, S. 12, 223.
696 *Elicker*, Entwurf einer proportionalen Netto-Einkommensteuer, S. 16.

Sonderbedarfe nach § 9 des Entwurfs[697]. Das Modell *Elickers* ist daher den Modellen der konsumorientierten Besteuerung zuzuschreiben[698].

Einkünfte werden also nur insoweit einer Besteuerung unterworfen, als sie zu Konsumzwecken in die Privatvermögenssphäre übernommen werden. Werden Einkünfte jedoch in der Erwerbsvermögenssphäre gehalten, sind sie insofern steuerlich befreit. In zeitlicher Hinsicht bedeutet dies, dass Einkünfte tatsächlich erst dann steuerlich erfasst werden, wenn sie der privaten Lebensführung dienen. Auf diese Weise wird die tatsächliche Leistungsfähigkeit des Steuerpflichtigen genauer erfasst, als es in einem herkömmlichen Einkommensteuermodell möglich ist. Fraglich ist jedoch, wie die Trennung von privatem und erwerbsbezogenem Vermögen konkret und im Einzelfall umgesetzt und nachvollzogen werden soll.

Dem Ziel der überperiodischen Berücksichtigung des Leistungsfähigkeitsprinzips kommt *Elicker* dennoch näher. Auch er hält grundsätzlich an einem einjährigen Veranlagungszeitraum fest, § 14 Abs. 1 des Entwurfs[699]. Durch die Wahl eines proportionalen Steuertarifes und die Einführung eines uneingeschränkten Verlustabzugs werden die Wirkungen dieser Periodizität jedoch eliminiert. *Elicker* geht daher davon aus, dass so die steuerliche Leistungsfähigkeit sowohl gegenwartsnah als auch in Hinblick auf das Lebenseinkommen richtig erfasst würde[700].

Elicker sieht in § 12 des Entwurfs einen proportionalen Tarif vor[701]. Darin sieht er eine „*intertemporale Glättung der Steuerlast*" und die Vermeidung „ökonomisch u*nsinnige*[r] *Anreize*"[702]. Dem ist grundsätzlich beizupflichten. Ein proportionaler Steuertarif hat den Vorteil, dass es im Hinblick auf die lebenszeitliche Gesamtbelastung grundsätzlich egal ist, wann die Besteuerung stattgefunden hat und ob die periodische Leistungsfähigkeit Schwankungen unterlag. Allerdings lässt *Elicker* zwei essentielle Fragen offen: Zum einen legt er nicht dar, inwiefern ein Wandel des Steuertarifs bei der Besteuerung der Lebensleistungsfähigkeit berücksichtigt werden soll. Zum anderen legt er sich nicht auf einen gerechten und mehrheitsfähigen Steuertarif fest, sondern überlässt diese Entscheidung der Politik. Zwar ist es richtig, dass es wohl *den richtigen* Steuertarif nicht gibt und jeder Steuertarif deshalb wohl von den entsprechenden politischen Mehrheiten festgelegt werden muss. Allerdings ist ein proportionaler Tarif – egal welcher Höhe – wohl nur schwer politisch durchzusetzen. Umso wichtiger erscheint es, einen Vorschlag hinsichtlich der Höhe des Tarifes zu machen. Ein zu niedrig angesetzter Tarif kann den Zweck der Einkommensteuer zunichtemachen, während ein zu hoch angesetzter Tarif zu einer ungerechten Steuer oder gar einer Übermaßsteuer

---

697 *Elicker*, Entwurf einer proportionalen Netto-Einkommensteuer, S. 17.
698 So auch *Drüen*, DStJG 37, S. 9 (S. 32).
699 *Elicker*, Entwurf einer proportionalen Netto-Einkommensteuer, S. 19.
700 *Elicker*, Entwurf einer proportionalen Netto-Einkommensteuer, S. 356.
701 *Elicker*, Entwurf einer proportionalen Netto-Einkommensteuer, S. 19.
702 *Elicker*, Entwurf einer proportionalen Netto-Einkommensteuer, S. 306.

führen kann. Eine Gesamtbewertung des Reformvorschlages *Elickers* kann daher nicht abschließend erfolgen – insbesondere hinsichtlich der Umsetzbarkeit eines proportionalen Tarifes.

In § 10 Abs. 1 des Entwurfs sieht *Elicker* zwar nur einen einjährigen Verlustrücktrag, jedoch in § 10 Abs. 2 des Entwurfs einen uneingeschränkten Verlustvortrag vor[703]. Anders als im geltenden § 10d EStG werden bei der Berechnung des vorzutragenden Verlustes auch die Grundfreibeträge und die Sonderbedarfe berücksichtigt. Damit soll auch die subjektive Leistungsfähigkeit überperiodische Berücksichtigung finden[704]. Aus einer periodischen Betrachtung heraus ist es jedoch besonders wertvoll, dass der Verlustvortrag nach § 10 Abs. 3 des Entwurfs mit der Inflationsrate verzinst wird[705]. Damit behält der Verlustvortrag bis zu seinem endgültigen Abzug den Wert, den er zum Zeitpunkt seines Entstehens hatte[706]. Dies ist deshalb bedeutsam, weil der Verlust im Zeitpunkt seines Entstehens die Leistungsfähigkeit des Steuerpflichtigen zum damaligen und nicht zum späteren Nominalwert des Verlustes geschmälert hat. Diese Schmälerung gilt es entsprechend steuerlich zu erfassen; möglich ist dies nur durch die Berücksichtigung der Inflation.

Weshalb sich *Elicker* für einen nur einjährigen Verlustrücktrag entschieden hat, ist leider nicht zu erkennen. Nach der hier vertretenen Ansicht wäre es jedoch wünschenswert, einen möglichst großzügigen Verlustrücktrag zu ermöglichen, um so die Leistungsfähigkeit des Steuerpflichtigen zeitnah wieder herzustellen.

Der Reformvorschlag *Elickers* vermag die Probleme der periodischen Besteuerung letztlich nur teilweise zu lösen. Zwar hätte ein proportionaler Steuertarif tatsächlich sehr positive Auswirkung hinsichtlich der lebenszeitlichen Berücksichtigung der individuellen Leistungsfähigkeit. Die praktische Umsetzung setzt jedoch die Festlegung eines mehrheitsfähigen und gleichzeitig auch rechtlich einwandfreien Steuertarifs voraus. Interessant ist jedoch in jedem Fall der Gedanke der Verzinsung der Verlustvorträge, um so dem inflationsbedingten Wertverfall der Verluste vorzubeugen.

3.3.4 Rose: Die Einfachsteuer

M. Rose verfolgt mit seinem Entwurf der sog. „*Einfachsteuer*" eine Zusammenführung von Einkommensteuer, Körperschaftsteuer und Gewerbesteuer[707]. Dabei teilt er die Einfachsteuer in eine kommunal und eine föderal zu erhebende Steuer auf.

703 *Elicker*, Entwurf einer proportionalen Netto-Einkommensteuer, S. 18.
704 *Elicker*, Entwurf einer proportionalen Netto-Einkommensteuer, S. 283.
705 *Elicker*, Entwurf einer proportionalen Netto-Einkommensteuer, S. 18.
706 *Elicker*, Entwurf einer proportionalen Netto-Einkommensteuer, S. 283.
707 *M. Rose* spricht insoweit von einer „*Gewinnsteuer*", die auf den Gewinn von Gewerbetreibenden und Freiberuflern erhoben wird. *M. Rose*, Die Einfachsteuer auf einen Blick, S. 22.

In Hinblick auf die Problematik der Steuerperiodizität verfolgt *M. Rose* dabei den Ansatz, durch den Einsatz von Zinsbereinigung und Sparbereinigung eine Einmalbelastung des Lebenseinkommens zu erreichen, welches dem Konsum dient[708]. Sein Vorschlag basiert also vornehmlich auf dem Gedanken der nachgelagerten Besteuerung.

Zunächst soll nach den Vorstellungen von *M. Rose* auch die Einfachsteuer als Jahressteuer in einem einjährigen Veranlagungszeitraum erhoben werden, siehe § 4 Abs. 3 des Entwurfs[709]. Steuerlich belastbar soll dabei aber jeweils nur der jährliche Beitrag zum Lebenseinkommen sein, sofern er den Lebensgrundbedarf übersteigt[710]. Zum Lebenseinkommen zählen die auch nach dem EStG üblichen Einkunftsarten, sowie Einkünfte aus der selbständigen Führung von Unternehmen[711]. Einkünfte aus Renten werden hierbei jedoch nur sparbereinigt[712], Einkünfte aus Kapitalvermögen, Grundstücken und Unternehmensgewinnen werden zinsbereinigt besteuert[713].

Die Sparbereinigung erfolgt in der Weise, dass Rentenbeiträge zwar einerseits zum steuerlichen Abzug zugelassen werden, jedoch andererseits im Zeitpunkt der Auszahlung mitsamt der bis dahin unversteuerten Zinserträge der Besteuerung unterworfen werden[714]. Die Zinsbereinigung wird dadurch sichergestellt, dass marktübliche Zinserträge auf Kapitalvermögen etc. grundsätzlich unversteuert bleiben[715]. Von nicht marktüblichen Erträgen ist ein sog. Schutzzinssatz abzugsfähig, der standardisiert zwei Prozentsätze über dem jahresdurchschnittlichen Leitzinssatz der europäischen Zentralbank liegt[716].

Die negativen Auswirkungen der progressiven Besteuerung in Verbindung mit einem einjährigen Veranlagungszeitraum beseitigt *M. Rose*, indem er einen proportionalen Steuersatz von 20 % einführt. Den Kommunen kommt nach seinem Vorschlag

---

708 *M. Rose*, Forschungsbericht zu einer grundlegenden Reform der Einkommens- und Gewinnbesteuerung in Deutschland, III. Teil, S. 11; *Kube*, BB 2005, S. 743 (S. 745).

709 *M. Rose*, Forschungsbericht zu einer grundlegenden Reform der Einkommens- und Gewinnbesteuerung in Deutschland, III. Teil, S. 18.

710 *M. Rose*, Die Einfachsteuer auf einen Blick, S. 10.

711 *M. Rose*, Forschungsbericht zu einer grundlegenden Reform der Einkommens- und Gewinnbesteuerung in Deutschland, III. Teil, S. 45 ff.

712 § 10 des Entwurfs, *M. Rose*, Forschungsbericht zu einer grundlegenden Reform der Einkommens- und Gewinnbesteuerung in Deutschland, III. Teil, S. 20.

713 *M. Rose*, Forschungsbericht zu einer grundlegenden Reform der Einkommens- und Gewinnbesteuerung in Deutschland, III. Teil, S. 45.

714 § 1 Abs. 4 Nr. 3 des Entwurfs, *M. Rose*, Forschungsbericht zu einer grundlegenden Reform der Einkommens- und Gewinnbesteuerung in Deutschland, III. Teil, S. 11.

715 Siehe § 1 Abs. 4 Nr. 1 des Entwurfs, *M. Rose*, Forschungsbericht zu einer grundlegenden Reform der Einkommens- und Gewinnbesteuerung in Deutschland, III. Teil, S. 11.

716 Siehe § 2 Abs. 26 des Entwurfs, *M. Rose*, Forschungsbericht zu einer grundlegenden Reform der Einkommens- und Gewinnbesteuerung in Deutschland, III. Teil, S. 15.

das Recht zu, proportional weitere 5 % zu erheben (§ 5 Abs. 1 des Entwurfs)[717]. Interessanterweise spricht *M. Rose* jedoch nicht von einem proportionalen, sondern von einem einheitlichen Steuersatz, welcher eine indirekte Progression bewirke[718]. Dies vermag jedoch nicht darüber hinwegzutäuschen, dass *M. Roses* Entwurf einer Einfachsteuer letztlich ohne progressiven Tarif auskommt und sich damit der Gefahr aussetzt als sozial unverträglich verstanden zu werden. Insofern spricht auch *Petersen* schlicht von einer „*Flat Tax*" wenn er den Tarif der Einfachsteuer beschreibt[719]. Wir bereits oben ausgeführt[720] ist davon auszugehen, dass ein Einheitssteuersatz politisch weder erwünscht, noch durchsetzbar ist. Hierin ist daher ein bedeutender Schwachpunkt der Einheitssteuer zu sehen.

Da auch *M. Rose* keine (echte) periodenübergreifende Durchschnittsbildung von Einkommen vorsieht, entscheidet er sich konsequenterweise für einen weder zeitlich, noch der Höhe nach begrenzten Verlustvortrag (§ 15 Abs. 2 des Entwurfs)[721]. Nach *M. Roses* Vorstellung soll dieser Verlustvortrag zwar verzinst werden, ein Verlustrücktrag ist hingegen in seinem Entwurf nicht vorgesehen. Diese Entscheidung vermag nicht zu überzeugen. Die Methode des Verlustrücktrags ermöglicht einerseits eine zeitnahe Entlastung des Steuerpflichtigen und andererseits eine interperiodische Korrektur der ursprünglich festgesetzten Steuer. Die Verzinsung des Verlustvortrags ermöglicht jedoch weder noch. Im Übrigen ist eine Verzinsung des Verlustvortrags nur dann aus dem Gesichtspunkt der Besteuerung nach der Leistungsfähigkeit geboten, wenn durch die erlittenen Verluste ein weiterer Verlust begründet bzw. weiterer Aufwand entsteht – dieser jedoch steuerlich sonst nicht berücksichtigt werden kann. In aller Regel jedoch wird dies nicht der Fall sein. Die Idee der Verzinsung des Verlustvortrages bei gleichzeitigem Ausschluss des Verlustrücktrags vermag insofern nicht zu überzeugen, insbesondere da ein Verlustrücktrag zur Berücksichtigung der lebenszeitlichen Leistungsfähigkeit unbedingt geboten ist.

3.3.5 Kirchhof: Bundessteuergesetzbuch

Auch *P. Kirchhof* hat im Jahre 2011 einen viel beachteten Reformvorschlag für das deutsche Steuerrecht vorgelegt: Das Bundessteuergesetzbuch. Er fasst damit das gesamte deutsche Steuerrecht in einem Gesetzesvorschlag zusammen[722].

---

717 *M. Rose*, Forschungsbericht zu einer grundlegenden Reform der Einkommens- und Gewinnbesteuerung in Deutschland, III. Teil, S. 18.

718 *M. Rose*, Forschungsbericht zu einer grundlegenden Reform der Einkommens- und Gewinnbesteuerung in Deutschland, III. Teil, S. 44.

719 *Petersen*, StuW 2006, S. 266 (S. 274).

720 Siehe oben in Teil 3.2.3 dieser Arbeit.

721 *M. Rose*, Forschungsbericht zu einer grundlegenden Reform der Einkommens- und Gewinnbesteuerung in Deutschland, III. Teil, S. 18.

722 *Drüen*, DStJG 37, S. 9 (S. 28).

Im Rahmen der Einkommensbesteuerung hält jedoch auch *P. Kirchhof* an dem einjährigen Veranlagungszeitraum fest (§ 57 Abs. 1 S. 4 Bundessteuergesetzbuch)[723]. Dies ist insofern konsequent, als dass *P. Kirchhof* die Rechtfertigung der Steuer in der Belastbarkeit des Steuerpflichtigen in der Gegenwart sieht[724]; er folglich den Begriff der Leistungsfähigkeit gegenwartsbezogen und nicht auch periodenübergreifend interpretiert.

Entsprechend sieht das Bundessteuergesetzbuch auch eine restriktive Handhabung der interperiodischen Verlustberücksichtigung vor. Nach den §§ 49, 50 Bundessteuergesetzbuch ist ein Verlustrücktrag nicht vorgesehen[725]. Der Verlustvortrag ist zwar zeitlich nicht begrenzt, er ist jedoch an die Erwerbsgrundlage gebunden, aus der er entstanden ist[726]. Eine Mindestbesteuerung o.ä. ist hingegen nicht vorgesehen. Einen Verlustrücktrag hält *P. Kirchhof* nicht für geboten, vielmehr verstoße es nach seiner Ansicht gegen das Erfordernis der Haushaltskontinuität, wenn Steuerfestsetzungen rückwirkend wieder geändert würden[727]. Die Begrenzung des Verlustvortrags anhand der Erwerbsgrundlage zeugt abermals vom Verständnis des Leistungsfähigkeitsbegriffes *P. Kirchhofs*. Seine erläuternden Ausführungen zu § 50 Bundessteuergesetzbuch sind dahingehend zu verstehen, dass der Verlustvortrag für ihn nicht in der Besteuerung nach der Leistungsfähigkeit begründet liegt, sondern einzig in dem Bezug zwischen vergangenen Verlusten und künftigen Bezügen derselben Erwerbsgrundlage[728]. Dieser Ansicht ist jedoch nicht zu folgen, da sie außer Acht lässt, dass vergangene Verluste, egal welcher Herkunft, in aller Regel die allgemeine Leistungsfähigkeit beeinträchtigen. Auch wenn *P. Kirchhof* nur von einer gegenwartsbezogenen Leistungsfähigkeit ausgeht, so muss er doch berücksichtigen, dass vergangene Ausgaben auch die gegenwärtige Leistungsfähigkeit schmälern. Mit einer Besteuerung nach dem Leistungsfähigkeitsprinzip ist § 50 Bundessteuergesetzbuch daher nicht zu vereinbaren.

Konsequent in der Besteuerung anhand der gegenwärtigen Leistungsfähigkeit stellt das Bundessteuergesetzbuch in § 55 hingegen Beiträge zur Zukunftsvorsorge frei und unterwirft sie nach dem Prinzip der nachgelagerten Besteuerung erst im Zeitpunkt der Auszahlung der Einkommensteuer[729]. Allerdings begrenzt *P. Kirchhof* die nachgelagerte Besteuerung auf gesetzliche oder staatlich anerkannte Versicherungen zur Altersvorsorge[730]. In seinem Entwurf ist also keinesfalls eine weitreichende oder gar umfassende Umsetzung der nachgelagerten Besteuerung zu sehen.

---

723 *P. Kirchhof*, Bundessteuergesetzbuch, S. 498.
724 *P. Kirchhof*, Bundessteuergesetzbuch, S. 10.
725 *P. Kirchhof*, Bundessteuergesetzbuch, S. 445.
726 *P. Kirchhof*, Bundessteuergesetzbuch, S. 445, 447.
727 *P. Kirchhof*, Bundessteuergesetzbuch, S. 447.
728 Siehe *P. Kirchhof*, Bundessteuergesetzbuch, S. 447.
729 *P. Kirchhof*, Bundessteuergesetzbuch, S. 488.
730 *P. Kirchhof*, Bundessteuergesetzbuch, S. 488, 491.

So wie auch andere der erläuterten Reformentwürfe, setzt auch der Vorschlag *P. Kirchhofs* auf die Abschaffung des direkt progressiven Steuertarifs. Nach § 43 Abs. 4 S. 1 Bundessteuergesetzbuch soll der einheitliche Steuertarif 25 % betragen[731]. Allerdings findet eine teilweise Verlagerung der Progression in die Bemessungsgrundlage statt. So sieht das Bundessteuergesetzbuch einen Grundfreibetrag von 8.000 EUR, sowie eine Werbungskostenpauschale von 2.000 EUR vor. Die folgenden 5.000 EUR sollen nur zu 60 %, die nächsten 5.000 EUR zu 80 % besteuert werden. Somit setzt der eigentliche Einheitstarif erst ab 20.000 EUR ein[732]. Diese Regelung zeugt davon, dass auch *P. Kirchhof* die politische Notwendigkeit von Progression und Umverteilung erkannt hat. Allerdings ist zum einen zweifelhaft, ob die von ihm vorgesehene minimale indirekte Progression ausreicht, um eine politische Umsetzung Realität werden zu lassen[733]. Zum anderen vermag dieser Vorschlag dem Prinzip der Besteuerung der interperiodischen Leistungsfähigkeit nur bedingt gerecht zu werden, da auch er die Gleichbehandlung schwankender Einkommen nicht abschließend garantieren kann.

3.3.6 Vickrey: Kumulative Durchschnittsbesteuerung[734]

Vickrey verfolgt einen Reformansatz im Sinne der Durchschnittsbesteuerung. Dabei erweitert er den Gedanken der gleitenden Durchschnittsbesteuerung, in dem er zwar auch jeweils neue Jahre in die bestehende Durchschnittsberechnung übernimmt, alte jedoch nicht mehr ausscheidet. Die Einkommen mehrerer Steuerjahre bis zum Lebensende können so kumuliert werden.

Nach *Vickreys* Vorschlag einer kumulativen Durchschnittsbesteuerung soll dafür (i) die Summe aller bisherigen Jahreseinkommen ermittelt werden und zu dieser (ii) noch fiktive Zinserträge auf bereits gezahlte Steuern addiert werden. Das Ergebnis wird (iii) durch die Anzahl der zu berücksichtigenden Steuerjahre geteilt – also ein Durchschnittswert errechnet. Nun wird (iv) ermittelt, welche Steuer über die Jahre zu zahlen gewesen wäre, wenn der Steuerpflichtige konstant ein Einkommen in Höhe dieses Durchschnittswertes gehabt hätte. Von diesem Betrag wird nun (v) in einem letzten Schritt die Steuer abgezogen, die tatsächlich bereits gezahlt wurde. Das Ergebnis ist die nun festzusetzende Steuer[735].

Durch die etwas umständliche und wohl praktisch nur mit großem Aufwand umzusetzende fiktive Verzinsung vergangener Steuerzahlungen verfolgte *Vickrey* das Ziel, den Zinsnachteil auszugleichen, dem Steuerpflichtige mit schwankenden

---

731 *P. Kirchhof*, Bundessteuergesetzbuch, S. 366.
732 *P. Kirchhof*, Bundessteuergesetzbuch, S. 15.
733 So auch *Lang*, in: Das Bundessteuergesetzbuch in der Diskussion, S. 27.
734 Der Ausdruck der ‚kumulativen Durchschnittsbesteuerung' ist vorliegend von *Hackmann* (Finanzarchiv N.F., 1975/76, S. 1 (S. 18)) übernommen worden. Er ergibt sich nicht ausdrücklich aus *Vickreys* Reformvorschlag, ermöglicht jedoch eine begriffliche Abgrenzung zur ‚fortschreitenden Durchschnittsbesteuerung'.
735 *Vickrey*, Journal of Political Economy, Vol. 47, No. 3, 1939, S. 379 (383 f.).

Einkommen wegen zu hoher Vorauszahlungen im Vergleich zu Steuerpflichtigen mit gleichmäßigen Einkommen unterliegen[736]. Um dem Steuerpflichtigen trotz dieser komplizierten Steuerberechnung die Möglichkeit zu bieten, die Höhe seiner Steuerpflicht selbst festzustellen und nachzuvollziehen, sollten vom Finanzministerium Tabellen erarbeitet werden, aus denen der Steuerpflichtige seine Steuerschuld ermitteln kann[737]. Diese müssten dabei für jedes neue Jahr schon aufgrund der Verzinsungskomponente neu erarbeitet werden[738].

Dieser Vorschlag einer kumulativen Durchschnittsbesteuerung findet bei *Holt* eine interessante Abwandlung[739]. Dieser greift die Grundidee *Vickreys* auf und schlägt ein sog. *„weighted averaging"* vor, bei dem sich die zu berücksichtigenden Jahre zwar kumulieren, ihre betreffenden Einkommen jedoch nach einem bestimmten Koeffizienten laufend an Wert (bzw. Gewichtung) verlieren. Darin sieht er unter anderem den Vorteil, dass Tarifänderungen und Einkommenssteigerungen schneller ihre Auswirkung im Steueraufkommen zeigen, da vergangene Einkommen und Steuerzahlungen ständig an Bedeutung für die Steuerberechnung verlieren. Neue Tarife und gesteigerte Einkommen gewinnen so schneller an Bedeutung in der laufenden Durchschnittsberechnung[740]. Allerdings ist diesem Vorschlag entgegen zu halten, dass er zwar die Fehlwirkungen des Periodizitätsprinzips im Zusammenspiel mit einem progressiven Steuertarif mildert, aber eben nicht ausräumt. Denn in dem vergangene Einkommen und Steuerzahlungen durch eine geminderte Gewichtung an Bedeutung verlieren, wird auch das tatsächliche Lebenseinkommen verzerrt und folglich nicht mehr richtig dargestellt. Entsprechend kann keine vollständige Berücksichtigung der Lebensleistungsfähigkeit sichergestellt werden.

Hackmann hält *Vickreys* Vorschlag entgegen, dass die Mehrheit der Steuerpflichtigen diesen aufgrund seiner Kompliziertheit nicht werden verstehen können[741]. Außerdem sei bei einer solchen kumulativen Durchschnittsberechnung eine gewisse Rückwirkung nicht auszuschließen[742]. Die Verzinsung der bereits gezahlten Steuern führe des Weiteren zu einer Verringerung der tatsächlichen Bemessungsgrundlage, weshalb ein Absinken des Steueraufkommens zu befürchten sei[743]. Im Übrigen führe die Verzinsung ohnehin nicht zu dem gewünschten Ziel der zeitlichen Neutralität[744]. Tatsächlich ist *Hackmann* in all diesen Punkten zuzustimmen. Während *Vickreys* Vorschlag grundsätzlich zuzustimmen ist, was die fortlaufende Kumulierung von Steuerperioden betrifft, so ist seine Umsetzung einer Durchschnittsbesteuerung letztendlich zu kompliziert, um Gesetzesrealität zu werden.

---

736 *Vickrey*, Journal of Political Economy, Vol. 47, No. 3, 1939, S. 379 (382 f.).
737 *Vickrey*, Journal of Political Economy, Vol. 47, No. 3, 1939, S. 379 (384).
738 *Vickrey*, Journal of Political Economy, Vol. 47, No. 3, 1939, S. 379 (386).
739 *Holt*, National Tax Journal, Dec. 1, 1940, S. 349 (S. 352 ff.).
740 *Holt*, National Tax Journal, Dec. 1, 1940, S. 349 (S. 356 f., 360 f.).
741 *Hackmann*, Finanzarchiv N.F., 1975/76, S. 1 (S. 19).
742 *Hackmann*, Finanzarchiv N.F., 1975/76, S. 1 (S. 20).
743 *Hackmann*, Finanzarchiv N.F., 1975/76, S. 1 (S. 20).
744 *Hackmann*, Finanzarchiv N.F., 1975/76, S. 1 (S. 20).

Hackmann schlägt daher eine fortschreitende Durchschnittsbesteuerung vor, welche die Idee der Kumulierung aufgreift, jedoch tatsächlich deutlich einfacher in der Umsetzung ist[745]. Diese entspricht im Grundsatz in Funktion und Wirkungsweise dem Ansatz der interperiodischen Progressionsglättung. Insofern können beide Begriffe synonym verwendet werden. Beide Methoden (die sich letztlich entsprechen) bieten eine veritable Lösung der Probleme, welche die praktische Umsetzung der Lebensbesteuerung aufwirft.

3.3.7 Mitschke: Lebenseinkommensbesteuerung durch interperiodischen Progressionsausgleich

Sowohl *Hackmann*, als auch *Mitschke* haben Vorschläge zur Umgestaltung der deutschen Einkommensteuer nach der Idee einer interperiodischen Progressionsglättung gemacht[746]. Während diese Vorschläge sich zu Beginn in weiten Teilen ähnelten[747], verfolgt *Hackmann* in seinem letzten Vorschlag[748] doch einen Ansatz, der nach einer gesonderten Würdigung beider Vorschläge verlangt.

3.3.7.1 Veranlagungs- und Bemessungszeitraum

Mitschke sieht in seinem Vorschlag aus dem Jahre 1980[749] eine lebenszeitliche Progressionsglättung im deutschen Einkommensteuerrecht vor. Dabei bleibt es bei einem Veranlagungszeitraum von einem Jahr[750], der Bemessungszeitraum wird jedoch fortlaufend jedes Jahr um ein Kalenderjahr größer und umfasst alle abgeschlossenen Kalenderjahre, in denen der Steuerpflichtige ununterbrochen unbeschränkt steuerpflichtig ist und die gleiche Veranlagungsform bestanden hat[751].

Mitschke sieht also – anders als die Bezeichnung als ‚Lebenseinkommensbesteuerung' vermuten lassen würde, keine wirklich lebenszeitlich bezogene Besteuerung vor. Vielmehr wird der zeitliche Rahmen des Progressionsausgleichs jedes Mal unterbrochen, wenn der Steuerpflichtige aus einkommensteuerrechtlicher Sicht ins Ausland verzieht, vom unbeschränkt Steuerpflichtigen Minderjährigen zum Volljährigen wird bzw. innerhalb seiner Ehe zwischen Getrennt- und Zusammenveranlagung hin und her wechselt[752]. So kann das Leben und damit das Lebenseinkommen eines

745 *Hackmann*, StuW 1982, S. 173 ff.; dargestellt in Teil 3.3.8 dieser Arbeit.
746 *Hackmann*, Finanzarchiv N.F., 1975/76, S. 1 ff.; *ders.*, Die Besteuerung des Lebenseinkommens, 1979; *ders.*, StuW 1982, S. 173 ff.; *Mitschke*, StuW, 1980, S. 122 ff.; *ders.*, StuW 1980, S. 252 ff.
747 *Hackmann* hält Teile von *Mitschkes* Vorschlag sogar für *„identisch"* mit seinen eigenen Ausführungen; *ders.*, StuW 1980, S. 319.
748 *Hackmann*, StuW 1982, S. 173 ff.
749 *Mitschke*, StuW 1980, S. 122 ff. und 252 ff.
750 § 25 des Entwurfs, *Mitschke*, StuW 1980, S. 252 (S. 263).
751 § 28a des Entwurfs, *Mitschke*, StuW 1980, S. 252 (S. 264).
752 § 28a des Entwurfs, *Mitschke*, StuW 1980, S. 252 (S. 264).

Steuerpflichtigen ohne Weiteres in viele kleinere Zeiträume unterteilt werden. Dies schmälert jedoch die Wirkung des Progressionsausgleichs ungemein, zumal davon ausgegangen werden kann, dass bei den meisten Steuerpflichtigen ein deutlicher Einkommensanstieg im Laufe ihres Lebens festzustellen sein wird, sowie gegebenenfalls wohl auch ein Einkommensabstieg mit Eintritt in das Rentenalter. Entscheidungen hinsichtlich der Einkommensverlagerung ins Ausland bzw. der steuerlichen Veranlagung in der Ehe werden meistens jedoch irgendwo in der Lebensmitte gefällt werden, somit also strukturell unterschiedliche Einkommensabschnitte im Leben eines Steuerpflichtigen teilen. Schon diese Betrachtung des gewöhnlichen Einkommensverlaufs zeigt, dass eine Unterbrechung des Progressionsausgleichs stark verzerrende Wirkungen haben kann und somit nicht der steuerlichen Gleichheit dient. Bezieht man auch Fälle außergewöhnlicher Einkommenshäufungen oder stärkere Einkommensschwankungen aufgrund von Arbeitslosigkeit, Elternteilzeit, Krankheit o.ä. in die Betrachtung mit ein, so ist regelmäßig damit zu rechnen, dass die Unterteilung des Zeitraums des Progressionsausgleichs willkürliche und teils grob ungerechte Folgen haben würde, welche mit einer Besteuerung nach der Lebensleistungsfähigkeit nicht mehr in Einklang zu bringen sind.

Zur Rechtfertigung der Unterteilung des Progressionsausgleichs an der Schwelle der Volljährigkeit führt *Mitschke* aus, dass ein mit der Geburt beginnender Progressionsausgleich nicht nur administrativ schwierig zu bewerkstelligen sei, sondern tatsächlich auch zu erheblichen Steuermindereinnahmen führen würde[753]. Dem ist grundsätzlich zuzustimmen. Allerdings erscheint die Unterteilung zwischen einen Zeitraum vor und nach der Volljährigkeit aus steuersystematischer Sicht weder zwingend noch angebracht. Sofern ein Steuerpflichtiger bereits als Minderjähriger aufgrund eigenen Einkommens leistungsfähig und entsprechend steuerpflichtig ist, schlägt sich dies in seiner Lebensleistungsfähigkeit nieder. Eine Besteuerung anhand der Lebensleistungsfähigkeit muss auch vor der Volljährigkeit erzielte Leistungsfähigkeit und geleistete Steuern berücksichtigen und kann nicht aus Sicht der Lebensleistungsfähigkeit willkürlich Zeiträume ausklammern.

Auch die Begründung *Mitschkes* für die Unterteilung des überperiodischen Bemessungszeitraums bei dem Wechsel zwischen Zusammen- und Getrenntveranlagung vermag nicht zu überzeugen. Er führt einzig administrative Einwände an, die nur durch einen Neubeginn des Progressionsausgleichs vermieden werden könnten[754]. Ob der administrative Mehraufwand wirklich so hoch ist, dass er diese faktische Wahlrechtsbeschränkung[755] zu rechtfertigen vermag, erscheint zumindest fraglich. Im Übrigen ist danach zu fragen, ob nicht *Mitschkes* Vorschlag hinsichtlich der Regelung des Ehegattensplittings im Progressionsausgleich zu kompliziert geraten ist.

---

753 *Mitschke*, StuW 1980, S. 252 (S. 255).
754 *Mitschke*, StuW 1980, S. 252 (S. 256).
755 Rechtlich bleibt das Wahlrecht nach *Mitschke* bestehen, *Mitschke*, StuW 1980, S. 252 (S. 256).

Sofern *Mitschke* eine Unterbrechung des überperiodischen Bemessungszeitraums im Falle des Wechsels zwischen unbeschränkter und beschränkter Steuerpflicht vorsieht, so bedeutet dies eine Schlechterstellung bzw. Ungleichbehandlung derjenigen, die ihren Wohnsitz zeitweilig ins Ausland verlagern, um später wiederzukehren[756]. *Mitschke* begründet diesen Schritt mit einem *„Identitätswechsel der Besteuerungseinheit“*[757]. Zwar ist sicherlich richtig, dass eine Wohnsitzverlegung ins Ausland im Rahmen des Progressionsausgleichs Berücksichtigung finden muss: Zum einen, da es ungerechtfertigt wäre, etwaig im Ausland gezahlte Steuern dem Steuerpflichtigen im Rahmen der deutschen Einkommensteuer positiv anzurechnen, zum anderen um der Möglichkeit des Missbrauchs des Progressionsausgleichs durch die Verlagerung von Einkommen ins Ausland (bzw. aus dem Ausland ins Inland) zu vermeiden[758]. Allerdings stellt sich die Frage, ob die steuerliche Benachteiligung von Steuerpflichtigen, die Teile ihres Erwerbslebens im Ausland verbringen, nicht eine ungerechtfertigte Ungleichbehandlung darstellt bzw. zumindest bei Wegzug ins EU-Ausland einen Verstoß gegen die Arbeitnehmerfreizügigkeit nach Art. 45 AEUV begründet. Unabhängig von dieser Frage ist zu bedenken, dass die Besteuerung nach der Lebensleistungsfähigkeit mit jeder Unterbrechung des Progressionsausgleichs eine herbe Einschränkung erfährt, welche gerade in einem Reformentwurf zur Verbesserung der intertemporären steuerlichen Gleichheit möglichst vermieden werden sollte.

Unabhängig von diesen Kritikpunkten ist positiv zu werten, dass Mitschke an dem einjährigen Veranlagungszeitraum festgehalten hat. So umfasst der Veranlagungszeitraum zwar regelmäßig Teile eines Bemessungszeitraums, der schon Bestandteil eines vorangegangenen Veranlagungszeitraumes war; eine Gefahr der Mehrfachbesteuerung besteht aufgrund der Methode der fortgeführten Durchschnittsbesteuerung aber ja gerade nicht. Und nur ein angemessen kurzer Veranlagungszeitraum vermag der Notwendigkeit einer stetigen Staatsfinanzierung gerecht zu werden.

3.3.7.2 Berechnung der Steuer

Die jährlich zu entrichtende Steuer berechnet sich dabei wie folgt[759]: Zunächst wird ein durchschnittliches Jahreseinkommen des Steuerpflichtigen für den Bemessungszeitraum ermittelt. Für dieses wird dann der der Progression entsprechende Tarif ermittelt. Sodann wird aus der Summe aller Einkommen des Bemessungszeitraums nach Aufzinsung und Geldwertumrechnung das sog. *„zu versteuernde Einkommen“* gebildet. Auf dieses wird im Anschluss der ermittelte Tarif angewendet und so die *„tarifliche Einkommensteuer des Bemessungszeitraums“* ermittelt. Da die jährliche

---

756 Wie bereits ausgeführt, dürfte in der Regel jede Unterbrechung eher nachteilige Auswirkungen für den Steuerpflichtigen haben.

757 *Mitschke*, StuW 1980, S. 252 (S. 255).

758 Letzteres sieht auch *Hackmannn* als Gefahr: *Hackmann*, StuW 1982, S. 173 (S. 177).

759 Siehe § 32b des Entwurfs, *Mitschke*, StuW 1980, S. 252 (S. 265).

Erhebung dieser „*tariflichen Einkommensteuer*" eine ständige Mehrfachbesteuerung zur Folge hätte, stellt *Mitschke* dem Steuerpflichtigen einen sog. „*Vorsteuerabzug*" zur Verfügung[760]. Von der errechneten Einkommensteuer ist also die Summe der aufgezinsten festgesetzten Einkommensteuerbeträge der vorhergehenden Jahre des Bemessungszeitraums abzuziehen.

Von der grundsätzlich bekannten und recht einfach zu verstehenden bzw. zu gestaltenden fortlaufenden Durchschnittsbesteuerung weicht *Mitschke* ab, indem er eine Aufzinsung bzw. Geldwertumrechnung in seinen Vorschlag integriert. Dies führt zu einer erheblichen Verkomplizierung sowohl des abstrakten Konzeptes, als auch der verwaltungstechnischen Umsetzung, da eine Aufzinsung bzw. Gelwertumrechnung für jedes Jahr erneut vorgenommen werden muss, zu jeweils neu festzusetzenden Raten. *Mitschke* führt zur Begründung seiner Methode an, dass ohne sie „*unsachgerechte Ergebnisse*" entstünden[761].

Richtiger Weise geht er davon aus, dass es im Rahmen der Besteuerung des lebenszeitlichen Durchschnittseinkommen im Wege der jeweils nachträglichen Durchschnittsberechnung (z. B. wird in Jahr 05 die Steuer für das durchschnittliche Einkommen der Jahre 01–05 berechnet) zu zeitweiligen „*Steuerverschätzungen*"[762] kommen kann. Dies liegt darin begründet, dass niemand in Jahr 01 vorhersehen kann, welches Einkommen dem Steuerpflichtigen in Jahr 02 oder Jahr 03 zufließen wird. Entsprechend kann es zu zwischenzeitlichen Mehr- oder Minderbelastungen des Steuerpflichtigen kommen, die erst im Laufe der Jahre korrigiert werden. Die dadurch entstehenden Vor- bzw. Nachteile will *Mitschke* durch die Aufzinsung sowohl des Einkommens, als auch der Vorsteuern kompensieren. Die Tatsache, dass so höhere Einkommen in der Vergangenheit durch Aufzinsung verstärkt zu einer Erhöhung des Durchschnittseinkommens und somit der Progressionsstufe führen, sieht er durch den höheren Gegenwartswert des vergangenen höheren Einkommens gerechtfertigt[763].

Der für die Aufzinsung anzusetzende Zinssatz soll dabei nach *Mitschke* eine „*durchschnittliche, inflationsbereinigte Marktrate für risikoarme, langfristige Wertpapieranlagen*"[764] widerspiegeln. Bedenkt man, dass im Jahre 2014 gezeichnete Bundesanleihen[765] teils mit 0,0 % verzinst wurden, muss man hinterfragen, ob ein komplizierter Ansatz – wie der *Mitschkes* – in seinem Aufwand gerechtfertigt ist oder ob eine lebenszeitliche Progressionsglättung nicht doch auch ohne eine Aufzinsung auskommt.

---

760 Siehe § 32d des Entwurfs, *Mitschke*, StuW 1980, S. 252 (S. 266).
761 *Mitschke*, StuW 1980, S. 122 (S. 127).
762 *Mitschke*, StuW 1981, S. 255 (S. 257).
763 *Mitschke*, StuW 1981, S. 255 (S. 257). Siehe dort auch ein Beispiel zur genannten Problematik.
764 *Mitschke*, StuW 1980, S. 122 (S. 127).
765 Welche wohl als hinreichend risikoarm und beliebig langfristig gelten mögen.

Sicherlich ist *Mitschke* dahingehend zuzustimmen, dass frühere Einkommen ökonomisch betrachtet einen höheren Wert darstellen, als spätere[766]. Fest steht jedoch auch, dass sich diese ökonomische Grundregel nicht für jeden Steuerpflichtigen in gleichem Maße bzw. in konkret gleichem Wertzuwachs manifestiert. Eine Aufzinsung, also die pauschale (gesetzliche) Vermutung, der betreffende Steuerpflichtige habe einen bestimmten Wertzuwachs in seinem Lebenseinkommen erlebt, widerspricht dem steuerrechtlichen Grundsatz, Steuerpflichtige anhand ihrer tatsächlich eingetretenen Leistungsfähigkeit zu belasten. Vielmehr ist es richtig, einen solchen konkreten Wertzuwachs durch die Besteuerung von Verkaufserlösen, Zinsen und sonstigen Kapitaleinkünften zu erfassen. In diesen Einkunftsarten spiegelt sich letztlich oben genannter ökonomischer Grundsatz deutlich wieder und kann durch sie auch konkret richtig und einzelfallabhängig erfasst werden. So erhöht sich das durchschnittliche Einkommen auch nur dann, wenn sich die Leistungsfähigkeit des Steuerpflichtigen messbar erhöht hat.

Aufgrund des Prinzips der Besteuerung anhand der Leistungsfähigkeit ist auch die Aufzinsung bereits geleisteter Steuern abzulehnen. Zwar erleidet der Steuerpflichtige sicherlich im Falle eines degressiv verlaufenden Lebenseinkommens gewisse Zinsnachteile durch zu hoch angesetzte Vorsteuern. Allerdings ist zweierlei zu bedenken: Zum einen liegt der fortschreitenden Durchschnittsbesteuerung nicht nur die Leistungsfähigkeit der Maximalperiode zugrunde, sondern immer auch schon die Leistungsfähigkeit der einzelnen Teilperioden. Das heißt, dass Vorsteuern, die sich im Nachhinein als zu hoch erweisen, zum Zeitpunkt ihrer Erhebung der Leistungsfähigkeit des Steuerpflichtigen entsprachen.

Zum anderen ist zu bedenken, dass die Steuerschuld im Rahmen der fortschreitenden Durchschnittsbesteuerung jährlich berechnet – Fehler also ebenfalls jährlich ausgeglichen werden. Effekte wie Zinsvor- oder -nachteile werden so bereits ohnehin minimiert.

Wenn – wie vorliegend – bereits die Aufzinsung von Einkommen abgelehnt wird, ist zu bedenken, dass dann die alleinige Aufzinsung der Vorsteuern zu ungerechtfertigten Steuererleichterungen führen würde. Eine Aufzinsung kann also entweder nur für beide Rechengrößen vorgenommen werden oder muss gänzlich unterbleiben.

Im Übrigen ist zu bedenken, dass die Aufzinsung sowohl der Einkommen, als auch der Steuerzahlungen sich im Rahmen der Berechnung der Steuerschuld jeweils weitestgehend ohnehin wieder ausgleicht. In Anbetracht des wohl erheblichen Verwaltungsaufwandes und einer Kompliziertheit, die weder dem Verständnis des Steuerpflichtigen – noch der Steuergerechtigkeit zuträglich ist, ist das Modell der Aufzinsung jedenfalls nach dem vorliegenden Vorschlag *Mitschkes* abzulehnen.

Auch die von *Mitschke* vorgesehene Geldwertumrechnung ist abzulehnen, sowohl weil sie einen erheblichen Grad an Komplikation herbeiführt, als auch weil

766 So auch *Hackmann*, StuW 1980, S. 318 (S. 321).

sie für eine fortlaufende Durchschnittsbesteuerung überflüssig ist. *Mitschke* sieht vor, sowohl Einkommen, als auch Vorsteuerbeträge anhand eines Preisindexes umzurechnen[767], da nur so der fortschreitenden Durchschnittsbesteuerung ein ökonomischer Sinn zugeteilt werden könne[768]. Gleichzeitig will er auf diesem Wege die sog. kalte Progression ausschalten[769]. Letzteres könnte so sicherlich erreicht werden[770].

Entgegen *Mitschke* ist davon auszugehen, dass eine Durchschnittsbesteuerung auch ohne Geldwertumrechnung ökonomischen Sinn haben kann. Zweck der fortlaufenden Durchschnittsbesteuerung bzw. der Progressionsglättung ist es, das auf eine Maximalperiode berechnete Durchschnittseinkommen einer der Leistungsfähigkeit entsprechenden Progression zu unterwerfen. Löst man sich einmal gedanklich von dem Problem der kalten Progression, so wird eben dies auch ohne eine Geldwertumrechnung erreicht. Denn die aus dem Verhältnis von vergangenem Einkommen zu vergangener Vorsteuer abzulesende Progressionsstufe ändert sich nicht, wenn man sowohl den Wert dieses Einkommens, als auch die Vorsteuer anhand desselben Preisindexes umrechnet. Allein auf diese Progressionsstufe und ihre fortlaufende Entwicklung kommt es aber an.

Richtig ist, dass ohne eine Geldwertumrechnung das auch im jetzigen System bestehende Problem der sog. kalten Progression nicht gelöst wird. Dies ist jedoch auch nicht Sinn und Zweck eines Reformvorschlags zur Progressionsglättung.

3.3.7.3 Ehegattensplitting

Es liegt auf der Hand, dass das Ehegattensplitting im Rahmen der fortschreitenden Durchschnittsbesteuerung besondere Probleme bereitet, da zwei verschiedene Lebenseinkommen plötzlich vereint fortgeschrieben werden müssen – oder eben auch nicht. *Mitschke* hat sich in seinem Entwurf für ein Wahlrecht der Ehegatten entschieden. Diese können es entweder bei der getrennten Veranlagung belassen und die jeweilige individuelle Durchschnittsbesteuerung fortführen, Zusammenveranlagung wählen und die Durchschnittsbesteuerung des Ehegatten mit dem höheren bisherigen Einkommen fortführen oder Zusammenveranlagung wählen und eine neue gemeinsame Durchschnittsbesteuerung beginnen[771]. Dieser Lösungsansatz ist in jedem Fall zunächst einleuchtend einfach. Allerdings stellt dies die Ehegatten vor die schwierige Frage, welche Entscheidung nun tatsächlich günstiger für sie ist[772]. Dies wird in aller Regel nur schwer vorab festzustellen sein; tatsächlich ist es sogar gut denkbar, dass des Öfteren die Getrenntveranlagung die günstigste Variante ist. Eine gesetzliche Regelung, die Eheleuten ein Wahlrecht (bzw. eine

767 *Mitschke*, StuW 1980, S. 122 (S. 129).
768 *Mitschke*, StuW 1981, S. 255 (S. 259).
769 *Mitschke*, StuW 1981, S. 255 (S. 259).
770 So auch *Hackmann*, StuW 1980, S. 318 (S. 324).
771 Siehe § 28a des Entwurfs, *Mitschke*, StuW 1980, S. 252 (S. 264).
772 Dies kritisiert zu Recht auch *Hackmann*, StuW 1980, S. 318 (S. 323).

Wahlpflicht) gibt, dessen Folgen für sie einerseits unabsehbar ist, andererseits aber von bedeutendem Nachteil sein kann, dürfte mit großer Wahrscheinlichkeit gegen Art. 6 Abs. 1 GG verstoßen.

Will man den Parteien im Falle einer Eheschließung jedoch keine Wahlmöglichkeit einräumen, so muss dennoch sichergestellt sein, dass keine steuerlichen Nachteile aus der Ehe erwachsen, während die eheliche Einstandspflicht steuerliche Berücksichtigung findet. Diese Prämissen kann keine der Wahlmöglichkeiten verlässlich bieten, welche *Mitschke* Ehepaaren an die Hand geben will.

3.3.7.4 *Tarifwechsel*

Äußerst problematisch ist auch immer die Frage, wie mit einem Tarifwechsel während der Gesamtperiode umgegangen werden soll. *Mitschke* löst dieses Problem, in dem er in § 32c seines Entwurfs eine Art Mischtarif, ein gewichtetes Mittel der verschiedenen Tarife vorsieht, je nach Anzahl der diesen Tarifen jeweils unterliegenden Teilperioden[773]. Rechnerisch mag dieser Weg zwar zum richtigen Ergebnis führen, fraglich ist jedoch, wie diese Methode verwaltungstechnisch im Rahmen der Steuererhebung Anwendung finden soll, ohne zu einem aufwendigen und übermäßig komplizierten Vorgang zu werden. Dies ist vor allem deshalb relevant, weil es im Laufe einer lebenslangen Gesamtperiode zu einer Vielzahl von Tarifänderung kommen kann.

3.3.7.5 *Verluste*

Mitschke bleibt hinsichtlich der Berücksichtigung von Verlusten in der Umsetzung einer fortschreitenden Durchschnittsbesteuerung konsequent. Sofern Verluste entstehen, so werden diese mit dem bisher kumulierten Einkommen verrechnet, so dass gegebenenfalls auch ein negatives Gesamteinkommen entstehen kann[774]. Im Einzelfall kann die so errechnete Steuerschuld nach Vorsteuerabzug auch zu einer Steuererstattung führen. Diese Steuererstattung mindert entsprechend den Vorsteuerabzug folgender Jahre[775].

3.3.7.6 *Außerordentliche Einkünfte*

Interessanter Weise trifft *Mitschke* in seinem Entwurf eine besondere Regelung für die sog. außerordentlichen Einkünfte[776]. Konsequent umgesetzt, bedarf es eigentlich keiner besonderen Regelung für die außerordentlichen Einkünfte bei der fortschreitenden Durchschnittsbesteuerung, da Progressionsspitzen schon systemimmanent vermieden werden. *Mitschke* ist jedoch der Ansicht, dass der Gesetzgeber

773 *Mitschke*, StuW 1980, S. 252 (S. 266).
774 *Mitschke*, StuW 1980, S. 252 (S. 260).
775 *Mitschke*, StuW 1980, S. 252 (S. 261).
776 § 18 Abs. 5 des Entwurfs, *Mitschke*, StuW 1980, S. 252 (S. 263).

mit der besonderen Behandlung außerordentlicher Einkünfte auch Ziele jenseits der gerechten Besteuerung verfolgt und diese aufrecht erhalten werden sollten[777]. Folglich sieht er vor, dass bestimmte außerordentliche Einkünfte auf Antrag nur hälftig angesetzt werden sollen, § 18 Abs. 5 des Entwurfs[778].

3.3.8 Hackmann: Genereller interperiodischer Progressionsausgleich

Hackmann legte 1982 einen Vorschlag für einen *„generellen interperiodischen Progressionsausgleich“* vor[779]. Dieser stimmt inhaltlich zu großen Teilen mit einem älteren Vorschlag *Hackmanns*[780] überein[781], birgt aber die Besonderheit, dass der Progressionsausgleich nicht über eine Durchschnittsbesteuerung herbeigeführt werden soll, sondern über einen von der Besteuerung unabhängigen Progressionsausgleichsbetrag[782]. Erklärtes Ziel des Vorschlages ist es, an der *„bestehenden Praxis der Einkommensbesteuerung möglichst wenig zu ändern“*[783] und zu vermeiden, dass *„der rechtliche Charakter der Einkommensteuer als Jahressteuer aufgegeben wird“*[784].

Aus diesem Grund soll grundsätzlich zunächst unverändert die jeweilige Einkommensteuer des betreffenden Jahres ermittelt werden. Dann wird – gem. § 34 Abs. 2 des Entwurfs[785] – mithilfe einer mathematischen Formel der Betrag ermittelt, um den die festgesetzte Einkommensteuer von einer anhand der Methode der fortschreitenden Durchschnittsbesteuerung festzusetzenden Einkommensteuer abweicht. Dieser sog. Progressionsausgleichsbetrag wird nun mit der ursprünglich ermittelten Einkommensteuer verrechnet. Ein Steuerzuschlag infolge dieser Methode ist dabei rechnerisch ausgeschlossen[786].

Zur Minimierung des durch diesen Vorgang ausgelösten Verwaltungsaufwandes soll der Progressionsausgleich erst ab einem Einkommen von 24.000 DM[787] (ca. 12.270 EUR) und einem Ausgleichsbetrag von 50 DM[788] (ca. 25,50 EUR) durchgeführt werden.

Wie auch *Hackmann* selbst festgestellt hat, ist die eben beschriebene Vorgehensweise eine verkomplizierte Umsetzung der herkömmlichen fortschreitenden

777 *Mitschke*, StuW 1980, S. 252 (S. 261).
778 *Mitschke*, StuW 1980, S. 252 (S. 263).
779 *Hackmann*, StuW 1982, S. 173 ff.
780 *Hackmann*, Die Besteuerung des Lebenseinkommens, 1979.
781 *Hackmann*, StuW 1982, S. 173 (S. 173).
782 *Hackmann*, StuW 1982, S. 173 (S. 176).
783 *Hackmann*, StuW 1982, S. 173 (S. 174).
784 *Hackmann*, StuW 1982, S. 173 (S. 176).
785 *Hackmann*, StuW 1982, S. 173 (S. 183).
786 *Hackmann*, StuW 1982, S. 173 (S. 177).
787 § 34 Abs. 3 des Entwurfs, *Hackmann*, StuW 1982, S. 173 (S. 183).
788 § 34 Abs. 1 des Entwurfs, *Hackmann*, StuW 1982, S. 173 (S. 181).

Durchschnittsbesteuerung[789]. Seiner Ansicht nach wird dies jedoch dadurch gerechtfertigt, dass die Trennung von Besteuerung und Progressionsausgleich es ermöglicht, im Rahmen des Progressionsausgleichs andere Werte einfließen zu lassen, als in der Einkommensbesteuerung. So unterscheidet er zwischen einem (herkömmlichen) zu versteuernden Einkommen und einem sog. Progressionsausgleichseinkommen. Letzteres ist Maßstab für den eigentlichen Progressionsausgleich und beinhaltet neben dem zu versteuernden Einkommen auch z.B. ausländische Einkommen, Stipendien, Unterhaltszahlungen, Sozialleistungen etc.[790].

Zwar ist *Hackmann* und seinem Ansatz insoweit zuzustimmen, als dass es im Rahmen der Besteuerung anhand der Lebensleistungsfähigkeit evtl. nicht nur auf Einnahmen ankommt, die den Einkommensarten des EStG entsprechen, sondern dass auch andere Vermögenszuflüsse die Leistungsfähigkeit beeinflussen. Dies gilt es selbstverständlich grundsätzlich auch im Rahmen eines Progressionsausgleiches zu beachten. Allerdings ist nicht ersichtlich, dass dies einzig auf die komplizierte Weise der Trennung von Besteuerung und Progressionsausgleich möglich ist. Vielmehr ist es durchaus denkbar auch im Wege der Erweiterung der Bemessungsgrundlage weitere Einkommenstatbestände in den Vorgang der Besteuerung zu integrieren und auf diese Weise einem Progressionsausgleich zuzuführen. Welche Vermögenszuflüsse einer (lebenszeitlichen) Besteuerung unterliegen sollen, ist letztlich in den Grenzen des Gleichheitsgebotes eine politische Entscheidung. Im Übrigen ist es nicht so, dass *Hackmann* Zuflüsse wie Stipendien, Sozialleistungen, Unterhaltszahlungen etc. steuerlich verschonen würde, nur weil er sie erst im Rahmen des Progressionsausgleichs berücksichtigt. Denn die letztlich rein formale Trennung zwischen Besteuerung und Progressionsausgleich mündet schließlich in einer einheitlichen wirtschaftlichen Belastung des Steuerpflichtigen. Führen Sozialleistungen dazu, dass der Progressionsausgleichsbetrag niedriger ausfällt, so erhöht dies mittelbar die zu leistende Einkommensteuer. Allein dieses Ergebnis bestimmt das Maß der Belastung des Steuerpflichtigen. *Hackmanns* formale Trennung macht somit materiell keinen entscheidenden Unterschied.

Somit ist allerdings auch das hohe Maß an Kompliziertheit seines Vorschlages äußerst kritisch zu sehen. Die Beschränkung des Progressionsausgleichs auf Einkommen oberhalb von 24.000 DM bzw. Ausgleichsbeträge von über 50 DM ändert daran materiell nichts, sondern mindert lediglich die Zahl der Anwendungsfälle. Im Übrigen vermindert insbesondere die vorgeschlagene Einkommensmindestgrenze auf erhebliche Weise die Wirkung des Progressionsausgleichs. Die dadurch entstehenden Gerechtigkeitslücken bzw. Ungleichbehandlung will *Hackmann* mit einer höheren Besteuerung von Einkommen jenseits der 24.000 DM wieder ausgleichen[791].

---

789 *Hackmann*, StuW 1982, S. 173 (S. 177).
790 *Hackmann*, StuW 1982, S. 173 (S. 177).
791 *Hackmann*, StuW 1982, S. 173 (S. 179).

Der Ansatz, die gleichheitswidrige Belastung des einen, durch eine pauschale Belastung des anderen auszugleichen, erscheint aus Sicht des allgemeinen Gleichheitsgebotes wenig zielführend und verdeutlicht nur noch einmal die Schwächen des vorliegenden Vorschlags.

3.3.8.1 Anwendungszeitraum

Hackmann sieht eine Anwendung seines Progressionsausgleichs grundsätzlich erst ab Volljährigkeit des Steuerpflichtigen vor[792]. Für Minderjährige sieht er eine eigene Ausgleichsperiode bis zur Volljährigkeit vor, sofern das jährliche Einkommen des minderjährigen Steuerpflichtigen 24.000 DM übersteigt und ein entsprechender Antrag gestellt wird[793]. Die Schaffung einer eigenen Ausgleichsperiode, sowie einer Einkommensmindestgrenze für Minderjährige ist eine praktikable und auch grundsätzlich naheliegende Regelung. So wird vermieden, dass eine Mehrzahl von regelmäßig einkommensfreien Jahren in den Progressionsausgleich einfließen, dennoch aber denjenigen ein Ausgleich zur Verfügung steht, die z. B. auch außergewöhnliche Einkünfte schon während ihrer Jugend haben. Allerdings gilt es zu bedenken, dass die Volljährigkeit im Steuerrecht einen willkürlichen Zeitpunkt darstellt, da insbesondere die Pflicht zur Entrichtung von Einkommensteuern an kein Alter geknüpft ist. Die Unterscheidung zwischen einem einkommensstarken Siebzehnjährigen und einem einkommensstarken Achtzehnjährigen bzw. auch einem achtzehnjährigen mittellosen Studenten ist daher aus steuerrechtlicher Sicht nur begrenzt nachvollziehbar.

3.3.8.2 Ehegattensplitting

Gem. § 34 Abs. 1 des Entwurfs erfolgt bei zusammenveranlagten Ehegatten eine getrennte Berechnung des Progressionsausgleichsbetrag. Die Summe dieser Beträge wird sodann von der gemeinsamen Einkommensteuerschuld abgezogen[794]. Überträgt man diese Vorgehensweise auf die Methode der fortschreitenden Durchschnittsbesteuerung, so bedeutet dies, dass trotz Anwendung des Splittingtarifes, dennoch die jeweilige Durchschnittsperiode fortgeführt wird und es bei der Ermittlung der jeweils persönlichen Lebensleistungsfähigkeit bleibt. Das dies recht einfach möglich ist, liegt hier an der von *Hackmann* vorgeschlagenen Trennung von Besteuerung und Progressionsausgleich. Allerdings ist fraglich, ob diese Methode mit dem Grundgedanken des Ehegattensplittings vereinbar ist, der ja gerade eine Zusammenführung der jeweiligen Einkommen zu einer gemeinsamen Leistungsfähigkeit vorsieht. Diese gemeinsame Leistungsfähigkeit müsste sich grundsätzlich auch anteilig in der jeweiligen Lebensleistungsfähigkeit des

792 § 34 Abs. 4 des Entwurfs, *Hackmann*, StuW 1982, S. 173 (S. 184).
793 § 34 Abs. 7 des Entwurfs, *Hackmann*, StuW 1982, S. 173 (S. 185).
794 § 34 Abs. 1 des Entwurfs, *Hackmann*, StuW 1982, S. 173 (S. 181).

einzelnen niederschlagen. Dies wird jedoch durch *Hackmanns* Methode unterbunden.

3.3.8.3 Verluste

Anders als bei der Methode der fortschreitenden Durchschnittsbesteuerung, führen Verluste nach dem vorliegenden Vorschlag nicht unmittelbar zu einem negativen Periodeneinkommen mit direktem Durchschlag auf das Durchschnittseinkommen. Vielmehr belässt es *Hackmann* im Grundsatz bei dem bekannten System des Verlustvor- bzw. -rücktrags des § 10d EStG[795]. Einzig hinsichtlich des Verlustrücktrags sieht er eine Ergänzung in § 10d Abs. 2 EStG dahingehend vor, dass für die Jahre des Rücktrags, in denen ein Progressionsausgleich stattgefunden hat, dieser auf der Basis des neuen Progressionsausgleichseinkommens neu berechnet werden muss. In Anbetracht dieser umständlichen und wohl auch recht verwaltungsintensiven Regelung stellt sich die Frage, weshalb *Hackmann* die Behandlung der Verluste nicht in den Progressionsausgleich integriert hat bzw. auf einen Verlustrücktrag verzichtet hat. Vielmehr wäre es denkbar gewesen, ein negatives Saldo aus Steuerschuld (welche im Verlustfall mit Null anzusetzen ist) und Ausgleichsbetrag zuzulassen, welches zu einer sofortigen (evtl. gekappten) Steuererstattung führt. Auf diese Weise würde derselbe Effekt geschaffen, den ein Verlustrücktrag hat, jedoch ohne in bereits bestehende bzw. bestandskräftige Bescheide eingreifen zu müssen.

Letztlich zeigen sich jedoch auch in der Frage der Behandlung von Verlusten die Nachteile der von *Hackmann* angestrebten Trennung von Besteuerung und Progressionsausgleich.

3.4 Vorstellung einer Steuerreform zur Erreichung interperiodischer Steuergleichheit und -gerechtigkeit: Die lebenszeitliche Durchschnittseinkommensteuer

All die oben genannten Reformvorschläge haben gemeinsam, dass sie – gewollt oder ungewollt – Ungleichheiten der Besteuerung in der Zeit ausgleichen oder sogar weitestgehend beseitigen. Dies zeugt zum einen von einem grundlegenden Bedürfnis nach einem solchen Ausgleich. Zum anderen jedoch verdeutlichen diese Reformvorschlage vor allem mit welch teils einfachen Mitteln Ungleichbehandlungen ausgeräumt werden könnten, die seit Jahrzehnten in der deutschen Einkommensteuergesetzgebung verankert sind.

Zur Wahl der besten Reformmethode ist es unentbehrlich, vorab das Ziel einer Steuerreform abzustecken. Aus den obigen Ausführungen geht hervor, dass das materielle Ideal der Einkommensbesteuerung durch eine einmalige Veranlagung am Lebensende des Steuerpflichtigen und eine aufgrund dieser Veranlagung vorgenommene progressive Besteuerung ist. Dieses materiell-rechtliche Ideal ist jedoch

---

795 *Hackmann*, StuW 1982, S. 173 (S. 191).

nicht nur aus praktischen Gründen nicht zu erreichen, es verfehlt darüber hinaus auch andere zwingende Bedingungen, welche an eine Steuerreform zu stellen sind. Denn eine Steuerreform darf keinesfalls die stetige Staatsfinanzierung bedrohen und darf auch keinen unverhältnismäßigen Verwaltungsaufwand produzieren. Beides stünde jedoch bei einer lebenszeitlich einmaligen Einkommensbesteuerung zu befürchten. Entsprechend wird die Umsetzung dieses Besteuerungsansatzes auch von niemandem ernsthaft gefordert.

Es gilt also einen Weg zu finden, welcher im Ergebnis der einmaligen Lebensbesteuerung am nächsten kommt, während er gleichzeitig haushaltspolitisch und verwaltungstechnisch gangbar bleibt.

Die Methoden der nachgelagerten Besteuerung bzw. der Konsumbesteuerung kommen hierfür nicht in Betracht, da sie das Problem der interperiodischen Ungleichbehandlung durch den progressiven Steuertarif nur bedingt (bzw. gar nicht) lösen können. Die Einführung einer Flat Tax würde dieses Problem zwar beseitigen, jedoch ebenfalls auch den rechtlich gebotenen und politisch gewollten progressiven Steuertarif.

Spürbare Besserung brächte sicherlich die Verlängerung des Veranlagungs- und Bemessungszeitraumes auf zwei oder drei Jahre, ohne damit die Staatsfinanzierung zu gefährden.

Die besten Ergebnisse lassen sich jedoch zweifellos im Wege der lebenszeitlich fortlaufenden Durchschnittsbesteuerung bzw. der lebenszeitlichen Progressionsglättung erzielen. Zum Lebensende wird der Steuerpflichtige auf diesem Wege finanziell so gestellt, wie er bei einer einmaligen Lebensbesteuerung gestanden hätte. Wichtiger aber noch: Durch das Periodizitätsprinzip und den progressiven Steuertarif ausgelöste Ungleichheiten werden beseitigt. Wie oben bereits ausgeführt, weisen die Vorschläge zur fortschreitenden Durchschnittsbesteuerung diverse Mängel auf. Daher wird im Folgenden ein eigener Ansatz zur lebenszeitlichen Progressionsglättung vorgestellt.

3.4.1 Progressionsglättung als Lösungsansatz

Der Grundstock der meisten Vorschläge zur fortlaufenden Durchschnittsbesteuerung bzw. zur Progressionsglättung ist immer derselbe einfache aber wirkungsvolle Ansatz: Veranlagungszeitraum ist das Kalenderjahr, Bemessungszeitraum jedoch das Leben[796]. In jedem Veranlagungszeitraum wird das jeweilige zu versteuernde Jahreseinkommen ($E_{1,2,3,..}$) festgestellt, mit der Summe der vorherigen Jahreseinkommen addiert und durch die Anzahl der Jahreseinkommen (P) geteilt. Das Ergebnis (das jährliche Durchschnittseinkommen (D)) wird nun mit dem betreffenden progressiven Tarif (T) multipliziert. Daraus ergibt sich die jährliche Durchschnittssteuer (S_D). Diese wird nun mit der Anzahl der Jahreseinkommen multipliziert. Von

796 Zum genauen Beginn bzw. Ende des Bemessungszeitraumes siehe Teil 3.4.2.1 dieser Arbeit.

dem Produkt wird in einem abschließenden Schritt die bisher gezahlte Einkommensteuer (S_s) subtrahiert. Das Ergebnis ist die im jeweiligen Veranlagungszeitraum zu erhebende Einkommensteuer (S_n) nach geglättetem Progressionstarif.

Mathematisch ausgedrückt ergibt sich daraus folgende Formel:

$$\left\{\frac{E_n + E_{1+2+(n-1)}}{P} \times T\right\} \times P - S_s = S_n$$

Formel (1)

Dies alles ist hinlänglich bekannt. Da der vorliegende Vorschlag auf Elemente der Aufzinsung und Geldwertumrechnung verzichtet[797], bildet diese Formel bereits den Ausgangspunkt und das wichtigste Grundelement des Vorschlags. Entgegen *Hackmann* ist es auch nicht geboten, die Berechnung der Steuerschuld und den Progressionsausgleich zu trennen. Auf diese Weise kann nichts gewonnen werden, was den damit verbundenen Aufwand und die entstehende Kompliziertheit rechtfertigen könnte[798].

Aus Gründen der Vereinfachung soll im Folgenden ein Vorschlag einer lebenszeitlichen Durchschnittseinkommensteuer anhand der jetzt geltenden Steuertarife dargestellt werden, wie sie sich aus § 32a EStG ergeben. Anstelle des jährlichen zu versteuernden Einkommens ist dabei das durchschnittliche zu versteuernde Einkommen (*D*) zugrundezulegen.

Die Wirkungsweise und insbesondere der Wirkungsgrad der Durchschnittsbesteuerung lässt sich an folgendem Beispiel gut erkennen:

Tabelle 1: Wirkungsweise der Durchschnittsbesteuerung[799]

Jahr	**1**	**2**	**3**	**4**	**5**	**Σ**
Einkommen (Jahr)	10.000	20.000	40.000	25.000	5.000	100.000,00
Einkommen (Durchschnitt)	10.000	15.000	23.333	23.750	20.000	
Steuer EStG 2014	256,67	2.634,05	8.940,57	4.039,12	0,00	15.870,41
Eff. Steuersatz EStG 2014	2,57 %	13,17 %	22,35 %	16,16 %	0,0 %	15,87
Steuer D-EStG	256,67	2.430,01	7.987,20	4.034,64	-1.538,29	13.170,24
Eff. Steuersatz D-EStG	2,57 %	12,15 %	19,97 %	16,14 %	-30,77 %	13,17

797 Dazu siehe Teil 3.4.2.5 dieser Arbeit.
798 Siehe dazu oben Teil 3.3.8 dieser Arbeit.
799 Quelle: Eigene Darstellung.

Die Tabelle vergleicht die beispielhafte Besteuerung eines Steuerpflichtigen über einen Zeitraum von fünf Jahren. In dieser Zeit erreicht der Steuerpflichtige ein Gesamteinkommen von 100.000,00 EUR, jedoch bei stark schwankenden Jahreseinkommen. Verglichen wird die Besteuerung anhand der herkömmlichen Bemessungsgrundlage und anhand der lebenszeitlichen Bemessungsgrundlage, jeweils entsprechend den für den Veranlagungszeitraum 2014 geltenden Steuersätzen.

Aus den unten stehenden Diagrammen ist deutlich zu erkennen, dass zwar das Einkommen (*D*) in der letzten Periode weit über dem Einkommen (E_n) liegt, nach der lebenszeitlichen Durchschnittseinkommensteuer aufgrund der Anrechnung bereits gezahlter Steuern jedoch nicht nur eine Steuerzahlung von 0 EUR festzusetzen ist, sondern sogar eine deutliche Steuerrückerstattung.

Abbildung 2: Vergleich zu versteuerndes Einkommen EStG und D-EStG[800]

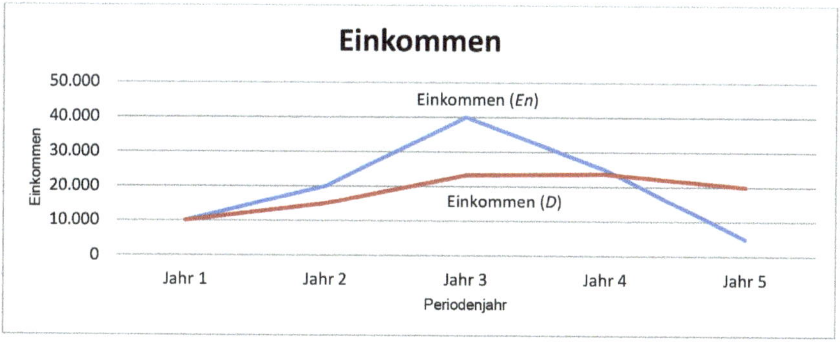

Abbildung 3: Vergleich Steuer EStG und D-EStG[801]

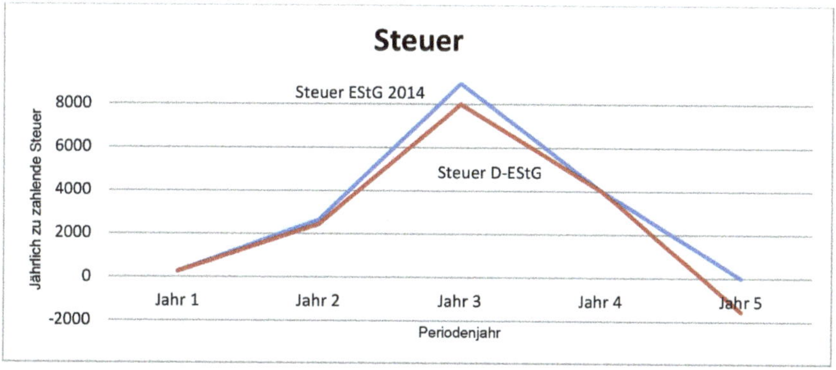

800 Quelle: Eigene Darstellung.
801 Quelle: Eigene Darstellung.

Abbildung 4: Vergleich effektiver Steuersatz EStG und D-EStG[802]

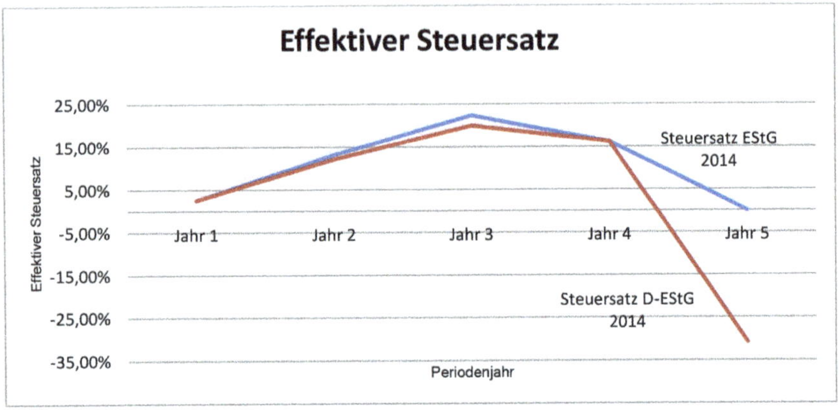

3.4.2 Spezifische Erweiterungen der Grundmethode

Auf den ersten Blick bietet bereits dieser einfache Ansatz eine deutliche Verbesserung der Steuergerechtigkeit im Vergleich zur herkömmlichen Einkommensteuer. Wie jedoch auch schon andere Vorschläge zur Durchschnittsbesteuerung gezeigt haben, bedarf es einiger Erweiterungen der Grundsatzmethode, damit sich diese im einzelfallabhängigen und sich ständig wandelnden Steuerrecht bewähren kann.

3.4.2.1 Bemessungszeitraum

Zunächst ist die Frage zu klären, welcher Bemessungszeitraum mittels der Grundmethode umfasst werden soll. Umso länger der umfasste Bemessungszeitraum ist, desto besser können Einkommensschwankungen im Laufe eines Lebens ausgeglichen werden und umso eher entspricht die lebenszeitliche Steuerbelastung dem optimalen lebenseinkommensspezifischen Progressionstarif des einzelnen Steuerpflichtigen. So könnte man davon ausgehen, dass grundsätzlich idealerweise das Einkommen von der Geburt des Steuerpflichtigen bis zu dessen Tod erfasst werden sollte.

3.4.2.1.1 Beginn des Bemessungszeitraumes

Gegen die Anwendung der Durchschnittsbesteuerung bereits auf Einkommen ab der Geburt werden vor allem praktische Gründe hervorgebracht. Da minderjährige Kinder in aller Regel über kein (oder kein relevantes) Einkommen verfügen, würden sie so oftmals zwanzig oder mehr einkommenslose Jahre in die Durchschnittsbesteuerung einbringen. Die für den Staatshaushalt verheerenden Folgen liegen auf der Hand. Dieses Problem kann auch nicht durch eine deutliche

802 Quelle: Eigene Darstellung.

Erhöhung des Steuertarifs gelöst werden. Zum einen kommt eine Besteuerung von unter dem Steuerfreibetrag liegenden Durchschnittseinkommen nicht in Frage – weshalb auch höhere Tarife nicht greifen. Zum anderen würden so diejenigen Steuerpflichtigen exorbitant besteuert, die tatsächlich bereits in ihrer Kindheit über relevante Einkommen verfügten oder die erst nach ihrer Kindheit unter die Besteuerungshoheit des EStG gefallen sind.

Im Übrigen entspräche jedoch die Berücksichtigung einkommensloser Jahre Minderjähriger auch nicht der Besteuerung nach der Lebensleistungsfähigkeit. Denn Inhalt dieser ist es, den Steuerpflichtigen an der Staatsfinanzierung derart zu beteiligen, wie dies seiner Lebensleistungsfähigkeit entspricht. Einkommenslose Minderjährige sind jedoch in aller Regel nicht für ihre eigene Leistungsfähigkeit verantwortlich. Sie besitzen zwar keine eigene Leistungsfähigkeit, werden jedoch an der ihrer Eltern beteiligt. Dies sowohl zivilrechtlich[803], als auch sozial-[804] und steuerrechtlich. Steuerrechtlich geschieht dies nach § 31 EStG i.V.m. § 32 EStG bzw. den §§ 62 ff. EStG über den sogenannten Familienleistungsausgleich. Danach wird das Existenzminimum des Kindes entweder steuerlich von der Einkommensbesteuerung der Eltern freigestellt oder aber im Wege des Kindergeldes sichergestellt. Diese steuerrechtliche Teilhabe der Kinder an der Leistungsfähigkeit der Eltern erfolgt entweder bis zu deren Volljährigkeit oder maximal bis zur Vollendung des 25. Lebensjahres, sofern sie sich in einer Berufsausbildung befinden. Eine weitere Verlängerung der Förderung kann durch etwaige Zivil- oder Grundwehrdienstzeiten entstehen.

Insofern ist daher der einzig richtige Anknüpfungspunkt für den Beginn des Bemessungszeitraumes bei einer lebenszeitlichen Durchschnittsbesteuerung der Zeitpunkt, in dem die Leistungsfähigkeit des Steuerpflichtigen tatsächlich erstmals nach dem Gesetz nicht mehr von den Eltern abgeleitet wird. Sofern die Eltern des Steuerpflichtigen also noch zum Bezug von Kindergeld berechtigt sind, ist keine Durchschnittsbesteuerung durchzuführen.

Somit können diejenigen, die früh ihre Ausbildung abgeschlossen haben und deren Eltern entsprechend früher keine Förderung bzw. Unterstützung mehr erhalten, auch entsprechend früher von der Durchschnittsbesteuerung profitieren als diejenigen, die ihre Ausbildung erst später abschließen und deren Eltern länger kindergeldberechtigt sind. Da das Kindergeld mit dem zivilrechtlichen Unterhaltsanspruch der Kinder grundsätzlich einhergeht (§§ 62, 63 i.V.m. § 32 EStG, §§ 1626, 1601 BGB), ist dies auch gerechtfertigt und eine gerechte Lösung.

Ein Wahlrecht des Kindes ist hingegen abzulehnen und daher im hier unterbreiteten Vorschlag auch nicht vorgesehen. Denn bzgl. des zivilrechtlichen Unterhaltanspruches des Kindes kann ebenso wenig der Verzicht erklärt werden, wie hinsichtlich des grundrechtlich gebotenen Kinderfreibetrages nach § 32 EStG. Dies jedoch wäre Voraussetzung eines Wahlrechtes gegen das Kindergeld und für die Durchschnittsbesteuerung. Das Kind könnte so den Eltern das Kindergeld entziehen,

803 Siehe §§ 1601 ff. BGB.

804 Siehe § 7 Abs. 2, 3 Nr. 4 SGB II.

gleichzeitig aber zivilrechtliche Unterhaltsansprüche geltend machen. Im Übrigen kann von den Steuerpflichtigen nicht verlangt werden, dass sie bereits an einem so frühen Zeitpunkt ihres Erwerbslebens eine Günstigerrechnung hinsichtlich ihres Wahlrechtes vornehmen, zumal eine solche letztlich reine Spekulation bliebe. Auf dieser jedoch sollte kein steuerrechtlicher Anspruch fußen.

3.4.2.1.2 Ende des Bemessungszeitraumes

Auch das Ende des Bemessungszeitraumes wirft Fragen auf. Denkbar wäre entweder ein Ende mit Eintritt des Steuerpflichtigen in Rente oder Pension, eine entsprechend gesetzlich festgelegte Altersgrenze oder das Jahr, in welches das Lebensende des Steuerpflichtigen fällt.

Zur Bestimmung des richtigen Zeitpunktes zur Beendigung der Durchschnittsbesteuerung muss man sich das Ziel derselben vor Augen führen. Die Durchschnittsbesteuerung soll in erster Linie die Steuergerechtigkeit erhöhen, in dem sie eine Besteuerung entsprechend der Lebensleistungsfähigkeit ermöglicht. Die im Laufe der Berufstätigkeit erworbene Leistungsfähigkeit setzt sich jedoch gerade auch im Alter fort – so wie sich auch ein Mangel an früher erworbener Lebensleistungsfähigkeit besonders im Alter zeigt. In dem man den Bemessungszeitraum an einem bestimmten Zeitpunkt im Alter des Steuerpflichtigen kappt, unterteilt man seine Lebensleistungsfähigkeit in zwei in aller Regel sehr unterschiedliche Zeiträume. Der erste wäre dann geprägt von einem verhältnismäßig höheren und über weite Teile steigenden bzw. schwankenden Einkommen, der zweite von einem deutlich niedrigeren und tendenziell schwankungsarmen Einkommen.

Der Durchschnittsbesteuerung würde durch eine derartige Kappung ein hohes Maß an Wirkung genommen, da es eigentlich gerade im Alter zu einer deutlichen steuerlichen Minderbelastung bzw. unter Umständen sogar zu Rückzahlungen kommen müsste. Denn im Alter sinkt das jährliche Durchschnittseinkommen D mit jedem Jahr, in dem das jährliche Einkommen unter dem Durchschnittseinkommen vor Renteneintritt liegt.

Aus Gerechtigkeitsgesichtspunkten ist eine Kappung bei Renteneintritt abzulehnen. Der Staat nimmt auch nach Renteneintritt noch im Wege der Einkommensbesteuerung an der Leistungsfähigkeit der Steuerpflichtigen teil. Eine Durchschnittsbesteuerung mit Kappung bei Renteneintritt würde bedeuten, im Alter von der Besteuerung nach der Lebensleistungsfähigkeit abzukommen und stattdessen wieder anhand der Jahresleistungsfähigkeit zu besteuern. Dies wäre nicht nur inkonsequent, sondern würde auch gegen das Gebot der Folgerichtigkeit verstoßen.

Wollte man jedoch auf eine Besteuerung nach Renteneintritt gänzlich verzichten, müsste dies konsequenter Weise auch private Vorsorgemodelle, Kapitalerträge, Nebenjobs, etc. umfassen. Denn aus Sicht der Leistungsfähigkeit der Steuerpflichtigen spielt es letztlich keine Rolle, ob diese aus Rentenbezügen oder sonstigen Einkünften stammt. Diese Einkommen dürften also nicht unterschiedlich behandelt werden. Die Fortführung der Durchschnittsbesteuerung für einen Teil der Einkünfte, während jedoch Rentenbezüge nicht mehr in die Bemessungsgrundlage einbezogen werden, hätte nicht nur eine Verzerrung der Lebensleistungsfähigkeit zur Folge, sondern auch ungewollte Steuereffekte. Denn ohne Rentenbezüge fällt das durchschnittliche Jahreseinkommen *D* noch viel stärker ab, als es das bei Renteneintritt ohnehin schon tut. Große Ungerechtigkeiten würden im Übrigen auch bei der Besteuerung von Selbständigen entstehen, die keine klassische Altersvorsorge betreiben.

Noch willkürlicher und in seiner Wirkung noch einschneidender, wäre die Wahl einer festen Altersgrenze zur Kappung des Bemessungszeitraums. Eine solche Beschneidung der lebenszeitlichen Durchschnittseinkommensteuer wäre nicht nur ungerechtfertigt, sondern abermals auch ein Verstoß gegen das Folgerichtigkeitsgebot.

Daher ist richtigerweise der Bemessungszeitraum bis zum Ende des Jahres fortzuführen, in dem der Steuerpflichtige verstirbt[805]. Renten, Pensionen und ähnliche Leistungen, deren Erwerb zuvor steuerlich freigestellt war, werden umfassend der Bemessungsgrundlage hinzugerechnet. Mit Austritt des Steuerpflichtigen aus der Erwerbstätigkeit wird sich in aller Regel das jährliche Durchschnittseinkommen *D* kontinuierlich bis zum Ableben des Steuerpflichtigen verringern. Sofern es zu Steuererstattungen kommt, spiegeln diese letztlich nur den Verlauf der Lebensleistungsfähigkeit. Bei entsprechenden demographischen Verhältnissen oder in Zeiten des vermehrten Renteneintritts sog. geburtenstarker Jahrgänge mag dies den Staatshaushalt hart treffen. Ein positiver Nebeneffekt dieser Erstattungen wäre jedoch die Entlastung der Sozialkassen und die Minderung der Altersarmut. Denn die Erstattung von zu viel entrichteten Steuern an Geringverdiener bedeutet für diese eine zusätzliche Aufstockung ihrer regelmäßig zu niedrigen Rentenbezüge.

Nur ein Bemessungszeitraum, der erst mit dem Ableben des Steuerpflichtigen endet, entspricht einer folgerichtigen Umsetzung der Besteuerung nach der Lebensleistungsfähigkeit. Und nur diese vermag eine grundrechtskonforme Besteuerung zu gewährleisten.

Entsprechend ist festzuhalten, dass – wie gehabt – die Erben eines Steuerpflichtigen nach § 45 Abs. 1 AO nicht nur für die Entrichtung der Einkommensteuer des letzten Lebensjahres haften, sondern entsprechend auch von einer Rückzahlung profitieren können. Dies ist insofern konsequent, da Erben letztlich immer den Überschuss einer im Laufe eines Lebens erwirtschafteten Lebensleistungsfähigkeit erhalten. Dieser kann auch aus einem steuerrechtlichen Anspruch entstehen.

3.4.2.2 Tarifänderungen

Das Maß der steuerlichen Belastung des Einkommens unterliegt regelmäßig gewissen Schwankungen. Es ist daher wichtig zu analysieren, wie sich diese im Rahmen der lebenszeitlichen Durchschnittseinkommensteuer auswirken.

---

805 Denkbar wäre sicherlich auch eine Erfassung bis zum Monat des Ablebens. Eine Anrechnung pro rata temporis fiele jedoch am Ende eines langen Bemessungszeitraumes rechnerisch fast nicht ins Gewicht und erscheint daher eher umständlich und unnötig.

Dabei sind dreierlei Stellschrauben des Gesetzgebers zu unterscheiden. Zum einen kann der Gesetzgeber die im EStG vorgesehenen Pauschalbeträge erhöhen, herabsetzen oder abschaffen. Dies betrifft unmittelbar zunächst nur die Bemessungsgrundlage, also die Höhe des zu versteuernden Einkommens und somit nur mittelbar die Höhe der zu entrichtenden Steuer. Von einer solchen Maßnahme sind auch nicht notwendig alle Steuerpflichtigen betroffen.

Derartige Änderungen haben auf die lebenszeitliche Durchschnittseinkommensteuer keine besonderen Auswirkungen, denn sie betreffen die periodenübergreifende Bemessungsgrundlage erst ab dem Zeitpunkt, zu dem sie in Kraft treten. Das festgestellte zu versteuernde Einkommen vorangegangener Jahre bleibt hingegen unberührt. Es bedarf also keiner speziellen Regelungen für derartige Änderungen durch den Gesetzgeber.

Eine weitere Stellschraube stellt hingegen der Grundfreibetrag des § 32a Abs. 1 EStG dar. Dieser entspricht dem steuerrechtlich respektierten Existenzminimum, eine Besteuerung beginnt erst oberhalb dieses Betrages. Allerdings gehört auch der Grundfreibetrag zu dem zu versteuernden Einkommen. Durch die Veränderung des Grundfreibetrages wird also direkt auf die Höhe der Besteuerung eingewirkt.

Eine Erhöhung dieses Grundfreibetrages hätte im Rahmen der lebenszeitlichen Durchschnittseinkommensteuer zur Folge, dass der geänderte Grundfreibetrag rückwirkend mit Einführung für den gesamten vorangegangenen Bemessungszeitraum eingeführt würde. Dies würde zum einen im Jahr der Änderung eine erhebliche Mehrbelastung des öffentlichen Haushaltes bedeuten. Zum anderen wäre diese Wirkung auch unter Berücksichtigung der Lebensleistungsfähigkeit nicht gerechtfertigt, da eine (womöglich um Jahrzehnte) rückwirkende Erhöhung des Grundfreibetrags die Bedeutung der Geldwertinflation völlig vernachlässigen würde.

Es bedarf also einer entsprechenden Regelung im System der lebenszeitlichen Durchschnittseinkommensteuer, um eben dies zu verhindern. Eine solche Regelung muss einerseits ohne eine Unterbrechung der Durchschnittsbesteuerung auskommen, andererseits darf sie nicht zu kompliziert oder zu aufwendig sein.

Der hier unterbreitete Vorschlag sieht daher vor, in der Steuerfestsetzung des Jahres, in dem die Änderung des Grundfreibetrages erstmals gilt, die bisher gezahlten Steuern auf das Einkommen (S_S) umzurechnen, d. h. auf den Betrag, der gezahlt worden wäre, hätte die Änderung bereits in den vorangegangenen Perioden Anwendung gefunden. Dies ist verwaltungstechnisch ohne großen Aufwand möglich, da alle dafür nötigen Daten ohnehin bereits erfasst und gespeichert sind. Aus Periodenzahl und bisherigem durchschnittlichen Einkommen lässt sich ohne weiteres der korrigierte Betrag (S_S) nach der Formel

$$S_s = D_{n-1} \, x \, T_{neu} \, x \, P$$

Formel (2)

berechnen. Dieser ersetzt nun den bisherigen Betrag (S_S) und wird in den folgenden Jahren nach bewährtem Muster fortgeschrieben. Auf diese Weise wird in den Perioden, in denen der neue Tarif angewendet wird, rechnerisch das Ergebnis hergestellt, welches bestanden hätte, wäre der Grundfreibetrag schon immer derselbe gewesen. Dies führt zwar dazu, dass sich bei einer Erhöhung des Grundfreibetrages der Betrag (S_S) aller Steuerpflichtigen verringert und somit auch ihr Abzugspotential für spätere Perioden schwindet. Allerdings gilt in späteren Perioden auch der für sie günstigere Grundfreibetrag, weshalb sich eine Senkung des Grundfreibetrags auch in diesem Fall nie negativ auswirken kann.

Dies ist an folgendem Beispiel gut zu erkennen:

Ein Steuerpflichtiger hat über *10 Jahre ein regelmäßiges zu versteuerndes Einkommen von 40.000 EUR gehabt. Der Grundfreibetrag soll während dieser Zeit bei 8.130 EUR gelegen haben. Im Jahre 2014 beträgt sein zu versteuerndes Einkommen immer noch 40.000 EUR, der Grundfreibetrag ist jedoch auf 8.354 EUR angehoben worden. Im Jahr 2015 beträgt sein zwölfjähriges Durchschnittseinkommen (D) a) 37.083 EUR; b) 38.333 EUR; c) 40.000 EUR; d) 41.666 EUR; e) 45.000 EUR*[806]*.*

Vergleicht man nun die steuerliche Belastung vor und nach Erhöhung des Grundfreibetrages, wird deutlich, dass es trotz der Umrechnung von (S_S) nie zu einer Mehrbelastung des Steuerpflichtigen aufgrund der Erhöhung des Grundfreibetrags kommen kann.

Tabelle 2: Steuerliche Belastung vor und nach Erhöhung des Grundfreibetrages[807]

	2004–2013	2014	2015	Summe
Jährliche Steuerlast (bei gleichbleibendem Grundfreibetrag)	8.983	8.983	a) -3421 b) 1836 c) 8.983 d) 16.278 e) 31.334	a) 95.392 b) 100.649 c) 107.796 d) 115.091 e) 130.147
Jährliche Steuerlast (bei Änderung des Grundfreibetrages zum Jahre 2014)	8.983	8.940	a) -3.464 b) 1.793 c) 8.940 d) 16.235 e) 31.291	a) 95.306 b) 100.563 c) 107.710 d) 115.005 e) 130.061

Die letzte Möglichkeit des Gesetzgebers auf das Maß der individuellen Besteuerung einzuwirken ist die tatsächliche Tarifänderung. Hierbei legt der Gesetzgeber fest, mit welchem Tarif der Einkommensbetrag oberhalb des Grundfreibetrages

806 Dies entspricht zu versteuernden Einkommen im Jahre 2015 von a) 5.000 EUR; b) 20.000 EUR; c) 40.000 EUR; d) 60.000 EUR; e) 100.000 EUR.

807 Quelle: Eigene Darstellung.

belastet werden soll. Zwar ist dies technisch ein anderer Ansatz, als die Änderung des Grundfreibetrages, hat jedoch im Ergebnis dieselbe Wirkung. Auch hier gilt, dass die Beibehaltung des Betrages (S_S) des Zeitraumes vor der Tarifänderung auch für den Zeitraum nach der Tarifänderung zur Folge hätte, dass diese auch Wirkung für die Vergangenheit entfaltet. Dies muss schon aus Gesichtspunkten der Rechtssicherheit vermieden werden. Auch hier ist daher so zu verfahren, wie im Falle der Änderung des Grundfreibetrages: Der individuelle Betrag (S_S) ist so umzurechnen, dass er in der Höhe dem Betrag (S_S) entspricht, der bestünde, hätte der neue Tarif schon immer gegolten. Dies bedeutet, dass sich im Falle einer Tariferhöhung auch der Betrag (S_S) erhöht, wohingegen eine Tarifsenkung das Gegenteil zur Folge hat. Auf diese einfache Weise wird sichergestellt, dass eine Tarifänderung keine Rückwirkung entfalten kann und auch keine über die Tariferhöhung hinausgehende Nachteile für die Steuerpflichtigen entstehen können. Verwaltungstechnisch kann hierbei so verfahren werden, wie bei einer Änderung des Grundfreibetrags.

3.4.2.3 Internationales Steuerrecht / Wegzug / Zuzug

Der Gedanke der lebenszeitlichen Durchschnittsbesteuerung, sowie der Besteuerung anhand der Lebensleistungsfähigkeit fußt auf der Idee, dass die Leistungsfähigkeit des Steuerpflichtigen auf den Zeitraum bemessen werden soll, innerhalb dessen er von dem durch ihn finanzierten Staat profitiert. Dies wird er unmittelbar nur dann, wenn er entweder seinen dauerhaften Wohnsitz in dem betreffenden Staat hat, also nach § 1 Abs. 1 EStG unbeschränkt steuerpflichtig ist bzw. eine unbeschränkte Steuerpflicht nach § 1 Abs. 2 EStG besteht oder er inländische Einkünfte nach § 49 EStG hat und daher nach § 1 Abs. 4 EStG beschränkt steuerpflichtig ist.

Die Durchführung der Durchschnittsbesteuerung wird jedoch dann kompliziert, wenn der Steuerpflichtige der Besteuerung zweier Staaten unterliegt. Denkbar sind dabei grundsätzlich drei für die Durchschnittsbesteuerung relevante Fallgruppen:

(i) Der Steuerpflichtige ist unbeschränkt steuerpflichtig, bezieht jedoch nur ausländische Einkünfte.
(ii) Der Steuerpflichtige ist unbeschränkt steuerpflichtig und bezieht sowohl inländische als auch ausländische Einkünfte.
(iii) Der Steuerpflichtige ist beschränkt steuerpflichtig.

Im Fall eines Auslandsbezugs gibt es im deutschen Steuerrecht grundsätzlich zwei unterschiedliche Möglichkeiten der steuerlichen Berücksichtigung. Entweder die auf ausländische Einkünfte entrichtete ausländische Steuer wird in Deutschland nach § 34c EStG im Rahmen der Einkommensteuer angerechnet[808] oder ausländische Einkünfte werden in Deutschland von der Besteuerung aufgrund eines Doppelbesteuerungsabkommen freigestellt. Daher sind die ersten beiden genannten

808 Denkbar ist auch, dass die Anrechnungsmethode aufgrund eines Doppelbesteuerungsabkommens Anwendung findet.

Fallgruppen nochmals dahingehend aufzuteilen, ob auf sie die Anrechnungs- oder die Freistellungsmethode Anwendung findet.

Bei der Frage nach der Behandlung dieser Fallgruppen im Verfahren der Durchschnittsbesteuerung gilt es die folgenden Punkte zu beachten: (i) Wenn irgend möglich, sollten bestehende Periodenreihen nicht abgebrochen werden[809]. (ii) Missbrauch muss weitestgehend ausgeschlossen werden[810]. (iii) Regelungen zur Doppelbesteuerung bzw. zur Behandlung grenzübergreifender Steuersachverhalte sollten schon aus volkswirtschaftlichen Gründen keine Benachteiligungen der betroffenen Steuerpflichtigen begründen[811]. Sie dürfen des Weiteren bei unionsinternen Sachverhalten keinen Verstoß gegen zwingendes EU-Recht darstellen.

3.4.2.3.1 Die steuerliche Behandlung im Rahmen der Anrechnungsmethode

Fallgruppe (i) und Fallgruppe (ii) können – soweit die Anrechnungsmethode Anwendung findet – auf gleiche Weise im Rahmen der lebenszeitlichen Durchschnittseinkommensteuer behandelt werden. In jedem Fall wird in die Periodenreihe des Steuerpflichtigen das gesamte Einkommen (inländisch wie ausländisch) aufgenommen. Bei der Berechnung der zu entrichtenden Einkommensteuer S_n wird die bereits gezahlte Steuer S_S um die im Ausland gezahlte Steuer erhöht[812]. Um Missbrauch zu verhindern, wird ab der ersten Periode, welche unter diese Regelung fällt, gesondert auch die kumulierte ausländische Steuer erfasst und verwaltungstechnisch festgehalten. Kommt es zu späteren Zeitpunkten zu Steuererstattungen, so kann auf diese Weise sichergestellt werden, dass es zu keiner Erstattung von im Ausland gezahlter Steuern kommt.

---

809 Jeder Abbruch und spätere Neubeginn einer Periodenreihe verhindert die vollwertige Erfassung der lebenszeitlichen Durchschnittsbesteuerung, da der echte Durchschnitt so naturgemäß nicht mehr errechnet werden kann.

810 Internationale steuerliche Sachverhalte bergen ein erhöhtes Missbrauchsrisiko, da mittels international unterschiedlicher Methoden der Einkommenserfassung und der Ertragsbesteuerung, unterschiedlicher Steuersätze sowie unterschiedlicher steuerlicher Ausnahmetatbestände persönliche Steuervorteile erreicht werden können, die der Besteuerung des jeweils anderen Staates zuwiderlaufen. Die Durchschnittsbildung unter Einbeziehung ausländischer Daten bzw. unter Berücksichtigung im Ausland gezahlter Steuern muss daher entsprechendem Missbrauch vorbeugen.

811 Dies gilt grundsätzlich in jedem steuerlichen System und sollte insofern auch hier Anwendung finden. Dem Steuerpflichtigen dürfen im Inland keine steuerlichen Nachteile drohen, wenn er sich wirtschaftlich im Ausland betätigt. Dasselbe muss für den ausländischen Steuerpflichtigen gelten, der sich wirtschaftlich im Inland betätigt.

812 Dies gilt für die Anrechnung nach § 34c Abs. 1 EStG. Sollte der Steuerpflichtige sich im Rahmen seines Wahlrechtes für die Anrechnung nach § 34c Abs. 2 EStG entscheiden, so bedarf es keiner besonderer Regelung. § 34c Abs. 2 EStG kann ungeändert zur Anwendung kommen.

3.4.2.3.2 *Die steuerliche Behandlung im Rahmen der Freistellungsmethode*

Betreffend der Anwendung der Freistellungsmethode ist zwischen Fallgruppe (i) und Fallgruppe (ii) zu unterscheiden. Die Anwendung der Freistellungsmethode auf Fallgruppe (i) bedeutet, dass sich zwar die Lebensleistungsfähigkeit eines unbeschränkt Steuerpflichtigen erhöht, diese Leistungsfähigkeit jedoch in Deutschland in keinster Weise besteuert wird[813]. Eine Aufnahme dieser Leistungsfähigkeit und der darauf im Ausland entrichteten Steuern in die Periodenreihe des Steuerpflichtigen muss ausscheiden, da anderenfalls ohne eine Anpassung an deutsche Steuertarife eine Mischung mehrerer Tarife innerhalb einer Lebensbesteuerung entstünde. Dies könnte einerseits zu einer Umgehung der völkerrechtlich vereinbarten Freistellungsmethode führen, andererseits jedoch auch zur Steuergestaltung missbraucht werden.

Daher muss in diesem Fall tatsächlich eine Unterbrechung der bestehenden Periodenreihe vorgenommen werden. Diese kann dann wieder fortgeführt werden, wenn der Sachverhalt der Fallgruppe (i) nicht mehr vorliegt. Um einer Ungleichbehandlung bzw. einer unionsrechtlich unzulässigen Schlechterstellung vorzugreifen, ist dem Steuerpflichtigen ein Wahlrecht dergestalt zuzugestehen, dass er sich freiwillig für die Anrechnungsmethode entscheiden kann. Auf diese Weise können Härtefälle vermieden werden.

Für Fallgruppe (ii) sieht das jetzige Recht in § 32b Abs. 1 Nr. 2–5 EStG vor, dass freigestelltes ausländisches Einkommen zwar nicht besteuert wird, jedoch Auswirkungen auf die Tarifprogression hat. So soll auf das inländische Einkommen der Tarif Anwendung finden, der sich aus der um die ausländischen Einkünfte erhöhten Bemessungsgrundlage ergibt. Diese Regelung soll im Ergebnis auch in der lebenszeitlichen Durchschnittseinkommensteuer erreicht werden. Dazu kann jedoch mangels der Anpassung an den deutschen Steuertarif nicht einfach das ausländische Einkommen und die darauf geleistete Steuer in die Periodenreihe übernommen werden[814]. Nur die Übernahme des ausländischen Einkommens wäre ebenfalls falsch, da sich so nicht nur der Tarif bezogen auf eine Periode erhöhen würde, sondern auf das Lebenseinkommen[815].

Daher ist wie folgt vorzugehen: In einem ersten Schritt ist das gesamte Jahreseinkommen (inländisch wie ausländisch) zu ermitteln (E_{i+a}). Sodann ist die Steuer

813 In Fallgruppe (i) kommt es aufgrund mangelnder inländischer Einkünfte auch nicht zu einer Tariferhöhung nach § 32b Abs. 1 Nr. 2–5 EStG.

814 Ausländische, von deutschen Steuertarifen abweichende Steuertarife würden bei dieser Vorgehensweise das in die Durchschnittsberechnung übernommene Einkommen nicht entsprechend dem deutschen Tarif entlasten, sondern würden (bei niedrigeren Tarifen) zu einer echten zusätzlichen Besteuerung des ausländischen Einkommens führen bzw. (bei höheren Tarifen) zu einer Senkung der in Deutschland zu zahlenden Steuer führen.

815 Dies würde letztlich zu einer ungewollten Mehrbelastung führen.

zu ermitteln, die nach der fortlaufenden Durchschnittsbesteuerung auf dieses Einkommen zu erheben wäre.

$$\left\{\frac{E_{i+a} + E_{1+2+(n-1)}}{P} \times T\right\} \times P - S_s = S_n$$

Formel (3)

Aus dieser ist die prozentuale Belastung des Jahresgesamteinkommens abzulesen und dieser Tarif T_F auf das rein inländische Einkommen E_i anzuwenden.

$$1)\ \frac{S_n}{E_{i+a}} = T_F$$

Formel (4)

$$2)\ T_F \times E_i = S_F$$

Formel (5)

Aus dem sich daraus ergebenden Betrag S_F (bzw. S_n des betreffenden Jahres) und der bereits entrichteten Steuer S_S ist die Periodendurchschnittsbelastung S_D. zu errechnen

$$\frac{S_F + S_s}{P} = S_D$$

Formel (6)

Aus dieser wiederum lässt sich das dieser steuerlichen Belastung entsprechende Durchschnittseinkommen D_F der Periodenreihe errechnen. Das Produkt von D_F und P abzüglich $E_{1+2+(n-1)}$ ergibt das in die Periodenreihe zu übernehmende E_n.

$$(D_F \times P) - E_{1+2(n-1)} = E_n$$

Formel (7)

3.4.2.3.3 Die steuerliche Behandlung beschränkter Steuerpflicht / Wegzug

Die beschränkte Steuerpflicht trifft nach § 1 Abs. 4 EStG diejenigen, die zwar ihren Wohnsitz oder ständigen Aufenthalt nicht in Deutschland haben, aber dennoch deutsches Einkommen erwerben. Das bisherige Steuerrecht sieht vor, dass diese Einkommen (sofern kein Steuerabzug nach § 50a EStG vorzunehmen ist) gemäß § 50 Abs. 1 EStG um den Grundfreibetrag erhöht der Besteuerung nach § 32a Abs. 1 EStG zu unterwerfen sind.

An diesem Verfahren kann festgehalten werden, auch eine Durchschnittsbesteuerung hat in diesen Fällen zu unterbleiben. Ausgangspunkt der Durchschnittsbesteuerung ist die Erfassung der Lebensleistungsfähigkeit des Steuerpflichtigen.

Diese kann jedoch nur sehr bedingt und in jedem Fall in nur unzureichender Weise gesichert erfasst werden, wenn der Steuerpflichtige im Ausland wohnt und dort der Besteuerung mit seinem Welteinkommen unterliegt. Es obliegt daher vielmehr dem ausländischen Wohnsitzstaat die Leistungsfähigkeit des Steuerpflichtigen richtig zu erfassen.

Aus diesem Grund muss auch in dem Fall, in dem ein unbeschränkt Steuerpflichtiger zum beschränkt Steuerpflichtigen wird, dessen Periodenreihe unterbrochen werden, bis er seinen Wohnsitz oder ständigen Aufenthalt wieder nach Deutschland verlegt. Sodann kann die Periodenreihe von dem Zeitpunkt der Unterbrechung an fortgeführt werden.

Verbringt ein Steuerpflichtiger einen Teil seines Lebens im Ausland und erwirbt er dort seine Leistungsfähigkeit, so ist es daher nur richtig, dass diese auch im Ausland besteuert wird. Diese Leistungsfähigkeit und dieser Zeitraum kann folglich nicht im Rahmen der lebenszeitlichen Durchschnittseinkommensteuer berücksichtigt werden. Allerdings ist es auch falsch, eine bereits laufende Durchschnittsbesteuerung im Falle des Wegzuges abzubrechen und evtl. später neu zu beginnen. Vielmehr sollte die Durchschnittsberechnung nur unterbrochen werden, um später an dieser Stelle wieder aufgenommen zu werden.

Zur Vermeidung von Härtefällen ist von eben genanntem Verfahren eine Ausnahme zu machen, sofern der Steuerpflichtige mittels entsprechender behördlicher Bescheinigung nachweisen kann, dass er über keine weiteren (ausländischen) Einkünfte in dem betreffenden Jahr verfügt. So steht insbesondere der Entsendung von Arbeitnehmern ins Ausland oder aber auch der Altersauswanderung steuerlich nichts entgegen. Eine Verrechnung oder Anerkennung etwaiger ausländischer Steuern erfolgt jedoch auch in diesen Fällen nicht.

3.4.2.3.4 Zuzug

Sofern vormals nicht steuerpflichtige oder beschränkt steuerpflichtige Personen in die unbeschränkte Steuerpflicht zuziehen, so ist für sie mit dem Jahr des Zuzugs eine Periodenreihe und eine Besteuerung nach der lebenszeitlichen Durchschnittseinkommensteuer zu beginnen. Eine Einbeziehung vorheriger Einkommen ist nicht möglich, da diese im Ausland erworben und besteuert wurden.

3.4.2.4 Ehegattensplitting

Die gesetzliche Ehe ist eine Erwerbs- und Verbrauchsgemeinschaft. Dies wird durch das sog. Ehegattensplitting steuerrechtlich berücksichtigt[816]. Gleichzeitig muss das Steuerrecht gewährleisten, dass die Ehe steuerlich nicht schlechter gestellt ist als andere Formen der Partnerschaft. Nach den §§ 26b, 32a Abs. 5 EStG werden Eheleute daher auf Wunsch im Rahmen der Zusammenveranlagung so dem progressiven Tarif unterworfen, wie es ihrer geteilten (jährlichen) Leistungsfähigkeit entspricht.

---

816 *Hey*, in: Tipke/Lang, Steuerrecht, § 8 Rn. 847.

Die von zusammenveranlagten Eheleuten zu entrichtende Steuer berechnet sich daher nach der Formel:

$$\left\{\frac{Einkommen\ partner\ 1 + Einkommen\ partner\ 2}{2} \times Tarif\right\} \times 2$$

Formel (8)

Geht man jedoch richtiger Weise davon aus, dass das Steuerrecht sich nicht nur an der periodischen Leistungsfähigkeit, sondern vielmehr auch an der Lebensleistungsfähigkeit auszurichten hat, muss dies auch im Rahmen des Ehegattensplittings Berücksichtigung finden. Denn tatsächlich teilen sich Eheleute nicht nur ihre jährliche Leistungsfähigkeit, sondern profitieren gemeinsam von der jeweiligen Lebensleistungsfähigkeit des anderen, welche dieser eventuell bereits vor der Ehe aufgebaut hat oder während der Ehe aufbaut[817]. Ebenso tragen sie gemeinsam die Folgen mangelnder Lebensleistungsfähigkeit des anderen[818]. Teilweise ergibt sich diese gemeinsame Teilhabe an der Lebensleistungsfähigkeit direkt aus dem Gesetz, wie zum Beispiel bei der (nach-)ehelichen Unterhaltspflicht (§ 1360 BGB, §§ 1569 ff. BGB) oder dem Zugewinnausgleich (§ 1371 ff. BGB).

Dieser Tatsache muss auch die lebenszeitliche Durchschnittseinkommensteuer Rechnung tragen. Aus diesem Grund wird die Lebensleistungsfähigkeit des einzelnen Ehepartners im Rahmen der Zusammenveranlagung fortgeschrieben.

Zu beachten waren bei der Konzipierung einer Zusammenveranlagung im System der lebenszeitlichen Durchschnittseinkommensteuer zwei Problemfelder: Zum einen entstehen Ehen regelmäßig zwischen Partnern, die unterschiedlich viele Perioden P in die Ehe mitbringen. Eine rückwirkende Bildung eines gemeinsamen Einkommensschnitts zur Fortführung während der Ehe muss dabei leider schon aus Gründen der Missbrauchsvermeidung ausscheiden. Anderenfalls könnte eine Ehe allein dazu genutzt werden, erhebliche Steuerrückzahlungen zu erhalten[819].

Zum anderen werden Ehen auch häufig geschieden bzw. es werden Zweit- oder Drittehen geschlossen. Auch in diesen Fällen muss es möglich sein, eine individuelle lebenszeitliche Durchschnittsbesteuerung fortzuführen. Gleichzeitig dürfen Entscheidungen über Heirat oder Scheidung nicht durch die Angst vor steuerlichen Nachteilen beeinflusst werden.

---

817 So z.B. wenn ein Ehepartner Wohneigentum, Erspartes oder auch nur einen Pkw mit in die Ehe bringt.

818 Zu denken sei z.B. an Schulden, aber aufgrund steigender Altersarmut auch an mangelnde Altersvorsorge, welche vom Partner aufgefangen werden muss.

819 Dies dürfte im Regelfall kein ausschlaggebender Grund für eine Eheschließung sein. Im Falle des berühmten älteren Einkommensmillionärs könnte jedoch eine Ehe mit einem deutlich jüngeren und deutlich einkommensschwächerem Partner zu einer sofortigen Steuerrückzahlung in Millionenhöhe führen. In solchen Fällen wären missbräuchliche Sachverhaltsgestaltungen sicherlich nicht mehr auszuschließen.

Die Zusammenveranlagung im Rahmen der lebenszeitlichen Durchschnittseinkommensteuer bietet eine befriedigende Lösung beider Probleme. Grundsätzlich gilt, dass auch nach der Eheschließung die bereits begonnenen Periodenreihen der heiratenden Steuerpflichtigen von der Finanzverwaltung getrennt fortgeführt werden. Sollte einer der Partner bisher noch keine Periodenreihe begonnen haben, beginnt diese mit dem Jahr, ab dem eine Zusammenveranlagung beantragt wurde. Die Zusammenveranlagung erfolgt nun in der Weise, dass das Periodeneinkommen der Partner $E_{partner}$ in der Fortführung der Periodenreihen durch das Ergebnis aus $\frac{E_{Partner\,1} + E_{Partner\,2}}{2}$ ersetzt wird. So wird nun wie bisher für den jeweiligen Partner die entsprechende Steuerschuld nach dem bekannten Verfahren[820] ermittelt:

$$\left\{ \frac{E_{Partner\,1(n,n-1)} + \frac{\mathrm{E}_{\mathrm{Partner\,1}} + \mathrm{E}_{\mathrm{Partner\,2}}}{2}}{P_{Partner\,1}} \times T \right\} \times P_{Partner\,1} - S_{S\,Partner\,1} = S_n$$

Formel (9)

In einem nächsten Schritt werden die so für beide Partner ermittelten Steuerschulden addiert und abermals durch zwei geteilt. Das Ergebnis hieraus ist zum einen die jährliche Steuerschuld des einzelnen Ehepartners (wobei beide wie gehabt als Gesamtschuldner für die Steuer haften) und zum anderen der Betrag, den die Partner im Rahmen ihrer Periodenreihe jeweils als gezahlte Steuer fortführen. Dies gilt unabhängig davon, wer die Steuerschuld im Ergebnis getragen hat.

$$\frac{S_{n\,Partner\,1} + S_{n\,Partner\,2}}{2}$$

Formel (10)

Auf diese Weise beschränkt sich der Progressionsvorteil allein auf die Aufteilung des Jahreseinkommens, während dennoch beide Partner im Rahmen der lebenszeitlichen Durchschnittsbildung durch die spätere Kombination der jeweiligen Steuerschuld an der Lebensleistungsfähigkeit des anderen teilhaben.

Sollte es nun zu einer Scheidung der Ehe kommen, so kann jeder Partner seine Periodenreihe wie gehabt fortführen, wobei für die Perioden während der Ehe einerseits das kombinierte Jahreseinkommen, andererseits dafür jedoch auch die aufgrund der Zusammenveranlagung anteilig geschuldete Steuer fortgeschrieben wird. Im Falle eines Versterbens einer der Partner gilt dasselbe.

820 Siehe in Teil 3.4.1 dieser Arbeit.

Anders als *Mitschkes* Vorschlag[821] kommt der hier unterbreitete Vorschlag einer lebenszeitlichen Durchschnittseinkommensteuer ohne den Abbruch der Periodenreihe aus. Auch werden die Ehepartner nicht gezwungen, sich für die Fortführung nur einer Periodenreihe zu entscheiden. Gleichzeitig bezieht der vorliegende Vorschlag (anders als *Hackmann*'s Vorschlag[822]) zur Zusammenveranlagung bei gleichzeitiger Durchschnittsbesteuerung das Lebenseinkommen beider Partner in die Besteuerung mit ein. Dass dies gegebenenfalls auch noch über die Ehe hinaus wirken kann, ist durchaus gewollt, da die tatsächliche Teilhabe an der Lebensleistungsfähigkeit des anderen in aller Regel auch noch über die Ehe hinausgeht.

3.4.2.5 Aufzinsung und Geldwertumrechnung

Die lebenszeitliche Durchschnittsbesteuerung kommt – anders als der Vorschlag *Mitschkes*[823] ohne eine Aufzinsung oder Geldwertumrechnung aus. Wie oben bereits ausgeführt, ist eine pauschale Aufwertung älterer Einkommen im Rahmen der fortlaufenden Durchschnittsbesteuerung weder gerechtfertigt, noch geboten. Die Annahme, dass frühere Einkommen ökonomisch wertvoller sind als spätere ist grundsätzlich theoretischer Natur und in ihrem realen Wahrheitsgehalt nur einzelfallbezogen festzustellen. Z.B. trifft diese Annahme nur sehr beschränkt auf diejenigen zu, welche ihr Einkommen nahezu vollständig zeitnah für ihren Lebensunterhalt konsumieren. Erhöht man nun im Wege der Aufzinsung deren Einkommen bei der späteren Ermittlung des jährlichen Durchschnittseinkommens findet eine Besteuerung einer fiktiven Leistungsfähigkeit statt. Daher ist vielmehr darauf abzustellen, dass die messbare Erhöhung von Lebensleistungsfähigkeit aufgrund zeitlich früheren Einkommens (Zinserträge, Wertsteigerungen) steuerlich erfasst werden sollte. Dies ist jedoch keine Frage der technischen Umsetzung der Durchschnittsbesteuerung, sondern vielmehr eine Frage politischer Entscheidung.

Ähnliches gilt hinsichtlich der von *Mitschke* angedachten Geldwertumrechnung. Diese hätte zwar die grundsätzlich wünschenswerte Abschaffung der sog. kalten Progression zur Folge, trägt jedoch nichts zu der Funktion einer fortlaufenden Durchschnittsbesteuerung bei. Im Übrigen könnte dieses Ziel ebenso auf einfachere Weise durch eine regelmäßige Anpassung des Grundfreibetrags und der Progression des Steuertarifs erreicht werden.

3.4.2.6 Verluste

Die lebenszeitliche Durchschnittseinkommensteuer kommt ohne besondere Regelungen zu der steuerlichen Behandlung von Verlusten aus. Vielmehr werden negative Jahreseinkommen auch als solche in die Periodenreihe aufgenommen und in die Berechnung des jährlichen Durchschnittseinkommens einbezogen. Dies kann

---

821 Siehe oben in Teil 3.3.7.3 dieser Arbeit.
822 Siehe oben in Teil 3.3.8.2 dieser Arbeit.
823 Siehe oben in Teil 3.3.7.2 dieser Arbeit.

zu deutlich höheren Steuerrückzahlungen führen, als im Rahmen der geltenden Regelung zum Verlustrücktrag. Dies liegt darin begründet, dass die lebenszeitliche Durchschnittseinkommensteuer keine Begrenzung des Rücktrags vorsieht, sondern vielmehr rechnerisch eine gleichmäßige Verteilung der Verluste auf alle vorangegangenen Perioden bewirkt. Ein gesonderter Verlustvortrag in dem Sinne ist daher auch nicht mehr nötig. Die Verluste verringern dauerhaft das zu versteuernde Durchschnittseinkommen des Steuerpflichtigen.

Negative Einkünfte können jedoch niemals zu einer Steuererstattung über die geleistete Steuer hinaus führen. Erreicht das durchschnittliche Jahreseinkommen einen Wert unter null und ist der mögliche Steuererstattungsbetrag erschöpft, so beträgt die festzusetzende Steuer null. Der Staat beteiligt sich nicht wirtschaftlich an den Erwerbsgeschäften der Steuerpflichtigen und den damit verbundenen Risiken, sondern hat lediglich teil an der daraus entstehenden Leistungsfähigkeit.

Insofern ist eine vollständige und sofortige Berücksichtigung von Verlusten unumgänglich und verfassungsrechtlich geboten[824]. Allerdings muss sichergestellt werden, dass die Verlustberücksichtigung nicht zum lukrativen Steuerschlupfloch wird. Der Gesetzgeber ist daher angehalten sicherzustellen, dass auch nur solche Verluste steuerliche Berücksichtigung finden, welche die Leistungsfähigkeit der Steuerpflichtigen auch tatsächlich beeinträchtigen[825]. Im Übrigen ist – bereits möglicher Kritik vorgreifend – darauf hinzuweisen, dass von dem Vorschlag einer lebenszeitlichen Durchschnittseinkommensteuer nur natürliche Personen nach dem EStG betroffen sind. An dem Potential der missbräuchlichen Steuergestaltung durch Körperschaften ändert sich dadurch grundlegend nichts. Und sofern natürliche Personen den unbeschränkten Verlustrücktrag missbräuchlich nutzen könnten, könnten sie dies bereits jetzt im Rahmen des beschränkten Verlustrücktrag ebenfalls tun. Außerhalb des Bereichs der missbräuchlichen Steuergestaltung jedoch stellt die automatische Verlustberücksichtigung der lebenszeitlichen Durchschnittseinkommensteuer eine deutliche Verbesserung der rechtlichen Lage der Steuerpflichtigen dar.

3.4.2.7 Lohnsteuer

Hinsichtlich der Lohnsteuer kann nach wie vor so verfahren werden, wie bisher. Im Lohnsteuerverfahren werden auf Basis einer Hochrechnung der Jahresleistungsfähigkeit anhand des Monatsgehaltes eines Steuerpflichtigen Vorauszahlungen auf die Einkommensteuer einbehalten. Dieses Verfahren büßt durch die lebenszeitliche

824 Siehe Teil 2.3.4 dieser Arbeit.

825 Dies ist z.B. im Rahmen von Sonderabschreibungen fraglich, wenn diese nicht den echten wirtschaftlichen Wertverlust beschreiben, sondern vom Gesetzgeber als Förderung oder Subvention verwendet werden. Inwiefern solche Sonderabschreibungen im Laufe der Zeit von einem wahren Wertverlust eingeholt werden, lässt sich im Zeitpunkt der Gewährung solcher Abschreibungen nicht vorhersagen. Folglich kann es auch bei einer überperiodischen Betrachtung zu Fehlwirkungen kommen.

Durchschnittseinkommensteuer nichts an Rechtfertigung ein. Die Lohnsteuer würde wie gehabt am Ende des Jahres im Rahmen der jährlichen Steuerfestsetzung verrechnet.

3.4.2.8 Verfassungsmäßigkeit der lebenszeitlichen Durchschnittseinkommensteuer

Die lebenszeitliche Durchschnittseinkommensteuer stellt gegenüber der momentanen Gesetzeslage nur eine punktuelle Abwandlung dar. Auch wenn durch die lebenszeitliche Durchschnittseinkommensteuer von einer rein periodischen Besteuerung auf eine überperiodische übergegangen wird, ändert sich dadurch die grundsätzliche Systematik des EStG, die Ermittlung des Einkommens, die Unterteilung der Einkunftsarten, die Subventionstatbestände oder die Erhebung der Steuer nicht. Es bedarf nach wie vor einer periodischen Erhebung der Einkommensteuer und es ist nach wie vor ein progressiver Steuertarif vorgesehen. Unter Annahme der Verfassungsmäßigkeit des EStG[826] und seiner grundsätzlichen Systematik kann die verfassungsrechtliche Überprüfung der lebenszeitlichen Durchschnittseinkommensteuer folglich auf die Abweichungen dieser vom bestehenden Regime der Ertragsteuern beschränkt werden.

Wie sich unten aus Teil 3.4.4 dieser Arbeit ergibt, sind die wichtigsten Abweichungen die Umstellung der Einkommensteuer von einer Jahressteuer auf eine überperiodische Jahressteuer (§ 2 D-EStG), die sofortige Verrechnung von Verlusten als negatives zu versteuerndes Einkommen unter Abschaffung der Mindestbesteuerung (§ 10d D-EStG), die Erweiterung des Veranlagungszeitraumes (§ 25 D-EStG), die Ermittlung der festzusetzenden Steuer auf Basis der Durchschnittsbesteuerung (§§ 32a, 32e, 34e D-EStG) und im Zuge dessen die Abschaffung der §§ 34 und 34a EStG (Außerordentliche Einkünfte / Begünstigung nicht entnommener Gewinne).

3.4.2.8.1 Der allgemeine Gleichheitssatz[827]

Auch im Steuerrecht gilt, dass der Gesetzgeber wesentlich Gleiches gleich und wesentlich Ungleiches ungleich zu behandeln hat[828]. Spezifisch bedeutet dies, dass Steuerpflichtige bei gleicher Leistungsfähigkeit gleich hoch zu belasten sind[829]. Der dabei anzulegende Vergleichszeitraum sollte – wie oben in Teil 2.4.1.1 dieser Arbeit ausgeführt – sowohl die kalenderjährliche Einzelperiode, als auch ein überperiodisch am Leben des Steuerpflichtigen ausgerichteter Zeitrahmen sein.

Die lebenszeitliche Durchschnittseinkommensteuer sieht vor, dass der Steuerpflichtige jährlich steuerlich sowohl mit seinem Einkommen der betreffenden

826 Abgesehen von den oben in Teil 2.4.2 festgestellten Verstößen.
827 Zu der grundsätzlichen Bedeutung des allgemeinen Gleichheitssatzes im Steuerrecht siehe ausführlich oben in Teil 2.4.1.1.
828 BFH, BStBl. II 2013, S. 498 (S. 499).
829 BVerfG, BVerfGE 105, S. 17 (S. 46).

Einzelperiode erfasst wird, als auch mit seinem kumulierten Durchschnittseinkommen aller erfassten vorangegangenen Perioden. Dies führt dazu, dass im Rahmen der Besteuerung nicht nur die einzelperiodische Leistungsfähigkeit, sondern auch die Lebensleistungsfähigkeit des Steuerpflichtigen erfasst wird. Gem. § 32e Abs. 3 D-EStG sind dabei all diejenigen Perioden zu erfassen und der Durchschnittsbildung zu unterwerfen, in denen der Steuerpflichtige wenigstens einen Tag am Leben war und kein Dritter Kindergeld oder einen Kinderfreibetrag beansprucht hat[830]. Damit werden all diejenigen Perioden erfasst, in denen der Steuerpflichtige in seiner Leistungsfähigkeit unabhängig von Dritten war. Damit wird auf sachliche gerechtfertigter Ebene ein überperiodischer Zeitraum zur Ermittlung der Lebensleistungsfähigkeit erfasst, der es erlaubt nur aufgrund der Leistungsfähigkeit Gleiches gleich und Ungleiches ungleich zu behandeln[831].

Wie auch nach den Regelungen des EStG erfolgt die Besteuerung im Rahmen der lebenszeitlichen Durchschnittseinkommensteuer in progressiver Weise anhand der individuellen Leistungsfähigkeit. Statt des Jahreseinkommens des Steuerpflichtigen wird jedoch sein lebenszeitliches Durchschnittseinkommen zur Bemessung dieser Leistungsfähigkeit herangezogen. In dieser Weise behandelt die lebenszeitliche Durchschnittseinkommensteuer alle Steuerpflichtigen gleich. Ein Verstoß gegen den allgemeinen Gleichheitssatz des Art. 3 Abs. 1 GG kann vorliegend nicht festgestellt werden.

3.4.2.8.2 Die Freiheitsgrundrechte[832]

Die Abschaffung der §§ 34 und 34a EStG könnte grundsätzlich zu einer Übermaßbesteuerung bzw. der Benachteiligung bestimmter wirtschaftlicher Verhaltensweisen oder auch wirtschaftlicher Eigentumspositionen führen. Die §§ 34 und 34a EStG dienen im Rahmen der geltenden Einkommensbesteuerung der Vermeidung eben solcher Nebenwirkungen der periodischen Besteuerung, da sie es erlauben Einkommensspitzen milder im Rahmen des progressiven Steuertarifs zu besteuern[833].

Diese Wirkung entfällt durch die Streichung dieser Regelungen im Rahmen der lebenszeitlichen Durchschnittsbesteuerung. Allerdings führt eben diese durch ihre laufende Durchschnittsbildung dazu, dass diese Spitzen – sollten es denn tatsächlich solche sein – unter Berücksichtigung vergangener und zukünftiger Einkommensperioden einer tariflich günstigeren Besteuerung unterworfen werden. Eine Übermaßbesteuerung kann so weder in der einzelnen Periode, noch bei lebenszeitlicher Betrachtung entstehen. Weitergehende potentielle Eingriffe in die Grundrechte etwa des Eigentums, der freien Berufswahl oder der Vereinigungsfreiheit können nicht festgestellt werden.

830 Siehe unten in Teil 3.4.4 dieser Arbeit.
831 Siehe dazu näher bereits oben in Teil 3.4.2.1 dieser Arbeit.
832 Zu der grundsätzlichen Bedeutung der Freiheitsgrundrechte im Steuerrecht siehe ausführlich oben in Teil 2.4.1.2.
833 Siehe ausführlich dazu oben Teil 2.3.4.3 dieser Arbeit.

3.4.2.8.3 Das Leistungsfähigkeitsprinzip[834]

Aus dem Leistungsfähigkeitsprinzip ergibt sich die Belastungsgrenze der Einkommensteuer. Kein Steuerpflichtiger darf über dessen individuelle Leistungsfähigkeit hinaus besteuert werden. Konkretisiert wird dieses Prinzip durch das objektive und das subjektive Nettoprinzip[835].

Durch die Besteuerung des lebenszeitlichen Durchschnittseinkommens bewahrt die lebenszeitliche Durchschnittseinkommensteuer nicht nur vor einer Besteuerung über die periodische Leistungsfähigkeit hinaus, sondern sichert die Berücksichtigung der Leistungsfähigkeit auch in der Totalperiode. Die Berücksichtigung eines Grundfreibetrages ist auch im Rahmen des § 32a Abs. 1 D-EStG zwingend vorgesehen. Durch die Verrechnung bereits geleisteter Steuerzahlungen vergangener Einzelperioden bis hin zur Rückzahlung kann sichergestellt werden, dass dieser durchgehend gewahrt wird.

3.4.2.8.4 Das Sozialstaatsprinzip[836]

Das deutsche Steuerrecht wird dem Sozialstaatsprinzip in zweierlei Hinsicht gerecht: Zum einen dient es dem Schutz des Existenzminimums[837], zum anderen der Umverteilung von Vermögen.

Daran ändert auch die lebenszeitliche Durchschnittseinkommensteuer nichts. Diese sieht wie auch das geltende EStG einen progressiven Einkommensteuertarif vor. Anders als das EStG setzt diese jedoch an das Durchschnittseinkommen an und hat damit folglich am Ende der Totalperiode das Gesamteinkommen einem bestimmten Steuersatz unterworfen. Die Umverteilungswirkung des progressiven Tarifs wird folglich verringert, nimmt sie doch Rücksicht auf Einkommensschwankungen. Lebenszeitlich kann so z. B. der Spitzensteuersatz nur noch dann erreicht werden, wenn ein dem entsprechendes Durchschnittseinkommen während der gesamten Totalperiode vorliegt. Dies wird seltener der Fall sein. Gleichzeitig verringert die lebenszeitliche Durchschnittseinkommensteuer das Bedürfnis nach einer Umverteilung in entsprechendem Maße, da sie innerhalb der Totalperiode des Steuerpflichtigen durch die Durchschnittsbildung und die Verrechnung geleisteter Steuern zu einer individuellen Umverteilung in der Zeit für jeden einzelnen Steuerpflichtigen führt. Einkommen aus wirtschaftlich besseren Zeiten wird so dem Steuerpflichtigen in wirtschaftlich schwächeren Zeiten wieder zuteil.

Das Sozialstaatsprinzip gebietet keine Mindestumverteilung. Ein Verstoß der lebenszeitlichen Durchschnittseinkommensteuer gegen das Sozialstaatsprinzip ist insofern nicht zu erkennen.

---

834 Zu dem Begriff und der Bedeutung des steuerrechtlichen Leistungsfähigkeitsprinzips siehe oben in Teil 2.4.1.3 dieser Arbeit.

835 *Röder*, StuW 2012, S. 18 (S. 19). Siehe dazu auch oben Teil 2.4.1.4 dieser Arbeit.

836 Siehe dazu oben ausführlich Teil 2.4.1.9 dieser Arbeit.

837 *Tipke*, Die Steuerrechtsordnung Band 1, 2. Auflage, S. 401.

3.4.2.8.5 Rechtssicherheit und Rückwirkungsverbot

Die lebenszeitliche Durchschnittseinkommensteuer entspricht dem Anspruch des Steuerpflichtigen auf Rechtsicherheit und verstößt nicht gegen das Rückwirkungsverbot. Es ist weit verbreitete Auffassung, dass die Rechtssicherheit des Steuerpflichtigen kurze Veranlagungszeiträume voraussetzt[838]. Dem ist grundsätzlich zuzustimmen. Auch aus diesem Grund bleibt das Kalenderjahr in der lebenszeitlichen Durchschnittseinkommensteuer als Veranlagungszeitraum erhalten. Sofern *Drüen* jedoch fordert, auch Bemessungszeiträume müssten entsprechend kurz sein, um die Rechtssicherheit des Steuerpflichtigen zu gewährleisten[839], ist dem nur begrenzt beizupflichten.

Richtig ist, dass die fortlaufende Durchschnittsbesteuerung dazu führt, das die Gesamtsteuerlast sich ständig entwickelt[840]. Dies ist jedoch in einem periodischen Steuersystem nicht anders. Nur wird in diesem die Gesamtsteuerbelastung nie ermittelt. Auch führt eine fortlaufende Durchschnittsbesteuerung nicht dazu, dass der Steuerpflichtige „*keine Planungs- und Entscheidungssicherheit*" mehr hat und er in seinen Dispositionen nicht mehr geschützt ist[841]. Der Steuerpflichtige kann sich der steuerlichen Folgen seines Handelns im jeweiligen Veranlagungszeitraum immer sicher sein, da er es in der Hand hat, ob er sein durchschnittliches Jahreseinkommen erhöht, absenkt oder beibehält. Eine nachträgliche höhere Belastung abgeschlossener Veranlagungszeiträume wird dabei nie zu befürchten sein, da die Erhöhung des durchschnittlichen Jahreseinkommens immer erst in späteren Veranlagungszeiträumen entstehen kann und die entsprechend erhöhte steuerliche Belastung immer das spätere höhere Periodeneinkommen trifft. Außerdem bedeutet die fortschreitende Durchschnittsbesteuerung bei steigenden Periodeneinkommen eine steuerliche Entlastung für den Steuerpflichtigen und keine die Disposition hemmende Hürde. Umgekehrt bedeutet die Rückzahlung von Steuern aufgrund eines späteren Rückgangs des jährlichen Durchschnittseinkommens ebenfalls mit Sicherheit keinen Eingriff in die Dispositionsfreiheit des Steuerpflichtigen, da sie eine Minderbelastung bedeutet. *Hey* führt daher richtig aus, dass Bedenken hinsichtlich der Rechtssicherheit in einem System der fortschreitenden Durchschnittsbesteuerung darauf fußen, dass nicht zwischen der materiell-rechtlichen Belastung und der verwaltungstechnischen Umsetzung unterschieden wird[842]. Die konkrete periodische steuerliche Belastung ist für den Steuerpflichtigen in der Periode abschließend und allein durch ihn steuerbar.

Aus diesem Grund besteht auch keine Gefahr, dass die lebenszeitliche Durchschnittseinkommensteuer gegen das Rückwirkungsverbot verstoßen könnte. Die fortschreitende Durchschnittsbesteuerung knüpft in ihrer Belastung immer nur an

838 Vgl. etwa *Stenz*, S. 116; *Drüen*, S. 92; *Jachmann*, S. 145.
839 *Drüen*, S. 92.
840 So *Drüen*, S. 93.
841 So jedoch *Drüen*, S. 93.
842 *Hey*, in: Tipke/Lang, Steuerrecht, § 8 Rn. 44.

den gerade abgelaufenen Veranlagungszeitraum an, wie es auch das bisherige periodische System tut. Inwiefern eine steuerliche Belastungskorrektur vorgenommen werden muss, liegt immer in der Hand des Steuerpflichtigen.

3.4.2.8.6 Zwischenergebnis

Die lebenszeitliche Durchschnittseinkommensteuer ändert das bestehende Einkommensteuerrecht nur punktuell. So kann z.B. die Besteuerung von Einkünften aus Kapitalvermögen mittels gesondertem Steuertarif nach § 32d EStG unabhängig von der Einführung der lebenszeitlichen Durchschnittseinkommensteuer beibehalten werden[843]. Auch die Zinsschranke nach § 4h EStG lässt sich mit der lebenszeitlichen Durchschnittseinkommensteuer kombinieren, da sie auf Ebene der Einkünfteermittlung ansetzt und somit bereits vor der Durchschnittsbildung eingreift. Weichen muss jedoch die sog. Thesaurierungsbegünstigung in § 34a EStG, da eine begünstigte Besteuerung bei späterer Nachbesteuerung in einer lebenszeitlichen Erfassung der Leistungsfähigkeit widersprüchlich wäre[844]. Diese Änderungen sind verfassungsrechtlich unbedenklich. Tatsächlich verschafft die lebenszeitliche Durchschnittseinkommensteuer erst dem Leistungsfähigkeitsprinzip seine gebotene überperiodischen Wirkung und Erfüllung. Sie genügt im Übrigen auch dem Sozialstaatsprinzip insofern, als ihr nicht nur die gebotene Umverteilungswirkung zukommt, sondern sie des Weiteren die Notwendigkeit der Umverteilung mindert. Auch Verstöße gegen die Freiheitsgrundrechte oder das Rückwirkungsverbot sind nicht festzustellen.

3.4.3 Praktische Umsetzung / Wirkung

Die Umsetzung der lebenszeitlichen Durchschnittseinkommensteuer in die Praxis kann ohne weiteres von einem Veranlagungszeitraum auf den nächsten erfolgen, wobei für alle Steuerpflichtigen das Jahr der Einführung als das erste Jahr der Periodenreihe gilt. Nachteile können den Steuerpflichtigen dabei nicht entstehen. Aufgrund der Abgeschlossenheit der bisherigen Veranlagungszeiträume gibt es auch kaum Sachverhalte, die in das neue System hineinragen könnten. Soweit noch Verlustvorträge bestehen, sind diese nach den bis dahin geltenden Regeln weiter vorzutragen. Im ersten Jahr der Einführung werden sich durch die Durchschnittsbesteuerung auch finanziell keine Veränderungen für den Staatshaushalt und die

---

843 Die angemessene Besteuerung von Einkünften aus Kapitalvermögen ist letztlich auch eine politische Entscheidung. Sofern eine angemessene Gesamtsteuerlast im Zusammenspiel auch mit der Körperschaftsteuer und der Gewerbesteuer gewährleistet werden könnte, wäre eine Einbeziehung der Einkünfte aus Kapitalvermögen in die Durchschnittsbildung und somit in die ermittelte Lebensleistungsfähigkeit erstrebenswert.

844 Siehe oben unter 3.4.2.8.2 dieser Arbeit. Im Übrigen ist die Wirkung des § 34a EStG ohnehin zweifelhaft, s. oben unter 2.4.2.2.3 dieser Arbeit.

Höhe der Steuereinnahmen ergeben, da eine Durchschnittsermittlung erst ab dem zweiten Jahr erfolgen kann.

Ab dem zweiten Jahr des neuen Systems jedoch, wird sich die Durchschnittsbesteuerung durch Mindereinnahmen auf der Haushaltsseite bemerkbar machen. Dem sollte bereits im Vorhinein durch eine entsprechende Anhebung des Steuersatzes entgegengewirkt werden, um so eine aufkommensneutrale Reform zu ermöglichen. Dies ist aus gesellschaftspolitischen Gesichtspunkten schon insofern geboten, als die lebenszeitliche Durchschnittseinkommensteuer vor allem Einfluss auf die Einkommensteuer und die Körperschaftsteuer, zwei der aufkommensstärksten Steuern[845], hat. Deren Erträge stehen Bund, Ländern und Gemeinden gemeinsam zu[846], die Ertragshöhe dieser Gemeinschaftssteuern ist entsprechend auf vielen Ebenen von Bedeutung. Diese Maßnahme wird zunächst bei all denjenigen zu steuerlichen Mehrbelastungen führen, die ein sehr stetiges Einkommen haben. Die lebenszeitliche Durchschnittseinkommensteuer dient jedoch nicht der Steuerentlastung, sondern vielmehr der Steuergleichheit. Die lebenszeitliche Durchschnittseinkommensteuer dient der Gleichheit der Belastung der lebenszeitlichen Leistungsfähigkeit. Sie erweitert also die gleiche Besteuerung in der Periode auf eine gleiche Besteuerung in der Totalperiode. Dies gelingt, in dem sie der Besteuerung nicht nur das Periodeneinkommen unterwirft, sondern das durchschnittliche Lebenseinkommen. Im Ergebnis wird sie jedoch im Vergleich zur jetzigen Gesetzeslage bei lebenszeitlicher Betrachtung zu einer Mehrbelastung mancher und einer Entlastung anderer führen. Dies zeigt im Umkehrschluss (bei angenommener Aufkommensneutralität) die jetzige Fehlbelastung derjenigen, die über schwankende Einkommen verfügen. Wünschenswert wäre eine Anpassung des Steuersatzes in der Weise, dass diese nicht zu einer Aufkommenserhöhung führt, sondern die Gesamtbelastung der deutschen Steuerpflichtigen und der Wirtschaft insgesamt gleich bleibt. Anderenfalls würden die volkswirtschaftlichen Vorteile einer solchen Besteuerung gegebenenfalls wieder nivelliert oder zumindest verringert.

Die Umstellung auf die lebenszeitliche Durchschnittseinkommensteuer könnte jedoch konjunkturell positive Wirkungen haben, da sie gerade im Bereich der gewerblichen Einkünfte, der Einkünfte aus selbständiger Tätigkeit und der Landwirtschaft, sowie der Rentenbesteuerung zu einer Entlastung führen wird. Einkünfte aus (im weitesten Sinne) gewerblicher oder selbständiger Tätigkeit unterliegen, anders als Einkünfte aus angestellter Tätigkeit, tendenziell gewissen Schwankungen, die je nach Tätigkeitsfeld und Einzelfall stärker oder schwächer ausfallen werden. Diese Tätigkeiten führen auch, anders als angestellte Tätigkeiten, häufiger zu Verlusten. Wie oben ausgeführt wurde[847], kommt es im Zusammenspiel aus Periodizität der

845 Gemeinsam mit der Umsatzsteuer zählen die Einkommensteuer und die Körperschaftsteuer zu den drei aufkommensstärksten Steuern in Deutschland, *Birk/Desens/Tappe*, Rn. 151.

846 Siehe Art. 106 Abs. 3 GG.

847 Siehe Teil 2.4.2.2 dieser Arbeit.

Einkommensteuer und des progressiven Tarifs zu Fehlbelastungen im Rahmen der Besteuerung schwankender Einkommen. Diese Fehlbelastungen fallen durch die lebenszeitliche Durchschnittseinkommensteuer weg, da sich im Rahmen dieser die steuerliche Belastung an der Leistungsfähigkeit der Gesamtperiode orientiert. Insofern verringert sich tendenziell die steuerliche Belastung gewerblicher und selbständiger Tätigkeiten im Rahmen der lebenszeitlichen Durchschnittseinkommensteuer. Die niedrigere steuerliche Belastung von Erträgen setzt so Mittel frei, die wiederum entweder im gewerblichen Bereich reinvestiert oder als private Ausgaben in den Kapitalverkehr zurückgeführt werden können. Durch den Wegfall der Mindestbesteuerung und die damit verbundene Beschleunigung des Abbaus von Verlustvorträgen ist eine Entlastung auch bei den Kapitalgesellschaften und sonstigen Körperschaften zu erwarten.

Rentner würden durch die lebenszeitliche Durchschnittsbesteuerung insofern entlastet, als sie durch die Absenkung des Durchschnittseinkommens mit Renteneintritt einer niedrigeren Besteuerung ausgesetzt wären bzw. sogar Rückzahlungen erwarten dürften. Dies wiederum würde die Kaufkraft einer großen Bevölkerungsschicht deutlich erhöhen. Im Übrigen würde es die Renten- und Sozialkassen entlasten, da Rentner aufgrund der zu leistenden Steuerrückzahlungen auf ebendiese nicht mehr in der Weise angewiesen wären, wie es teilweise jetzt der Fall ist.

Gleichzeitig bewahrt die lebenszeitliche Durchschnittseinkommensteuer den progressiven Tarif und die damit verbundene und politisch gewollte Umverteilungswirkung der Einkommensteuer, sowie die stetige Staatsfinanzierung aufgrund kurzer Veranlagungszeiträume.

3.4.4 Entwurf eines Gesetzestextes zur lebenszeitlichen Durchschnittseinkommensteuer

Bisherige Fassung des EStG	**Entwurf des D-EStG**
§ 2 Umfang der Besteuerung, Begriffsbestimmungen [...] (7) [1]Die Einkommensteuer ist eine Jahressteuer. [2]Die Grundlagen für ihre Festsetzung sind jeweils für ein Kalenderjahr zu ermitteln. [...]	**§ 2 Umfang der Besteuerung, Begriffsbestimmungen** [...] *(7) [1]Die Einkommensteuer ist eine überperiodische Jahressteuer. [2]Die Grundlagen für ihre Festsetzung sind jeweils kalenderjährlich fortlaufend zu ermitteln.* [...]
§ 10d Verlustabzug (1) [1]Negative Einkünfte, die bei der Ermittlung des Gesamtbetrags	**§ 10d Verluste** *Verluste werden in voller Höhe als negatives zu versteuerndes Einkommen in das*

Bisherige Fassung des EStG	Entwurf des D-EStG
der Einkünfte nicht ausgeglichen werden, sind bis zu einem Betrag von 1.000.000 Euro, bei Ehegatten, die nach den §§ 26, 26b zusammenveranlagt werden, bis zu einem Betrag von 2.000.000 Euro vom Gesamtbetrag der Einkünfte des unmittelbar vorangegangenen Veranlagungszeitraums vorrangig vor Sonderausgaben, außergewöhnlichen Belastungen und sonstigen Abzugsbeträgen abzuziehen (Verlustrücktrag). [...] (2) [1]Nicht ausgeglichene negative Einkünfte, die nicht nach Absatz 1 abgezogen worden sind, sind in den folgenden Veranlagungszeiträumen bis zu einem Gesamtbetrag der Einkünfte von 1 Million Euro unbeschränkt, darüber hinaus bis zu 60 Prozent des 1 Million Euro übersteigenden Gesamtbetrags der Einkünfte vorrangig vor Sonderausgaben, außergewöhnlichen Belastungen und sonstigen Abzugsbeträgen abzuziehen (Verlustvortrag). [...] (4) Der am Schluss eines Veranlagungszeitraums verbleibende Verlustvortrag ist gesondert festzustellen. [...]	*kumulierte zu versteuernde Einkommen aufgenommen.*[848]
§ 25 Veranlagungszeitraum, Steuererklärungspflicht (1) [1]Die Einkommensteuer wird nach Ablauf des Kalenderjahres (Veranlagungszeitraum) nach dem	**§ 25 Veranlagungszeitraum, Steuererklärungspflicht** *(1) [1]Die Einkommensteuer wird jeweils nach Ablauf eines Kalenderjahres (Teilveranlagungszeitraum) nach*

848 Diese Änderung des § 10d EStG hat auch erhebliche Auswirkungen auf die Besteuerung der Kapitalgesellschaften, da nach § 8 Abs. 1 KStG das Einkommen nach den Vorschriften des EStG ermittelt wird. Bei entsprechender Anwendung des neuen § 10d im Rahmen des KStG besteht nun für Körperschaften die Möglichkeit einen uneingeschränkten Verlustausgleich vorzunehmen. Die Mindestbesteuerung fällt insofern weg. Gegebenenfalls sollte jedoch zur Klarstellung eine ausdrückliche Regelung zum Verlustausgleich im KStG getroffen werden.

Bisherige Fassung des EStG	Entwurf des D-EStG
Einkommen veranlagt, das der Steuerpflichtige in diesem Veranlagungszeitraum bezogen hat, soweit nicht nach § 43 Abs. 5 und § 46 eine Veranlagung unterbleibt.	*dem Einkommen veranlagt, das der Steuerpflichtige in seinem individuellen Veranlagungszeitraum bezogen hat, soweit nicht nach § 43 Abs. 5 und § 46 eine Veranlagung unterbleibt. [2]Die fortgeschriebene Summe aller Teilveranlagungszeiträume eines Steuerpflichtigen bilden seinen individuellen Veranlagungszeitraum.*
(2) [1]Die steuerpflichtige Person hat für den Veranlagungszeitraum eine eigenhändig unterschriebene Einkommensteuererklärung abzugeben. [...]	*(2) [1]Die steuerpflichtige Person hat für den Teilveranlagungszeitraum eine eigenhändig unterschriebene Einkommensteuererklärung abzugeben.* [...]
§ 32a Einkommensteuertarif	**§ 32a Einkommensteuertarif**
(1) [1]Die tarifliche Einkommensteuer in den Veranlagungszeiträumen ab 2014 bemisst sich nach dem zu versteuernden Einkommen. [2]Sie beträgt vorbehaltlich der §§ 32b, 32d, 34, 34a, 34b und 34c jeweils in Euro für zu versteuernde Einkommen 1. bis 8 354 Euro (Grundfreibetrag): 0; 2. von 8 355 Euro bis 13 469 Euro: (974,58 • y + 1 400) • y; 3. von 13 470 Euro bis 52 881 Euro: (228,74 • z + 2 397) • z + 971; 4. von 52 882 Euro bis 250 730 Euro: 0,42 • x – 8 239; 5. von 250 731 Euro an: 0,45 • x – 15 761. [...]	*(1) [1]Die tarifliche Einkommensteuer bemisst sich nach dem zu versteuernden jährlichen Durchschnittseinkommen. [2]Dieses ergibt sich aus dem kumulierten zu versteuernden Einkommen. [3]Sie beträgt vorbehaltlich der* §§ 32b, 32d, *34b und 34c jeweils in Euro für zu versteuernde Einkommen* *1.* [...] *2.* [...] *3.* [...] *4.* [...] *5.* [...] [...]
(2) (nicht besetzt)	*(2) [1]Die festzusetzende Steuer ergibt sich aus dem Produkt der tariflichen Einkommensteuer und der Anzahl der Kumulationsperioden nach § 32e Abs. 3 abzüglich der kumulierten Steuerzahlungen nach § 32e Abs. 4. [2]Beträgt die festzusetzende Steuer danach einen negativen Betrag, so ist dieser Betrag an den Steuerpflichtigen auszukehren und im Übrigen in diesem Teilveranlagungszeitraum keine Steuer zu erheben.*

Bisherige Fassung des EStG	Entwurf des D-EStG
(3) (nicht besetzt)	*(3) Beträgt das kumulierte zu versteuernde Einkommen im Durchschnitt weniger als den Grundfreibetrag, so wird keine Steuer festgesetzt.*
(4) (nicht besetzt)	*(4) In Abweichung von § 2 Abs. 7 und § 32a Abs. 1 und 2 wird die festzusetzende Einkommensteuer anhand der Tarife des § 32a Abs. 1 für das einzelne Jahr ermittelt, solange ein Dritter berechtigt ist für den Steuerpflichtigen einen Kinderfreibetrag nach § 32 geltend zu machen oder Kindergeld nach den §§ 62 ff. zu beziehen.*
(5) Bei Ehegatten, die nach den §§ 26, 26b zusammen zur Einkommensteuer veranlagt werden, beträgt die tarifliche Einkommensteuer vorbehaltlich der §§ 32b, 32d, 34, 34a, 34b und 34c das Zweifache des Steuerbetrags der sich für die Hälfte ihres gemeinsam zu versteuernden Einkommen nach Absatz 1 ergibt (Splitting-Verfahren).	*(5) [1]Bei Ehegatten, die nach den §§ 26, 26b zusammen zur Einkommensteuer veranlagt werden, ist zunächst die tarifliche Einkommensteuer eines jeden Ehegatten so zu berechnen, dass als Einkommen der betreffenden Kumulationsperiode die Hälfte der Summe des zu versteuernden Einkommens beider Ehegatten angesetzt wird. [2]Die Summe der so ermittelten Steuerbeträge beider Ehegatten ist die festzusetzende Steuer für das gemeinsam zu versteuernde Einkommen (Splitting-Verfahren). [3]Das in diesem Rahmen ermittelte kumulierte zu versteuernde Einkommen wird jeweils für beide Ehegatten getrennt fortgeschrieben. [4]Die Hälfte der nach diesem Absatz festzusetzende Steuer ist in dem Betrag der kumulierten Steuer beider Ehegatten getrennt fortzuschreiben. Scheidung der Ehe oder Tod eines Ehegatten haben keine rückwirkende Bedeutung für das Verfahren nach Sätzen 3 und 4.*
(6) [1]Das Verfahren nach Absatz 5 ist auch anzuwenden zur Berechnung der tariflichen Einkommensteuer für das zu versteuernde Einkommen	*(6) [1]Das Verfahren nach Absatz 5 ist auch anzuwenden zur Berechnung der tariflichen Einkommensteuer für das zu versteuernde Einkommen*

Bisherige Fassung des EStG	**Entwurf des D-EStG**
1. bei einem verwitweten Steuerpflichtigen für den Veranlagungszeitraum, der dem Kalenderjahr folgt, in dem der Ehegatte verstorben ist, wenn der Steuerpflichtige und sein verstorbener Ehegatte zum Zeitpunkt seines Todes die Voraussetzungen des § 26 Absatz 1 Satz 1 erfüllt haben,	*1. bei einem verwitweten Steuerpflichtigen für den Veranlagungszeitraum, der dem Kalenderjahr folgt, in dem der Ehegatte verstorben ist, wenn der Steuerpflichtige und sein verstorbener Ehegatte zum Zeitpunkt seines Todes die Voraussetzungen des § 26 Absatz 1 Satz 1 erfüllt haben,*
2. bei einem Steuerpflichtigen, dessen Ehe in dem Kalenderjahr, in dem er sein Einkommen bezogen hat, aufgelöst worden ist, wenn in diesem Kalenderjahr	*2. bei einem Steuerpflichtigen, dessen Ehe in dem Kalenderjahr, in dem er sein Einkommen bezogen hat, aufgelöst worden ist, wenn in diesem Kalenderjahr*
a) der Steuerpflichtige und sein bisheriger Ehegatte die Voraussetzungen des § 26 Absatz 1 Satz 1 erfüllt haben,	*a) der Steuerpflichtige und sein bisheriger Ehegatte die Voraussetzungen des § 26 Absatz 1 Satz 1 erfüllt haben,*
b) der bisherige Ehegatte wieder geheiratet hat und	*b) der bisherige Ehegatte wieder geheiratet hat und*
c) der bisherige Ehegatte und dessen neuer Ehegatte ebenfalls die Voraussetzungen des § 26 Absatz 1 Satz 1 erfüllen.	*c) der bisherige Ehegatte und dessen neuer Ehegatte ebenfalls die Voraussetzungen des § 26 Absatz 1 Satz 1 erfüllen.*
[2]Voraussetzung für die Anwendung des Satzes 1 ist, dass der Steuerpflichtige nicht nach den §§ 26, 26a einzeln zur Einkommensteuer veranlagt wird.	*[2]Voraussetzung für die Anwendung des Satzes 1 ist, dass der Steuerpflichtige nicht nach den §§ 26, 26a einzeln zur Einkommensteuer veranlagt wird.*
(§ 32b Abs. 1 Nr. 2–5 entfallen)	
(bislang nicht besetzt)	§ 32e Begriffslegung
	(1) Das jährliche Durchschnittseinkommen ergibt sich aus dem Wert des Quotienten aus kumuliertem zu versteuernden Einkommen und der Anzahl der Kumulationsperioden.
	(2) Das kumulierte zu versteuernde Einkommen ist die Summe aller zu versteuernden Einkommen aus Kumulationsperioden bis zum Ende der jeweiligen Kumulationsperiode.

Bisherige Fassung des EStG	Entwurf des D-EStG
	(3) [1]Kumulationsperioden sind die Teilveranlagungszeiträume, in denen der Steuerpflichtige wenigstens an einem Tag am Leben war und kein Dritter Kindergeld oder einen Kinderfreibetrag für den Steuerpflichtigen beansprucht. [2]Verstirbt der Steuerpflichtige innerhalb einer Kumulationsperiode, so wird diese dennoch als vollständige Kumulationsperiode berücksichtigt. [3]§ 1 bleibt unberührt. *(4) Die kumulierten Steuerzahlungen sind die Summe aller bisher veranlagten Steuern vorangegangener Kumulationsperioden abzüglich etwaiger Steuerrückzahlungen.*
§ 34 Außerordentliche Einkünfte	*(gestrichen)*
§ 34a Begünstigung der nicht entnommenen Gewinne	*(gestrichen)*
(bislang nicht besetzt)	**§ 34e Behandlung von ausländischen Einkünften** *(1) [1]Hat ein nach § 1 unbeschränkt Steuerpflichtiger in einer Kumulationsperiode sowohl inländische wie auch ausländische Einkünfte (§ 34d) oder ausschließlich ausländische Einkünfte und findet auf seine ausländischen Einkünfte die sog. Anrechnungsmethode Anwendung, so werden seine gesamten Einkünfte in sein kumuliertes zu versteuerndes Einkommen aufgenommen. [2]Die im Ausland festgesetzte Steuer ist in den Betrag der kumulierten Steuerzahlungen aufzunehmen. [3]Eine Erstattung von im Ausland gezahlten Steuern ist ausgeschlossen.* *(2) Hat ein Steuerpflichtiger in einer Kumulationsperiode ausschließlich*

Bisherige Fassung des EStG	Entwurf des D-EStG
	ausländische Einkünfte (§ 34d) und unterliegt er mit diesen ausschließlich der ausländischen Besteuerung, so findet weder eine Kumulierung seiner Einkünfte, noch seiner im Ausland gezahlten Steuern statt. Eine bereits begonnene Kumulierung vorangegangener Kumulationsperioden wird dann fortgesetzt, wenn der Steuerpflichtige in einer Kumulationsperiode wieder entweder mit seinen inländischen oder seinen ausländischen Einkünften einer inländischen Besteuerung unterliegt. *(3) [1]Hat ein Steuerpflichtiger in einer Kumulationsperiode sowohl ausländische als auch inländische Einkünfte und ist er von einer Besteuerung der ausländischen Einkünfte im Inland freigestellt, so erhöhen die ausländischen Einkünfte dennoch seinen persönlichen Steuersatz. [2]Dieser errechnet sich wie folgt: Zunächst ist die zu entrichtende Steuer nach § 32a zu errechnen, wobei das ausländische Einkommen wie inländisches behandelt wird. [3]Aus dem Ergebnis ist die prozentuale Belastung des Einkommens der Kumulationsperiode abzulesen. [4]Der sich daraus ableitende Tarif ist auf das rein inländische Einkommen der Kumulationsperiode anzuwenden. [5]Das Ergebnis ist die für die Kumulationsperiode festzusetzende Steuer. [6]Aus ihr, dem kumulierten zu versteuernden Einkommen und den kumulierten Steuerzahlungen ist sodann das Einkommen zu ermitteln, welches rechnerisch das entsprechende Einkommen der Kumulationsperiode ergibt.* *(4) [1]Ist der Steuerpflichtige in einer Kumulationsperiode beschränkt steuerpflichtig* (§ 1), *so erfolgt die Besteuerung nach § 50 Abs. 1. [2]Eine Kumulierung von Einkommen, sowie eine Durchschnittsbesteuerung ist*

Bisherige Fassung des EStG	**Entwurf des D-EStG**
	sodann ausgeschlossen. [3]Wurde für den Steuerpflichtigen zuvor eine Durchschnittsbesteuerung durchgeführt, so wird sie für den Zeitraum der beschränkten Steuerpflicht unterbrochen, bis er die Bedingungen für eine unbeschränkte Steuerpflicht erfüllt.

4. Periodizitätsprinzip und Steuergestaltung

Die Umsetzung des Periodizitätsprinzips im System der deutschen Ertragsteuern führt zu Ungleichbehandlungen, Mehr- und Fehlbelastungen, Übermaßbesteuerung und damit einhergehenden wirtschaftlichen Hemmnissen[849]. Insbesondere die Berücksichtigung von Verlusten und die damit einhergehende Mindestbesteuerung nach § 10d EStG vermag die wirtschaftliche Entwicklung eines Unternehmens nachhaltig zu behindern[850]. Während das deutsche Ertragsteuerrecht an den Ertrag oder den Gewinn im jeweiligen Kalenderjahr anknüpft, richtet sich der wirtschaftliche Erfolg einer gewerblichen Unternehmung nach dem Gewinn in der Totalperiode[851]. Diesem Unterschied gewährt das deutsche Ertragsteuerrecht keine ausreichende Rücksicht, wie § 10d EStG und die Mindestbesteuerung deutlich macht.

Entsprechend suchen insbesondere Unternehmer und Unternehmen nach Möglichkeiten durch gezielte Sachverhaltsgestaltung, Unternehmensstrukturierung und bewusste Bilanzierung den Fehlwirkungen des Periodizitätsprinzips entgegenzusteuern[852] und eine weder mittelbar noch unmittelbar verfälschte Ermittlung des Totalgewinns zu ermöglichen. Das gezielte Vorgehen zur Optimierung von steuerrechtlichen Sachverhalten unterliegt insbesondere aufgrund immer neuer Enthüllungen aggressiver (internationaler) Steuergestaltungen[853] vor allem durch Großkonzerne harscher Kritik in der Öffentlichkeit. Dabei ist jedoch aus rechtlicher, wie auch aus moralischer Sicht zwischen den aus den Medien bekannten Praktiken einerseits – und der gestalterischen Wiederherstellung einer Besteuerung entsprechend der Leistungsfähigkeit und anhand des Totalgewinns andererseits – zu unterscheiden.

Der Wunsch nach einer zeitnahen steuerlichen Nutzung von Verlusten oder der Wahrung von Verlustvorträgen vor dem Verfall, sowie nach einer Linderung von negativen Effekten aus dem Zusammenspiel von Tarifprogression und Periodizität der Einkommensteuer ist insofern legitim und verfassungsrechtlich gedeckt[854]. Das geltende Ertragsteuersystem sieht eine überperiodische Berücksichtigung der Leistungsfähigkeit bzw. einen Bezug auf den Totalgewinn – anders als der in Teil 3.4 dieser Arbeit vorgestellte Entwurf einer lebenszeitlichen Durchschnittseinkommensteuer – nicht bzw. nur bedingt vor.

849 Siehe hierzu Teil 2.1.4 dieser Arbeit.
850 Siehe hierzu Teile 2.4.2.3 sowie 2.4.2.3.1.2 dieser Arbeit.
851 Siehe hierzu Teil 2.1.5 dieser Arbeit.
852 Es ist offensichtlich, dass dies für Steuerpflichtige nicht der einzige Grund zur aktiven Steuergestaltung ist. Es dürfte Ziel eines jeden Steuerpflichtigen sein, die eigene Steuerschuld möglichst gering zu halten, unabhängig von Gleichbehandlungsgrundsatz und Leistungsfähigkeitsprinzip.
853 Siehe dazu *Fuest/Spengel u.a.*, DB 2013, S. 33 ff.
854 Siehe hierzu Teil 2.4 der Arbeit.

Wie dennoch im Speziellen eine Besteuerung unter der Berücksichtigung einer überperiodischen Leistungsfähigkeit erreicht werden kann, hängt vom Einzelfall ab. Denkbar sind dabei eine Vielzahl von Gestaltungsmöglichkeiten und Strategien, welche oftmals im allgemeinen Gesellschaftsrecht ihren Anfang nehmen und bis tief in die Möglichkeiten des Bilanzrechts hineinreichen. Auch aus diesem Grund wird die Steuergestaltung in der Praxis immer komplexer und aufwendiger[855].

In Anbetracht der Tatsache, dass der Gesetzgeber aller Wahrscheinlichkeit nach in naher Zukunft die Probleme der periodischen Ertragsbesteuerung weder im Kleinen, noch im Großen in Angriff nehmen und dabei den einen oder anderen oben geschilderten Ansatz[856] umsetzen wird[857], ist es angezeigt, nach der Darlegung der Missstände der periodischen Besteuerung in Teil 2 dieser Arbeit auch aufzuzeigen, wie mit diesen in der Praxis umgegangen werden kann. Es gilt also im folgenden darzulegen, welche Möglichkeiten im Bereich der Steuergestaltung bestehen, um die geschilderten negativen Folgen der deutschen Umsetzung des Periodizitätsprinzips zu mildern oder gar auszuschließen.

4.1 Wirkung der periodischen Besteuerung

Die Gewinnbesteuerung im allgemeinen und die periodische Gewinnbesteuerung im konkreten wirkt sich unter Umständen auf unterschiedliche Gesellschaftsformen und -gestaltungen auf verschiedene Weise aus. Eine wirkliche und in allen Einzelfällen geltende Rechtsformneutralität gibt es im deutschen Steuerrecht nicht[858]. Daher kann die Wahl der Gesellschafts- oder Beteiligungsform im Rahmen der unternehmerischen Betätigung große finanzielle Bedeutung erreichen.

4.1.1 Personengesellschaften

Die Gewinne einer Personengesellschaft werden im Rahmen der Einkommensteuer gemäß § 15 Abs. 1 Nr. 2 EStG als gewerbliche Einkünfte den Gesellschaftern zugerechnet und entsprechend auch von diesen versteuert. Die steuerliche Behandlung von zugewiesenen Verlusten richtet sich also zum einen nach den Vorschriften des EStG und zum anderen nach den übrigen Einkünften und persönlichen Verhältnissen der Gesellschafter. Fragen nach der Nutzung von entstandenen Verlusten stellen sich somit zunächst nicht auf Gesellschaftsebene, sondern auf Ebene der Gesellschafter. Dies bedeutet jedoch nicht, dass nicht im Rahmen der legalen Steuergestaltung innerperiodisch Verluste vermieden oder sinnvoll verwendet werden

---

855 Zu einer systematischen Evaluierung bestehender Gestaltungsmöglichkeiten und einer geordneten praktischen Herangehensweise siehe die Übersicht bei *Henssler*, DStR 2004, S. 155 (S. 155).

856 Siehe oben in Teil 3 dieser Arbeit.

857 So ähnlich auch *Siegel*, DStR 2007, S. 978 (S. 980).

858 *Birk/Desens/Tappe*, Rn. 1100. Siehe auch oben in Teil 2.4.1.2.3 dieser Arbeit.

können. Dies kann einzelfallabhängig wirtschaftlich sinnvoller sein, als die Verwertung der Verluste den einzelnen Gesellschaftern zu überlassen.

Werden Verluste den Gesellschaftern zugewiesen, obliegt es diesen, möglichst noch im Rahmen des Verlustausgleichs die in der Gesellschaft angefallenen Verluste mit anderen Einkünften zu verrechnen. Im Übrigen bleibt ihnen sonst nur noch der Weg des Verlustrück- bzw. Verlustvortrags unter den Beschränkungen der Mindestbesteuerung im Rahmen des § 10d EStG.

Verkompliziert wird die richtige Steuergestaltung durch die Tatsache, dass Personengesellschaften zwar nicht steuerpflichtig im Sinne des EStG sind, wohl aber Steuerschuldner gem. § 5 Abs. 1 Satz 3 GewStG. Dies hat zur Folge, dass die Verluste der Personengesellschaft zunächst der Verlustvorschrift in § 10a GewStG unterworfen sind und erst anschließend auf Ebene der Gesellschafter nach § 10d EStG.

Da jedoch nicht nur die Verluste der Personengesellschaft den Gesellschaftern zugeordnet werden, sondern auch die Gewinne, unterliegen diese dem jeweils geltenden Einkommensteuertarif des Gesellschafters. Erwirtschaftet die Gesellschaft interperiodisch schwankende Erträge, so löst dies auf Gesellschafterebene gegebenenfalls die oben beschriebenen Probleme einer periodischen und gleichzeitig progressiven Besteuerung aus.

Die einkommensteuerliche Zurechnung von Gewinnanteilen führt auf Seiten der Gesellschafter dazu, dass diese Gewinnanteile einem progressiven Steuertarif unterworfen werden, mit allen geschilderten Konsequenzen[859]. Das wirtschaftliche Geschäftsjahr der Gesellschaft und die diesem zugrunde liegenden zeitlich zufällig in die eine oder in die andere Periode fallenden wirtschaftlichen Ereignisse werden in die Einkommenssphäre des Gesellschafters verlagert. Dies kann erhebliche steuerliche Nachteile für den Gesellschafter und damit mittelbar auch für die unternehmerische Betätigung der Gesellschaft haben. So kann eine atypische Häufung von Einkommen in einem Jahr aufgrund des progressiven Steuertarifs bei einer Betrachtung der Totalperiode zu einer steuerlichen Überbelastung führen[860]. Diese steuerliche Überbelastung schlägt sich letztlich auf die Rentabilität der Gesellschaft aus Sicht ihrer Gesellschafter aus.

4.1.2 Kapitalgesellschaften

Kapitalgesellschaften unterliegen sowohl der Körperschaftsteuer sowie der Gewerbesteuer. Gewinnausschüttungen an Gesellschafter unterliegen bei diesen der Einkommensteuer, welche jedoch als Abgeltungssteuer zu einem pauschalen Satz von 25 % erhoben wird. Da die Erträge von Kapitalgesellschaften sowohl bei der Körperschaftsteuer, der Gewerbesteuer sowie der Einkommensteuer proportionalen Steuersätzen unterliegen, hat die periodische Besteuerung zumindest hinsichtlich des Steuertarifs keine Auswirkungen. Interperiodische Verschiebungen von Erträgen

859 Siehe hierzu Teil 2.3.2 dieser Arbeit.
860 Siehe hierzu u.a. Teil 2.1.4 dieser Arbeit.

haben auf die Höhe der Besteuerung somit grundsätzlich keine Auswirkungen. Jedoch unterliegen auch Kapitalgesellschaften Beschränkungen hinsichtlich der interperiodischen Verrechnung von Verlusten. Sowohl im Rahmen der Körperschaftsteuer sowie der Gewerbesteuer droht im Falle von nicht ausgleichfähigen und nicht abzugsfähigen Verlusten eine Mindestbesteuerung. Dies kann in jedem Stadium der Gesellschaft gravierende wirtschaftliche Folgen haben. So führt die Mindestbesteuerung in jedem Fall zu einem Liquiditätsentzug bei der betroffenen Gesellschaft. Dieser kann (zumal er in Zeiten negativer Ertragslage anfällt) je nach Einzelfall zu Zahlungsengpässen, Investitionsstau, teuren Refinanzierungsmaßnahmen oder schlimmstenfalls zu Zahlungsunfähigkeit und Insolvenz führen. Im Übrigen besteht auf Ebene des Gesellschafters keine Möglichkeit etwaige Verluste der Gesellschaft mit persönlichen Einkünften auszugleichen.

4.1.3 Besondere Beteiligungsformen

Einige bestimmte Beteiligungsformen werden im deutschen Steuerrecht besonders behandelt. Dies gilt insbesondere für die Beteiligung als Kommanditist oder auch als (typisch/atypischer) stiller Beteiligter. Insbesondere aus der Verknüpfung von Elementen der Personengesellschaften mit denen der Kapitalgesellschaften können sich Besonderheiten ergeben – so etwa bei der GmbH & Co. KG oder der KGaA.

4.1.4 Wirtschaftliche Wirkung

All den vorgenannten Gesellschafts- und Beteiligungsformen ist jedoch gemein, dass ihre Wahl insbesondere dann an Bedeutung gewinnt, wenn bestimmte wirtschaftliche Sachverhalte eintreten und diese ungewollte Folgen der periodischen Besteuerung auslösen, wie z.B. die aufgrund des progressiven Steuertarifes steuerlich ungünstige Kumulierung von Gewinnen im Einkommen des Gesellschafters oder das zeitliche Auseinanderfallen von Erträgen und Verlusten, welches einen Verlustausgleich unmöglich macht.

So sind es vor allem schwankende Erträge, welche besondere Wirkungen der periodischen Besteuerung zur Folge haben können. Sind diese Schwankungen besonders hoch, halten sie über viele Perioden an oder reichen sie von hohen negativen bis hohen positiven Erträgen, so können die Folgen aus wirtschaftlicher Sicht dramatisch sein. Aus Sicht der Totalperiode wird es mit hoher Wahrscheinlichkeit zu einer Überbesteuerung und damit einhergehend zu einem Liquiditätsverlust kommen. Dieser Liquiditätsverlust kann zu finanziellen Engpässen in der Gesellschaft führen und die Profitabilität eines Unternehmens in Frage stellen.

U.a. betroffen von diesen Szenarien sind Unternehmen mit bereits hohen bestehenden Verlustvorträgen[861]. Die Mindestbesteuerung verschließt diesen die Möglichkeit eines schnelles Abbaus dieser Vorträge, während ihnen eine Sanierung

861 *Groß/Steiger*, DStR 2004, S. 1203 (S. 1203).

durch die Mantelkaufregelung in § 8c KStG weitestgehend verbaut wird bzw. für Dritte unter Umständen noch unattraktiver gemacht wird[862]. Eine wirtschaftliche Gesundung dieser Unternehmen wird durch eine interperiodisch überhöhte Besteuerung erschwert und verlangsamt[863] – und im schlimmsten Fall verhindert.

Dieselbe Logik gilt auch für Unternehmensneugründungen mit zu erwartenden (hohen) Anlaufverlusten[864]. Betrachtet man den Zeitpunkt, ab dem bei einer solchen Neugründung erstmals ein periodenübergreifender Gewinn eintritt, die Investition in dieses Unternehmen also erstmals in die Gewinnzone übergeht, so verschiebt sich dieser als Folge der Mindestbesteuerung nach hinten. Dies bedeutet eine deutliche Verringerung der wirtschaftlichen Attraktivität einer Investition in eine solche Neugründung[865]. Darüber hinaus bedeutet die Mindestbesteuerung für derartige Unternehmen auch und vor allem den Verlust dringend benötigter Liquidität[866]. Die Kreditwürdigkeit solcher Unternehmen ist ebenfalls entsprechend niedriger einzustufen.

Unabhängig von ihrer Bestandsdauer oder ihrem wirtschaftlichen Erfolg sind vor allem diejenigen Unternehmen betroffen, welche regelmäßig zwischen Gewinn- und Verlustperioden schwanken. Neben Konjunkturzyklen und wirtschaftlichen Trends dürften diese Schwankungen häufig mit zyklischen Fertigungs- und Entwicklungsprozessen zu begründen sein[867]. Häufige Beispiele für derartige Unternehmen sind z. B. Unternehmen des Schiffsbaus[868] oder der Filmproduktion[869]. Diese werden regelmäßig an nur einem Projekt gleichzeitig arbeiten. Während der Fertigung entstehen in diesen Unternehmen dann zunächst nur Verluste. Reicht nun der für die langfristige Fertigung erzielte Erlös nicht aus, um diese Verluste zu auszugleichen, u. a. weil dies durch die Mindestbesteuerung verhindert wird, so geraten diese Unternehmen in eine Spirale von mit jedem Auftrag steigenden Verlustvorträgen, welche nur schwerlich wieder aufgelöst werden können[870]. Sind diese Unternehmen als Personengesellschaften ausgestaltet, verlagert sich dieses Problem auf die Ebene

862 § 8c Abs. 1 KStG regelt einen Verlustuntergang im Falle der Übertragung von Geschäftsanteilen an einen neuen Gesellschafter. Dies hindert die Sanierung von Gesellschaften, da sie den Einstieg von Investoren weniger attraktiv macht. Im Zuge der Finanzkrise wurde insofern ein Sanierungstatbestand in § 8c Abs. 1a KStG eingeführt. Siehe dazu *Brendt*, in: Erle/Sauter, Körperschaftsteuergesetz, § 8c, Rn. 80 ff.

863 *Groß/Steiger*, DStR 2004, S. 1203 (S. 1205).

864 *Orth*, FR 2005, S. 515 (S. 523).

865 *Groß/Steiger*, DStR 2004, S. 1203 (S. 1204).

866 *Groß/Steiger*, DStR 2004, S. 1203 (S. 1204).

867 *Groß/Steiger*, DStR 2004, S. 1203 (S. 1205); *Orth*, FR 2005, S. 515 (S. 523).

868 *Dörffler/Käfferlein*, FR 2004, S. 869 (S. 869); *Orth*, FR 2005, S. 515 (S. 523).

869 *Dörffler/Käfferlein*, FR 2004, S. 869 ff.

870 *Groß/Steiger*, DStR 2004, S. 1203 (S. 1205).

der Gesellschafter. Inwiefern diese die Verlustvorträge nutzen können hängt dann von ihrer Beteiligungsform[871] sowie ihrer sonstigen Einkommenssituation[872] ab.

4.2 Grenzen der Steuergestaltung

Dem Steuerpflichtigen steht es grundsätzlich frei, wirtschaftliche und rechtliche Sachverhalte so zu gestalten, dass diese keine oder eine möglichst geringe Steuerlast auslösen[873]. Der Gesetzgeber zieht jedoch zum Erhalt des Steueraufkommens, der Steuerplanungssicherheit[874] und der Steuergerechtigkeit[875] dort Grenzen, wo die Steuergestaltung missbräuchliche Züge annimmt, die Steuergestaltung also dem Erreichen von gesetzlich nicht vorgesehenen Vorteilen dient. Diese Art der Steuergestaltung läuft dem Interesse des Steuerstaates an der Partizipation an der Leistungsfähigkeit des Steuerpflichtigen zuwider, während sie gleichzeitig zu einer ungleichen Verteilung der Steuerlast führt.

4.2.1 Allgemeine Grenzen der Steuergestaltung

Die grundsätzlich freie Gestaltung steuerlicher Sachverhalte findet ihre gesetzliche Grenze in § 42 AO. Diese Regelung ist die zentrale Missbrauchsvorschrift des deutschen Steuerrechts und gilt entsprechend für sämtliche steuerrechtlichen Regelungsbereiche inklusive des internationalen Steuerrechts[876]. § 42 Abs. 1 AO hält fest, dass Steuergesetze nicht durch missbräuchliche Gestaltungsmöglichkeiten umgangen werden können. Ein entsprechender Missbrauch soll nach § 42 Abs. 2 AO vorliegen, wenn der Steuerpflichtige eine unangemessene rechtliche Gestaltung wählt, welche bei ihm oder einem Dritten zu einem nicht vorgesehenen Steuervorteil führt. Ein Missbrauch kann jedoch dann ausgeschlossen werden, wenn für die gewählte Gestaltung außersteuerliche Gründe vorliegen. Mit dieser Neufassung des § 42 AO greift der Gesetzgeber zwar die Missbrauchskasuistik der bis dato

871 So dürfen z.B. nach § 15 Abs. 4 S. 6 EStG Verluste aus stillen Beteiligungen an Kapitalgesellschaften, bei denen der Gesellschafter als Mitunternehmer anzusehen ist weder mit Einkünften aus Gewerbebetrieb, noch aus anderen Einkunftsarten ausgeglichen werden.

872 Stehen dem jeweiligen Gesellschafter keine weiteren (positiven) Einkünfte zur Verfügung, ist ein Verlustausgleich noch in dieser Periode nicht möglich. Insofern unterfällt er der Verlustabzugsregelung des § 10d EStG und gegebenenfalls der Mindestbesteuerung.

873 BFH, BStBl. II 1999, S. 729 (S. 730); BStBl. II 1983, S. 272 (S. 277); FG Baden Württemberg Urt. v. 05.12.2002 – 3 K 147/00, EFG 2003, S. 672 (S.675); *Koenig*, in: Koenig, Abgabenordnung, § 42 Rn. 21; *Melchior*, in: Ax/Große/Melchior/Lotz/Ziegler, Abgabenordnung und Finanzgerichtsordnung, Rn. 617; *Birk/Desens/Tappe*, Rn. 342; *Ratschow*, in: Klein, Abgabenordnung, § 42 Rn. 42.

874 *Englisch*, in: Tipke/Lang, Steuerrecht, § 5 Rn. 119.

875 *Koenig*, in: Koenig, Abgabenordnung, § 42 Rn. 7.

876 *Englisch*, in: Tipke/Lang, Steuerrecht, § 5 Rn. 117.

ergangenen Rechtsprechung auf[877]; letztlich bleibt jedoch auch diese Legaldefinition eines Missbrauchs unscharf und bedarf weiterer Auslegung und Konkretisierung[878].

Nach der Rechtsprechung des BFH ist eine rechtliche Gestaltung dann unangemessen, wenn der Steuerpflichtige einen „*ungewöhnlichen*“[879] Weg wählt, auf dem nach der Vorstellung des Gesetzgebers eine Steuerersparnis nicht erreicht werden soll[880]. Gleiches soll für Gestaltungen gelten, welche „*umständlich, kompliziert, schwerfällig, gekünstelt*“[881] sind. Als ungewöhnlich gelten demnach solche Gestaltungen, welche verständige Parteien in Anbetracht des wirtschaftlichen Sachverhalts und der wirtschaftlichen Zielsetzung nicht gewählt hätten[882]. Besonders offensichtlich ist dies, wenn zur Begründung der Gestaltung gar kein wirtschaftlicher Grund vorliegt[883]. Der BFH verlangt daher, dass jeder Gestaltung ein wirtschaftlich vernünftiger Zweck zugrunde liegt[884]. Dieser darf konsequenter Weise nicht in der angestrebten oder erreichten Steuerersparnis liegen[885].

Die Literatur stimmt dieser Auslegung weitestgehend zu[886], setzt sich mit diesem Ansatz einer Definition jedoch teilweise auch differenzierter auseinander. So stellt *Müller* fest, dass eine Gestaltung nicht schon dann unangemessen ist, wenn sie weniger zweckmäßig ist als eine andere. Vielmehr sei darauf abzustellen, ob die Gestaltung zur Erreichung des angestrebten Ziels angemessen ist[887]. *Koenig* hält fest, dass der Begriff ‚unangemessen‘ keineswegs – wie teilweise von der Rechtsprechung getan – mit den Worten ‚ungewöhnlich‘ oder ‚unüblich‘ gleichgesetzt werden darf[888]. Auch will *Koenig* als Bezugspunkt der Unangemessenheit die rechtliche Gestaltung herangezogen wissen und eben nicht das wirtschaftliche Verhalten der Parteien[889]. *Englisch* hingegen ist der Ansicht, dass gerade auf das wirtschaftliche

877 *Ratschow*, in: Klein, AO Kommentar, § 42 Rn. 45.

878 *Melchior*, in: Ax/Große/Melchior/Lotz/Ziegler, Abgabenordnung und Finanzgerichtsordnung, Rn. 617; *Birk/Desens/Tappe*, Rn. 344. *Ratschow* spricht insofern von dem „*Versuch einer Definition*“; *ders.*, in: Klein, AO Kommentar, § 42 Rn. 45.

879 BFH, BStBl. II 1999, S. 729 (S. 730); BStBl. II 1983, S. 272 (S. 277); BStBl. II 1984, S. 426 (S. 428); BStBl. II 1984, S. 428 (S. 430).

880 BFH, BStBl. II 1999, S. 729 (S. 730); BStBl. III 1966, S. 148 (S. 150).

881 BFH, BStBl. II 2001, S. 520 (S. 523).

882 BFH, BStBl. 1991, S. 607 (S. 609); BStBl. II 1990, S. 446 (S. 447); BStBl. II 2001, S. 520 (S. 522 f.).

883 BFH, BStBl. 1991, S. 607 (S. 609).

884 BFH, BStBl. 1991, S. 607 (S. 609).

885 *Ratschow*, in: Klein, AO Kommentar, § 42 Rn. 53.

886 Z.B. *Birk/Desens/Tappe*, Rn. 344; *Blesinger*, in: Kühn/von Wedelstädt, Abgabenordnung und Finanzgerichtsordnung, § 42 Rn. 1.

887 *Müller*, iStR 2005, S. 181 (S. 186).

888 *Koenig*, in: Koenig, Abgabenordnung, § 42 Rn. 20. So jedoch z.B. *Melchior*, in: Ax/Große/Melchior/Lotz/Ziegler, Abgabenordnung und Finanzgerichtsordnung, Rn. 617.

889 *Koenig*, in: Koenig, Abgabenordnung, § 42 Rn. 18. So auch *Melchior*, in: Ax/Große/Melchior/Lotz/Ziegler, Abgabenordnung und Finanzgerichtsordnung, Rn. 617.

Ergebnis abzustellen sei, wenn man das Grad der Unangemessenheit bestimmen will[890].

In jedem Fall muss die unangemessene Gestaltung zu einem gesetzlich nicht vorgesehenen Steuervorteil beim Steuerpflichtigen oder einem Dritten führen. Was dies genau bedeuten soll ist unklar[891]. Es ist davon auszugehen, dass eine negative Differenz zwischen den steuerlichen Ergebnissen zweier möglicher Gestaltungswege gemeint ist[892]. Es muss also ein Vergleich zwischen dem Ergebnis der gewählten unangemessenen Gestaltung und dem Ergebnis der angemessenen Gestaltung vorgenommen werden[893]. Steuervorteile können daher sowohl Steuererstattungen und -vergütungen sein, als auch niedrigere Steueransprüche des Staates[894].

Grundsätzlich obliegt es der Finanzverwaltung, dem Steuerpflichtigen nachzuweisen, dass eine von diesem gewählte Gestaltung den Missbrauchstatbestand des § 42 AO erfüllt[895]. Der Ansicht, die neue Fassung des § 42 AO habe diese Beweislast auf den Steuerpflichtigen verlagert[896], kann nicht zugestimmt werden. Vielmehr regelt § 42 Abs. 2 S. 2 AO lediglich, dass es dem Steuerpflichtigen offensteht den Gegenbeweis dahingehend zu führen, dass die von ihm gewählte Gestaltung durch außersteuerliche Gründe gerechtfertigt ist[897]. Gleichzeitig ist der Steuerpflichtige jedoch in der Tat gem. § 90 Abs. 1 S. 2 AO verpflichtet, von vornherein den Sachverhalt, welcher einer Prüfung nach § 42 AO unterzogen werden soll, vollständig und wahrheitsgemäß darzulegen[898]. Kommt der Steuerpflichtige dem nach, so ist eine etwaig aufzudeckende Steuerumgehung nicht strafbar. Verheimlicht oder verschleiert er jedoch maßgebliche Tatsachen, so kann dies den Tatbestand der Steuerhinterziehung erfüllen[899].

Die Frage nach einer Rechtfertigung durch außersteuerliche Gründe stellt sich jedoch erst, wenn die Tatbestandsmerkmale der Unangemessenheit und des Steuervorteils erfüllt sind. Denn § 42 AO ändert nichts an der Tatsache, dass es dem Steuerpflichtigen offen steht, die für ihn günstigste Gestaltung zu wählen[900]. Mit dieser Norm bezweckt der Gesetzgeber keine Beeinträchtigung der wirtschaftlichen

---

890 *Englisch*, in: Tipke/Lang, Steuerrecht, § 5 Rn. 126.
891 *Birk/Desens/Tappe*, Rn. 345.
892 *Ratschow*, in: Klein, AO Kommentar, § 42 Rn. 67.
893 *Melchior*, in: Ax/Große/Melchior/Lotz/Ziegler, Abgabenordnung und Finanzgerichtsordnung, Rn. 616.
894 *Ratschow*, in: Klein, AO Kommentar, § 42 Rn. 67.
895 *Melchior*, in: Ax/Große/Melchior/Lotz/Ziegler, Abgabenordnung und Finanzgerichtsordnung, Rn. 618.
896 So *Blesinger*, in: Kühn/von Wedelstädt, Abgabenordnung und Finanzgerichtsordnung, § 42 Rn. 1.
897 *Birk/Desens/Tappe*, Rn. 346.
898 *Koenig*, in: Koenig, Abgabenordnung, § 42 Rn. 34.
899 *Englisch*, in: Tipke/Lang, Steuerrecht, § 5 Rn. 134.
900 *Blesinger*, in: Kühn/von Wedelstädt, Abgabenordnung und Finanzgerichtsordnung, § 42 Rn. 11; *Ratschow*, in: Klein, AO Kommentar, § 42 Rn. 42.

Entfaltungs- und Gestaltungsfreiheit des Steuerpflichtigen[901]. Insofern hat auch das Motiv der Steuerersparnis keinen Einfluss auf die Annahme einer Unangemessenheit[902] oder gar eines Missbrauchs[903]. Sollten die Tatbestandsmerkmale des § 42 Abs. 2 AO jedoch vorliegen, so müssen der monierten Gestaltung bedeutende Gründe zugrunde liegen, die insbesondere im Verhältnis zur gewählten Gestaltung von einigem Gewicht sind[904]. Diese Gründe können letztlich sowohl rechtlicher, wirtschaftlicher, aber auch privater Natur sein.

4.2.2 Grenzen von Verlustnutzungsstrategien

Die konkreten Grenzen der Steuergestaltung und die Anwendbarkeit von § 42 AO sind letztlich immer am Einzelfall auszuloten[905]. Während grundsätzlich die verschiedensten Formen der Steuergestaltung in Betracht kommen, wenn es darum geht die beschriebenen Folgen einer periodischen Besteuerung zu mindern oder zu umgehen, so spielen in der Praxis vor allem Strategien und Gestaltungen zur Verlustnutzung im weitesten Sinne eine hervorgehobene Rolle. Es lohnt sich daher, neben den Grenzen der allgemeinen Steuergestaltung auch die Grenzen der Verlustnutzungsstrategien zu untersuchen.

Strategien der Verlustnutzung dienen grundsätzlich[906] der Wahrung einer leistungsfähigkeitsbezogenen Besteuerung und dem Schutz vor einer überhöhten Gesamtbesteuerung[907]. Je nach Höhe der Verluste ist ihre Nutzung wirtschaftlich mehr oder weniger bedeutungsvoll und führt in der Praxis mithin zu einem wahren Verlustmanagement im Rahmen der betrieblichen Steuerplanung[908]. Die Finanzverwaltung betrachtet die gezielte Verlustnutzung im Rahmen betrieblicher Steuerplanung wenig überraschend mit einigem Argwohn[909]. Häufig bemängelt sie gerade solche Gestaltungen, die zur Nutzung aufgelaufener Verlustvorträge dienen[910]. Diese Sensibilisierung der Finanzverwaltung für Verlustnutzungsstrategien ist in

901 *Blesinger*, in: Kühn/von Wedelstädt, Abgabenordnung und Finanzgerichtsordnung, § 42 Rn. 4.
902 BFH, BStBl. II 1983, S. 272 (S. 277).
903 *Melchior* in: Ax/Große/Melchior/Lotz/Ziegler, Abgabenordnung und Finanzgerichtsordnung, Rn. 617; *Birk/Desens/Tappe*, Rn. 342; *Ratschow*, in: Klein, AO Kommentar, § 42 Rn. 42; *Blesinger*, in: Kühn/von Wedelstädt, Abgabenordnung und Finanzgerichtsordnung, § 42 Rn. 18.
904 *Koenig*, in: Koenig, Abgabenordnung, § 42 Rn. 26.
905 *Blesinger*, in: Kühn/von Wedelstädt, Abgabenordnung und Finanzgerichtsordnung, § 42 Rn. 10; *Hey*, Beihefter zu DStR 2014, S. 8 (S. 8).
906 Dies ist unter Umständen im Rahmen besonders aggressiver (internationaler) Steuerplanung oder auch sog. Double-Dip Konstellationen nur begrenzt richtig.
907 *Orth*, Ubg. 2010, S. 169 (S. 169); BFH, BFHE 197, S. 63 (S. 67).
908 *Prinz*, GmbHR 2004, S. 921 (S. 921).
909 Siehe *Hoffmann*, GmbH-StB 2007, S. 29 (S. 29).
910 *Busch*, DStR 2007, S. 1069 (S. 1070).

Anbetracht der starken und wachsenden Beschränkung der Verlustnutzung- und -verrechnung[911] und der *„ausufernden Missbrauchsgesetzgebung“*[912] kaum erstaunlich.

Verwunderlich ist diese Praxis der Verwaltung jedoch insofern, als dass die Rechtsprechung nicht nur § 42 AO eher restriktiv handhabt[913], sondern auch die Nutzung von Verlustabzügen grundsätzlich als nicht missbräuchlich einstuft[914]. Dies soll insbesondere auch ohne weitere vorliegende außersteuerliche Gründe gelten[915]. Die h.M. in der Literatur zieht daraus den richtigen Schluss, dass Verlustnutzungsstrategien als solche grundsätzlich nicht missbräuchlich im Sinne des § 42 AO sind[916].

Nichtsdestotrotz sind auch der Verwendung von Verlustnutzungsstrategien Grenzen gesetzt. Allgemein liegen diese dort, wo eine Verlustnutzung entgegen der Intention des Gesetzgebers und gegen dessen Willen, also unter Umgehung des Gesetzeszwecks vorgenommen wird. Spezifisch wird dies insbesondere dann der Fall sein, wenn Verlustnutzungsstrategien nicht mehr zu einer Vermeidung einer überhöhten Besteuerung, sondern im Gegenteil zu einer Besteuerung führt, welche unterhalb dem der Leistungsfähigkeit entsprechenden Maß liegt. Dies kann insbesondere dann der Fall sein, wenn Verluste (international) mehr als einmal in Abzug gebracht werden oder z.B. Verluste im Wege von überzogenen Abschreibungen herbeigeführt werden. Grundsätzlich und im Einzelfall kann also auch die Verlustnutzung den Tatbestand des § 42 AO ausfüllen[917].

4.3 Gestaltungsmöglichkeiten

Im Folgenden sollen Gestaltungsmöglichkeiten dargestellt werden, die der Umgehung bzw. der Milderung von Überbesteuerungen infolge der deutschen Umsetzung des Periodizitätsprinzips dienen können. Vereinfacht zusammengefasst sollen all diese Gestaltungsmöglichkeiten der interperiodischen Glättung steuerlicher Gewinne aus unternehmerischen Tätigkeiten dienen, um so eine unvorteilhafte progressive Besteuerung, eine Mindestbesteuerung oder gar den Verfall von Verlustvorträgen zu verhindern.

In der Praxis empfiehlt sich zur Ausführung einer entsprechenden betrieblichen Steuerplanung oder der vereinzelten Umsetzung gezielter Steuergestaltungen immer

---

911 *Brinkmann*, in: Lüdicke/Sistermann, Unternehmenssteuerrecht, § 16 Rn. 68; *Prinz*, GmbHR 2004, S. 921 (S. 921); *Esterer/Bartelt*, Ubg. 2012, S. 283 (S. 283); *Möhlenbrock*, Ubg. 2010, S. 256 (S. 256).

912 *Hey*, Beihefter zu DStR 2014, S. 8 (S. 8).

913 *Hey*, Beihefter zu DStR 2014, S. 8 (S. 8).

914 BFH, BFHE 197, S. 63 (S. 67); BStBl. II 2001, S. 43 (S. 45).

915 BFH, BFHE 197, S. 63 (S. 67); BStBl. II 2001, S. 43 (S. 45). So auch *Busch*, DStR 2007, S. 1069 (S. 1073).

916 Esterer/*Bartelt*, Ubg. 2012, S. 283 (S. 283); *Orth*, Ubg. 2010, S. 169 (S. 169); *Becker/Loitz/Stein*, S. 23; *Prinz*, GmbHR 2004, S. 921 (S. 921).

917 *Korth*, AktStR, 2004, S. 95 (S. 96); *Prinz*, GmbHR 2004, S. 921 (S. 921).

eine vollständige Erfassung der bestehenden Erträge und etwaiger Verlustvorträge[918], der zu erwartenden wirtschaftlichen Entwicklung kommender Steuerperioden und eine *„sorgfältige Analyse der steuerlichen Rechtslage“*[919]. Außerdem sollte jede Planung und Gestaltung nach Möglichkeit zeitnah Wirkung entfalten[920], da sowohl prognostizierte Sachverhalte, aber auch die Rechtslage kurzfristig Änderungen unterworfen sein können. Gleichzeitig gewinnt jedoch vermehrt auch die langfristige Ergebnisplanung zur Vermeidung der Entstehung von Verlusten vermehrt an Bedeutung[921].

Die *„Ergebnisglättung“*[922] kann im einzelnen auf sehr unterschiedliche Weise erfolgen, ist jedoch letztlich immer auf zwei Wegen zu erreichen. So muss entweder die Realisierung von Gewinnen oder die von Verlusten zeitlich vorgezogen oder nach hinten verschoben werden. Über die Ergebnisglättung hinaus sollte jedoch Wert darauf gelegt werden, den Untergang von Verlustvorträgen zu verhindern und gleichzeitig eine zeitnahe und möglichst wirksame Verlustverrechnung zu bewirken[923]. Zwar ist im deutschen Steuerrecht eine zeitliche Beschränkung des Verlustvortrags (noch)[924] nicht vorgesehen, doch kann ein Verlustvortrag auch aufgrund einer Insolvenz oder einer bewussten Einstellung des Unternehmens untergehen. Eine weitere Gefahr droht im Übrigen im Rahmen einer Anteilsübernahme aufgrund § 8c KStG. In jedem Fall bietet sich eine zeitnahe Verrechnung von Verlusten schon aufgrund der darin liegenden Zins- und Liquiditätsvorteile an[925]. Allerdings sollte – insbesondere bei einer progressiven Besteuerung – darauf geachtet werden, dass die Verluste mit möglichst hoch zu versteuernden Gewinnen verrechnet werden, um so den größtmöglichen Vorteil aus den Verlusten zu ziehen. Ganz allgemein ist daher festzustellen, dass insbesondere der Verwertung von Verlusten in der Praxis große Bedeutung zukommt[926], da die negative wirtschaftliche Wirkung von Verlusten durch die Mindestbesteuerung noch verstärkt wird.

Die möglichen Steuergestaltungsmaßnahmen lassen sich unterscheiden in langfristige Gestaltungen (z.B. die Wahl der Rechtsform, die Schaffung von Gewinnabführungsmöglichkeiten), mittel- bis kurzfristige Maßnahmen (z.B. zeitliche Verlagerung von Erträgen, internationale Verlustnutzung) sowie einzelfallabhängige

---

918 *Prinz*, GmbHR 2004, S. 921 (S. 921); *Kaminski*, in: Steuerrechtsforum 2014, S. 9. *Orth* spricht insofern von einer *„Verlustinventur“*. *Orth*, in: Kessler/Kröner/Köhler, Konzernsteuerrecht, § 11 Rn. 40.
919 *Orth*, in: Kessler/Kröner/Köhler, Konzernsteuerrecht, § 11 Rn. 40.
920 *Groß/Steiger*, DStR 2004, S. 1203 (S. 1204).
921 *Groß/Steiger*, DStR 2004, S. 1203 (S. 1205).
922 *Prinz*, GmbHR, 2004 S. 921 (S. 922).
923 Siehe auch *Orth*, Ubg. 2010, S. 169 (S. 169).
924 Auch *Orth* sieht eine entsprechende Gefahr; *ders.*, in: Kessler/Kröner/Köhler, Konzernsteuerrecht, § 11 Rn. 43.
925 *Orth*, in: Kessler/Kröner/Köhler, Konzernsteuerrecht, § 11 Rn. 43.
926 *Bolz*, AktStR 2002, S. 219 (S. 219).

Maßnahmen in besonderen Situationen (z. B. Maßnahmen zur Vermeidung des Untergangs von Verlustvorträgen in Umwandlungsfällen).

4.3.1 Wahl der Rechtsform

Eine langfristige und vorausschauende Steuergestaltung beginnt mit der Wahl der Rechtsform des angestrebten Unternehmens. Die Wahl der richtigen Rechtsform wird in der Praxis sicherlich auch von einer Vielzahl außersteuerlicher Faktoren abhängen, wie Fragen der Finanzierung, der Haftung oder auch der Übertragbarkeit oder Nachfolge. Oftmals werden auch diese Faktoren letztlich ausschlaggebend sein. Soll jedoch die Rechtswahl (auch) aus steuerlicher Sicht getroffen werden, setzt dies voraus, dass gewisse Eckpunkte wie die Finanzierung, wirtschaftliche Interessen der Beteiligten und die Entwicklung des Unternehmens einigermaßen verlässlich auch für die Zukunft vorhergesagt werden können. Nur dann kann sichergestellt werden, dass die gewählte Rechtsform tatsächlich dem steuerlichen Optimum entspricht.

4.3.1.1 Personengesellschaften

Personengesellschaften sind selbst nicht Subjekt der Einkommensteuer oder der Körperschaftsteuer[927]. Ihre Erträge werden grundsätzlich ihren Gesellschaftern als gewerbliche Einkünfte nach § 15 Abs. 1 Nr. 2 EStG zugerechnet. Dies gilt sowohl für Gewinne wie auch Verluste. Die Zurechnung erfolgt dabei gemäß der im Gesellschaftsvertrag vereinbarten Gewinnverteilung[928]. Die Ein- und Zuordnung als gewerbliche Einkünfte nach § 15 Abs. 1 Nr. 2 EStG setzt voraus, dass der betreffende Gesellschafter als sog. Mitunternehmer im Sinne des § 15 EStG anzusehen ist[929]. Dies ist dann anzunehmen, wenn ihn mit den anderen Gesellschaftern ein zivilrechtliches Gesellschaftsverhältnis verbindet, er Unternehmerrisiko trägt und Unternehmerinitiative entfalten kann[930].

Ein zivilrechtliches Gesellschaftsverhältnis ist grundsätzlich bei allen Personengesellschaften anzunehmen, also sowohl bei GbR, OHG und KG, als auch bei der stillen Gesellschaft, der Partnerschaftsgesellschaft oder der Europäischen wirtschaftlichen Interessenvereinigung[931]. Als besondere Form der Kommanditgesellschaft ist auch die GmbH & Co. KG den Personengesellschaften zuzuordnen[932]. Unabhängig

---

927 *Fehrenbacher*, § 3 Rn. 1; *Jakob*, Einkommensteuer, Rn. 1031.

928 *Birk/Desens/Tappe*, Rn. 1133.

929 *Birk/Desens/Tappe*, Rn. 1110; *Zenthöfer*, Einkommensteuer, S. 448.

930 *Birk/Desens/Tappe*, Rn. 1111; *Fehrenbacher*, § 3 Rn. 5; *Zenthöfer*, S. 448.

931 *Birk/Desens/Tappe* sprechen insofern von den „Gesellschaftsformen des Zivilrechts", Rn. 1112.

932 *Birk/Desens/Tappe*, Rn. 1112.

von der gewählten Gesellschaftsform ist jedoch Voraussetzung des § 15 Abs. 1 Nr. 2 EStG, dass die Gesellschaft sich letztlich gewerblich betätigt[933].

Unternehmerrisiko trägt der einzelne Gesellschafter dann, wenn er sowohl an Gewinn und Verlust, als auch an den stillen Reserven beteiligt ist[934]. Dies ist grundsätzlich sowohl bei der GbR, der OHG sowie der KG anzunehmen[935]. Unternehmerinitiative eines Gesellschafters setzt voraus, dass dieser Einfluss auf die unternehmerischen Entscheidungen hat, z. B. im Wege von Geschäftsführungs- und Vertretungsbefugnissen oder Stimmrechten[936]. Sofern einem Gesellschafter nur wenig Unternehmerinitiative zugestanden wird, kann dies mit einem gesteigerten Unternehmerrisiko ausgeglichen werden[937].

Liegen diese Voraussetzungen vor, so werden sowohl Gewinne wie auch Verluste auf Ebene des Gesellschafters als gewerbliche Einkünfte im Rahmen der Einkommensermittlung des § 2 EStG herangezogen. Verluste stehen sowohl zum Verlustausgleich als auch zum Verlustabzug im Rahmen des § 10d EStG uneingeschränkt zur Verfügung. In dieser Transparenz kann gegebenenfalls ein entscheidender Vorteil der Personengesellschaft gegenüber der Kapitalgesellschaft gesehen werden, da bei letzterer eine Übertragung von Verlusten auf die Gesellschafter mangels Ausschüttung nicht möglich ist[938].

Soll dieser Vorteil im Rahmen der Steuergestaltung genutzt werden, die Personengesellschaft also als Rechtsform gewählt werden, so ist vorab sicherzustellen, dass die Bedingungen des Unternehmerrisikos und der Unternehmerinitiative auch tatsächlich so erfüllt werden können bzw. sollen. Insbesondere das als Nachteil angesehene Unternehmerrisiko ist oftmals Grund für haftungsbeschränkende Beteiligungs- und Gesellschaftsformen. Dies kann letztlich jedoch die geschilderten Vorteile ausschließen.

Die grundsätzliche Zuordnung von Erträgen zu den Gesellschaftern von Personengesellschaften setzt sich auch in der Gewerbesteuer fort. So erfolgt die Verlustverrechnung nach § 10a S. 4, 5 GewStG anhand einer Verrechnung der Verluste auf Gesellschafterebene, welche nach dem vertraglichen Gewinnverteilungsschlüssel vorzunehmen ist. Die einzelnen Ergebnisse sind sodann auf Ebene der Gesellschaft als Gewerbeertrag zusammenzufassen[939]. Aus vollstreckungsrechtlichen Gründen[940]

---

933 *Brönner*, Die Besteuerung der Gesellschaften, B II Rn. 94; *Birk/Desens/Tappe*, Steuerrecht, Rn. 1110; *Fehrenbacher*, § 3 Rn. 4.

934 *Brönner*, B II Rn. 110; *Birk/Desens/Tappe*, Rn. 1113; *Fehrenbacher*, § 3 Rn. 7; *Jakob*, Rn. 1046; *Zenthöfer*, S. 451.

935 *Birk/Desens/Tappe*, Rn. 1113.

936 *Brönner*, B II Rn. 109; *Birk/Desens/Tappe*, Rn. 1114; *Fehrenbacher*, § 3 Rn. 8; *Jakob*, Rn. 1045; *Zenthöfer*, S. 453.

937 *Birk/Desens/Tappe*, Steuerrecht, Rn. 1114; *Jakob*, Rn. 1044.

938 So *Birk/Desens/Tappe*, Rn. 1134.

939 *Güroff*, in: Glanegger/Güroff, GewStG, § 10a Rn. 120b.

940 *Selder*, in: Glanegger/Güroff, GewStG, § 5 Rn. 5.

ist nach § 5 S. 3 GewStG jedoch die Personengesellschaft Steuerschuldner der Gewerbesteuer, sofern sie selber Gesamthandsvermögen bilden kann[941].

Nach § 2 Abs. 1 S. 2 GewStG ist eine Personengesellschaft dann Steuergegenstand, wenn sie die Voraussetzungen einer Mitunternehmerschaft im Sinne des § 15 Abs. 1 Nr. 2 EStG erfüllt, also ein gewerbliches Unternehmen im Sinne des Einkommensteuergesetzes darstellt. Die erhobene Gewerbesteuer mindert auf Ebene des Gesellschafters nach § 35 Abs. 1 Nr. 2 EStG anteilig die tarifliche Einkommensteuer des Mitunternehmers.

4.3.1.1.1 Offene Handelsgesellschaft und Gesellschaft bürgerlichen Rechts

Die OHG und die GbR erfüllen in ihrer gesetzlichen Grundform nach den §§ 105 ff. HGB bzw. den § 705 ff. BGB grundsätzlich alle Voraussetzungen die an das nötige Unternehmerrisiko bzw. die Unternehmerinitiative gestellt werden[942]. Die OHG wird entsprechend auch bereits in § 15 Abs. 1 Nr. 2 EStG genannt.

Da es Voraussetzung des § 15 Abs. 1 Nr. 2 EStG ist, dass die jeweilige Gesellschaft gewerbliche Einkünfte haben muss, ist der Anwendungsbereich dieser Norm auf die GbR nur gering. Nach § 105 HGB ist eine GbR dann bereits eine OHG, wenn sie auf den Betrieb eines Handelsgewerbes unter gemeinschaftlicher Firma gerichtet ist. Zwar besteht eine Diskrepanz zwischen dem steuerlichen Begriff des Gewerbebetriebs und dem Begriff des Handelsgewerbes nach § 1 Abs. 2 HGB[943]. In der Praxis wird die Schwelle zum Handelsgewerbe jedoch häufig schnell überschritten sein, insbesondere, wenn einer geplanten Unternehmung eine ausführliche Steuerplanung und -gestaltung vorausgeht[944].

Ausnahmsweise kann auch die ausschließlich vermögensverwaltende GbR gewerbliche Einkünfte erzielen, wenn die an ihr beteiligten unbeschränkt haftenden Gesellschafter Kapitalgesellschaften sind, § 15 Abs. 3 Nr. 2 EStG[945]. Insofern kann von § 15 Abs. 1 Nr. 2 EStG auch die GbR als Innengesellschaft erfasst werden[946]. Relevanz für die Steuergestaltung kann dies dann haben, wenn Vermögenswerte mit negativen Erträgen mit Vermögenswerten mit positiven Erträgen in einer solchen GbR zusammengebracht werden. Auf diese Weise kann innerhalb der GbR Verlustpotential durch Ausgleich mit positiven Erträgen zeitnah neutralisiert werden, ohne dass ein Verlustvortrag oder eine etwaige Mindestbesteuerung Anwendung fände.

---

941 *Birk/Desens/Tappe*, Rn. 1376.

942 *Birk/Desens/Tappe*, Rn. 1113.

943 *Reiß*, in: Kirchhof, Einkommensteuergesetz, § 15 Rn. 16.

944 Zwar mag die Vornahme einer Steuerplanung ansich nicht den Tatbestand eines in kaufmännischer Weise eingerichteten Geschäftsbetriebs begründen. In aller Regel ist aber davon auszugehen, dass eine aufwendige und kostenintensive Steuerplanung nur dann vorgenommen wird, wenn der zugrundeliegende Betrieb aus anderen Gründen (Art und Umfang) den Tatbestand des Handelsgewerbes erfüllt.

945 *Birk/Desens/Tappe*, Rn. 1120; *Fehrenbacher*, § 3 Rn. 12.

946 *Birk/Desens/Tappe*, Rn. 1112; *Selder*, in: Glanegger/Güroff, GewStG, § 7 Rn. 161.

Je nach Fallgestaltung kann auf diese Weise auch ein Verlustpotential, welches ursprünglich innerhalb einer Gesellschaft bestand zumindest anteilig auf eine zweite Gesellschaft übertragen werden. Zu Bedenken ist jedoch, dass eine derartige Gestaltung über § 2 Abs. 1 S. 2 GewStG auch gewerbesteuerpflichtig ist. Dies vermag letztlich jedoch keine finanzielle Belastung darzustellen, da die in einer solchen Gestaltung verwickelten Kapitalgesellschaften ohnehin auch bei reiner Vermögensverwaltung nach § 2 Abs. 2 GewStG mit ihren Erträgen der Gewerbesteuer unterliegen.

4.3.1.1.2 Kommanditgesellschaft und stille Gesellschaft

Grundsätzlich sind Erträge aus Kommanditgesellschaften und atypischen stillen Gesellschaften ebenfalls bei den Gesellschaftern als gewerbliche Einkünfte im Rahmen der Einkommensteuer zu erfassen. Da die Kommanditgesellschaft ausdrücklich in § 15 Abs. 1 Nr. 2 EStG genannt ist, geht man davon aus, dass die gesetzliche Stellung des Kommanditisten ausreicht, um sowohl Unternehmerrisiko als auch Unternehmerinitiative zu begründen[947].

Dies gilt jedoch nur so lange, wie von den gesetzlichen Regelungen nicht zu weit abgewichen wird[948]. Da sowohl Risiko als auch Einfluss des Kommanditisten gesetzlich bereits sehr weit eingeschränkt sind, ist in dieser gesetzlichen Regelung die Untergrenze für die Bestimmung einer Mitunternehmerschaft zu sehen[949].

Umgekehrt gilt dies auch für die stille Gesellschaft nach den §§ 230 ff. HGB. Diese erfüllt nach ihrem gesetzlichen Standard als typische stille Gesellschaft nicht die Voraussetzungen einer Mitunternehmerschaft[950]. Eine vertragliche Ausgestaltung zur atypischen stillen Gesellschaft kann hingegen eine Mitunternehmerschaft begründen[951]. Allerdings bietet weder die Beteiligung als stiller Gesellschafter, noch als Kommanditist die Möglichkeit Verluste der Gesellschaft auf den Gesellschafter derart zu übertragen, dass dieser die Verluste umfänglich im Rahmen seiner Einkommensermittlung verwerten kann. Denn nach § 15a EStG können Verluste nur insoweit ausgeglichen werden, als der Gesellschafter nach außen haftet[952]. Eben diese Haftung ist bei Kommanditisten und stillen Gesellschaftern jedoch begrenzt[953]. Verluste aus einer derartigen Beteiligung können daher nur mit Gewinnen derselben Beteiligung verrechnet werden[954]. Ein Verlustabzug nach § 10d EStG ist ausgeschlossen.

---

947 Zum Unternehmerrisiko siehe *Birk/Desens/Tappe*, Rn. 1113; *Selder*, in: Glanegger/Güroff, GewStG, § 7 Rn. 165. Zur Unternehmerinitiative siehe *Birk/Desens/Tappe*, Rn. 1114; *Selder*, in: Glanegger/Güroff, GewStG, § 7 Rn. 166.

948 *Birk/Desens/Tappe*, Rn. 1114 mwN.

949 So wohl auch *Birk/Desens/Tappe*, Rn. 1114.

950 *Brönner*, B II Rn. 164; *Birk/Desens/Tappe*, Rn. 1113; *Zenthöfer*, S. 461.

951 *Brönner*, B II Rn. 164; *Birk/Desens/Tappe*, Rn. 1113; *Fehrenbacher*, § 3 Rn. 7; *Jakob*, Rn. 1049; *Zenthöfer*, S. 454.

952 *Birk/Desens/Tappe*, Rn. 1134.

953 Siehe § 171 HGB bzw. § 232 HGB.

954 *Wacker*, in: Schmidt, EStG, § 15a Rn. 100.

Damit geht ein erheblicher steuerlicher Vorteil der Personengesellschaft verloren. Erhalten bleibt jedoch die Möglichkeit, durch eine Aufteilung der Erträge einer Personengesellschaft auf eine Vielzahl von Gesellschaftern (Kommanditisten oder stille Gesellschafter) den daraus entstehenden Progressionsvorteil zu nutzen. Dies wird sich insbesondere innerhalb der Familie anbieten[955].

4.3.1.1.3 Hybridgestaltungen

Sämtliche Ausführungen zur KG und zur stillen Gesellschaft finden auch im Hinblick auf die GmbH & Co. KG sowie die GmbH & Still Anwendung.

Nach § 15 Abs. 3 Nr. 2 EStG fallen des Weiteren die Erträge einer nicht gewerblich tätigen GmbH & Co. KG unter die gewerblichen Einkünfte, da die einzige unbeschränkt haftende Gesellschafterin eine Kapitalgesellschaft ist (gewerbliche Prägung)[956]. Gleiches gilt für die nicht gewerblich tätige GmbH & Still[957]. Dies ermöglicht es, vermögensverwaltende Tätigkeiten gewerblich umzudeuten[958] und positive Erträge einer uneingeschränkten Verrechnung mit anderweitig erlittenen Verlusten zuzuführen. Außerdem kann sich eine solche Gestaltung anbieten, um durch die Aufteilung der Erträge auf mehrere Gesellschafter einen Progressionsvorteil zu erreichen. Die Beteiligung vieler beschränkt Haftender führt jedoch (wie oben erläutert) nicht zu einer steuerlich wertvollen Verteilung von Verlusten, da diese bei den jeweiligen Beteiligten nach § 15a EStG nicht ausgeglichen werden dürfen[959]. Im Übrigen ist auch hier darauf hinzuweisen, dass eine derartige Konstellation gem. § 2 Abs. 1 S. 2 GewStG i.V.m. § 15 Abs. 3 EStG der Gewerbesteuer unterliegt.

Eine weitere hybride Gestaltungsmöglichkeit ist die Erweiterung eines OHG-Gesellschafterkreises um Kapitalgesellschaften, an denen wiederum Gesellschafter der ursprünglichen OHG beteiligt sind. Dies kann sich anbieten, um in Verlustperioden den Sockelbetrag des § 10d EStG zu vervielfältigen. Verfügt ein Gesellschafter einer OHG über weitere Einnahmequellen außerhalb der OHG, so kann er ihm zugewiesene Verluste mit diesen in Ausgleich bringen[960]. Übersteigen die Verluste jedoch seine sonstigen Einnahmen um mehr als eine Million Euro, so kommt es im nächsten Jahr ggf. zu einer Mindestbesteuerung, da Verlustvorträge nur bis zu einem Sockelbetrag von einer Million Euro vollständig verrechnet werden dürfen (§ 10d Abs. 2 EStG). Verlagert er jedoch einen Teil der negativen Erträge aus der OHG in eine Kapitalgesellschaft, so verdoppelt er auf diese Weise den Sockelbetrag des

---

955 Insoweit ist jedoch zu bedenken, dass eine derartige Beteiligung den Grundsätzen der Rechtsprechung hinsichtlich Rechtsverhältnissen zwischen Angehörigen entsprechen muss. *Birk/Desens/Tappe*, Rn. 1112; *Fehrenbacher*, § 3 Rn. 6.

956 *Birk/Desens/Tappe*, Rn. 1119; *Jakob*, Rn. 1063.

957 *Selder*, in: Glanegger/Güroff, GewStG, § 7 Rn. 243.

958 *Birk/Desens/Tappe*, Rn. 1119.

959 § 15a Abs. 1 EStG verhindert den Verlustausgleich eines Kommanditisten, sofern diesem ein negatives Kapitalkonto entsteht oder sich dieses erhöht.

960 Die Begrenzung des § 15a EStG greift in diesem Fall nicht.

§ 10d Abs. 2 EStG[961]. Diese Verlagerung gelingt ihm, indem er die Kapitalgesellschaft an der OHG beteiligt. Je nachdem, wann eine Besserung der Geschäftslage der OHG zu erwarten ist, kann es auch sinnvoll sein, positive Ertragsquellen in die Kapitalgesellschaft einzubringen, um so ein erhöhtes Verrechnungspotential in dieser zu begründen.

4.3.1.2 Kapitalgesellschaften

Anders als Personengesellschaften sind die Kapitalgesellschaften selbst Steuerschuldner sowohl der Körperschaftsteuer (§ 1 KStG) als auch der Gewerbesteuer (§ 5 GewStG). Die Gewinnermittlung und die Besteuerung der Kapitalgesellschaften erfolgt dabei unabhängig von ihrer Gesellschafterstruktur oder an ihnen beteiligten Personen[962]. Man spricht insofern vom sog. Trennungsprinzip[963]. Neben den klassischen Kapitalgesellschaften wie der Gesellschaft mit beschränkter Haftung (GmbH) und der Aktiengesellschaft (AG), gilt dies auch für die Europäische Gesellschaft (SE), die Kommanditgesellschaft auf Aktien (KGaA) und die Unternehmergesellschaft (UG)[964].

Da sowohl die Körperschaftsteuer, als auch die Gewerbesteuer einen proportionalen Tarif aufweisen, führt die Abschnittsbesteuerung für Kapitalgesellschaften zumindest aus tariflicher Sicht zu keinen Problemen[965]. Die Körperschaftsteuer beträgt nach § 23 Abs. 1 KStG 15 %; die Gewerbesteuer unterliegt regionalen Schwankungen, liegt aber im Schnitt bei 14 %[966]. Die durchschnittliche Belastung von Erträgen von Kapitalgesellschaften liegt daher bei 29 %. Dies gilt jedoch nur solange, als diese Erträge nicht ausgeschüttet werden, sondern in den Gesellschaften thesauriert werden.

Hinsichtlich der steuerlichen Behandlung der Ausschüttungen sind vier verschiedene Konstellationen zu unterscheiden. Zum einen können Gewinne an beteiligte Kapitalgesellschaften ausgeschüttet werden. Sind diese zu mindestens 10 % an der ausschüttenden Gesellschaft beteiligt, so sind die Ausschüttung nach § 8b Abs.1 und Abs. 5 KStG zu 95 % steuerfrei. Liegt die Beteiligung jedoch unterhalb von 10 %, so ist die Ausschüttung ohne Abstriche zu versteuern.

Zum anderen können Gewinne an natürliche Personen ausgeschüttet werden, welche die zum Bezug berechtigende Beteiligung entweder (i) im Privatvermögen oder (ii) im Betriebsvermögen halten. Werden Beteiligungen an Kapitalgesellschaften im Privatvermögen gehalten, so stellen die Beteiligungserträge Einkünfte aus Kapitalvermögen nach § 20 Abs. 1 Nr. 1 EStG dar[967] und werden nach § 32d Abs. 1

---

961 Denn nun steht sowohl dem Gesellschafter als auch der Kapitalgesellschaft jeweils ein Sockelbetrag zu.
962 *Birk/Desens/Tappe*, Rn. 1203.
963 *Birk/Desens/Tappe*, Rn. 1281.
964 *Birk/Desens/Tappe*, Rn. 1211.
965 Siehe auch oben in Teil 2.3.3 dieser Arbeit.
966 *Birk/Desens/Tappe*, Rn. 1360.
967 Siehe hierzu im einzelnen *Weber-Grellet*, in: Schmidt, EStG, § 20 Rn. 31 ff.

S. 1 EStG pauschal mit 25 % belastet. Die Gewinne unterliegen in diesem Fall also auch bei dem Anteilseigner keinem progressiven Tarif. Dass negative Einkünfte aus Kapitalvermögen nicht mit Einkünften aus anderen Einkunftsarten ausgeglichen werden oder nach § 10d EStG abgezogen werden dürfen (§ 20 Abs. 6 S. 2 EStG) ist insoweit unbeachtlich, als Verluste von Kapitalgesellschaften ohnehin steuerlich bei diesen verbleiben. Bedeutend wird § 20 Abs. 6 S. 2 EStG jedoch dann, wenn beim Anteilseigner Verluste aus der Veräußerung der Beteiligung entstehen. Zu beachten ist jedoch, dass gem. § 17 Abs. 1 S. 1 EStG Veräußerungsgewinne (und somit auch Veräußerungsverluste[968]) dann den Einkünften aus Gewerbebetrieb zuzurechnen sind und folglich einem progressiven Steuertarif unterliegen, wenn der Steuerpflichtige in den letzten fünf Jahren mindestens mit 1% an der betreffenden Kapitalgesellschaft beteiligt war.

Hält eine natürliche Person eine Beteiligung im Betriebsvermögen, so fallen Ausschüttungen je nach Art des Betriebes entweder unter Einkünfte aus Land- und Forstwirtschaft, Gewerbebetrieb oder aus selbstständiger Arbeit (§ 20 Abs. 8 EStG)[969]. Dabei sind sie diesen Einkunftsarten jedoch nach dem sog. Teileinkünfteverfahren nach § 3 Nr. 40 EStG nur zu 60 % zuzurechnen[970]. Bis zu einer Beteiligung von 15 % ist auf Ebene des Betriebs die volle Ausschüttung der Gewerbesteuer zu unterwerfen (§ 8 Nr. 5 GewStG)[971]. Jenseits von 15 % entfällt die Gewerbesteuer auf die Beteiligungserträge jedoch vollständig (§ 9 Nr. 2a GewStG)[972]. Wird eine Beteiligung im Betriebsvermögen gehalten, so unterliegen letztlich also 60 % der Ausschüttung der Besteuerung mit einem progressiven Tarif. Dafür jedoch sind Veräußerungsverluste vollständig ausgleichs- und abzugsfähig.

Zum Schluss kann eine Beteiligung auch von einer Personengesellschaft gehalten werden. In diesem Fall gilt abermals, das eine Besteuerung auf Ebene der Gesellschafter stattfindet, also entweder im Rahmen des Teileinkünfteverfahrens oder gem. § 8b Abs. 6 KStG[973].

Unter Zugrundelegung dieser verschiedenen steuerlichen Folgen, ist im Einzelfall zu prüfen, ob und wie die Wahl der Rechtsform der Kapitalgesellschaft steuerlich günstig sein kann, um negative Folgen des Periodizitätsprinzips zu vermeiden. Der steuerlich/wirtschaftliche Vorteil einer Kapitalgesellschaft wird vielmals von dem persönlichen Steuertarif des Anteilseigners abhängen. Erreicht dieser eine gewisse Höhe, ist es zum einen sinnvoll, Gewinne nach einer im Vergleich niedrigeren Besteuerung auf Gesellschaftsebene zu thesaurieren und den Steuervorteil dort durch Reinvestierung oder anderweitige Anlage zu nutzen. Die Kapitalgesellschaft wird so zum Vehikel zur zeitlichen Verzögerung der Versteuerung nach dem EStG und kann

968 Zu den Ausnahmen siehe § 17 Abs. 2 S. 6 EStG.
969 *Birk/Desens/Tappe*, Rn. 1286.
970 *Birk/Desens/Tappe*, Rn. 1286.
971 *Birk/Desens/Tappe*, Rn. 1286.
972 *Birk/Desens/Tappe*, Rn. 1286.
973 *Birk/Desens/Tappe*, Rn. 1287.

auf diese Weise zur Vermeidung einer Überbesteuerung beitragen. Zum anderen kann durch die zeitliche Verschiebung und gleichzeitige Streckung der Ausschüttung u.U. erreicht werden, dass die steuerliche Gesamtbelastung der auszuschüttenden Gewinne deutlich unter die Belastung im Falle einer sofortigen Ausschüttung bzw. Besteuerung sinkt. Dazu ist es jedoch wichtig, dass die Anteile im Betriebsvermögen gehalten werden. Denn nur in diesem Fall kann mittels einer zeitlichen Streckung der Ausschüttung auf der Ebene des Gesellschafters der Abgeltungstarif von 25 % unterboten werden. Auch kann es sich anbieten, die Ausschüttung der Gewinne immer dann vorzunehmen, wenn eine möglichst hundertprozentige und sofortige Verrechnung mit Verlusten aus anderen Einkunftsquellen möglich ist. Die Kapitalgesellschaft ermöglicht es so, eine Mindestbesteuerung auf Gesellschafterebene zu verhindern, während gleichzeitig eine tarifliche Überbesteuerung durch zeitliche Verschiebung der Besteuerung erreicht wird. Allerdings ist zu bedenken, dass Verluste der Kapitalgesellschaft wiederum auch nur mit Gewinnen eben dieser Kapitalgesellschaft ausgeglichen werden können. Daher sollten entweder mehrere Einkunftsquellen in einer Kapitalgesellschaft gebündelt werden[974] oder aber sichergestellt werden, dass Verluste wenn, dann unterhalb der Schwelle von einer Million Euro bleiben.

Die dauerhafte Schaltung einer Kapitalgesellschaft zwischen Einkunftsquelle und Steuerpflichtigem kann dabei niemals ein Gestaltungsmissbrauch und entsprechend eine Umgehung im Sinne des § 42 AO sein[975]. Denn die Zwischenschaltung einer (inländischen) Kapitalgesellschaft schiebt eine Berücksichtigung von Erträgen auf Ebene des Gesellschafters nur auf, verhindert sie jedoch nicht endgültig[976]. Letztlich setzt der steuerpflichtige Gesellschafter mit einer solchen Konstruktion nur das interperiodische Leistungsfähigkeitsprinzip um, indem er sein Einkommen zeitlich aufteilt, um eine Überbesteuerung zu vermeiden.

4.3.1.3 Parallelgesellschaften

Unabhängig von der Rechtsformwahl kann es sich anbieten verschiedene wirtschaftliche Betriebe oder Unternehmungen rechtlich und wirtschaftlich getrennt voneinander als sog. Parallelgesellschaften zu betreiben[977]. Wird für die Parallelgesellschaften die Rechtsform der Kapitalgesellschaft gewählt, ist es so möglich die sog. Mittelstandskomponente des § 10d EStG zu vervielfältigen und für jeden Betrieb bzw. jede Unternehmung gesondert zu nutzen[978]. Diese Möglichkeit besteht jedoch nur bei Parallel-Kapitalgesellschaften, da diese – anders als die Personengesellschaften – selbständige Steuersubjekte sind. Nur ihnen wird daher jeweils ein

---

974 Siehe zum sog. Einheitsunternehmen unten in Teil 4.3.2.4.

975 Siehe BFH, BStBl. II 1998, S. 90 (S. 91); grds. zustimmend BStBl. II 2004, S. 787 (S. 792).

976 BFH, BStBl. II 1981, S. 339 (S. 341).

977 Zu den allgemeinen steuerlichen Vorteilen siehe *G. Rose*, DB, 2004, S. 999 ff.

978 *G. Rose*, DB 2004, S. 999 (S. 1000); *Lindauer*, BB 2004, S. 2720 (S. 2725).

eigener Verlustabzug nach § 10d EStG zugestanden[979], während bei Parallel-Personengesellschaften ein einheitlicher Verlustausgleich und Verlustabzug auf Ebene der Gesellschafter durchzuführen wäre[980].

Abbildung 5: Verdoppelung der Mittelstandskomponente durch die Nutzung zweier Parallelgesellschaften[981]

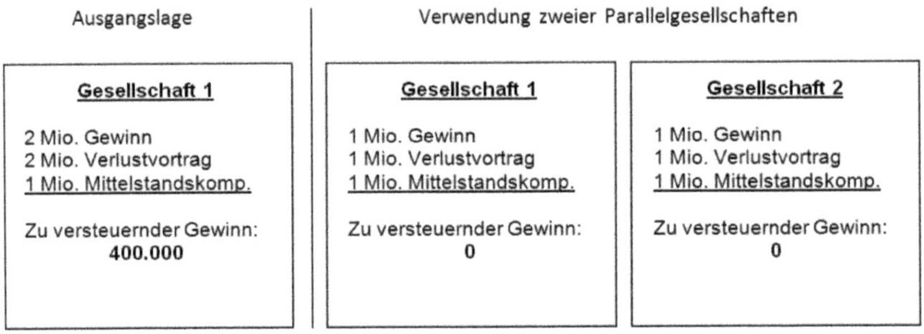

Eine solche Vorgehensweise bietet sich an, wenn einerseits teilbare Betriebe bzw. mehrere trennbare Unternehmungen vorliegen und gleichzeitig die zu erwartenden Ertragsverläufe mit einiger Sicherheit abgesehen werden können[982]. Gleichzeitig verhindert die rechtliche Aufteilung des Unternehmens, dass zwischen den einzelnen Unternehmensbereichen ein innerperiodischer Verlustausgleich durchgeführt werden kann. Insofern kann jedoch unter Umständen Abhilfe mit der Schaffung eines Gewinnpools zwischen den Parallelgesellschaften geschaffen werden[983]. Außerdem ist zu berücksichtigen, dass die Gründung und der Unterhalt einer Vielzahl unabhängiger Kapitalgesellschaften mit nicht unerheblichen Kosten verbunden sein kann, den es mit den steuerlichen Vorteilen aufzuwiegen gilt[984].

Ein steuerlicher Gestaltungsmissbrauch im Sinne des § 42 AO kann im Übrigen in der Gründung von Parallelgesellschaften nicht gesehen werden, da es dem Steuerpflichtigen unbenommen ist, die Rechtsform seiner Unternehmungen frei zu wählen. Eine Unangemessenheit ist darin in keinem Fall zu erkennen, zumal meist auch organisations-, markt- oder familienbezogene Gründe als außersteuerliche Motive für eine derartige Gestaltung ins Feld geführt werden können[985].

979 *G. Rose*, Unternehmenssteuerrecht, S. 94.
980 *G. Rose*, DB 2004, S. 999 (S. 1000).
981 Quelle: Eigene Darstellung.
982 *Lindauer*, BB 2004, S. 2720 (S. 2725).
983 Siehe dazu unten in Teil 4.3.2.2 dieser Arbeit.
984 *G. Rose*, DB 2004, S. 999 (S. 1001).
985 *G. Rose*, DB 2004, S. 999 (S. 1001).

4.3.2 Ertragsverrechnung und -übertragung

Im deutschen Steuerrecht ist eine Konzernbesteuerung, also eine einheitliche Erfassung und Verrechnung verschiedener kapitalistischer Konzerngesellschaften zum Zwecke der Besteuerung nicht vorgesehen[986]. Dies liegt im Trennungsprinzip begründet[987]. Für den Gesamtkonzern kann dies eine Überbesteuerung bedeuten, da Verluste der einen Konzerngesellschaften nicht mit den Gewinnen anderer Konzerngesellschaften verrechnet werden können. Dieses Problem wird durch die Mindestbesteuerung verstärkt, da durch diese mangels einer Konzernbesteuerung einzelne Konzerngesellschaften in eine Substanzbesteuerung rutschen können. Es kann also aus steuergestalterischer Sicht von hoher Bedeutung sein, eine Verrechnung von Erträgen zwischen verbundenen Gesellschaften zu ermöglichen[988].

4.3.2.1 Organschaft

Eine Möglichkeit der konzerninternen steuerlichen Ergebnisverrechnung ist die Gründung einer ertragsteuerlichen Organschaft. Diese ermöglicht die Verrechnung der Ergebnisse der sog. Organgesellschaften und Zusammenfassung des Ergebnisses auf Ebene des Organträgers. Mittels dieser gesetzlichen Möglichkeit versucht der Gesetzgeber zivilrechtlich getrennten, aber wirtschaftlich verbundenen Gesellschaften einen steuerlichen Ausgleich zu verschaffen – eine Steuervergünstigung ist darin jedoch nicht zu sehen[989].

Die steuerliche Organschaft ist in den §§ 14 ff. KStG geregelt. § 14 Abs. 1 KStG setzt nach seinem Wortlaut für die Anerkennung einer Organschaft voraus, dass sich eine Organgesellschaft durch einen Gewinnabführungsvertrag dazu verpflichtet ihren gesamten Gewinn an ein einziges anderes gewerbliches Unternehmen (den Organträger) abzuführen. In der Folge ist dann das gesamte Einkommen der Organgesellschaft dem Organträger zuzurechnen. Gem. § 2 Abs. 2 S. 2 GewStG sind derartige Organschaften auch im Rahmen der Gewerbesteuer zu berücksichtigen.

Als Organgesellschaft kommen nach § 14 Abs. 1 S. 1 KStG eine Europäische Gesellschaft, eine Aktiengesellschaft oder eine Kommanditgesellschaft auf Aktien in Frage, sofern ihre Geschäftsleitung in Deutschland und ihr Sitz in einem Mitgliedstaat der Europäischen Union liegt. Nach § 17 KStG ist § 14 KStG auch auf andere Kapitalgesellschaften anzuwenden, also z.B. auch auf Gesellschaften mit beschränkter Haftung[990]. Personengesellschaften kommen als Organgesellschaft nicht in Betracht[991].

---

986 *Gerlach*, FR 2012, S. 450 (S. 450).
987 *Birk/Desens/Tappe*, Rn. 1220.
988 *Forst/Hoffmann*, EStB 2005, S. 195 (S. 195).
989 *Gerlach*, FR 2012, S. 450 (S. 451).
990 *Birk/Desens/Tappe*, Rn. 1220; *Dötsch*, in: Kessler/Kröner/Köhler, Konzernsteuerrecht, § 3 Rn. 156.
991 *Dötsch*, in: Kessler/Kröner/Köhler, Konzernsteuerrecht, § 3 Rn. 156.

Organträger kann hingegen sowohl eine gewerbliche Kapitalgesellschaft, eine gewerbliche Personengesellschaft oder auch eine natürliche Person sein (§ 14 Abs. 1 Nr. 2 KStG). In jedem Fall aber muss der Organträger mittelbar oder unmittelbar in dem Maße an der Organgesellschaft finanziell eingegliedert sein, dass ihm die Mehrheit der Stimmrechte aus den Anteilen an der Organgesellschaft zusteht (§ 14 Abs. 1 Nr. 1 KStG). Eine wirtschaftliche oder organisatorische Eingliederung wie im Rahmen einer umsatzsteuerlichen Organschaft ist jedoch für die ertragsteuerliche Organschaft keine Voraussetzung[992]. Eine rein vermögensverwaltende Holding kann mangels gewerblicher Tätigkeit kein Organträger sein[993]. Im Einzelfall kann dies hinsichtlich einer geschäftsleitenden Holding anders zu beurteilen sein[994].

Der Gewinnabführungsvertrag muss ein solcher im Sinne des § 291 Abs. 1 AktG sein, auf mindestens fünf Jahre abgeschlossen und durchgeführt werden (§ 14 Abs. 1 S. 1, Nr. 3 S. 1 KStG). Um steuerlich anerkannt zu werden, muss der Gewinnabführungsvertrag auch zivilrechtlich gültig sein[995]. Sollten sich diesbezüglich zu einem späteren Zeitpunkt Probleme ergeben, kann dies verheerende Folgen haben. Auf einen unwirksamen Gewinnabführungsvertrag sind nämlich weder die Grundsätze über die fehlerhafte Gesellschaft anzuwenden, noch § 41 Abs. 1 S. 1 AO[996]. In der Quintessenz wird dies in aller Regel die Wirkungen der Organschaft rückwirkend entfallen lassen[997], mit absehbaren negativen steuerlichen Folgen für die Unternehmensgruppe. Nach § 291 Abs. 1 S. 1 AktG begründet ein Gewinnabführungsvertrag die Verpflichtung einer AG oder KGaA ihren gesamten Gewinn an ein anderes Unternehmen abzuführen. Nach § 291 Abs. 1 S. 2 AktG genügt diesbezüglich auch die Verpflichtung ein Unternehmen für Rechnung eines anderen Unternehmens zu führen. Da für andere Kapitalgesellschaften entsprechende Regelungen fehlen, finden sich gewisse Mindestbestimmungen in den Vorgaben des § 17 KStG[998]. Der Gewinnabführungsvertrag muss zwingend auf mindestens fünf Jahre abgeschlossen und durchgeführt werden. Ein Abschluss auf unbestimmte Zeit genügt auch bei einer fünfjährigen Durchführung diesen Ansprüchen nicht[999]. Nach Ablauf der Mindestdauer sind jedoch auch einjährige Verlängerungen möglich[1000].

---

992 *Birk/Desens/Tappe*, Rn. 1220, *Dötsch*, in: Kessler/Kröner/Köhler, Konzernsteuerrecht, § 3 Rn. 180; *Fischer*, in: Lüdicke/Rieger, Unternehmenssteuerrecht, § 13 Rn. 8.

993 *Dötsch*, in: Kessler/Kröner/Köhler, Konzernsteuerrecht, § 3 Rn. 149.

994 Zu den einzelnen Bedingungen siehe *Dötsch*, in: Kessler/Kröner/Köhler, Konzernsteuerrecht, § 3 Rn. 149.

995 *Gerlach*, FR 2012, S. 450 (S. 452). Zu den einzelnen Wirksamkeitsvoraussetzungen siehe *Dötsch*, in: Kessler/Kröner/Köhler, Konzernsteuerrecht, § 3 Rn. 197.

996 *Gerlach*, FR 2012, S. 450 (S. 459); *Dötsch*, in: Kessler/Kröner/Köhler, Konzernsteuerrecht, § 3 Rn. 200.

997 *Gerlach*, FR 2012, S. 450 (S. 459); *Dötsch*, in: Kessler/Kröner/Köhler, Konzernsteuerrecht, § 3 Rn. 302.

998 *Dötsch*, in: Kessler/Kröner/Köhler, Konzernsteuerrecht, § 3 Rn. 199.

999 *Dötsch*, in: Kessler/Kröner/Köhler, Konzernsteuerrecht, § 3 Rn. 230.

1000 *Dötsch*, in: Kessler/Kröner/Köhler, Konzernsteuerrecht, § 3 Rn. 231.

Die Gründung einer steuerlichen Organschaft kann zu einer Optimierung der Konzernbesteuerung und einer erheblichen Verbesserung der Liquidität innerhalb der Unternehmensgruppe führen[1001]. Die Attraktivität einer solchen Gestaltung steigt unter Umständen insbesondere dann an, wenn der Gesetzgeber die bereits bestehenden Verlustverrechnungsbeschränkungen weiter verschärfen sollte[1002].

Die ertragsteuerliche Organschaft kann klare Vorteile für die betreffende Unternehmensgruppe haben[1003]. Zuvorderst kann offensichtlich die Verrechnung von Gewinnen und Verlusten innerhalb des Organkreises steuerlich nur vorteilhaft sein. Dies insbesondere deshalb, da ohne eine Organschaft die Übertragung von Dividenden von Tochtergesellschaften auf die Mutter zum einen nur zu 95 % von der Körperschaftsteuer befreit ist, zum anderen aber diese Dividenden nach § 8b KStG nicht mehr zum Ausgleich von Verlusten verwendet werden dürfen[1004]. Im Übrigen können Verluste von Tochtergesellschaften sonst gar nicht auf die Muttergesellschaft übertragen werden[1005]. Darüber hinaus ermöglicht die Gründung einer Organschaft auch einen phasengleichen Gewinntransfer von den Organgesellschaften bis zum Organträger[1006]. Die Belastung mit den negativen Wirkungen der Mindestbesteuerung nach § 10d Abs. 2 EStG kann auf diese Weise u.U. ebenfalls erheblich gemindert werden[1007].

Die Organschaft bietet die Möglichkeit, Einkünfte von Kapitalgesellschaften ohne eine Kumulation von Körperschaft- und Einkommensteuer auf eine natürliche Person durchzureichen[1008]. Zu diesem Zweck kann entweder eine Personengesellschaft oder eine natürliche Person als Organträger eingesetzt werden. Darüber hinaus kann sich eine Organschaft auch nur vorübergehend anbieten, z. B. wenn absehbar ist, dass innerhalb des Konzerns bestimmte Gesellschaften in den nächsten Jahren erhebliche Verluste erleiden werden, während andere Konzerngesellschaften mit positiven Ergebnissen rechnen. In solchen Momenten kann es wirtschaftlich sinnvoll sein, eine fünfjährige Organschaft einzugehen, um anschließend wieder getrennt zu agieren. Eine dauerhafte Zusammenlegung kann nämlich im Hinblick auf den in diesem Fall nur einmal zu verwertenden Höchstbetrag des Verlustabzugs im Rahmen der Mindestbesteuerung nachteiliger sein, als wenn jede Konzerngesellschaft ihren eigenen Höchstbetrag nutzt.

1001 *Gerlach*, FR 2012, S. 450 (S. 451).

1002 *Gerlach*, FR 2012, S. 450 (S. 451).

1003 Zur Bedeutung der Organschaft für die Verlustverrechnung siehe *Orth*, in: Kessler/Kröner/Köhler, Konzernsteuerrecht, § 11 Rn. 600 f.

1004 *Orth*, in: Kessler/Kröner/Köhler, Konzernsteuerrecht, § 11 Rn. 601; *Kessler*, in: Kessler/Kröner/Köhler, Konzernsteuerrecht, § 1 Rn. 55.

1005 *Orth*, in: Kessler/Kröner/Köhler, Konzernsteuerrecht, § 11 Rn. 601; *Birk/Desens/Tappe*, Rn. 1220.

1006 *Dötsch*, in: Kessler/Kröner/Köhler, Konzernsteuerrecht, § 3 Rn. 134.

1007 *Dötsch*, in: Kessler/Kröner/Köhler, Konzernsteuerrecht, § 3 Rn. 134.

1008 *Orth*, in: Kessler/Kröner/Köhler, Konzernsteuerrecht, § 11 Rn. 606.

Die ertragsteuerliche Organschaft bietet jedoch nicht nur Vorteile. Zum einen kann bereits ihre wirksame Errichtung erhebliche Schwierigkeiten und in Folge auch Unsicherheiten hinsichtlich der steuerlichen Folgen verursachen[1009]. Die engen Formvorgaben an die Gestaltung und den Abschluss des Gewinnabführungsvertrags sorgen in der Praxis für erhebliche Probleme[1010]. Zu den gesellschaftsrechtlichen Komplikationen (formale Anforderungen der §§ 293 ff. AktG, Gefahr der Anfechtung des Hauptversammlungsbeschlusses) treten noch ein strenger Formalismus der Finanzverwaltung und eine ebenso strenge Rechtsprechung des BFH zu der Frage der Vertragslaufzeit[1011]. Je nach personeller Konstellation innerhalb einer Organschaft mag man es auch als Nachteil empfinden, dass die Organgesellschaft nach § 73 AO für die Entrichtung der rechnerisch auf sie entfallenden Steuern durch den Organträger haftet.

Im Übrigen ist auch zu bedenken, dass die Verrechnung von Verlusten von Organgesellschaften auf Ebene des Organträgers auch bedeutet, dass dieser laut Gewinnabführungsvertrag auch verpflichtet ist diese Verluste zu tragen[1012]. Bei unternehmerisch riskantem Geschäftsbetrieb der Organgesellschaft erhöht diese Verpflichtung zur Verlustübernahme das Überschuldungsrisiko des Organträgers[1013].

Aus betriebswirtschaftlicher Sicht birgt die Organschaft darüber hinaus den Nachteil, dass der Organgesellschaft keine Möglichkeit zur Thesaurierung von Gewinnen bleibt und ihr somit die Möglichkeit einer Eigenfinanzierung zukünftiger Investitionen genommen wird[1014]. Die Organgesellschaft wird auf diese Weise finanziell deutlich abhängiger vom Organträger, was sich letztlich auch auf die Entscheidungsfreiheit ihrer Geschäftsführung niederschlagen kann.

Unter dem Strich ist daher nur dann auf eine Organschaft zurückzugreifen, wenn die finanziellen Vorteile die negativen Folgen und Risiken deutlich übersteigen und keine anderen vergleichbaren Möglichkeiten zur Hand stehen um anderweitig steuergestaltend einzugreifen.

4.3.2.2 Gewinnpoolung

Eine weitere Möglichkeit der Verrechnung von Erträgen verschiedener Unternehmen bietet die Gewinngemeinschaft bzw. die Gewinnpoolung nach § 292 Abs. 1 Nr. 1 AktG. Steuerlich wertvoll wird diese dann, wenn verschiedene Unternehmen gegenläufige Erträge aufweisen[1015].

1009 Zu den weitgehenden Eingrenzungen durch den Gesetzgeber siehe *Kessler*, in: Kessler/Kröner/Köhler, Konzernsteuerrecht, § 1 Rn. 56.

1010 *Birk/Desens/Tappe*, Rn. 1220.

1011 *Gerlach*, FR 2012, S. 450 (S. 451).

1012 *Birk/Desens/Tappe*, Rn. 1221–1230; *Fischer*, in: Lüdicke/Rieger, Unternehmenssteuerrecht, § 13 Rn. 42.

1013 *Gerlach*, FR 2012, S. 450 (S. 460).

1014 *Gerlach*, FR 2012, S. 450 (S. 460).

1015 *Lindauer*, BB 2004, S. 2720 (S. 2725).

Eine Gewinngemeinschaft setzt grundsätzlich voraus, dass sich Unternehmen vertraglich verpflichten ihre Gewinne, Teilgewinne oder auch nur Gewinne einzelner Betriebe zusammenzulegen. Der dadurch entstehende Gewinnpool kann dann zu gleichen Teilen oder aber nach einem bestimmten Verteilungsschlüssel auf die beteiligten Unternehmen verteilt werden. Steuerlich sinnvoll wird dies jedoch erst dann, wenn nicht nur Gewinne, sondern auch Verluste gepoolt werden, da nur dann die Bemessungsgrundlage im Wege der Ertragsverrechnung verringert werden kann.

Handelsrechtlich setzt eine wirksame Gewinngemeinschaft voraus, dass eine Gewinnpoolung vorgenommen wird, der entstehende Pool auch wieder aufgeteilt wird und sowohl die Zusammenlegung, als auch die Aufteilung in einem angemessenen Verhältnis stehen[1016]. Gewinnpoolungsverträge unter Einbeziehung einer oder mehrerer Gesellschaften mit beschränkter Haftung unterliegen einer analogen Anwendung des § 292 AktG[1017].

Die zivilrechtliche Beurteilung einer Gewinngemeinschaft ist letztlich auch Grundlage der steuerlichen Beurteilung eines Gewinnpools[1018], wobei jedoch einige steuerrechtlichen Sonderbestimmungen eingehalten werden müssen[1019]. So muss die Gewinnpoolung für eine steuerrechtliche Anerkennung im Interesse der Gesellschaft liegen, ernstlich und tatsächlich durchgeführt werden, wirtschaftlich gerechtfertigt sein und einem leistungsgerechten Verteilungsschlüssel unterliegen[1020]. Negativ formuliert lässt sich auch festhalten, dass eine Gewinnpoolung kein Scheingeschäft oder eine gestaltungsmissbräuchliche Umgehung darstellen darf oder auch nicht einzig im Interesse beteiligter Gesellschafter sein darf[1021]. Nach der Rechtsprechung des BFH sind diese Voraussetzung jährlich auf ein Neues zu prüfen und festzustellen[1022].

Sind diese Bedingungen erfüllt, so ist eine Gewinngemeinschaft auch ertragsteuerlich vollumfänglich anzuerkennen. Da der Gewinngemeinschaftsvertrag jedoch schon nach dem Gesetzeswortlaut nicht die Bedingungen für eine körperschaftsteuerliche Organschaft nach § 14 KStG erfüllt und auch die Voraussetzungen einer Mitunternehmerschaft nicht erfüllt sind, gilt es steuerrechtlich andere Wege zu gehen[1023]. Gewinnpoolungsverträge begründen als schuldrechtliche Verträge (Personen-)Innengesellschaften[1024], welche als solche keine Steuersubjekte sein können[1025]. Es bleibt also auch im Rahmen einer Gewinngemeinschaft bei der getrennten steuerlichen Behandlung bei den beteiligten Unternehmen.

1016 *Schießl*, in: Lüdicke/Sistermann, Unternehmenssteuerrecht, § 4 Rn. 102.
1017 *Schießl*, in: Lüdicke/Rieger, Unternehmenssteuerrecht, § 12 Rn. 142; *Walter*, BB 1995, S. 1876 (S. 1877).
1018 BFH, BFHE 62, S. 259 (S. 262).
1019 *Hoffmann*, FR 1956, S. 230 (S. 230).
1020 *Schießl*, in: Lüdicke/Sistermann, Unternehmenssteuerrecht, § 4 Rn. 107.
1021 *Birkholz*, FR 1966, S. 328 (S. 328 f.).
1022 BFH, BFHE 62, S. 259 (S. 263).
1023 *Schießl*, in: Lüdicke/Sistermann, Unternehmenssteuerrecht, § 4 Rn. 106.
1024 *Lindauer*, BB 2004, S. 2720 (S. 2725); *Walter*, BB 1995, S. 1876 (S. 1878).
1025 Siehe oben in Teil 4.3.1.1 dieser Arbeit.

Bei diesen führen Gewinne, welche in den Pool eingezahlt werden zu Betriebsausgaben in gleicher Höhe, während Auszahlungen aus dem Pool zu entsprechenden Betriebseinnahmen führen[1026]. Führt ein Unternehmen Verluste in den Pool ab, so entspricht dies Betriebseinnahmen in der Höhe der abgeführten Verluste[1027]. Empfängt ein Unternehmen Verluste aus dem Pool, so führt dies zu entsprechenden Betriebsausgaben[1028]. Anders als bei der Organschaft führt die Gewinngemeinschaft also zu einer Veränderung auf Ebene der Einkommensermittlung und nicht auf Ebene der Einkommensverwendung[1029]. Bei einem proportionalen Steuertarif führt daher nur die Zusammenführung gegenläufiger Erträge zu einem steuerlichen Vorteil.

Abbildung 6: Gewinnpoolung[1030]

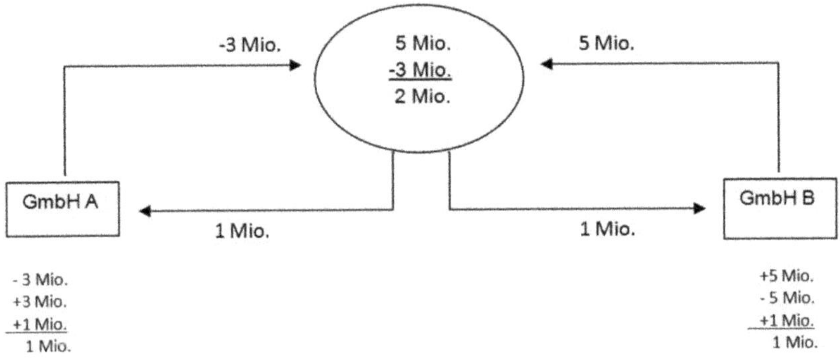

Obwohl die Gewinnpoolung bereits früh durch den RFH anerkannt wurde[1031], findet sie in der gesellschaftsrechtlichen und steuerrechtlichen Gestaltungspraxis nur geringe Beachtung[1032]. Dies mag darin begründet liegen, dass bei einer hinreichenden Verflechtung von Unternehmen die Gründung einer Organschaft möglich

1026 *Birkholz*, FR 1966, S. 328 (S. 328); *Lindauer*, BB 2004, S. 2720 (S. 2725); *Schießl*, in: Lüdicke/Sistermann, Unternehmenssteuerrecht, § 4 Rn. 107; *Walter*, BB 1995, S. 1876 (S. 1879).

1027 *Schießl*, in: Lüdicke/Sistermann, Unternehmenssteuerrecht, § 4 Rn. 107; *Walter*, BB 1995, S. 1876 (S. 1879).

1028 *Schießl*, in: Lüdicke/Sistermann, Unternehmenssteuerrecht, § 4 Rn. 107; *Walter*, BB 1995, S. 1876 (S. 1879).

1029 *Birkholz*, FR 1966, S. 328 (S. 328); *Schießl*, in: Lüdicke/Sistermann, Unternehmenssteuerrecht, § 4 Rn. 108; *Walter*, BB 1995, S. 1876 (S. 1879).

1030 Quelle: Eigene Darstellung.

1031 RFH, RStBl. 1934, S. 658 (S. 659); *Lindauer*, BB 2004, S. 2720 (S. 2725); *Schießl*, in: Lüdicke/Sistermann, Unternehmenssteuerrecht, § 4 Rn. 107.

1032 *Schießl*, in: Lüdicke/Sistermann, Unternehmenssteuerrecht, § 4 Rn. 105; *Walter*, BB 1995, S. 1876 (S. 1876).

ist. Ohne diese Verflechtung mag wirtschaftlich eine gewisse Hemmung bestehen, Gewinne und Verluste mit anderen Unternehmen zu teilen. Ähnlich wie bei der Organschaft kann die Gestaltung und Durchführung einer Gewinngemeinschaft aufwendig und nicht völlig risikobefreit sein. Allerdings besteht eine deutlich höhere Flexibilität hinsichtlich der Durchführungsdauer einer Gewinngemeinschaft, so dass auch relativ kurzfristig gehandelt werden kann. Vorteilhaft gegenüber einer Organschaft kann auch sein, dass eben auch nur Teile des Gewinns gepoolt werden können, somit also wirtschaftlich eine größere Unabhängigkeit gewahrt wird und auch der Umfang der zivilrechtlichen Haftung begrenzt wird[1033]. Gerade zwischen Schwestergesellschaften könnte sich diese Methode zur Verrechnung gegenläufiger Erträge oder zur besseren Ausnutzung der Ausgleichsbeträge des § 10d EStG anbieten. Besonders anbieten könnte sich im Übrigen auch eine dauerhafte Gewinngemeinschaft zweier Parallelgesellschaften[1034] mit zueinander antizyklischen Ertragserwartungen.

Abbildung 7: Gewinnpoolung zweier Parallelgesellschaften mit antizyklischer Ertragslage[1035]

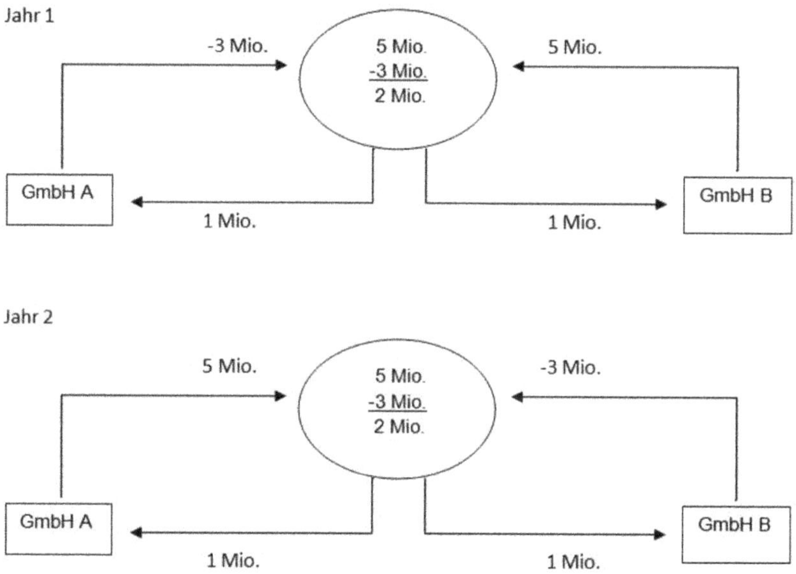

1033 *Lindauer*, BB 2004, S. 2720 (S. 2725); *Walter*, BB 1995, S. 1876 (S. 1880).
1034 Siehe oben in Teil 4.3.1.3 dieser Arbeit.
1035 Quelle: Eigene Darstellung.

Jedoch ist zu beachten, dass die Frage, ob ein Gewinnpoolungsvertrag nach Einführung der gesetzlichen Regelungen zur Organschaft innerhalb eines Konzerns noch zulässig und steuerlich anzuerkennen ist, momentan vor dem BFH anhängig ist[1036]. Sollte der BFH eine solche Gestaltung auch innerhalb eines Konzerns für zulässig erachten, ist damit zu rechnen, dass er auch zu der Frage nach dem notwendigen Inhalt eines Gewinnpoolungsvertrags Stellung nehmen wird.

4.3.2.3 Betriebsverpachtung

In die Gruppe der Unternehmensverträge fallen auch der Betriebspacht- und Betriebsüberlassungsvertrag[1037]. Ein solcher liegt nach § 292 Abs. 1 Nr. 3 AktG dann vor, wenn eine Aktiengesellschaft einen Betrieb ihres Unternehmens einem anderen verpachtet oder überlässt[1038]. Die Möglichkeit einer Betriebsverpachtung ist jedoch nicht auf die Rechtform der AG beschränkt, sondern vielmehr auch von anderen Gesellschaftsformen durchzuführen. Bei einer Verpachtung durch eine Personengesellschaft führt sie jedoch unter Umständen zu einer Betriebsaufgabe im steuerrechtlichen Sinn[1039].

Der Betriebspachtvertrag fällt rechtlich in den Bereich des allgemeinen Pachtvertrags nach den §§ 581 ff. BGB[1040]; die Überlassung des Betriebes erfolgt also entgeltlich[1041]. Der Pächter führt den Betrieb dann in eigenem Namen für die Dauer der Pacht fort[1042]. Erfolgt die Überlassung unentgeltlich und soll der Betrieb weiterhin im Namen der überlassenden Gesellschaft geführt werden, so liegt eine Betriebsüberlassung vor[1043]. Letztere findet in der Praxis wenig Anerkennung, insbesondere, da sie steuerrechtlich und bilanzrechtlich einige Probleme aufwirft[1044]. Um den Voraussetzungen des § 292 Abs. 1 Nr. 3 AktG zu genügen, muss der gesamte Betrieb des Unternehmens verpachtet werden, die verpachtende

---

1036 BFH – I R 35/14; Vorinstanz: FG Baden-Württemberg v. 24. März 2014, 10 K 1661/12.

1037 Siehe Einteilung bei *Schießl*, in: Lüdicke/Sistermann, Unternehmenssteuerrecht, § 4 Rn. 50 ff.

1038 *Schießl*, in: Lüdicke/Sistermann, Unternehmenssteuerrecht, § 4 Rn. 54.

1039 *Birk/Desens/Tappe*, Rn. 722 f.

1040 *Forst/Hoffmann*, EStB 2005, S. 195 (S. 195); *Schießl*, in: Lüdicke/Sistermann, Unternehmenssteuerrecht, § 4 Rn. 54.

1041 *Schießl*, in: Lüdicke/Sistermann, Unternehmenssteuerrecht, § 4 Rn. 54; *Langenbucher*, in: Schmidt/Lutter, AktG, § 292 Rn. 30; *Deilmann*, in: Hölters, AktG, § 292 Rn. 29; *Schenk*, in: Bürgers/Körber, AktG, § 292 Rn. 19.

1042 *Schießl*, in: Lüdicke/Sistermann, Unternehmenssteuerrecht, § 4 Rn. 56; *Langenbucher*, in: Schmidt/Lutter, AktG, § 292 Rn. 30; *Schenk*, in: Bürgers/Körber, AktG, § 292 Rn. 19.

1043 *Schießl*, in: Lüdicke/Sistermann, Unternehmenssteuerrecht, § 4 Rn. 56; *Langenbucher*, in: Schmidt/Lutter, AktG, § 292 Rn. 32. Die Unterscheidung zwischen Betriebspacht und Betriebsüberlassung anhand der Frage der Entgeltlichkeit ist nicht gänzlich unumstritten, siehe *Altmeppen*, in: MüKo AktG, § 292 Rn. 109 f. m. w. N.

1044 *Forst/Hoffmann*, EStB 2005, S. 195 (S. 196).

AG wird sodann zur Rentengesellschaft[1045]. Unabhängig davon ist eine Betriebsverpachtung nach den §§ 581 ff. BGB auch von nur einigen Betrieben unter mehreren möglich.

Der Betriebspachtvertrag ist steuerlich ohne weiteres anzuerkennen. Er führt bei der verpachtenden Kapitalgesellschaft nach § 8 Abs. 2 KStG zu gewerblichen Einkünften in Höhe der vereinbarten Pacht[1046]. Bei verbundenen Unternehmen sollte jedoch darauf geachtet werden, dass der Pachtzins angemessen ist, da anderenfalls eine verdeckte Gewinnausschüttung anzunehmen ist[1047]. Beim Pächter sind die Pachtzahlungen als Betriebsausgaben anzusetzen.

Die Betriebsverpachtung kann im Einzelfall dazu dienen, Verlust- oder auch Gewinnpotential von einem Unternehmen auf ein anderes verbundenes Unternehmen zu übertragen und somit (wenn auch in begrenztem Umfang) eine Ertragssaldierung auf Basis der Verschiebung von Ertragspotential zu erreichen. So kann ein Unternehmen mit relativ hohen Verlusten einen verlustreichen (Teil-) Betrieb an ein anderes verbundenes Unternehmen mit positiven Erträgen verpachten. Das verpachtende Unternehmen verringert damit sowohl durch die Abgabe der mit dem verpachteten Betrieb verbundenen Verluste, als auch mit der Einnahme der Pacht ihre operativen Verluste und umgeht so evtl. sogar eine Mindestbesteuerung in den Folgejahren. Das pachtende Unternehmen verringert durch die Übernahme der Betriebsverluste und der Zahlung der Pacht ihre operativen Gewinne. Genauso kann auch ein Betrieb mit positiven Erträgen an ein Unternehmen mit operativen Verlusten verpachtet werden. Insgesamt betrachtet entspricht die gemeinsame Besteuerung beider Unternehmen so in jedem Fall eher der wirtschaftlichen Realität. Im Übrigen eignet sich die Betriebsverpachtung auch für relativ kurzfristige und nur vorübergehende steuergestalterische Korrekturen. Die Betriebsverpachtung wird häufig genutzt um aus einer Mehrheit von verbundenen Unternehmen ein wirtschaftliches Einheitsunternehmen[1048] zu bilden[1049].

1045 *Schenk*, in: Bürgers/Körber, AktG, § 292 Rn. 19; *Deilmann*, in: Hölters, AktG, § 292 Rn. 25.

1046 *Schießl*, in: Lüdicke/Sistermann, Unternehmenssteuerrecht, § 4 Rn. 58.

1047 *Schießl*, in: Lüdicke/Sistermann, Unternehmenssteuerrecht, § 4 Rn. 58.

1048 Ein wirtschaftliches Einheitsunternehmen ist dadurch gekennzeichnet, dass zwischen rechtlich getrennten Unternehmen mittels schuldrechtlicher Verträge eine möglichst umfassende Ertragssaldierung innerhalb der Unternehmensgruppe erreicht wird.

1049 *Forst/Hoffmann*, EStB 2005, S. 195 (S. 195).

Abbildung 8: Betriebsverpachtung[1050]

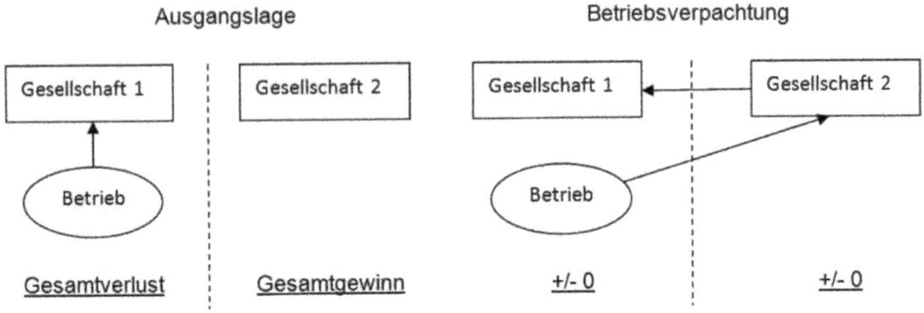

4.3.2.4 Einheitsunternehmen

Auch wenn dies nur bedingt unter den Begriff der steuerlichen Gestaltung zu fassen ist, so gilt es dennoch auch dem rechtlichen Einheitsunternehmen[1051] eine gewisse Aufmerksamkeit zu schenken. Bei all den möglichen schuldrechtlichen Verrechnungs-, Übertragungs- und Ausgleichsmöglichkeiten, bietet doch das Einheitsunternehmen die einfachste Möglichkeit zur Saldierung gegenläufiger Erträge unterschiedlicher wirtschaftlicher Unternehmungen.

Die Erträge wirtschaftlicher Unternehmungen, die von Einzelunternehmern oder Personengesellschaften durchgeführt werden, werden letztlich in der Person des Einzelunternehmers oder Gesellschafters saldiert. Aus haftungstechnischen Gründen wird es sich aber häufig anbieten, eine Kapitalgesellschaft zwischenzuschalten. Werden nun alle unternehmerischen Tätigkeiten eines Steuerpflichtigen in einer Kapitalgesellschaft gebündelt, so findet die Saldierung auf Ebene der Kapitalgesellschaft statt. Zum einen vermag dies das Risiko einer Mindestbesteuerung dadurch zu verringern, dass bereits ein innerperiodischer Ertragsausgleich mehrerer Einkunftsquellen durchgeführt werden kann[1052]. Zum anderen erhöht die Diversifizierung von Einkunftsquellen in einer rechtlichen Einheit die Wahrscheinlichkeit, dass doch auftretende Verlustvorträge tatsächlich in der Zukunft abgetragen werden können[1053]. Auch wird so ermöglicht, dass Verluste einer bestimmten Tätigkeit nicht mit Einstellung dieser Tätigkeit endgültig untergehen, da sie nach wie vor mit anderen Tätigkeiten desselben Unternehmens ausgeglichen werden können.

1050 Quelle: Eigene Darstellung.
1051 Anders als bei dem wirtschaftlichen Einheitsunternehmen, werden bei einem rechtlichen Einheitsunternehmen tatsächlich alle unternehmerischen Tätigkeiten in einer Gesellschaft gebündelt.
1052 *Lindauer*, BB 2004, S. 2720 (S. 2725).
1053 *Lindauer*, BB 2004, S. 2720 (S. 2725).

Abbildung 9: Einheitsunternehmen[1054]

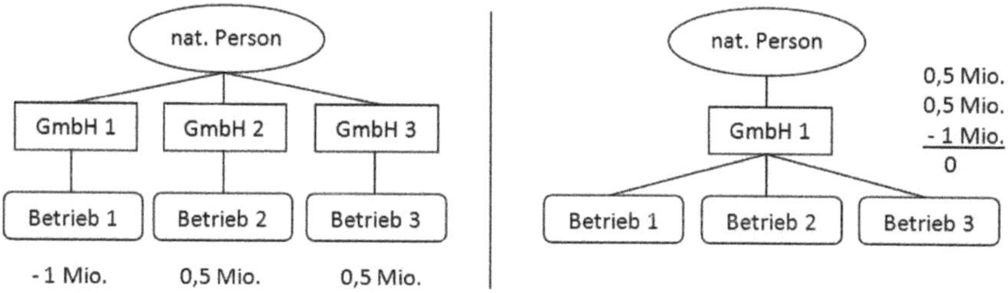

4.3.2.5 Gewährung von zinsfreien Darlehen

Ähnlich der Betriebsverpachtung bietet auch die Gewährung von (nahezu) zinsfreien Darlehen die Möglichkeit einer indirekten Übertragung von Verlustausgleichspotential[1055]. Der dieser Methode zugrunde liegende Gedanke ist denkbar simpel: Im Wege eines (nahezu) zinsfreien Darlehens wird Ertragspotential auf ein Unternehmen mit laufenden Verlusten oder erheblichen Verlustvorträgen übertragen[1056]. Da das Darlehen (nahezu) zinsfrei gewährt wird, führt es beim Darlehensgeber nur zu minimalen Erträgen und beim ohnehin schon verlustbelasteten Darlehensnehmer zu keinen weiteren Ausgaben. Dafür steht nun jedoch dem Darlehensnehmer die Möglichkeit zu, das zur Verfügung gestellte Geld gewinnbringend anzulegen oder zu investieren. Die Erträge hieraus kann er nutzen um einen Verlustausgleich oder -abzug durchzuführen[1057].

Als Vertragspartner kommen sowohl Mutter- und Tochterunternehmen in Betracht, als auch Schwestergesellschaften oder Gesellschafter und Gesellschaft. Während die Auszahlung eines (nahezu) zinsfreien Darlehens einer Muttergesellschaft an ihre Tochtergesellschaft keine Probleme aufwirft, kann dies im umgekehrten Verhältnis anders sein. Denn die Auszahlung eines (nahezu) zinsfreien Darlehens an die eigene Muttergesellschaft könnte eine verdeckte Gewinnausschüttung in Form einer verhinderten Vermögensmehrung nach § 8 Abs. 3 Satz 2 KStG darstellen[1058]. Diese Ansicht ist in Zeiten von Niedrigst- bis Negativzinsen jedoch im Einzelfall zu überdenken. Wenn die darlehensgebende Tochtergesellschaft keine Zinserträge im Rahmen einer herkömmlichen Geldanlage mehr erwarten kann, weshalb sollte

1054 Quelle: Eigene Darstellung.

1055 *Bolz*, AktStR 2002, S. 219 (S. 232); *Brinkmann*, in: Lüdicke/Sistermann, Unternehmenssteuerrecht, § 16 Rn. 76.

1056 *Prinz*, GmbHR 2004, S. 921 (S. 925); *Eilers/Schneider*, GmbHR 2002, S. 169 (S. 173).

1057 *Brinkmann*, in: Lüdicke/Sistermann, Unternehmenssteuerrecht, § 16 Rn. 76.

1058 *Brinkmann*, in: Lüdicke/Sistermann, Unternehmenssteuerrecht, § 16 Rn. 77; *Prinz*, GmbHR 2004, S. 921 (S. 926).

dann ein (nahezu) zinsfreies Darlehen an ihre Muttergesellschaft eine verhinderte Vermögensmehrung darstellen. Dies erscheint zumindest zweifelhaft.

Der Erfolg dieser Methode ist letztlich davon abhängig, ob es dem Darlehensnehmer gelingt, das Darlehen kurz- bis mittelfristig mit deutlichem Gewinn zu nutzen. Dies kann sowohl im unternehmerischen Bereich sein, als auch im Bereich der Vermögensanlage. Insbesondere letzteres ist in Anbetracht der aktuellen Zinspolitik der EZB und der Lage auf den Finanzmärkten für die nächste Zukunft unwahrscheinlich oder nur unter hohen Risiken zu erreichen.

Zinsfreie bzw. niedrigverzinste Darlehen sind eines der klassischen Werkzeuge zur Verlustnutzung und auch in der Praxis entsprechend von Bedeutung[1059]. Nichtsdestotrotz kommt es immer wieder vor, dass die Finanzverwaltung eine entsprechende Gestaltung nicht anerkennen will[1060]. Spätestens seit dem Urteil des BFH vom 17. Oktober 2001 kann jedoch mit einiger Sicherheit davon ausgegangen werden, dass diese Methode auch steuerrechtlich wirksam ist[1061]. In diesem Urteil leitete der BFH aus § 1 AStG ab, dass ein zinsloses Gesellschafterdarlehen als solches anzuerkennen ist und nicht etwa ein fiktiver Ertrag auf Gesellschafterebene angenommen werden dürfe[1062]. Auch ist es rechtlich ohne Bedeutung, dass ein zinsloses Darlehen einzig zur Nutzung von Verlusten bzw. Verlustvorträgen verwendet wird[1063]. Dies stellt keine missbräuchliche Gestaltung dar, da eine solche Gestaltung letztlich nur dem Ziel einer angemessenen Gesamtbesteuerung dient[1064]. Weitere nichtsteuerliche Gründe für eine derartige Gestaltung müssen nicht vorliegen[1065].

Für eine steuerrechtlich wirksame Gestaltung ist es jedoch wichtig, dass die Erträge aus dem Darlehen rechtlich und wirtschaftlich tatsächlich dem Darlehensnehmer zufließen und zurechenbar sind[1066]. Insbesondere darf weder eine Treuhandschaft begründet, noch etwa ein Scheingeschäft abgeschlossen werden[1067]. Nur wenn es zweifelsfrei feststeht, dass die Darlehenssumme im Namen und in Rechnung des Darlehensnehmers angelegt bzw. investiert wird, kann die gewünschte steuerrechtliche Wirkung erreicht werden.

1059 *Prinz*, GmbHR 2004, S. 921 (S. 925).

1060 *Prinz*, GmbHR 2004, S. 921 (S. 925).

1061 Siehe BFH, BFHE 197, S. 63 ff.; *Becker/Loitz/Stein*, Steueroptimale Verlustnutzung, S. 130; *Prinz*, GmbHR 2004, S. 921 (S. 925).

1062 BFH, BFHE 197, S. 63 (S. 66).

1063 *Ratschow*, in: Klein, Abgabenordnung, § 42 Rn. 163.

1064 BFH, BFHE 197, S. 63 (S. 67).

1065 BFH, BFHE 197, S. 63 (S. 67).

1066 *Brinkmann*, in: Lüdicke/Sistermann, Unternehmenssteuerrecht, § 16 Rn. 77.

1067 *Prinz*, GmbHR 2004, S. 921 (S. 926); *Brinkmann*, in: Lüdicke/Sistermann, Unternehmenssteuerrecht, § 16 Rn. 77.

Abbildung 10: Zinsfreies Darlehen[1068]

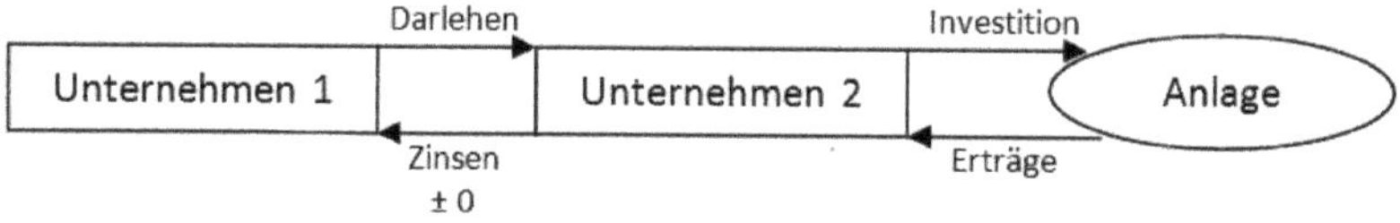

Um den Erfolg dieser Methode zu maximieren, bietet es sich an, das Darlehen tatsächlich zinsfrei zu gewähren. Allerdings regelt § 6 Abs. 1 Nr. 3 EStG, dass zinsfreie Darlehen mit einer Restlaufzeit von einem Jahr und mehr in der Steuerbilanz mit 5,5 % abzuzinsen sind. Dies führt beim Darlehensnehmer zu einem (fiktiven) Abzinsungsgewinn, der letztlich zwar auch dessen Verlustvortrag schmälert[1069], jedoch ohne dabei echte Erträge steuerlich zu neutralisieren. Um dies zu vermeiden, sollte das Darlehen daher entweder mit einer unterjährigen Laufzeit ausgestattet werden[1070] oder aber ein niedriger Zinssatz vereinbart werden[1071]. Eine verzinsliche Verbindlichkeit liegt schließlich bei jedem Zinssatz jenseits von 0 % vor[1072].

Eine unterjährige Laufzeit verringert zwar die Höhe des zu übertragenden Ertragspotentials. Letztlich jedoch wird es in dem meisten Fällen ohnehin darauf ankommen, Erträge innerhalb eines Jahres zu erzielen, um so Verluste zeitnah auszugleichen oder abzuziehen. Im Übrigen besteht ja auch die Möglichkeit, nach Ablauf der Laufzeit und der Rückzahlung erneut ein Darlehen zu gewähren. Allerdings sollte bei einer solchen Vorgehensweise darauf geachtet werden, dass § 6 Abs. 1 Nr. 3 EStG nicht zu offensichtlich umgangen wird. Anderenfalls droht durch die Finanzverwaltung eine Einstufung als Gestaltungsmissbrauch nach § 42 AO, mit der Folge, dass es doch zu einer Abzinsung kommt.

Vereinbart man hingegen einen niedrigen Zinssatz, so verringert dies das Ertragspotential des Darlehens. Im Übrigen tendiert die Finanzverwaltung dazu, besonders niedrige Zinssätze als missbräuchliche Umgehung des § 6 Abs. 1 Nr. 3 EStG einzustufen und entsprechend nach § 42 AO zu behandeln[1073]. Daraus entsteht eine gewisse Unsicherheit bzgl. des mindestens anzusetzenden Zinssatzes. Während teilweise vertreten wird, dass mindestens ein Zinssatz von 1 % angesetzt werden sollte[1074], soll nach anderer Ansicht auch schon ein Zinssatz von 0,3 % genügen, sofern

---

1068 Quelle: Eigene Darstellung.
1069 *Bolz*, AktStR 2002, S. 219 (S. 232).
1070 *Bolz*, AktStR 2002, S. 219 (S. 232); *Görden*, GmbH-StB 2002, S. 31 (S. 32).
1071 *Bolz*, AktStR 2002, S. 219 (S. 232); *Eilers/Schneider*, GmbHR 2002, S. 169 (S. 173); *Brinkmann*, in: Lüdicke/Sistermann, Unternehmenssteuerrecht, § 16 Rn. 77.
1072 *Prinz*, GmbHR 2004, S. 921 (S. 926).
1073 *Prinz*, GmbHR 2004, S. 921 (S. 926); *Bolz*, AktStR 2002, S. 219 (S. 232); *Eilers/Schneider*, GmbHR 2002, S. 169 (S. 173).
1074 *Bolz*, AktStR 2002, S. 219 (S. 232); *Görden*, GmbH-StB 2002, S. 31 (S. 32); *Eilers/Schneider*, GmbHR 2002, S. 169 (S. 173).

die absolute Zinsleistung einen nicht zu vernachlässigenden Betrag erreicht[1075]. Richtiger Weise können Zinssätze spätestens dann nicht als missbräuchlich eingestuft werden, wenn sie marktüblichen Zinssätzen entsprechen. Dies dürfte in Zeiten extremer Niedrigzinsen auch bereits unter 1 % der Fall sein. Im Übrigen ist es hier vertretene Meinung, dass eine missbräuchliche Umgehung dann nicht vorliegen kann, wenn die zu zahlenden Zinsen tatsächlich in absoluter Höhe einen erheblichen Betrag erreichen.

Sollte das zu gewährende Darlehen auf Gesellschafterebene wiederum nur fremdfinanziert zur Verfügung gestellt werden können, ist darauf zu achten, dass es unter Umständen nicht möglich sein wird, etwaige Fremdfinanzierungskosten als Betriebsausgaben oder Werbungskosten geltend zu machen, da diesen keine Einnahmen bzw. auch nur Aussichten auf Einnahmen gegenüberstehen[1076].

4.3.3 Zeitliche Verlagerung von Erträgen bzw. deren Erfassung

Die periodische Besteuerung hat zur Folge, dass innerperiodisch steuerbare Ergebnisse ermittelt werden, die sich unter Umständen interperiodisch ausgleichen würden. Dadurch entsteht eine verzerrte Besteuerung, welche nicht der Realität der Totalperiode entspricht. Punktuelle Abhilfe kann jedoch dadurch geleistet werden, dass (wo möglich) positive wie negative Erträge in eine frühere Periode vorgezogen oder in eine spätere verlagert werden. Inwiefern dies praktisch und rechtlich möglich ist, ist stark einzelfallabhängig und bedarf in jedem Fall einer kritischen Bewertung.

4.3.3.1 Umstellung des Geschäftsjahres

Sowohl bei im Handelsregister eingetragenen Personengesellschaften (§ 4a Abs. 1 Nr. 2 EStG), als auch bei buchführenden Körperschaften (§ 7 Abs. 4 KStG) kann es zu einer Abweichung des Wirtschaftsjahres vom Kalenderjahr und damit vom Veranlagungszeitraum kommen. Denn den genannten Steuerobjekten bzw. -subjekten steht bei ihrer Gründung ein entsprechendes Wahlrecht zu.

Im Fall einer solchen Abweichung kommt es mit Abschluss eines Veranlagungszeitraumes zu der Besteuerung des Gewinns, der zu dem in diesem Veranlagungszeitraum liegenden Ende des jeweiligen Wirtschaftsjahres festgestellt wurde. Dies gilt sowohl im Einkommensteuerrecht[1077], als auch im Körperschaftsteuerrecht[1078]. Es kann also vorkommen, dass Teile eines Kalenderjahres erst mit Abschluss des

1075 *Prinz*, GmbHR 2004, S. 921 (S. 926).

1076 *Bolz*, AktStR 2002, S. 219 (S. 233).

1077 Siehe § 4 Abs. 2 Nr. 2 EStG. Zu beachten ist jedoch die Sonderregel für Land- und Forstwirte in § 4 Abs. 2 Nr. 1 EStG.

1078 Siehe § 7 Abs. 4 KStG.

folgenden Kalenderjahres besteuert werden[1079]. § 4a Abs. 1 Nr. 2 EStG und § 7 Abs. 4 KStG gewähren jedoch nicht nur ein einmaliges Recht, das Wirtschaftsjahr zu wählen, sondern ermöglichen darüber hinaus auch die Umstellung desselben auf einen anderen als den ursprünglich gewählten Zeitraum. Da ein Wirtschaftsjahr nicht länger als zwölf Monate sein darf (§ 8b S. 1 EStDV), entsteht durch eine solche Umstellung immer ein sog. Rumpfwirtschaftsjahr[1080], also ein verkürztes Übergangswirtschaftsjahr. Grundsätzlich ausgeschlossen ist es hingegen, dass zwei aneinander anschließende Rumpfwirtschaftsjahre entstehen[1081].

Bei entsprechender Wahl bei der Umstellung ist es daher möglich, dass zunächst das alte Wirtschaftsjahr und im Anschluss ein Rumpfwirtschaftsjahr in nur einem Veranlagungszeitraum enden[1082]. Die steuerrechtliche Folge dieses Vorgangs ist es, dass zwar für beide Wirtschaftsjahre getrennt ein Gewinn oder Verlust ermittelt wird, die Ergebnisse beider Wirtschaftsjahre jedoch zur Besteuerung zusammengefasst werden[1083]. Positive und negative Erträge können so maximal innerhalb eines Zeitraumes von 23 Monaten saldiert werden, ohne dass § 10d EStG zur Anwendung kommt[1084].

Dies kann unter Umständen gezielt zur Verlustverrechnung genutzt werden. Endet z.B. ein vom Kalenderjahr abweichendes Wirtschaftsjahr mit Gewinn, sind jedoch im folgenden Wirtschaftsjahr Verluste zu befürchten, kann eine Umstellung des Wirtschaftsjahres zu einer sofortigen und unbeschränkten Verrechnung führen[1085].

Dabei sind grundsätzlich drei Ausgangssituationen zu unterscheiden[1086]: Wird (i) auf ein dem Kalenderjahr entsprechendes Wirtschaftsjahr umgestellt, so kommt es immer zu obengenannter Verrechnung zweier Wirtschaftsjahre, da zwingend zwei Wirtschaftsjahre in einem Kalenderjahr ihr Ende finden. Wird (ii) von einem abweichenden Wirtschafsjahr wiederum auf ein abweichendes Wirtschaftsjahr umgestellt, so kann dies, sofern das Ende des neuen Wirtschaftsjahres ebenfalls noch in demselben Kalenderjahr liegt, zu einer Verrechnung führen. Liegt das Ende

1079 Aufgrund der monatlich zu leistenden Körperschaftsteuervorauszahlungen hat dies auf die steuerliche Belastung zunächst keine Auswirkung.

1080 *Fehrenbacher*, in: Schnitger/Fehrenbacher, Körperschaftsteuer, § 7 Rn. 85.

1081 *Lambrecht*, in: Gosch, Körperschaftsteuergesetz, § 7 Rn. 39; *Schulte*, in: Erle/Sauter, Körperschaftsteuergesetz, § 7 Rn. 73; *Fehrenbacher*, in: Schnitger/Fehrenbacher, Körperschaftsteuer, § 7 Rn. 108.

1082 *Fehrenbacher*, in: Schnitger/Fehrenbacher, Körperschaftsteuer, § 7 Rn. 85.

1083 *Lambrecht*, in: Gosch, Körperschaftsteuergesetz, § 7 Rn. 39; *Fehrenbacher*, in: Schnitger/Fehrenbacher, Körperschaftsteuer, § 7 Rn. 85.

1084 *Fehrenbacher*, in: Schnitger/Fehrenbacher, Körperschaftsteuer, § 7 Rn. 85.

1085 Siehe auch Beispiel bei *Schulte*, in: Erle/Sauter, Körperschaftsteuergesetz, § 7 Rn. 78.

1086 Zu den unterschiedlichen Varianten der Umstellung siehe auch *Schulte*, in: Erle/Sauter, Körperschaftsteuergesetz, § 7 Rn. 63 ff; *Fehrenbacher*, in: Schnitger/Fehrenbacher, Körperschaftsteuer, § 7 Rn. 88 ff.

des neuen Wirtschaftsjahres hingegen im nächsten Kalenderjahr, scheidet eine Verrechnung bis zur nächsten Umstellung aus. Wird hingegen (iii) vom Kalenderjahr auf ein abweichendes Wirtschaftsjahr umgestellt, so hat dies grundsätzlich aufgrund des Verbotes zweier aufeinanderfolgender Rumpfwirtschaftsjahre nie eine Verrechnung zur Folge. Auch in diesem Fall ist eine Verrechnung erst dann wieder möglich, wenn das Wirtschaftsjahr erneut umgestellt wird.

Die Ausübung dieser geschilderten Gestaltungsmöglichkeit ist nicht völlig unbeschränkt. Grundsätzlich immer möglich ist die Umstellung auf ein dem Kalenderjahr entsprechendes Wirtschaftsjahr[1087], da gesetzlich nichts gegenteiliges geregelt ist[1088]. Eine Umstellung auf ein vom Kalenderjahr abweichendes Wirtschaftsjahr ist hingegen nur mit Zustimmung des zuständigen Finanzamtes möglich. Mit dieser Regelung sollen ausschließlich Missbrauchsfälle bzw. willkürliche Änderungen zur Steuervermeidung ausgeschlossen werden, so dass die Finanzverwaltung ihr diesbezügliches Ermessen entsprechend einschränken muss[1089]. Als Folge hat die Finanzverwaltung ihre Zustimmung immer dann zu erteilen, wenn für die Umstellung ernsthafte betriebliche Gründe vorgebracht werden[1090]. Zwingende Gründe sind hingegen zwar nicht erforderlich[1091], rein steuerliche Gründe genügen jedoch nicht[1092].

Die Umstellung des Wirtschaftsjahres zur Erweiterung des Veranlagungszeitraums bzw. zur direkten und uneingeschränkten Verrechnung von positiven und negativen Erträgen über die Grenzen des Wirtschaftsjahres hinaus kann also nicht nach Belieben eingesetzt werden. Dennoch kann sie bei vorausschauender Gestaltung ein äußerst effektives Mittel zur Steuergestaltung sein, zumal an die Voraussetzungen einer Umstellung keine allzu hohen Anforderungen gestellt werden dürfen. Gegebenenfalls sollte eine Umstellung auf ein abweichendes Wirtschaftsjahr auch dann in Betracht gezogen werden, wenn zwar zunächst kein steuerlicher Vorteil zu erwarten ist, aber die entsprechenden betrieblichen Gründe vorlägen. So wird die Möglichkeit geschaffen, zu einem späteren und steuerlich günstigeren Zeitpunkt wieder auf das Kalenderjahr als Wirtschaftsjahr umzustellen, da dies jederzeit ohne Zustimmung des Finanzamtes möglich ist.

1087 *Fehrenbacher*, in: Schnitger/Fehrenbacher, Körperschaftsteuer, § 7 Rn. 99; *Heinicke*, in: Schmidt, EStG, § 4a Rn. 12.

1088 *Schulte*, in: Erle/Sauter, Körperschaftsteuergesetz, § 7 Rn. 64; *Lambrecht*, in: Gosch, Körperschaftsteuergesetz, § 7 Rn. 51.

1089 *Schulte*, in: Erle/Sauter, Körperschaftsteuergesetz, § 7 Rn. 70.

1090 *Schulte*, in: Erle/Sauter, Körperschaftsteuergesetz, § 7 Rn. 52; *Fehrenbacher*, in: Schnitger/Fehrenbacher, Körperschaftsteuer, § 7 Rn. 106.

1091 *Schulte*, in: Erle/Sauter, Körperschaftsteuergesetz, § 7 Rn. 70; *Lambrecht*, in: Gosch, Körperschaftsteuergesetz, § 7 Rn. 53; *Fehrenbacher*, in: Schnitger/Fehrenbacher, Körperschaftsteuer, § 7 Rn. 106. Zu den Möglichkeiten einer Umstellung des Geschäftsjahres bei Filmproduktionsunternehmen siehe *Dörfler/Käfferlein*, FR 2004, S. 869 (S. 873).

1092 *Fehrenbacher*, in: Schnitger/Fehrenbacher, Körperschaftsteuer, § 7 Rn. 107; *Lambrecht*, in: Gosch, Körperschaftsteuergesetz, § 7 Rn. 52.

4.3.3.2 Aufdeckung stiller Reserven

Auch die Aufdeckung oder Hebung von sog. stillen Reserven eines Unternehmens kann als Gestaltungsmittel zur Verhinderung einer Mindestbesteuerung und des Untergangs von Verlustvorträgen dienen.

Als stille Reserven der Aktivseite bezeichnet man die aus der Bilanz nicht ersichtliche Differenz zwischen dem Buchwert eines Vermögensgegenstandes und seinem davon abweichenden höheren Zeitwert[1093]. Stille Reserven der Passivseite sind hingegen die Differenz zwischen dem Buchwert von Schulden und ihrem tatsächlich niedrigeren Wert[1094]. Derartige Differenzen können aus verschiedenen Gründen entstehen, sei es durch eine vorsichtige Bewertung, überhöhte Abschreibungen oder aufgrund von Bilanzierungs- und Bewertungswahlrechten[1095].

Werden diese stillen Reserven aufgedeckt, kommt es mittelbar zu einer Korrektur der insoweit von der Wirklichkeit abweichenden Bilanz, es entstehen Bilanzgewinne. Dies hat zum einen zur Folge, dass sich unmittelbar die bilanzielle Situation des aufdeckenden Unternehmens verbessert, zum anderen kann in dem Unternehmen so auch eine erhöhte Liquidität erreicht werden[1096]. Ersteres kann gerade in Situationen drohender bilanzieller Überschuldung große Bedeutung erlangen.

Der durch die Aufdeckung realisierte Gewinn unterliegt wie grundsätzlich jeder Gewinn der Besteuerung, kann also ohne Einschränkungen sowohl mit laufenden Verlusten, als auch im Wege des Verlustabzugs nach § 10d Abs. 2 EStG verrechnet werden[1097]. Dies gilt insbesondere auch innerhalb von Organschaften[1098]. Allerdings gilt es zu beachten, dass die Aufdeckung stiller Reserven aufgrund der Bilanzkontinuität über die einzelne Periode hinausgehende steuerliche Folgen hat, der positive Einmaleffekt der Generierung von Verrechnungspotential je nach späterer wirtschaftlicher Entwicklung daher langfristig als schädlich zu beurteilen sein kann[1099]. Je nach gewähltem Mittel zur Aufdeckung von stillen Reserven können längerfristig ein erhöhtes Abschreibungspotential oder ständige Betriebsausgaben entstehen, die bei einer dauerhaften Verlustsituation zur Verschärfung der bilanziellen Lage beitragen oder gar zu einer Mindestbesteuerung führen können[1100]. Nichtsdestotrotz sollte vor allem bei der kurzfristigen Steuergestaltung zuvorderst der Möglichkeit der Hebung stiller Reserven erhöhte Beachtung geschenkt werden[1101]. Schließlich kann es auch von Vorteil sein, nicht nur einmalig einen Gewinn und

---

1093 *Thiel/Lüdtke-Handjery*, Bilanzrecht, S. 102; *Hennrichs*, in: Tipke/Lang, Steuerrecht, § 9 Rn. 420.

1094 *Thiel/Lüdtke-Handjery*, S. 102.

1095 *Thiel/Lüdtke-Handjery*, S. 103; *Hennrichs*, in: Tipke/Lang, Steuerrecht, § 9 Rn. 420.

1096 *Loose/Maier*, in: Lüdicke/Sistermann, Unternehmenssteuerrecht, § 17 Rn. 112.

1097 *Loose/Maier*, in: Lüdicke/Sistermann, Unternehmenssteuerrecht, § 17 Rn. 112.

1098 *Brinkmann*, in: Lüdicke/Sistermann, Unternehmenssteuerrecht, § 16 Rn. 71.

1099 *Laule*, DStZ 1983, S. 311 (S. 314).

1100 *Groß/Steiger*, DStR 2004, S. 1203 (S. 1204).

1101 So auch *Groß/Steiger*, DStR 2004, S. 1203 (S. 1204).

damit Verrechnungspotential zu schaffen, sondern gleichzeitig für die Zukunft Abschreibungs- bzw. Aufwandspotential zu gewinnen[1102]. In jedem Fall sollte bei der Wahl der zu hebenden stillen Reserve nicht nur auf deren Höhe geachtet werden, sondern auch auf wirtschaftliche Folgen sowie die Dauer der Abschreibung des betreffenden Vermögensgegenstandes[1103].

Die Möglichkeiten zur Aufdeckung von stillen Reserven sind zahlreich, lassen sich aber grundsätzlich unterteilen in die Veräußerung von Vermögensgegenständen, deren Entnahme, sowie die Nutzung von Wahl- und Bewertungsrechten.

4.3.3.2.1 Veräußerung / Sale-and-lease-back

Durch die Veräußerung von bilanziell unterbewerteten Vermögensgegenständen können stille Reserven am einfachsten aufgedeckt werden. Der Vermögensgegenstand wird mit seinem Verkauf aus der Bilanz ausgebucht, der Erlös bzw. die entsprechende Forderung wiederum zu einem höheren Wert eingebucht. Dadurch entsteht ein Veräußerungsgewinn in Höhe der Differenz von Buch- und erzieltem Verkaufswert.

Allerdings führt dies auch dazu, dass dem aufdeckenden Unternehmen der veräußerte Vermögensgegenstand nun nicht mehr zur Verfügung steht. Dies mag im Einzelfall unerheblich sein, in aller Regel jedoch betrieblich unerwünscht. Aus diesem Grund hat sich das in der Praxis weit verbreitete Modell des ‚sale-and-lease-back' entwickelt.

Dieses sieht vor, dass ein Unternehmen einen Gegenstand[1104] des notwendigen Betriebsvermögens[1105] an eine weitere Partei veräußert, gleichzeitig jedoch einen Miet- oder Pachtvertrag über denselben Gegenstand abschließt, der es ihm ermöglicht den Gegenstand weiterhin uneingeschränkt betrieblich zu nutzen[1106]. So können die in dem Gegenstand steckenden stillen Reserven gehoben werden, gleichzeitig aber Aufwandpotential für spätere Perioden geschaffen werden[1107]. Desweiteren ermöglicht diese Gestaltung das in dem Gegenstand liegende Kapital freizusetzen[1108] und anderweitig zu nutzen. Gegebenenfalls kann zwischen den Parteien auch ein Rückkaufrecht zum späteren Buchwert vereinbart werden[1109]. Da eine sale-and-lease-back-Gestaltung grundsätzlich auch zwischen zwei verbundenen Unternehmen möglich ist[1110], kann sie neben der steuerlich vorteilhaften Aufdeckung stiller Reserven später

1102 *Groß/Steiger*, DStR 2004, S. 1203 (S. 1204).
1103 *Brinkmann*, in: Lüdicke/Sistermann, Unternehmenssteuerrecht, § 16 Rn. 71.
1104 Denkbar ist diese Konstellation natürlich auch im Zusammenhang mit Rechten, Lizenzen oder Patenten.
1105 *Hennsler*, DStR 1984, S. 155 (S. 159).
1106 *Strunz*, DStR 1984, S. 102 (S. 102).
1107 *Brinkmann*, in: Lüdicke/Sistermann, Unternehmenssteuerrecht, § 16 Rn. 73.
1108 *Strunz*, DStR 1984, S. 102 (S. 102).
1109 *Strunz*, DStR 1984, S. 102 (S. 102).
1110 *Hennsler*, DStR 1984, S. 155 (S. 159); *Laule*, DStZ 1983, S. 311 (S. 314).

unter Umständen auch noch dazu dienen, Erträge von einem Unternehmen auf ein anderes zu übertragen. Allerdings sollte dabei je nach Ausgestaltung auf die Angemessenheit der Höhe der vereinbarten Miete geachtet werden, da anderenfalls eine verdeckte Gewinnausschüttung angenommen werden könnte[1111]. Unter Umständen kann eine erhöhte Abschreibung auf Seiten des Vermieters dazu führen, dass sich für diesen die Vermietung gewinnmindernd auswirkt[1112].

Beachtet werden sollte jedoch in jedem Fall, dass die gewerbesteuerlichen Hinzurechnungen nach § 8 GewStG auch Mietkosten (und auch solche aus sale-and-lease-back-Gestaltungen[1113]) erfassen und zwar: (i) zu einem Fünftel bei beweglichen Mietobjekten (§ 8 Nr. 1 d) GewStG) und (ii) zur Hälfte bei unbeweglichen Mietobjekten (§ 8 Nr. 1 e) GewStG). Soweit die Summe aller hinzuzurechnenden Beträge 100.000 EUR übersteigt, ist ein Viertel dieser Kosten dem gewerbesteuerlichen Gewinn wieder hinzuzurechnen (§ 8 Nr. 1 GewStG). Dies mindert auf Ebene des aufdeckenden Unternehmens das zukünftige Aufwandpotential.

4.3.3.2.2 Entnahme

Stille Reserven können auch im Rahmen einer Entnahme aufgedeckt werden. Nach § 6 Abs. 1 Nr. 4 Satz 1 EStG i.V.m. § 4 Abs. 1 Satz 2 EStG ist eine Entnahme mit dem Teilwert des entnommenen Gegenstandes anzusetzen. Der Teilwert ist nach § 6 Abs. 1 Nr. 1 Satz 3 EStG der Betrag, den der Erwerber des Betriebes im Rahmen des Gesamtpreises für den einzelnen Gegenstand bezahlen würde. Bei bereits über einen längeren Zeitraum abgeschriebenen Gegenständen kann der Teilwert deutlich über dem Buchwert liegen. Im Zuge einer Entnahme wird der Gegenstand aus der Bilanz zum Buchwert ausgebucht, jedoch die Entnahme zum Teilwert wieder hinzugerechnet. Auf diese Weise werden die stillen Reserven des Gegenstandes im aufdeckenden Unternehmen realisiert.

Durch § 4 Abs. 1 Satz 3 EStG wird die Überführung eines Wirtschaftsguts ins Ausland und damit außer Reichweite der deutschen Besteuerung einer Entnahme gleichgestellt. Überführt ein Unternehmen ein Wirtschaftsgut aus seiner deutschen Betriebsstätte z. B. in einen DBA-Freistellungsstaat, so wird dieser Vorgang bilanzsteuerrechtlich wie eine Entnahme zum Teilwert behandelt. Insbesondere diese Variante der Entnahme sollte zur Aufdeckung stiller Reserven in Betracht gezogen werden[1114], da das Wirtschaftsgut so dem Unternehmen erhalten bleibt, dennoch aber die Vorteile der Aufdeckung genutzt werden können.

1111 Wird eine zu niedrige Miete vereinbart, würde der Mietgegenstand zum Teil unentgeltlich zur Verfügung gestellt. In dieser Höhe läge eine verdeckte Gewinnausschüttung vor.

1112 *Loose/Maier*, in: Lüdicke/Sistermann, Unternehmenssteuerrecht, § 17 Rn. 113.

1113 *Brinkmann*, in: Lüdicke/Sistermann, Unternehmenssteuerrecht, § 16 Rn. 73; *Kaminski*, in: Steuerforum 2014, S. 32.

1114 *Orth*, in: Kessler/Kröner/Köhler, Konzernsteuerrecht, § 11 Rn. 143; *Brinkmann*, in: Lüdicke/Sistermann, Unternehmenssteuerrecht, § 16 Rn. 71.

4.3.3.2.3 Wahl- und Bewertungsrechte

Das Steuerbilanzrecht lässt nur wenige Wahl- und Bewertungsrechte zu. Manche von diesen können aber zu einer Realisierung von stillen Reserven führen.

Nach § 6 Abs. 1 Nr. 1 Satz 2 EStG können für Wirtschaftsgüter, welche voraussichtlich dauerhaft im Wert gemindert sind, sog. Teilwertabschreibungen vorgenommen werden. Der eigentlich in der Steuerbilanz ausgewiesene Buchwert wird also auf einen niedrigeren Teilwert herabgesetzt[1115]. Dies kann insbesondere im Rahmen von Forderungen gegen insolvente Schuldner der Fall sein. Fällt später der Grund für die Teilwertabschreibung fort, so realisieren sich bis dahin entstandene stille Reserven. Man spricht insofern von einer Wertaufholung. Allerdings ist das Lenkungs- und Gestaltungspotential im Rahmen der Teilwertabschreibung und einer späteren Wertaufholung nur äußerst gering, da im Steuerbilanzrecht die Wertaufholung gem. § 6 Abs. 1 Nr. 1 S. 4 EStG kein Wahlrecht, sondern zwingend vorgeschrieben ist (Wertaufholungsgebot).

Ein tatsächliches Wahlrecht hingegen wird dem Steuersubjekt in den §§ 20 Abs. 2 und 24 Abs. 2 UmwStG gewährt[1116]. Hiernach gilt, dass bei einer Übertragung von (Teil-)Betrieben oder Mitunternehmeranteilen im Rahmen einer Sacheinlage in eine Kapitalgesellschaft (§ 20 UmwStG) oder in eine Personengesellschaft (§ 24 UmwStG) diese entweder zum Buchwert, einem Zwischenwert oder zum gemeinen Wert anzusetzen sind. Wird hier der gemeine Wert gewählt, so werden die enthaltenen stillen Reserven beim Einbringenden zum Veräußerungsgewinn. Diesen kann er uneingeschränkt mit laufenden Verlusten oder auch im Rahmen des Verlustabzugs verrechnen.

Eine solche Vorgehensweise kann sich unter anderem zwischen verbundenen Unternehmen anbieten und auch ähnlich einem sale-and-lease-back gehandhabt werden, sollte das einbringende Unternehmen noch eine Verwendung von Betriebsteilen vorsehen.

4.3.3.3 Teilgewinnrealisierung bei langfristiger Fertigung

Nach dem Maßgeblichkeitsgrundsatz des § 5 Abs. 1 EStG sind für die Steuerbilanz die Grundsätze der Handelsbilanz maßgeblich, sofern das Steuerrecht nicht ausdrücklich von diesen abweicht. Einer der auf die Steuerbilanz anzuwendenden Grundsätze ist das sog. Realisationsprinzip des § 252 Abs. 1 Nr. 4 Halbsatz 2 HGB[1117], wonach Gewinne erst dann bilanziell anzusetzen sind, wenn sie realisiert wurden. Für die periodische Erfassung der Besteuerungsgrundlagen sind daher nur solche Gewinne relevant, die zum Ende des Kalenderjahres (bzw. bei abweichendem Geschäftsjahr zum Ende desselben) realisiert wurden.

1115 *Knobbe-Keuk*, Bilanz- und Unternehmenssteuerrecht, S. 201.

1116 Siehe hierzu auch *Henssler*, DStR 1984, S. 155 (S. 159 f.).

1117 *Federmann*, Bilanzierung, S. 226.

Problematisch ist dies jedoch in Fällen sog. langfristiger Fertigung, wenn also die Fertigung eines Produktes zwei oder mehr Perioden umfasst. Auch in diesem Fall gilt grundsätzlich das Realisationsprinzip, so dass nicht zu aktivierende Herstellungskosten[1118] über mehrere Perioden zu Verlusten führen können, bevor mit Abschluss der Fertigung die Realisierung des (etwaigen) Gewinns eintritt. Insbesondere bei Unternehmen mit ausschließlich langfristigen Fertigungsaufträgen oder auch im Rahmen der Herstellung immaterieller Wirtschaftsgüter[1119] kann dies zu erheblichen Problemen im Zusammenhang mit der Mindestbesteuerung des § 10d EStG führen.

Einen Ausweg aus dieser Situation kann die sog. Teilgewinnrealisierung bieten[1120]. Diese Möglichkeit besteht nach Handelsrecht sofern eine endgültige Teilabrechnung über selbständig abgrenzbare und erbrachte Teilleistungen vorliegt, diese abgenommen wurden und keine Verluste aus späteren Teilleistungen drohen[1121].

Das Steuerrecht verlangt darüber hinaus, dass eine Teilabnahme vertraglich vorgesehen und auch erfolgt ist[1122]. Die Teilleistung muss zivilrechtlich erfüllt sein[1123]. Während ein solches Vorgehen im Baugewerbe unproblematisch und üblich ist, sind jedoch nicht alle Produkte bzw. ihre Herstellung ohne weiteres in einzelne Teilabschnitte zu zerlegen. Aus diesem Grund sollte zum Zwecke der Steuergestaltung bei langfristigen Fertigungen vorausschauend gehandelt werden[1124] und wo möglich die Voraussetzungen einer Teilgewinnrealisierung vertraglich geschaffen werden. Zum einen besteht hierfür die Möglichkeit der Vereinbarung von Teilabnahmen nach allgemeinem Werkrecht, § 641 Abs. 1 Satz 2 BGB[1125]. Dieser Weg ist vor allem im Baugewerbe oder in Bezug auf die Errichtung größerer Maschinenanlagen gangbar. In der Erforschung und Entwicklung von Produkten im Auftrag Dritter ist dies jedoch im Zweifel eher nicht praktikabel. Hier kommt die Vereinbarung von Abschlagszahlungen nach § 632a BGB in Betracht[1126], welche mit Erreichen bestimmter Zwischenergebnisse oder auch zeitbasierend fällig werden. Grundsätzlich gilt jedoch auch bei einer derart anerkannten Form der Teilgewinnrealisierung, dass der Gewinnteil vorsichtig anzusetzen ist und bestehende Risiken berücksichtigt

---

1118 Siehe hierzu *Knobbe-Keuk*, Bilanz- und Unternehmenssteuerrecht, S. 251.

1119 So können zum Beispiel Filmrechte aus eigener Produktion nicht in der Bilanz aktiviert werden, § 248 Abs. 2 Satz 2 HGB. Siehe hierzu *Dörfler/Käfferlein*, FR 2004, S. 869 ff.

1120 Kritisch: *Knobbe-Keuk*, S. 251. Für die Teilgewinnrealisierung im Rahmen der Filmproduktion siehe *Dörfler/Käfferlein*, FR 2004, S. 869 (S. 874).

1121 *Federmann*, S. 225; *Kümpel*, in: Brönner/Bareis/Hahn/Maurer/Schramm, Die Bilanz, S. 604 f.; *Thiel/Lüdtke-Handjery*, S. 134.

1122 BFH, BStBl. II 2008, S. 428 (S. 430).

1123 *Hennrichs*, in: Tipke/Lang, Steuerrecht, § 9 Rn. 416.

1124 *Groß/Steiger*, DStR 2004, S. 1203 (S. 1205); *Laule*, DStZ 1983, S. 311 (S. 314).

1125 *Hennrichs*, in: Tipke/Lang, Steuerrecht, § 9 Rn. 416.

1126 *Hennrichs*, in: Tipke/Lang, Steuerrecht, § 9 Rn. 416.

werden müssen[1127]. Denn zunächst wird bei der Teilgewinnrealisierung die entstehende Forderung eingebucht[1128].

Eine nachträgliche Korrektur eines bereits geschlossenen Vertrages zur Ermöglichung einer Teilgewinnrealisierung muss mit angemessener Vorsicht vorgenommen werden. Zwar ist das Urteil des BFH vom 24. Januar 2008 wohl dahingehend zu verstehen, dass eine solche grundsätzlich möglich ist[1129]. Es scheint jedoch, dass der BFH nicht gewillt ist, nachträgliche Vertragsänderungen zu akzeptieren, welche ausschließlich der Ermöglichung einer Teilrealisierung dienen. Vielmehr ist wohl zu verlangen, dass sich die Vertragsänderung in angemessener Weise (auch) an dem gelebten Vertrag, der Abrechnungsweise und den Vorstellungen der Parteien von einer Abgeltung gegen Leistung orientiert. Bestenfalls sollte dies in belastbarer Weise dokumentiert werden oder nachweisbar sein. Denkbar wäre es nach der hier vertretenen Ansicht, dass ein Werkvertrag im Nachhinein um Regelungen zur Teilabnahme erweitert wird, weil sonst eine Insolvenz des Auftragnehmers droht, weil im Gegenzug gewisse Rechte früher auf den Auftraggeber übergehen oder weil sich eine ursprünglich vereinbarte Leistung als zu niedrig herausgestellt hat und zum Ausgleich eine frühere Abschlagzahlung fällig werden soll.

Gerade, da Unternehmen im Bereich langfristiger Fertigungen besonders von der Periodizität des Steuer- und Bilanzrechts und insbesondere von der Mindestbesteuerung betroffen sind, sollten diese verstärkt die Möglichkeiten einer Teilgewinnrealisierung nutzen und darauf achten, dass eine solche vertraglich ermöglicht wird. Auf diese Weise kann unkompliziert die verschärfende Wirkung der Langzeitfertigung stark reduziert werden.

4.3.3.4 Bedingt rückzahlbares Darlehen / Forderungsverzicht mit Besserungsschein

Zwei weitere Möglichkeiten die steuerliche Wirkung von Verlusten zeitlich zu beeinflussen sind sog. bedingt rückzahlbare Darlehen bzw. der Forderungsverzicht mit Besserungsschein. Die Funktionsweise beider Gestaltungsmittel ist letztlich sehr ähnlich.

Gemeinsame Voraussetzung beider Varianten ist, dass einem Gesellschafter eine Forderung gegen eine verlustleidende Kapitalgesellschaft[1130] zusteht. Während diese entweder im Rahmen des bedingt rückzahlbaren Darlehens erst noch begründet

---

1127 *Federmann*, S. 225.

1128 *Federmann*, S. 226.

1129 BFH, BStBl. II 2008, S. 428 (S. 430).

1130 Eine Anwendung dieser Methoden auch bei Personengesellschaften ist deshalb auszuschließen, weil die Forderung des Gesellschafters regelmäßig Sonderbetriebsvermögen sein wird. Ein Forderungsverzicht führt dann nur zu einer Verschiebung der Forderung vom Sonderbetriebsvermögen in das Betriebsvermögen – dies geschieht erfolgsneutral. Siehe hierzu *Loose/Maier*, in: Lüdicke/Sistermann, Unternehmenssteuerrecht, § 17 Rn. 88.

wird, kann der Forderungsverzicht mit Besserungsschein sonst auch für bereits bestehende Forderungen (anderen Ursprungs) erklärt werden.

Gewährt ein Gesellschafter einer Kapitalgesellschaft ein Darlehen, so kann zwischen den Vertragsparteien vereinbart werden, dass die Rückzahlung des Darlehens aufschiebend bedingt ist, bis das Unternehmen einen bestimmten positiven Ertrag erwirtschaftet, also wirtschaftlich wieder gesundet. Die Darlehenssumme ist wie auch bei jedem anderen Darlehen auf der Aktivseite des Unternehmens zu verbuchen. Aufgrund der aufschiebend bedingten Rückzahlung ist jedoch die Fälligkeit dieser zu ungewiss, um sie als spiegelbildliche Verbindlichkeit in die Bilanz zu übernehmen. Nach § 5 Abs. 2a EStG ist daher die Rückzahlungsverpflichtung erst als Verbindlichkeit steuerbilanziell anzusetzen, wenn die die Bedingung auslösenden Einnahmen oder Gewinne angefallen sind. Die Steuerbilanz erhöht sich damit um den Betrag der Darlehenssumme und gleicht in dieser Höhe laufende Verluste steuerwirksam aus. So kann gegebenenfalls eine Mindestbesteuerung verhindert werden. Tritt zu einem späteren Zeitpunkt die vereinbarte Bedingung ein, so ist die Darlehensrückzahlung wiederum als Verbindlichkeit in der Bilanz zu erfassen und mindert nun entsprechend die steuerlichen Erträge.

Nach demselben Prinzip funktioniert auch der Forderungsverzicht mit Besserungsschein. Hierbei wird hinsichtlich einer bestehenden Verbindlichkeit des verlustleidenden Unternehmens ein Verzicht erklärt. Dies wird regelmäßig im Rahmen eines Erlassvertrages nach § 397 Abs. 1 BGB erfolgen[1131]. Dieser ist jedoch mit einem sog. Besserungsschein verbunden, also mit der auflösenden Bedingung[1132], dass der Verzicht nur so lange gelten soll, bis eine möglichst genau zu definierende[1133] wirtschaftliche Besserung des Schuldners eintritt. In diesem Fall fällt der Verzicht fort und die Verbindlichkeit lebt wieder auf. Bilanzrechtlich hat dies dieselben Folgen wie das bedingt rückzahlbare Darlehen. Mit Erklärung des Verzichts ist die Verbindlichkeit steuerwirksam aus der Bilanz auszubuchen[1134]. Entsprechend erhöht sich der Ertrag bzw. mindert sich der Verlust[1135]. Eine Mindestbesteuerung kann so verhindert werden bzw. Verlust gespeichert werden[1136]. Tritt der Besserungsfall ein, lebt die Verbindlichkeit auch bilanziell wieder auf und mindert den Ertrag[1137].

1131 *Loose/Maier*, in: Lüdicke/Sistermann, Unternehmenssteuerrecht, § 17 Rn. 67; *Melzer*, in Grobshäuser/Preißer, Die Besteuerung der GmbH, S. 393.

1132 *Loose/Maier*, in: Lüdicke/Sistermann, Unternehmenssteuerrecht, § 17 Rn. 67 Fn. 106; *Melzer*, in: Grobshäuser/Preißer, Die Besteuerung der GmbH, S. 393; *Berg/Schmich*, FR 2004, S. 520 (S. 521).

1133 *Loose/Maier*, in: Lüdicke/Sistermann, Unternehmenssteuerrecht, § 17 Rn. 77.

1134 *Loose/Maier*, in: Lüdicke/Sistermann, Unternehmenssteuerrecht, § 17 Rn. 67; *Hoffmann*, DStR 2004, S. 293 (S. 294); *Dörfler/Käfferlein*, FR 2004, S. 869 (S. 875).

1135 *Berg/Schmich*, FR 2004, S. 520 (S. 521); *Förster/Ott*, in: Steuerforum 2014, S. 19.

1136 *Loose/Maier*, in: Lüdicke/Sistermann, Unternehmenssteuerrecht, § 17 Rn. 79; *Hoffmann*, DStR 2004, S. 293 (S. 294); *Berg/Schmich*, FR 2004, S. 520 (S. 521).

1137 *Hoffmann*, DStR 2004, S. 293 (S. 294); *Berg/Schmich*, FR 2004, S. 520 (S. 521); *Dörfler/Käfferlein*, FR 2004, S. 869 (S. 875); *Förster/Ott*, in: Steuerforum 2014, S. 19 f.

Insbesondere letztere Variante kann auch dazu genutzt werden, eine Gewinngesellschaft auf eine Verlustgesellschaft zu verschmelzen ohne deren steuerliche Verlustvorträge zu verlieren[1138]. Mithilfe des Forderungsverzichts werden dazu zunächst bestehende Verlustvorträge weitestgehend neutralisiert. Sodann kann die Verschmelzung der Gewinngesellschaft auf die Verlustgesellschaft stattfinden. Mit der Verschmelzung tritt anschließend der Besserungsfall ein und die Verbindlichkeit lebt wieder auf. In dieser stecken letztlich wirtschaftlich gesehen die steuerlichen Verlustvorträge. Diese können nun als Verbindlichkeit direkt in Ausgleich mit den laufenden Gewinnen der anderen Gesellschaft gebracht werden. Soll im Rahmen dieses Gestaltungsmittels auch ein Gesellschafterwechsel stattfinden, so kann mit der Veräußerung der Anteile auch der Besserungsschein an den neuen Anteilseigner abgetreten werden[1139].

Weder das einfache Mittel des Forderungsverzichts gegen Besserungsschein, noch eine spätere Veräußerung der Geschäftsanteile bei gleichzeitiger Abtretung des Besserungsscheins erfüllt den Missbrauchstatbestand des § 42 AO[1140]. Die diesbezügliche Entscheidung des BFH vom 12. Juli 2012 erging zwar noch zur alten Fassung des § 8 Abs. 4 KStG, ist jedoch wohl auch auf die aktuelle Rechtslage übertragbar[1141].

4.3.3.5 Ringweise Anteilsveräußerung

Unter Umständen kann sich eine sog. ringweise Anteilsveräußerung anbieten, um Verluste von der Gesellschafts- auf die Gesellschafterebene zu tragen. Dieses Gestaltungsmittel mag im ersten Moment etwas sonderbar anmuten, ist jedoch steuerrechtlich wirksam und vom BFH[1142] anerkannt.

Durchläuft eine Kapitalgesellschaft eine längere Verlustphase, so wird der Wert der Geschäftsanteile regelmäßig unterhalb der ursprünglichen Anschaffungskosten liegen. Dieser Wertverlust ist jedoch auf Gesellschafterebene steuerlich bedeutungslos, da er keine Berücksichtigung findet. Wirtschaftlich betrachtet hat aber auch der Gesellschafter einen Verlust in Höhe der Differenz zwischen Anschaffungspreis und gemeinem Wert erlitten. Steuerlich kann dieser Verlust jedoch nur im Rahmen des § 17 EStG bei der Veräußerung der Anteile geltend gemacht werden. Bei einer ringweisen Anteilsveräußerung wird diese Tatsache genutzt. So veräußern die Gesellschafter ihren jeweiligen Anteil zum gemeinen Wert an einen anderen Gesellschafter und erwerben gleichzeitig wiederum den Anteil eines dritten Gesellschafters (ebenfalls zum gemeinen Wert). Auf diese Weise ändert sich faktisch an ihrer Beteiligung an der Gesellschaft nichts, während jedoch durch die Veräußerung

1138 So auch *Berg/Schmich*, FR 2004, S. 520 (S. 520). Siehe hierzu auch *Förster/Ott*, in: Steuerforum 2014, S. 19 ff.

1139 *Berg/Schmich*, FR 2004, S. 520 (S. 521).

1140 BFH, BFHE 238, S. 344 (S. 350 ff.); *Ratschow*, in: Klein, AO Kommentar, § 42 Rn. 163; *Berg/Schmich*, FR 2004, S. 520 (S. 521).

1141 *Ott*, Stbg 2014, S. 250 (S. 252).

1142 BFH, BStBl. II 2011, S. 427 ff.

des eigenen Anteils zum niedrigeren gemeinen Wert ein steuerlich verwertbarer Verlust aus der Veräußerung von Anteilen an einer Kapitalgesellschaft nach § 17 EStG entsteht. Verfügt der Gesellschafter über anderweitiges Einkommen, so kann er den entstehenden Verlust (sofern die Bedingungen des § 17 Abs. 2 S. 6 EStG erfüllt sind) direkt zum Ausgleich bringen.

Diese Gestaltung ist nach der Rechtsprechung des BFH nicht missbräuchlich im Sinne des § 42 AO[1143]. Vielmehr soll es einem Gesellschafter freistehen jederzeit seinen Anteil zu veräußern, auch wenn dies nur der Realisierung von Verlusten dient[1144]. Der gleichzeitige Erwerb von Anteilen ist deshalb nicht schädlich, weil diese Anteile zu einem niedrigeren Anschaffungswert wiederum die Basis für spätere Einkünfte aus § 17 EStG bilden[1145].

Insbesondere letzteres Argument gilt es auch zu berücksichtigen, sollte dieses Gestaltungsmodell in Erwägung gezogen werden. Denn sollte in Zukunft mit einer Verbesserung der Geschäfts- und Ertragslage der Gesellschaft gerechnet werden, so wäre eine entsprechende Wertsteigerung der Geschäftsanteile auch im Rahmen einer späteren Veräußerung wiederum als Gewinn gem. § 17 EStG steuerlich zu berücksichtigen. So kann sich der einmal erzielte steuerliche Vorteil wieder auflösen. Anders liegt dies jedoch, wenn der Gesellschafter zu dem späteren Zeitpunkt einem geringeren persönlichen Steuersatz unterliegt. In diesem Fall bleibt ein Teil des Vorteils dauerhaft erhalten[1146].

4.3.4 Internationale Verlustnutzung

Nicht nur in der Bundesrepublik Deutschland, sondern auch in anderen Ländern der Welt (und insbesondere der europäischen Union) gibt es Formen der Mindestbesteuerung[1147]. In manchen droht sogar eine zeitliche Beschränkung des Verlustvortrags[1148] und somit dessen vollständiger Untergang. Gestaltungsmittel der internationalen Verlustnutzung dienen also nicht nur der Vermeidung einer deutschen Mindestbesteuerung, sondern der Vermeidung negativer Steuereffekte auch im Ausland. Dazu müssen Erträge länderübergreifend zur Verrechnung gebracht werden.

Besteht die wirtschaftliche Betätigung im Ausland in einer Beteiligung an einer Personengesellschaft, so ist diese länderübergreifende Verrechnung innerhalb der Europäischen Union ohne weiteres möglich. Das deutsche Steuerrecht behandelt eine solche Beteiligung wie es auch eine Beteiligung an einer deutschen

---

1143 BFH, BStBl. II 2011, S. 427 (S. 428).
1144 BFH, BStBl. II 2011, S. 427 (S. 428).
1145 BFH, BStBl. II 2011, S. 427 (S. 428).
1146 *Hölzerkopf*, BB 2011, S. 1063 (S 1063).
1147 Siehe hierzu *Wissenschaftlicher Beirat Steuern von Ernst & Young*, DB 2012, S. 1704 (S. 1706).
1148 Siehe zur Übersicht über Länder der EU die Tabelle bei *Jacobs, u.a.*, Internationale Unternehmensbesteuerung, S. 110 ff.

Personengesellschaft behandeln würde[1149]. Die Erträge – und somit auch Verluste – aus einer solchen Beteiligung werden entsprechend direkt dem Gesellschafter zugerechnet.

Verluste ausländischer Tochterkapitalgesellschaften hingegen werden in Deutschland grundsätzlich nicht steuerlich berücksichtigt[1150]. Dies ist grundsätzlich auch bei inländischen Tochtergesellschaften aufgrund des Trennungsprinzips nicht anders[1151]. Bei ausländischen Tochtergesellschaften kommt jedoch erschwerend hinzu, dass das deutsche Steuerrecht eine internationale Organschaft nicht kennt[1152], so dass eine ausländische Tochtergesellschaft nicht in eine deutsche Organschaft mit einbezogen werden kann. Entsprechend sind ausländische Verluste auch nur im Rahmen der ausländischen Besteuerung zu berücksichtigen.

Eine Ausnahme von diesem Grundsatz besteht innerhalb der Europäischen Union für sog. definitive oder finale Verluste[1153]. Aus der Rechtsprechung des EuGH (Rs. Marks & Spencer)[1154] ist zu schließen, dass ein Verlustabzugsverbot für ausländische Verluste gegen die Niederlassungsfreiheit des Art. 49 AEUV verstößt, sofern nicht wenigstens definitive Verluste abgezogen werden können. Definitive Verluste sollen dann vorliegen, wenn keine Möglichkeit besteht, dass die Verluste von der Tochtergesellschaft oder Dritten in Zukunft berücksichtigt werden können[1155]. Diese Rechtsprechung findet jedoch in Deutschland bislang keine Anwendung, da es dazu einer grundsätzlichen gesetzlichen Anerkennung internationaler Organschaften bedürfte. Solange diese nicht gegeben ist, scheitert eine Zurechnung von Verlusten an die inländische Kapitalgesellschaft schon am Trennungsprinzip. Fraglich ist jedoch, inwiefern diese grundsätzliche Ablehnung der internationalen Organschaft aus europarechtlicher Sicht langfristig aufrechterhalten bleiben kann[1156].

Um dennoch wenigstens mittelbar Verluste einer ausländischen Tochtergesellschaft bei der inländischen Muttergesellschaft steuerlich geltend zu machen, bietet sich gegebenenfalls eine Teilwertabschreibung an[1157]. Bei nachhaltigen Verlusten der ausländischen Tochtergesellschaft ist der tatsächliche Wert der Beteiligung an dieser gegebenenfalls niedriger anzusetzen als der Buchwert in Höhe der Anschaffungskosten. Auf diesen Teilwert kann die Beteiligung dann abgeschrieben werden. Allerdings ist offensichtlich, dass der Wirkungsrahmen dieser Methode zum einen der Höhe nach erheblich beschränkt ist und zum anderen aufgrund etwaiger späterer

---

1149 *G. Rose*, Internationales Steuerrecht, S. 133.

1150 *Jacobs, u.a.*, Internationale Unternehmensbesteuerung, S. 466; *G. Rose*, Internationales Steuerrecht, S. 130.

1151 Siehe oben in Teil 4.3.2 dieser Arbeit.

1152 *Jacobs, u.a.*, Internationale Unternehmensbesteuerung, S. 466.

1153 *Jacobs, u.a.*, Internationale Unternehmensbesteuerung, S. 467; *Stiller*, BFuP 65, S. 409 (S. 409).

1154 EuGH Urt. v. 13.12.2005 (Marks & Spencer), EuGHE 2005, S. I-10837.

1155 EuGH Urt. v. 13.12.2005 (Marks & Spencer), EuGHE 2005, S. I-10837 (S. I-10884).

1156 Siehe dazu *Jacobs, u.a.*, Internationale Unternehmensbesteuerung, S. 468 f.

1157 *Jacobs, u.a.*, Internationale Unternehmensbesteuerung, S. 469.

Zuschreibungen[1158] im Besserungsfall auch zeitlich nur bedingt sinnvoll sein kann. Inwiefern dieses Modell dennoch genutzt werden sollte, ist im Einzelfall zu entscheiden.

Eine weitere Variante der wirtschaftlichen Betätigung im Ausland ist die ausländische Betriebsstätte. Sofern diese außerhalb der Europäischen Union bzw. des Europäischen Wirtschaftsraums gelegen ist, scheitert die Verrechnung von Verlusten derselben mit Inlandserträgen an § 2a Abs. 1 Nr. 2 EStG. Liegt sie jedoch innerhalb der Europäischen Union bzw. des Europäischen Wirtschaftsraums ist § 2a Abs. 1 Nr. 2 EStG gemäß § 2a Abs. 2a EStG nicht anzuwenden. Verluste ausländischer Betriebsstätten können dann grundsätzlich mit inländischen Verlusten verrechnet werden. Allerdings wird dies in der Praxis daran scheitern, dass die zwischen der Bundesrepublik Deutschland und den EU-Ländern abgeschlossenen Doppelbesteuerungsabkommen in der Regel die Besteuerung nach der Freistellungsmethode vorsehen[1159]. Dies hat wiederum zur Folge, dass ausländische Verluste (wie auch Gewinne) in Deutschland von der Besteuerung ausgeschlossen sind, da sie im Ausland steuerlich erfasst werden. Allerdings wendet der BFH den bereits erwähnten Grundsatz des EuGH, dass finale ausländische Verluste im Inland Berücksichtigung zu finden haben, auf die Betriebsstätte an. Nach der Rechtsprechung des BFH sollen finale Verluste dann vorliegen, wenn Verluste aus tatsächlichen Gründen nicht mehr berücksichtigt werden können, also bei Verlustuntergang aufgrund von Umwandlungen oder Übertragung bzw. Auflösung einer Gesellschaft oder Betriebsstätte[1160]. Der Untergang von Verlustvorträgen aufgrund einer zeitlichen Begrenzung des Vortrags im Ausland soll hingegen nicht genügen[1161].

Ein mögliches Gestaltungsmittel zur Nutzung ausländischer Betriebsstättenverluste könnte daher darin liegen, finale Verluste zu erzeugen, z. B. durch die Veräußerung oder die Aufgabe der Betriebsstätte[1162]. Dabei sollte jedoch beachtet werden, dass es hierbei gegebenenfalls zur Aufdeckung stiller Reserven kommen kann, welche dann zu einer Verringerung des Verlustimportpotentials führen werden[1163]. Außerdem setzt diese Methode immer auch die wirtschaftliche bzw. faktische Aufgabe einer Betriebsstätte voraus.

Eine weitere Methode zur Nutzung ausländischer Betriebsstättenverluste[1164] bieten sog. Aktivitäts- oder switch-over-Klauseln in Doppelbesteuerungsabkommen[1165]. Diese regeln, dass auf Betriebsstättenerträge dann nicht mehr die Freistellungsmethode, sondern vielmehr die Anrechnungsmethode Anwendung findet, wenn weniger als

---

1158 *Jacobs, u.a.*, Internationale Unternehmensbesteuerung, S. 471.

1159 *Goebel/Schmidt* in: Grotherr, Handbuch der internationalen Steuerplanung, S. 116.

1160 BFH, BFHE 230, S. 35 (S. 41); *Jacobs, u.a.*, Internationale Unternehmensbesteuerung, S. 467; *Stiller*, BFuP 65, S. 409 (S. 410).

1161 BFH, BFHE 230, S. 35 (S. 40 f.); BStBl. II 2010, S. 1065 (S. 1066 f.).

1162 *Stiller*, BFuP 65, S. 409 (S. 410).

1163 *Stiller*, BFuP 65, S. 409 (S. 411).

1164 Innerhalb der EU bzw. des EWR.

1165 *Stiller*, BFuP 65, S. 409 (S. 411); *Goebel/Schmidt*, in: Grotherr, Handbuch der internationalen Steuerplanung, S. 126.

90 % der Betriebsstättenerträge aus aktiven Einkünften stammen[1166]. Gelingt es dem Betreiber der Betriebsstätte die Ertragsstruktur also so umzustellen, dass die Betriebsstätte mehr als 10 % passive Einnahmen vorweist, so findet auf die Betriebsstätte die Anrechnungsmethode Anwendung. In Folge dessen werden sämtliche (positiven, wie negativen) Erträge der Betriebsstätte der Besteuerung im Inland unterworfen. Es ist dann eine sofortige vollumfängliche Verlustverrechnung mit inländischen Einnahmen möglich. Allerdings ist bei dieser Methode zu bedenken, dass der Wechsel zwischen Feststellungs- und Anrechnungsmethode in Hinblick auf § 42 AO nicht jährlich möglich sein wird[1167], so dass sich diese Methode vor allem anbietet, wenn die betreffende Betriebsstätte voraussichtlich dauerhaft Verluste schreiben wird.

In jedem Fall ist bei der Anwendung von internationalen Verlustnutzungsstrategien zu beachten, dass ein strenges Verbot doppelter Verlustnutzung besteht, dessen Missachtung in der Regel die Folgen des § 42 AO mit sich ziehen wird. Dies gilt insbesondere auch für sog. double-dip-Gestaltungen[1168].

4.4 Zwischenergebnis

Das allgemeine Gesellschaftsrecht sowie das Steuerrecht bieten Möglichkeiten für Maßnahmen der Steuergestaltung, mit denen die nachteiligen Wirkungen des Periodizitätsprinzips gemildert werden können. Diese beginnen bei der präventiven rechtlichen Gestaltung der geplanten Unternehmung und verlaufen bis zur nachträglichen Schaffung von Ertragsverrechnungsmöglichkeiten. Sie sind in erheblichem Maße sowohl von der rechtlichen Form der Unternehmung, als auch von der beteiligten Gesellschafterstruktur, sowie der gewählten Finanzierungsform abhängig.

Allen aufgezeigten Gestaltungsmöglichkeiten ist jedoch gemeinsam, dass sie (i) jeweils nur nach einer einzelfallbezogenen Abwägung und unter Berücksichtigung des jeweils unterschiedlichen Lebenssachverhalts gewählt werden sollten, sie (ii) die Grenzen des § 42 AO nicht überschreiten sollten und sie (iii) letztlich nur punktuell die Symptome einer periodischen Besteuerung bekämpfen können, jedoch auch durch sie keine umfassende Steuergerechtigkeit in Form einer konsequenten Besteuerung anhand der Leistungsfähigkeit erreicht werden kann, da sie nur punktuell die Symptome einer periodischen Ertragsbesteuerung mildern können.

Auch ist zu bedenken, dass einige der geschilderten Maßnahmen nur eine beschränkte Wirkung haben oder nur unter erheblichem Aufwand und mit weitreichenden betriebswirtschaftlichen Folgen realisiert werden können. So ist z.B. die Gründung einer steuerlichen Organschaft zum einen mit erheblichen Eingriffen in die Gesamtkonzernstruktur verbunden und zum anderen auch von wirtschaftlichen Nebenfolgen begleitet[1169]. Die Aufdeckung stiller Reserven hingegen kann in der

1166 *Goebel/Schmidt,* in: Grotherr, Handbuch der internationalen Steuerplanung, S. 126.
1167 *Stiller,* BFuP 65, S. 409 (S. 412).
1168 *Müller,* iStR 2005, S. 181 (S. 186).
1169 Siehe hierzu Teil 4.3.2.1 dieser Arbeit.

Regel ohne weitreichende Folgen für die Zukunft durchgeführt werden, hat jedoch auch nur einen einmaligen (und in der Regel sehr beschränkten) Effekt[1170]. Dennoch sollte die betriebliche Steuerplanung insbesondere auch diese Maßnahmen nicht von vornherein ausschließen, da sie im Einzelfall doch steuerlich effektiver sein können, als man allgemein annehmen möchte bzw. die steuerlichen Vorteile die sonstigen Nachteile im Einzelfall aufwiegen können.

Die dargestellten Gestaltungsmöglichkeiten sollen alle der Umgehung der Probleme dienen, welche durch das Zusammenwirken der periodischen Besteuerung und des progressiven Steuertarifs bzw. den geltenden Regelungen zum Verlustausgleich und zum Verlustabzug entstehen. Die einzelnen dargestellten Gestaltungsmöglichkeiten wären jedoch (fast)[1171] alle im Rahmen der in Teil 3.4 dieser Arbeit vorgestellten lebenszeitlichen Durchschnittseinkommensteuer wirkungs- und damit bedeutungslos.

Im Rahmen der Besteuerung von natürlichen Personen – und insofern auch im Rahmen der Besteuerung von Personengesellschaften – hätten zeitliche Verlagerungen von Gewinnen in frühere oder spätere Perioden keine Folgen für die Gesamtbesteuerung in der Totalperiode, da die lebenszeitliche Durchschnittseinkommensteuer nicht nur Verluste jederzeit vollumfänglich berücksichtigt[1172], sondern die Lebensleistungsfähigkeit periodenübergreifend vollständig erfasst. Periodenbedingte steuerliche Mehrbelastungen werden so in der nächsten Periode ausgeglichen. Gestaltungen, welche eine bessere Berücksichtigung von Ertragsschwankungen oder von Verlusten ermöglichen sollen, wären insofern in der Totalperiode bedeutungslos.

Kapitalgesellschaften sind auch im bestehenden Ertragsteuersystem nur insofern von der Periodizität der Besteuerung nachteilig betroffen, als ihnen durch die Mindestbesteuerung der volle Verlustabzug verwehrt wird bzw. Verluste aus anderen Gründen nicht verrechnet werden können[1173]. Mit der Abschaffung dieser Mindestbesteuerung durch die lebenszeitliche Durchschnittseinkommensteuer stünde den Kapitalgesellschaften nun der Weg zu einem uneingeschränkten Verlustabzug offen. Maßnahmen, um die Mindeststeuer zu umgehen oder ihre Wirkung abzuschwächen müssten also im Rahmen der lebenszeitlichen Durchschnittseinkommensteuer nicht mehr vorgenommen werden.

1170 Siehe hierzu Teil 4.3.3.2 dieser Arbeit.

1171 Ausgenommen hiervon sind diejenigen Gestaltungen, welche das Verlustausgleichspotential dadurch erhöhen, dass sie zwischen mehreren Steuersubjekten eine Verrechnung ermöglichen. So z.B. der Gewinnpool oder die Organschaft. Auszunehmen sind ferner solche Gestaltungen, die einen kurzfristigen steuerlichen Vorteil in der Periode schaffen können, wie z.B. Gestaltungen zur Hebung und Verwendung von stillen Reserven. In der Betrachtung der Totalperiode jedoch kommt auch diesen keine Wirkung mehr zu.

1172 Siehe § 10d des Entwurfs der lebenszeitlichen Durchschnittseinkommensteuer in Teil 3.4.4 dieser Arbeit.

1173 Siehe Teil 2.3.3 dieser Arbeit.

5. Schlussbetrachtung

5.1 Bedeutung des Periodizitätsprinzips

Dem Periodizitätsprinzip kommt eine hohe, jedoch sowohl in der Wissenschaft als auch in der Praxis unterschätzte Bedeutung zu. Seine konkretisierte Umsetzung als Jahressteuerprinzip durchzieht das gesamte Ertragsteuerrecht und prägt dessen Wirkungsweise als Eingriffsrecht nachhaltig. Diese immense Einwirkung auf das Steuerrecht ist dabei letztlich die Kehrseite der hohen Bedeutung periodischer und stetig wiederkehrender Steuereinnahmen für die Finanzierung des modernen Steuerstaats.

Das Periodizitätsprinzip ist somit Ausfluss des reinen Fiskalzwecks von Steuern und kann als solcher nicht zur Rechtfertigung von steuerrechtlichen Eingriffen in die Grundrechte der Steuerpflichtigen herangezogen werden. Die Periodizität der Ertragsteuern ist kein sich selbst heilender Zweck. Insbesondere darf sie nicht im Widerspruch zu einer Steuergerechtigkeit in der Zeit stehen, sondern müsste vielmehr eben eine solche gewährleisten. Die Bedeutung des Periodizitätsprinzips für die Steuergerechtigkeit in der Zeit ist es, die steuerrechtliche Leistungsfähigkeit sowohl in der Einzelperiode, als auch in der Totalperiode zu erfassen und zu berücksichtigen. Dies muss zur Vermeidung willkürlicher Wirkungen auch interperiodische Durchbrechungen des Periodizitätsprinzips beinhalten. Dieser für die Steuergerechtigkeit hohen Bedeutung des Periodizitätsprinzips wird jedoch weder in der Gesetzgebung, noch in der Rechtsprechung oder der Literatur die Rücksicht und Aufmerksamkeit zu teil, die ihrer angemessen wäre.

Darauf – und auf ein falsches zeitliches Verständnis des Leistungsfähigkeitsprinzips ist es zurückzuführen, dass die periodische Besteuerung insbesondere im Zusammenspiel mit dem progressiven Steuertarif der Einkommensteuer, sowie der sog. ‚Mindestbesteuerung' in allen Ertragsteuern zu erheblichen Ungleichbehandlungen und in Folge zu Gerechtigkeitslücken führt und auf absehbare Zeit führen wird. Die Erhebung des Periodizitätsprinzips zu einem materiellen Prinzip, eine überhöhte Bewertung des Jahressteuerprinzips und eine gleichzeitige Missachtung der Lebensleistungsfähigkeit im Ertragsteuerrecht verhindern eine verfassungskonforme Besteuerung.

Das Leistungsfähigkeitsprinzip, welches sowohl in der Einzel- als auch in der Totalperiode gelten muss, wird in verfassungswidriger Weise beschränkt. Die progressive periodische Besteuerung missachtet die periodenübergreifende Leistungsfähigkeit des Steuerpflichtigen, dem eine Ausrichtung seines Erwerbslebens an dem letztlich willkürlich wirkenden Jahressteuerprinzip nicht möglich ist. Insofern kommt es nicht nur zu einer Fehlbelastung vieler Steuerpflichtiger, sondern auch zu ungerechtfertigten Eingriffen in die Grundrechte dieser Steuerpflichtigen durch die Ertragsteuern. Die Leistungsfähigkeit eines Steuerpflichtigen bemisst sich richtigerweise nicht nur anhand seiner Einkünfte einer Periode, sondern auch anhand vorhandener oder nicht vorhandener früherer Einkünfte, sowie seiner Zukunftsinvestitionen. Dies gilt es im Rahmen eines überperiodisch zu verstehenden Leistungsfähigkeitsprinzips zu beachten.

Neben dem Zusammenspiel von progressivem Steuertarif und periodischer Besteuerung stellen vor allem das System der interperiodischen Verlustverrechnung nach § 10d EStG und die sog. Mindestbesteuerung eine verfassungswidrige Umsetzung der periodischen Besteuerung im deutschen Ertragsteuerrecht dar.

Die Unterwerfung von rein periodisch ermitteltem Einkommen unter die Besteuerung mit einem progressiven Tarif missachtet die überperiodische Entwicklung von Einkommen und führt folglich zu Fehlbelastungen, welche willkürlich und gleichheitswidrig in die Lebensleistungsfähigkeit des Steuerpflichtigen eingreifen.

Verstärkt werden diese Fehlbelastungen, wenn Verluste nicht zeitnah steuerlich berücksichtigt werden können. Eben dies bewirkt die sog. Mindestbesteuerung. Sie führt zu einer Besteuerung von Einkünften, welche unter Betrachtung der Totalperiode nicht bestehen. Dies entspricht nicht der gebotenen Besteuerung unter Beachtung des überperiodischen Leistungsfähigkeitsprinzips und verstößt insofern gegen Art. 3 GG.

Das in dem Bedürfnis nach stetiger Finanzierung des Steuerstaates begründete Periodizitätsprinzip bedarf einer verfassungskonformen Umsetzung im deutschen Ertragsteuersystem. Diesem Anspruch wird die geltende Gesetzeslage jedoch nicht gerecht.

5.2 Eine verfassungskonforme Umsetzung des Periodizitätsprinzips

Die periodische Finanzierung des Steuerstaates mithilfe der Ertragsteuern wird aufgrund ihrer gehobenen Bedeutung nicht ohne Weiteres zu ersetzen sein. Dies, zumal alternative Vorschläge nicht nur praktische, sondern auch verfassungsrechtliche Bedenken hervorrufen[1174].

Aus diesem Grund ist es im Rahmen der Abstellung der verfassungswidrigen Wirkungen der periodischen Besteuerung geboten, das bestehende Ertragsteuersystem in seiner periodischen Ausprägung so zu reformieren, dass in jedem Fall die stetige Staatsfinanzierung gewährleistet bleibt. Gleichzeitig sollten entsprechende Reformvorschläge verfassungskonform sein, den außerfiskalischen Zielen des geltenden Ertragsteuersystems nicht entgegenstehen und ihre praktische Umsetzung denkbar sein. Die Prüfung verschiedener Reform- und Lösungsansätze hat jedoch ergeben, dass diese Voraussetzungen jeweils nur bedingt erfüllt werden.

Die in Teil 3 dieser Arbeit vorgestellten Reformwege und -konzepte machen jedoch deutlich, dass zum einen viele verschiedene Ansätze denkbar sind und zum anderen, dass in einer gewissen Regelmäßigkeit immer neue Ansätze entstehen.

1174 Ohne periodische Erhebung kommt z.B. *Feige* im Rahmen der „Automated Payment Transaction Tax“ aus, siehe Teil 3.2.1 dieser Arbeit m.w.N.

Allerdings ist auch festzustellen, dass die Zielrichtung dieser Reformansätze nicht immer die Korrektur von Fehlwirkungen des Periodizitätsprinzips ist, sonder diese oftmals auch ein bloßes Nebenprodukt bleibt. Nichtsdestotrotz gibt die Fülle an Reformvorschlägen im Großen und im Kleinen Hoffnung, dass das Ertragsteuerrecht in seiner (teilweisen) Mangelhaftigkeit nicht ewig Bestand haben wird, zumal auch bereits kleinere Eingriffe in das bestehende System große, die Steuergerechtigkeit in der Zeit fördernde Wirkungen haben können.

Neben bereits bestehenden Reformvorschlägen wird in Teil 3 dieser Arbeit auch ein neuer Reformvorschlag vorgestellt, die lebenszeitliche Durchschnittseinkommensteuer. Dieser Reformvorschlag verfolgt das Ziel einer verfassungskonformen periodischen Ertragsbesteuerung unter Berücksichtigung der lebenszeitlichen Leistungsfähigkeit. Vorteil dieses Vorschlags ist, dass er mit nur wenigen Eingriffen in das geltende Recht und die bisherige Steuererhebung auskommt. Das Grundprinzip des EStG bleibt so erhalten, die dort verankerten Wertungen des Gesetzgebers behalten die ihnen zuerkannte Bedeutung.

Der Vorschlag fußt im wesentlichen auf der Idee der Progressionsglättung im Wege der überperiodischen Durchschnittsbildung. Veranlagungszeitraum bleibt das Kalenderjahr, Bemessungszeitraum hingegen ist das Leben des Steuerpflichtigen. Auf diese Weise kann die Lebensleistungsfähigkeit in ihrer Gänze erfasst und besteuert werden, Einkommensschwankungen oder gar Verluste verlieren so überperiodisch ihre Bedeutung.

Die lebenszeitliche Durchschnittseinkommensteuer setzt sich von anderen Vorschlägen zur Progressionsglättung dadurch ab, dass sie neue Lösungen zu den Problemen im Zusammenhang mit dem Beginn der Durchschnittsbildung, dem Ehegattensplitting, den Auslandseinkünften, dem Zu- und Wegzug von Steuerpflichtigen und Tarifänderungen präsentiert. Diese Lösungen knüpfen jeweils an den Gedanken der Besteuerung anhand der individuellen Leistungsfähigkeit an, weshalb die lebenszeitliche Durchschnittsbesteuerung auch ohne Unterbrechung der Durchschnittsbildung auskommt. Dies ist im Rahmen einer überperiodischen Auslegung des Leistungsfähigkeitsprinzips geboten, um eine tatsächliche und unverfälschte Erfassung der Lebensleistungsfähigkeit zu erreichen.

Die lebenszeitliche Durchschnittseinkommensteuer gewährleistet so eine steuerliche Gleichbehandlung in der Periode, wie auch in der Totalperiode, indem sie das überperiodische Leistungsfähigkeitsprinzip konsequent umsetzt.

5.3 Steuergestaltung als Milderung periodischer Fehlwirkungen

Wie in Teil 2 dieser Arbeit festgestellt, führt die Umsetzung des Periodizitätsprinzips im deutschen Ertragsteuerrecht tendenziell zu Fehlbelastungen der Steuerpflichtigen. Diese können vor allem im Bereich der gewerblichen Einkünfte (einschneidende) wirtschaftliche Folgen haben. Wo das Gesetz keine Gerechtigkeit zu bieten vermag, ist der Steuerpflichtige gehalten diese weitestgehend selbst herzustellen.

Dies wird in aller Regel vor allem denjenigen Steuerpflichtigen gelingen, welche Einnahmen aus unternehmerischen und/oder gewerblichen Einkünften haben. Gleichzeitig sind es jedoch überproportional auch diese, welche von den Fehlwirkungen des Periodizitätsprinzips betroffen sind. In Teil 4 dieser Arbeit werden daher diejenigen Gestaltungsmittel aufgezeigt, welche im Bereich der Besteuerung von Gesellschaften bzw. unternehmerischer Tätigkeiten helfen können Fehlbelastungen zu vermeiden oder abzumildern.

Die Steuerplanung und -gestaltung wird jedoch in aller Regel keine vollständige Steuergerechtigkeit in der Zeit herstellen können. Dazu sind insbesondere die in Teil 4 dieser Arbeit dargestellten Mittel zu ineffektiv bzw. zu selektiv in ihrer Anwendung. Vollständige Steuergerechtigkeit in der Zeit hat die überperiodische Berücksichtigung des Lebensleistungsfähigkeitsprinzips bzw. der Leistungsfähigkeit in der Totalperiode zur Voraussetzung. Eine lückenlose Berichtigung jeglicher zwischenperiodischer Schwankungen in der Leistungsfähigkeit und der entsprechend schwankenden Belastung (im Bereich der Einkommensteuer) sowie zumindest eine Umgehung der Mindestbesteuerung (vor allem im Bereich der Kapitalertragsteuer) wird dem Steuerpflichtigen nicht möglich sein. Dies ist der Tatsache geschuldet, dass er vor allem auf tatsächlicher Ebene nur bedingt Einfluss auf seine Leistungsfähigkeit bzw. die von ihm erwirtschafteten Erträge hat.

Sofern der Steuerpflichtige auf tatsächlicher Ebene (z.B. Sale-and-lease-back-Vorgänge, Betriebsverpachtung, Gewinnpoolung) oder auf rechtlicher Ebene (z.B. Umstellung des Geschäftsjahres, Teilgewinnrealisierung, Ausübung von Bewertungsrechten) Einfluss auf die periodische Allokation von Erträgen bzw. die bessere Verrechnung von Gewinnen und Verlusten nehmen kann, ist er darin sowohl auf Ebene des steuerlichen Sachverhalts, als auch auf rechtlicher Ebene beschränkt. Eine unternehmerische Tätigkeit lässt sich nur bedingt in tatsächlicher Weise ausgestalten, so wie auch die Verrechnung von Erträgen von der Existenz eben dieser abhängt. Die in Teil 2 dieser Arbeit dargestellten Fehlwirkungen der periodischen Besteuerung können folglich durch den Steuerpflichtigen nicht in befriedigender Weise ausgeglichen werden.

Des Weiteren erscheint es auch höchst bedenklich, die Verantwortung für eine gerechte Besteuerung in der Zeit auf den privaten Steuerpflichtigen abzuwälzen. Steuerrecht ist hoheitliches Eingriffsrecht. Als solches muss seine verfassungskonforme Anwendung vom Staat garantiert werden und nicht aber vom Verhalten Privater abhängig sein. Unabhängig davon, wie der Steuerpflichtige den Erwerb seiner Leistungsfähigkeit gestaltet, muss er unter Beachtung eines periodenübergreifenden Leistungsfähigkeitsprinzips besteuert werden. Letztlich bedeutet die Herstellung von Gerechtigkeit mittels Steuergestaltung auch nur eine selektive Gerechtigkeit. Denn sie widerfährt nur dem entsprechend gestalteten Sachverhalt, nicht aber den ungestalteten. Da die Gestaltung jedoch sowohl tatsächlichen als auch rechtlichen Grenzen unterliegt, kann eine echte und umfassende gleichheitsrechtliche Gerechtigkeit in der Zeit so nicht erlangt werden.

Die in Teil 4 dieser Arbeit dargestellten Gestaltungsmöglichkeiten zur Verminderung der durch die periodische Besteuerung entstehenden Fehlbelastungen sind vielfältiger Natur, können jedoch keine abschließende Zusammenfassung der steuerlichen Möglichkeiten sein. Die steuerliche Gestaltung reicht von der Gestaltung des Sachverhalts in tatsächlicher und rechtlicher Hinsicht bis zur bilanziellen Darstellung dieser Sachverhalte. Immer jedoch sind Anwendbarkeit und Wirkung dieser Gestaltungsmittel vom Einzelfall abhängig und können nicht beliebig (oft) eingesetzt werden.

5.4 Ausblick

Es bleibt zu hoffen, dass sich in Zukunft ein anderes und erweitertes Verständnis des Periodizitätsprinzips und auch der Gerechtigkeit in der Zeit einstellt. Nur, wenn dieses besteht, wird sich das Ertragsteuerrecht auch tatsächlich entsprechend wandeln können. Ausgangspunkt dieses Wandels könnte eine (erneute) vermehrte Beschäftigung der juristischen Literatur mit diesem Thema sein, sowie ein erhöhtes Bewusstsein der Steuerpflichtigen für die Bedeutung und die Wirkung des Periodizitätsprinzips.

Eine Initialzündung für einen entsprechenden Wandel könnte von dem ausstehenden Urteil des Bundesverfassungsgerichts zur sog. ‚Mindestbesteuerung' ausgehen. Es wäre wünschenswert, wenn das Gericht die Gelegenheit ergreifen würde und sich über die konkrete Vorlage des BFH hinaus dezidiert mit dem Thema der Leistungsfähigkeit in der Zeit, der Periodizität des Steuerrechts und der Besteuerung anhand der Totalperiode auseinandersetzen würde. Daraus könnten neue Anhaltspunkte sowohl für die zukünftige Gesetzgebung, als auch für die Rechtsprechung hervorgehen. Zwar ist nicht zu erwarten, dass das Bundesverfassungsgericht über die Frage der Verlustnutzung in der Zeit hinaus auch zu der Wirkung des progressiven Steuertarifes bei periodischer Besteuerung Stellung nehmen wird. Nichtsdestotrotz könnte eine verfassungsgerichtliche Anerkennung der Leistungsfähigkeit in der Zeit und damit in der Totalperiode Anstoß für die Wissenschaft sein, sich diesem Thema wieder verstärkt anzunehmen. In Folge könnten sodann weitere Regelungen des bestehenden Ertragsteuersystems sukzessive gerichtlich überprüft werden müssen. Es wird auch spannend sein zu sehen, in welcher Weise der Gesetzgeber auf ein etwaiges Urteil zur Verfassungswidrigkeit der Mindestbesteuerung reagieren wird. In jedem Fall ist jedoch bereits in der Vorlage des BFH eine unerwartete, aber positive Änderung bisheriger Rechtsprechung zu sehen, welche hoffentlich eine gewisse Signalwirkung entfalten kann.

Die vorliegende Arbeit soll einen Beitrag zu einem geänderten und umfassenderen Verständnis des Periodizitätsprinzips leisten oder zumindest Anlass für eine vertiefende Auseinandersetzung mit demselben sein.

Literaturverzeichnis

Altmeppen, Holger: § 292 AktG, in: Goette/Habersack (Hrsg.), Münchener Kommentar zum Aktiengesetz Band 5, 3. Auflage, München 2010, S. 359–412.

Ax, Rolf / Große,Thomas / Melchior, Jürgen / Lotz, Anja / Ziegler, Christian (Hrsg.): Abgabenordnung und Finanzgerichtsordnung, 20. Auflage, Stuttgart 2010.

Bareis, Peter: Steuerreform durch Steuerbereinigungen, in: Baron / Handschuch (Hrsg.), Wege aus dem Steuerchaos, Stuttgart 1996, S. 29–64.

Bareis, Peter: Ist die Mindestbesteuerung verfassungsgemäß?, in: Der Betrieb (DB) 2013, S. 144–148.

Baron, Stefan / Handschuch, Konrad (Hrsg.): Wege aus dem Steuerchaos, Stuttgart 1996.

Becker, Jan / Loitz, Rüdiger / Stein, Volker: Steueroptimale Verlustnutzung, 1. Auflage, Wiesbaden 2009.

Berg, Hans-Georg / Schmich, Rolf: Die Auswirkungen eines Forderungsverzichts mit Besserungsschein im Rahmen des § 8 Abs. 4 KStG, in: Finanz-Rundschau (FR) 2004, S. 520–524.

Birk, Dieter / Kirchhof, Paul / Lehner, Moris (Hrsg.): Steuern im Verfassungsstaat – Symposium zu Ehren von Klaus Vogel, München 1996.

Birk, Dieter: Das Leistungsfähigkeitsprinzip in der Unternehmensbesteuerung, in: Steuer und Wirtschaft (StuW) 2000, S. 328–336.

Birk, Dieter: Leistungsfähigkeitsprinzip, in: Festschrift zum 70. Geburtstag für Paul Kirchhof, Leitgedanken des Rechts Band II, München / Heidelberg 2013, S. 1591–1599.

Birk, Dieter / Desens, Marc/ Tappe, Henning: Steuerrecht, 17. Auflage, München / Heidelberg 2014.

Birkholz, H.: Interessengemeinschaft, in: Finanz-Rundschau (FR) 1966, S. 328–329.

Blesinger, Karl: § 42 AO, in: Kühn/ von Wedelstädt (Hrsg.), Abgabenordnung und Finanzgerichtsordnung, 20. Auflage, Stuttgart 2011, S. 111–119.

Boldrin, Michele: Diskussionsbeitrag zu: Feige, Taxation for the 21st century: the automated payment transaction (APT) tax, in: Economic Policy Vol. 15, No. 31 (Oct. 2000), S. 503–505.

Bolz, Norbert: Nutzung von Verlustvorträgen einer KapG durch zinslose Darlehensgewährung, in: Aktuelles Steuerrecht (AktStR) 2002, S. 219–233.

Brendt, Peter: § 8c KStG, in: Erle/Sauter (Hrsg.), Körperschaftsteuergesetz, 3. Auflage, Heidelberg 2010, S. 875–906.

Brinkmann, Jan: § 16 Verlustnutzung, in: Lüdicke/Sistermann (Hrsg.), Unternehmenssteuerrecht, 1. Auflage, München 2008, S. 759–780.

Brönner, Herbert: Die Besteuerung der Gesellschaften, 18. Auflage, Stuttgart 2007.

Brönner, Herbert, / Bareis, Peter / Hahn, Klaus / Maurer, Torsten / Schramm, Uwe (Hrsg.): Die Bilanz nach Handels und Steuerrecht, 10. Auflage, Stuttgart 2011.

Bürgers, Tobias / Körber, Torsten (Hrsg.): Aktiengesetz, 3. Auflage, Heidelberg 2014.

Busch, Michael: Verlustnutzung als Gestaltungsmissbrauch?, in: Deutsches Steuerrecht (DStR) 2007, S. 1069–1073.

Canaris, Claus-Wilhelm: Systemdenken und Systembegriff in der Jurisprudenz, 2. Auflage, Berlin 1983.

Deilmann, Barbara: § 292 AktG, in: Hölters (Hrsg.), AktG, 2. Auflage, München 2014, S. 2144–2152.

Depenheuer, Otto: Art. 14 GG, in: v. Mangoldt/Klein/Starck (Hrsg.), Kommentar zum Grundgesetz Band 1, 6. Auflage, München 2010, S. 1313–1503.

Desens, Marc: Der Verlust von Verlustvorträgen, in: Finanz-Rundschau (FR) 2011, S. 745–751.

Dorenkamp, Christian: Für einen haushaltsverträglichen Einstieg in den Ausstieg aus der Mindestbesteuerung und gegen eine “Verfristung” von Verlustvorträgen, in: Finanz-Rundschau (FR) 2011, S. 733–740.

Dörfler, Harald / Käfferlein, Stefan: Auswirkungen der Steueränderungen 2004 auf Unternehmen mit zyklischem Ergebnisverlauf am Beispiel von Filmproduktionsgesellschaften, in: Finanz-Rundschau (FR) 2004, S. 869–875.

Dötsch, Ewald: § 3 Laufende Besteuerung, in: Kessler/Kröner/Köhler (Hrsg.), Konzernsteuerrecht, 2. Auflage, München 2008, S. 183–245.

Dreier, Horst (Hrsg.): Grundgesetzkommentar Band 1, 3. Auflage, Tübingen 2013.

Drüen, Klaus-Dieter: Periodengewinn und Totalgewinn: Zum Einfluss des Totalgewinngedankens auf die steuerrechtliche Gewinnermittlung, Berlin 1999.

Drüen, Klaus-Dieter: Die Bruttobesteuerung von Einkommen als verfassungsrechtlichen Vabanquespiel, in: Steuer und Wirtschaft (StuW) 2008, S. 3–14.

Drüen, Klaus-Dieter: Prinzipien und konzeptionelle Leitlinien einer Einkommensteuerreform, in: Erneuerung des Steuerrechts, DStJG Band 37, Köln 2014, S. 9–63.

Ebling, Iris: Besteuerung von Einkommen, DStJG 24,Köln 2001.

Eckhoff, Rolf: Gleichmäßigkeit der Besteuerung, in: Leitgedanken des Rechts Band II – Festschrift zum 70. Geburtstag für Paul Kirchhof, München / Heidelberg 2013, S. 1601–1609.

Eilers, Stephan / Schneider, Norbert: Kommentar zu BFH, Urt. v. 17.10.2001 – I R 97/00, in: GmbH-Rundschau (GmbHR) 2002, S. 169–174.

Elicker, Michael: Entwurf einer proportionalen Netto-Einkommensteuer, Köln 2004.

Endriss, H. W.: Zur Notwendigkeit eines Progressionsausgleichs, in: Finanz-Rundschau (FR) 1966, S. 17–20.

Englisch, Joachim: Folgerichtiges Steuerrecht als Verfassungsgebot, in: Gestaltung der Steuerrechtsordnung – Festschrift für Joachim Lang zum 70. Geburtstag, Köln 2011, S. 167–220.

Englisch, Joachim: § 5 Rechtsanwendung im Steuerrecht, in: Tipke/Lang, Steuerrecht, 21. Auflage, Köln 2013, S. 171–209.

Erle, Bernd / Sauter, Thomas (Hrsg.): Körperschaftsteuergesetz, 2. Auflage, Heidelberg 2006.

Erle, Bernd / Sauter, Thomas (Hrsg.): Körperschaftsteuergesetz, 3. Auflage, Heidelberg 2010.

Esterer, Fritz / Bartelt, Martin: Einordnung ausgewählter Verlustnutzungsregelungen in die Steuersystematik – Kritische Analyse von sog. Mantelkaufregelung und Mindestgewinnbesteuerung, in: Die Unternehmensbesteuerung (Ubg.) 2012, S. 383–394.

Federmann, Rudolf: Bilanzierung nach Handelsrecht, Steuerrecht und IAS/IFRS, 12. Auflage, Berlin 2010.

Fehrenbacher, Oliver: § 7 KStG, in: Schnitger/Fehrenbacher (Hrsg.), Körperschaftsteuergesetz, 1. Auflage, Wiesbaden 2012, S. 325–345.

Fehrenbacher, Oliver: Steuerrecht, 4. Auflage, Baden-Baden 2013.

Feige, Edgar: Taxation for the 21st century: the automated payment transaction (APT) tax, in: Economic Policy Vol. 15, No. 31 (Oct. 2000), S. 473–511.

Feige, Edgar: Starting Over – The Automated Payment Transaction Tax, in: The Milken Institute Review, First Quarter 2001, S. 42–53.

Fischer, Benno Alexander: § 13 Organschaft und Steuerumlagen, in: Lüdicke/Rieger (Hrsg.), Unternehmenssteuerrecht, München 2004, S. 599–636.

Forst, Paul / Hoffmann, Stephan: Betriebspacht-, Betriebsüberlassungs- und Betriebsführungsverträge, in: Der Ertrag-Steuer-Berater (EStB) 2005, S. 195–197.

Förster, Guido / Ott, Hans: Steuerliche Verlustnutzung, in: Steuerforum 2014, Einzelband, Stuttgart 2014.

Friauf, Karl-Heinrich (Hrsg.): Steuerrecht und Verfassungsrecht, DStJG Band 12, Köln 1989.

Friauf, Karl Heinrich: Verfassungsrechtliche Anforderungen an die Gesetzgebung über die Steuern vom Einkommen und vom Ertrag, in: Steuerrecht und Verfassungsrecht, DStJG Band 12, 1989, S. 3–32.

Fuest, Clemens, u.a: Handlungsoptionen gegen aggressive Steuerplanung, in: Der Betrieb (DB) 2013, S. 33–36.

Gaius: Institutionen, 2. Auflage, Darmstadt 2010.

Georges, Karl Ernst: Ausführliches Lateinisch-Deutsches Handwörterbuch 2. Band, 8. Auflage, Hannover 1995.

Gerlach, Jens: Die Organschaft im Ertragsteuerrecht – ein Auslaufmodell?, in: Finanz-Rundschau (FR) 2012, S. 450–462.

Giloy, Jörg: Zur Periodizität der Einkommensteuer, in: Finanz-Rundschau (FR) 1979, S. 133–137.

Glanegger, Peter / Güroff, Georg (Hrsg.): Gewerbesteuergesetz, 8. Auflage, München 2014.

Goebel, Sören / Schmidt, Sebastian: Möglichkeiten und Probleme der grenzüberschreitenden Verlustberücksichtigung für natürliche Personen, in: Grotherr (Hrsg.), Handbuch der internationalen Steuerplanung, 3. Auflage, Herne 2011, S. 111–129.

Görden, Ludwig: GmbH-Finanzierung durch zinsloses Gesellschafterdarlehen, in: Der GmbH-Steuerberater (GmbH-StB) 2002, S. 31–32.

Goette, Wulf / Habersack, Mathias (Hrsg.): Münchener Kommentar zum Aktiengesetz Band 5, 3. Auflage, München 2010.

Gosch, Dietmar (Hrsg.): Körperschaftsteuergesetz, 2. Auflage, München 2009.

Grobshäuser, Uwe / Preißer, Michael (Hrsg.): Die Besteuerung der GmbH, 3. Auflage, Stuttgart 2013.

Gröpl, Christoph: Staatsrecht I, 5. Auflage, München 2013.

Grotherr, Siegfried (Hrsg.): Handbuch der internationalen Steuerplanung, 3. Auflage, Herne 2011.

Groß, Stefan / Steiger, Johannes: Gestaltungen zur Verlustnutzung trotz Mindestbesteuerung, in: Deutsches Steuerrecht (DStR) 2004, S. 1203–1205.

Güroff, Georg: § 10a GewStG, in: Glanegger/Güroff (Hrsg.), Gewerbesteuergesetz, 8. Auflage, München 2014, S. 979–1056.

Hackmann, Johannes: Interperiodische Durchschnittsbesteuerung des Einkommens, in: Finanzarchiv N.F. Bd. 34, 1975/76, S. 1–38.

Hackmann, Johannes: Die Besteuerung des Lebenseinkommens, Tübingen 1979.

Hackmann, Johannes: Lebenseinkommensbesteuerung durch interperiodischen Progressionsausgleich, in: Steuer und Wirtschaft (StuW) 1980, S. 318–324.

Hackmann, Johannes: Ein Gesetzesentwurf für einen generellen interperiodischen Progressionsausgleich, in: Steuer und Wirtschaft (StuW) 1982, S. 173–191.

Hackmann, Johannes: Verfassungswidrigkeit der neuen Mindestbesteuerung?, in: Steuer und Wirtschaft (StuW) 2006, S. 124–133.

Hallerbach, Dorothee: § 10d EStG, in: Herrmann/Heuer/Raupach (Hrsg.), Einkommensteuer- und Körperschaftsteuergesetz Kommentar, Stand 250. Nachlieferung, Januar 2012, Köln.

Heinicke, Wolfgang: § 4a EStG, in: Schmidt (Hrsg.), EStG, 33. Auflage, München 2014, S. 304–309.

Hennrichs, Joachim: § 9 Steuerliche Gewinnermittlung (Bilanzsteuerrecht), in: Tipke/Lang, Steuerrecht, 21. Auflage, Köln 2013, S. 459–567.

Henssler, Paul / Koch, Klaus: Nutzbarmachen steuerlicher Verluste – eine Herausforderung für den Berater, in: Deutsches Steuerrecht (DStR) 1984, S. 155–166.

Herrmann, Carl/ Heuer, Gerhard/ Raupach, Arndt (Hrsg.): Einkommensteuer- und Körperschaftsteuergesetz Kommentar, Stand 250. Nachlieferung, Januar 2012, Köln.

Herzig, Norbert: Einschränkungen der Verlustnutzung bei Kapitalgesellschaften, in: Lehner (Hrsg.), Verluste im nationalen und internationalen Steuerrecht, Münchener Schriften zum Internationalen Steuerrecht (MSIStR) Bd. 24, München 2004, S. 37–51.

Heuermann, Bernd: System- und Prinzipienfragen beim Verlustabzug, in: Finanz-Rundschau (FR) 2012, S. 435–442.

Hey, Johanna: Steuern verwalten durch Banken, in: Finanz-Rundschau (FR) 1998, S. 497–509.

Hey, Johanna: Perspektiven der Unternehmensbesteuerung, in: Steuer und Wirtschaft (StuW) 2011, S. 131–143.

Hey, Johanna (Hrsg.): Einkünfteermittlung, DStJG 34, Köln 2011.

Hey, Johanna: § 3 Steuersystem und Steuerverfassungsrecht, in: Tipke/Lang, Steuerrecht, 21. Auflage, Köln 2013, S. 59–129.

Hey , Johanna: § 7 Einführung in das besondere Steuerschuldrecht, in: Tipke/Lang, Steuerrecht, 21. Auflage, Köln 2013 S. 231–254.

Hey, Johanna: § 8 Einkommensteuer, in: Tipke/Lang, Steuerrecht, 21. Auflage, Köln 2013, S. 263–450.

Hey, Johanna: Grenzen steuerlicher Gestaltungsfreiheit – Verhältnis des § 42 AO zu speziellen Missbrauchsvorschriften, in: Beihefter zu Deutsches Steuerrecht (DStR) 2014, S. 8–13.

Hoffmann, F.: Anmerkung zu BFH Urt. v. 6.12.1955 – I 155/54, in: Finanz-Rundschau (FR), 1956, S. 230.

Hoffmann, Daniel: Die verfassungsrechtliche Problematik der Inpflichtnahme Privater am Beispiel der entschädigungslosen Inanspruchnahme der Kreditinstitute für das Kontenabrufverfahren (§ 24c KWG, §§93, 93b AO), in: Zeitschrift für Wirtschafts- und Bankrecht (WM) 2010, S. 193–201.

Hoffmann, Wolf-Dieter: Forderungsverzicht des Gesellschafters einer Kapitalgesellschaft gegen Besserungsschein bei Gesellschafterwechsel, in: Deutsches Steuerrecht (DStR) 2004, S. 293–299.

Hoffmann, Wolf-Dieter: Verlustrealisierung durch Anteilsverkauf, in: Der GmbH-Steuerberater (GmbH-StB) 2007, S. 29–30.

Holt, Charles: Averaging of Income for Tax Purposes: Equity and Fiscal-Policy Considerations, in: National Tax Journal, Dec. 1, 1949, S. 349–361.

Hölters, Wolfgang (Hrsg.): AktG, 2. Auflage, München 2014.

Hölzerkopf, Florian: BFH: Ringweise Anteilsveräußerung und -erwerbe zur Verlustnutzung, in: Betriebs-Berater (BB) 2011, S. 1063–1064.

Homburg, Stefan: Allgemeine Steuerlehre, München 1996.

Huizinga, Harry: Diskussionsbeitrag zu: Feige, Taxation for the 21st century: the automated payment transaction (APT) tax, in: Economic Policy Vol. 15, No. 31 (Oct. 2000), S. 505–509.

Isensee, Josef / Kirchhof, Paul (Hrsg.): Handbuch des Staatsrechts Band 1, Grundlagen von Staat und Verfassung, 2. Auflage, Heidelberg 1995.

Isensee, Josef / Kirchhof, Paul (Hrsg.): Handbuch des Staatsrechts Band 5, Grundlagen von Staat und Verfassung, 3. Auflage, Heidelberg 2007.

Ismer, Roland: Prinzipien der Einkünfteermittlung – Periodizitätsprinzip, in: Einkünfteermittlung, DStJG 34, Köln 2011, S. 91–120.

Jachmann, Monika: Nachhaltige Entwicklung und Steuern, Hamburg 1999.

Jachmann, Monika (Hrsg.): Erneuerung des Steuerrechts, DStJG Band 37, Köln 2014.

Jacobs, Otto (Hrsg.): Internationale Unternehmensbesteuerung, 7. Auflage, München 2011.

Jacobs, Otto, u. a.: Jacobs (Hrsg.), Internationale Unternehmensbesteuerung, 7. Auflage, München 2011.

Jakob, Wolfgang: Einkommensteuer, 4. Auflage, München 2008.

Kaminski, Bert: Verlustverwertungsstrategien, in: Steuerforum 2014, Einzelband, Stuttgart 2014.

Kanzler, Hans-Joachim: § 4 EStG, in: Herrmann/Heuer/Raupach (Hrsg.), Einkommensteuer- und Körperschaftsteuergesetz Kommentar, Stand 238. Nachlieferung, September 2009, Köln.

Karrenbrock, Holger: Wider die Aushöhlung des Leistungsfähigkeitsprinzips durch die Mindestbesteuerung, in: Der Betrieb (DB) 2004, S. 559–564.

Kessler, Wolfgang: § 1 Rahmenbedingungen der Konzernbesteuerung, in: Kessler/Kröner/Köhler (Hrsg.), Konzernsteuerrecht, 2. Auflage, München 2008, S. 1–18.

Kessler, Wolfgang / Kröner, Michael / Köhler, Stefan (Hrsg.): Konzernsteuerrecht, 2. Auflage, München 2008.

Kirchhof, Paul: Der Verfassungsrechtliche Auftrag zur Besteuerung nach der finanziellen Leistungsfähigkeit, in: Steuer und Wirtschaft (StuW) 1985, S. 319–329.

Kirchhof , Paul: Die verfassungsrechtliche Rechtfertigung der Steuern, in: Steuern im Verfassungsstaat – Symposium zu Ehren von Klaus Vogel, München 1996, S. 27–53.

Kirchhof, Paul: Verfassungsrechtliche und steuersystematische Grundlagen der Einkommensbesteuerung, in: Besteuerung von Einkommen, DStJG 24,Köln 2001, S. 9–28.

Kirchhof, Paul: Der Grundrechtsschutz des Steuerpflichtigen, in: Archiv des öffentlichen Rechts (AöR), Band 128, 2003, S. 1–51.

Kirchhof, Paul: Die freiheitsrechtliche Struktur der Steuerrechtsordnung, in: Steuer und Wirtschaft (StuW) 2006, S. 3–21.

Kirchhof, Paul: § 118, in: Isensee/Kirchhof (Hrsg.), Handbuch des Staatsrechts Band 5, Grundlagen von Staat und Verfassung, 3. Auflage, Heidelberg 2007, S. 959–1099.

Kirchhof, Paul: Leistungsfähigkeit und Erwerbseinkommen: zur Rechtfertigung und gerechtfertigten Anwendung des Einkommensteuergesetzes, in: Gestaltung der Steuerrechtsordnung – Festschrift für Joachim Lang zum 70. Geburtstag, Köln 2011, S. 451–476.

Kirchhof, Paul: Bundessteuergesetzbuch, Ein Reformentwurf zur Erneuerung des Steuerrechts, Heidelberg / u. a. 2011.

Kirchhof, Paul: Warum eine grundlegende Steuerreform verfassungsrechtlich geboten und politisch notwendig ist, in: Finanz-Rundschau (FR) 2012, S. 701–707.

Kirchhof, Paul (Hrsg.): Einkommensteuergesetz, 12. Auflage, Heidelberg / München 2013.

Kirchhof, Paul: § 2 EStG, in: Kirchhof (Hrsg.), Einkommensteuergesetz, 12. Auflage, Heidelberg / München 2013, S. 37–71.

Kirchhof, Paul (Hrsg.): EStG, 13. Auflage, Köln 2014.

Klawonn, Markus: Die Eigentumsgewährleistung als Grenze der Besteuerung, Berlin 2007.

Klein, Franz (Begründer): Abgabenordnung Kommentar, 12. Auflage, München 2014.

Knobbe-Keuk, Brigitte: Bilanz- und Unternehmenssteuerrecht, 9. Auflage, Köln 1993.

Koenig, Ulrich (Hrsg.): Abgabenordnung, 3. Auflage, München 2014.

Koenig, Ulrich: § 42 AO, in: Koenig (Hrsg.), Abgabenordnung, 3. Auflage, München 2014, S. 328–355.

Kokott, Juliane / Ost, Hartmut: Europäische Grundfreiheiten und nationales Steuerrecht, in: Europäische Zeitschrift für Wirtschaftsrecht (EuZW) 2011, S. 496–503.

Koller, Ingo / Roth, Wulf-Henning / Morck, Winfried (Hrsg.): HGB Kommentar, 7. Auflage, München 2011.

Korth, Hans Michael: Nutzung und Ausgleich von Verlusten der GmbH durch ihre Gesellschafter, in: Aktuelles Steuerrecht (AktStR) 2004, S. 95–97.

Kruse, Heinrich Wilhelm: Über die Gleichmäßigkeit der Besteuerung, in: Steuer und Wirtschaft (StuW) 1990, S. 322–330.

Kube, Hanno: Entwürfe für ein neues Einkommensteuergesetz, in: Betriebs-Berater (BB) 2005, S. 743–749.

Kube, Hanno: Die intertemporale Verlustverrechnung – Verfassungsrechtlicher Rahmen und legislativer Gestaltungsraum, in: Deutsches Steuerrecht (DStR) 2011, S. 1781–1792.

Kube, Hanno (Hrsg.): Leitgedanken des Rechts Band II, Festschrift zum 70. Geburtstag für Paul Kirchhof, München / Heidelberg 2013.

Kümpel, Thomas: B.I.3.5 Langfristige Auftragsfertigung, in: Brönner/Bareis/Hahn/Maurer/Schramm (Hrsg.), Die Bilanz nach Handels- und Steuerrecht, 10. Auflage, Stuttgart 2011, S. 596–614.

Kühn, Rolf / von Wedelstädt, Alexander (Hrsg.): Abgabenordnung und Finanzgerichtsordnung, 20. Auflage, Stuttgart 2011.

Lambrecht, Claus: § 7 KStG, in: Gosch (Hrsg.), Körperschaftsteuergesetz, 2. Auflage, München 2009, S. 303–318.

Lang, Joachim: Die Bemessungsgrundlage der Einkommensteuer, Köln 1988.

Lang, Joachim: Reform der Unternehmensbesteuerung auf dem Weg zum europäischen Binnenmarkt und zur deutschen Einheit, in: Steuer und Wirtschaft (StuW) 1990, S. 107–129.

Lang, Joachim: Entwurf eines Steuergesetzbuches, Bonn 1993.

Lang, Joachim: Vom Steuerchaos zu einem Steuersystem rechtlicher und wirtschaftlicher Vernunft, in: Baron/Handschuch (Hrsg.), Wege aus dem Steuerchaos, Stuttgart 1996, S. 117–164.

Lang, Joachim / Englisch, Joachim: Zur Verfassungswidrigkeit der neuen Mindestbesteuerung, in: Steuer und Wirtschaft (StuW) 2005, S. 3–24.

Lang, Joachim: § 3 Finanzverfassungsrechtliche Grundlagen der Steuerrechtsordnung in: Tipke/Lang, Steuerrecht, 20. Auflage, Köln 2010, S. 45–68.

Lang, Joachim: § 4 Rechtsstaatliche Ordnung des Steuerrecht in: Tipke/Lang, Steuerrecht, 20. Auflage, Köln 2010, S. 69–137.

Lang, Joachim; u. a.: Kölner Entwurf eines Einkommensteuergesetzes, Köln 2005.

Lang, Joachim: Der Stellenwert des objektiven Nettoprinzips im deutschen Einkommensteuerrecht, in: Steuer und Wirtschaft (StuW) 2007, S. 3–15.

Langenbucher, Katja: § 292 AktG, in: Schmidt/Lutter (Hrsg.), AktG, Band 2, 2. Auflage, Köln 2010, S. 3134–3147.

Larenz, Karl: Richtiges Recht: Grundzüge einer Rechtsethik, München 1979.

Laule, Gerhard: Steuerplanung in Verlustjahren, in: Deutsche Steuer-Zeitung (DStZ) 1983, S. 311–319.

Lehner, Moris: Anmerkung zu BVerfG Urteil v. 6.3.2002 2 BvL 17/99, in: Juristen-Zeitung (JZ) 2002, S. 772–774.

Lehner, Moris (Hrsg.): Verluste im nationalen und internationalen Steuerrecht, Münchener Schriften zum Internationalen Steuerrecht (MSIStR) Bd. 24, München 2004.

Lehner, Moris: Verfassungsrechtliche Vorgaben für die Verlustberücksichtigung, in: Lehner (Hrsg.), Verluste im nationalen und internationalen Steuerrecht, Münchener Schriften zum Internationalen Steuerrecht (MSIStR) Bd. 24, München 2004, S. 1–22.

Lindauer, Jürgen: Anmerkungen zur Mindestbesteuerung 2004, in: Betriebs-Berater (BB) 2004, S. 2720–2726.

Loose, Falk / Maier, Anette: § 17 Krisenfinanzierung und Sanierung, in: Lüdicke/Sistermann (Hrsg.), Unternehmenssteuerrecht, 1. Auflage, München 2008, S. 781–832.

Lüdicke, Jürgen / Rieger, Norbert (Hrsg.): Unternehmenssteuerrecht, München 2004.

Lüdicke, Jürgen /Sistermann, Christian (Hrsg.): Unternehmenssteuerrecht, 1. Auflage, München 2008.

Lüdicke, Jürgen: Der Verlust im Steuerrecht, in: Deutsche Steuer-Zeitung (DStZ) 2010, S. 434–440.

Melchior, Jürgen: Kapitel 1 Teil E Steuerschuldrecht, in: Ax/Große/Melchior/ Lotz/Ziegler (Hrsg.), Abgabenordnung und Finanzgerichtsordnung, 20. Auflage, Stuttgart 2010, S. 106–142.

Mellinghoff, Rudolf / Morgenthaler, Gerd / Puhl, Thomas (Hrsg.): Die Erneuerung des Verfassungsstaates, Symposium aus Anlass des 60. Geburtstages von Prof. Dr. Paul Kirchhof, Heidelberg 2004.

Mellinghoff, Rudolf: Steuerverfassungsrecht im Gespräch, in: Finanz-Rundschau (FR) 2012, S. 989–993.

Mellinghoff, Rudolf: § 34 EStG, in: Kirchhof (Hrsg.), Einkommensteuergesetz, 12. Auflage, Heidelberg / München 2013, S. 1676–1762.

Melzer, Karsten: Teil III.3, in: Grobshäuser/Preißer (Hrsg.), Die Besteuerung der GmbH, 3. Auflage, Stuttgart 2013, S. 388–395.

Mirth, Jochen: Bundesverfassungsgericht und interperiodische Verlustberücksichtigung, Berlin 2005.

Mitschke, Joachim: Lebenseinkommensbesteuerung durch interperiodischen Progressionsausgleich, in: Steuer und Wirtschaft (StuW) 1980, S. 122–134.

Mitschke, Joachim: Textentwurf einer EStG-Änderung zur Lebenseinkommensbesteuerung durch interperiodischen Progressionsausgleich, in: Steuer und Wirtschaft (StuW) 1980, S. 252–267.

Mitschke, Joachim: Lebenseinkommensbesteuerung durch interperiodischen Progressionsausgleich, in: Steuer und Wirtschaft (StuW) 1981, S. 255–260.

Mitschke, Joachim: Erneuerung des deutschen Einkommensteuerrechts, Köln 2004.

Mitschke, Joachim: Eine Lanze für die nachgelagerte Gewinnbesteuerung, in: Finanz-Rundschau (FR) 2008, S. 249–256.

Mittelbach, Rolf: Nochmals: Bilanzidentität und Abschnittsbesteuerung, in: Deutsches Steuerrecht (DStR) 1962/63, S. 262–268.

Möhlenbrock, Rolf: Perspektiven der Verlustnutzung bei Körperschaften und deren Anteilseignern, in: Die Unternehmensbesteuerung (Ubg.) 2010, S. 256–265.

Morck, Winfried: § 249 HGB, in: Koller/Roth/Morck (Hrsg.), HGB Kommentar, 7. Auflage, München 2011, S. 522–532.

Mörsdorf, Oliver: Was von Daily Mail übrig blieb – Die Wegzugbesteuerung von EU-Gesellschaften nach dem EuGH-Urteil National Grid Indus, in: Europäische Zeitschrift für Wirtschaftsrecht (EuZW) 2012, S. 296–302.

Mössner, Jörg Manfred: Prinzipien im Steuerrecht, in: Gestaltung der Steuerrechtsordnung – Festschrift für Joachim Lang zum 70. Geburtstag, Köln 2011, S. 83–99.

Müller, Michael A.: Double-Dip-Modelle bei deutschen Personengesellschaften, in: internationales Steuerrecht (iStR) 2005, S. 181–187.

Musil, Andreas: § 2 EStG, in: Herrmann/Heuer/Raupach (Hrsg.), Einkommensteuer- und Körperschaftsteuergesetz Kommentar, Stand 252. Nachlieferung, Juli 2012, Köln.

Offerhaus, Klaus: Die Steuerreform – eine Herausforderung an den Rechtsstaat, in: Deutsche Steuer-Zeitung (DStZ) 2000, S. 9–14.

Ohmer, Michael: Die Grundlagen der Einkommensteuer, Frankfurt am Main 1997.

Orth, Manfred: § 11 Verlustverwertungsstrategien, in: Kessler/Kröner/Köhler (Hrsg.), Konzernsteuerrecht, 2. Auflage, München 2008, S. 967–1089.

Orth, Manfred: Verbesserte Verlustverrechnungsmöglichkeiten, in: Die Unternehmensbesteuerung (Ubg.) 2010, S. 169–178.

Ott, Hans: Verlustnutzung durch Verschmelzung von Verlust- und Gewinnkapitalgesellschaften, in: Die Steuerberatung (Stbg) 2014, S. 250–256.

Peichl, Andreas, u. a.: Bundestagswahlkampf 2013: Klientelpolitik durch Steuerreform?, in: Perspektiven der Wirtschaftspolitik (PWP) 2014, S. 182–194.

Pechman, Joseph: A Practical Averaging Proposal, in: National Tax Journal, Sep. 1, 1954, S. 261–263.

Petersen, Hans-Georg: Konsumorientierte Besteuerung als Ansatz effizienter Besteuerung, in: Steuer und Wirtschaft (StuW) 2006, S. 266–277.

Pfeifer, Wolfgang: Etymologisches Wörterbuch des Deutschen, München 1997.

Pönicke, Astrid: Keine verfassungsrechtlichen Bedenken gegen Beschränkung des Verlustvortrags nach § 10 d Abs 2 i.V.m. § 2 Abs. 3 EStG – BB-Kurzkommentar, in: Betriebs-Berater (BB) 2005, S. 1549–1551.

Prinz, Ulrich: Verluste und Finanzierung: Ausgewählte verlustnutzende Finanzierungsgestaltungen, in: GmbH-Rundschau (GmbHR) 2004, S. 921–928.

Ratschow, Eckart: § 42 AO, in: Klein (Hrsg.), Abgabenordnung Kommentar, 12. Auflage, München 2014, S. 237–269.

Raupach, Arndt: Mindestbesteuerung im Einkommen- und Körperschaftsteuerrecht, in: Lehner (Hrsg.), Verluste im nationalen und internationalen Steuerrecht, Münchener Schriften zum Internationalen Steuerrecht (MSIStR) Bd. 24, München 2004, S. 53–61.

Reiß, Wolfram: § 15 EStG, in: Kirchhof (Hrsg.), EStG, 13. Auflage, Köln 2014, S. 954–1136.

Reiß, Wolfram: § 34a EStG, in: Kirchhof (Hrsg.), EStG, 14. Auflage, Köln 2015, S. 1914–1966.

Rennings, Peter: Einschränkungen der Verlustverrechnungen, in: Finanz-Rundschau (FR) 2011, S. 741–745.

Reuters: Agenturmeldung: Kirchhof kündigt Zehn-Minuten-Steuererklärung an – Eichel wirft ihm Unkenntnis vor – Streit um Steuervereinfachung, in: Die Sparkassen Zeitung, 19.08.2005, Nr. 33, S. 1.

Rittstieg, Helmut: Art. 14 GG, in: Wassermann (Hrsg.), Kommentar zum Grundgesetz für die Bundesrepublik Deutschland, Band 1, 2. Auflage, Neuwied 1989, S. 1046–1145.

Röder, Erik: Zur Verfassungswidrigkeit der Mindestbesteuerung (§ 10 Abs. 2 EStG) und der Beschränkung des Verlustabzugs nach 8c KStG, in: Steuer und Wirtschaft (StuW) 2012, S. 18–32.

Rose, Gerd: Unternehmenssteuerrecht, 2. Auflage, Berlin 2004.

Rose, Gerd: Internationales Steuerrecht, 6. Auflage, Berlin 2004.

Rose, Gerd: Steuerlastmindernde Vorzüge von Parallel-Unternehmungen im Mittelstand, in: Der Betrieb (DB) 2004, S. 999–1001.

Rose, Manfred: Argumente für ein konsumbasiertes Einkommensteuersystem ohne Subventionselemente und die Schutzverzinsung (das Existenzminimum) des Kapitals, in: Baron/Handschuch (Hrsg.), Wege aus dem Steuerchaos, Stuttgart 1996, S. 65–88.

Rose, Manfred: Die Einfachsteuer auf einen Blick, http://www.einfachsteuer.de/userfiles/files/42_Die%20Einfachsteuer%20auf%20einen%20Blick%2015-09-2010.pdf (zuletzt abgerufen am 07.03.2015).

Rose, Manfred: Forschungsbericht zu einer grundlegenden Reform der Einkommens- und Gewinnbesteuerung in Deutschland, III. Teil, 2011, http://www.einfachsteuer.de/userfiles/files/121_Forschungsbericht%20Teil%20III%2001-01-2011.pdf (zuletzt abgerufen am 07.03.2015).

Rössler, R.: Zur Frage des Progressionsausgleichs, in: Finanz-Rundschau (FR) 1966, S. 154–156.

Ruppe, Hans-Georg: Einführung Einkommensteuerrecht, in: Herrmann/Heuer/Raupach (Hrsg.), Einkommensteuer- und Körperschaftsteuergesetz Kommentar, Stand 162. Nachlieferung Februar 1990, Köln.

Schenk, Dieter: § 292 AktG, in: Bürgers/Körber (Hrsg.), Aktiengesetz, 3. Auflage, Heidelberg 2014, S. 2129–2138.

Schießl, Martin: § 12 Unternehmensverträge, in: Lüdicke/Rieger (Hrsg.), Unternehmenssteuerrecht, 1. Auflage, München 2004, S. 556–598.

Schießl, Martin: § 4 Sonderformen der Unternehmensgründung, in: Lüdicke/Sistermann (Hrsg.), Unternehmenssteuerrecht, 1. Auflage, München 2008, S. 99–129.

Schmidt (Hrsg.): Einkommensteuergesetz, 32. Auflage, München 2013.

Schmidt, Ludwig (Begründer): Einkommensteuergesetz, 33. Auflage, München 2014.

Schmidt, Karsten / Lutter, Marcus (Hrsg.): AktG, Band 2, 2. Auflage, Köln 2010.

Schmidt, Karsten: Handelsrecht Unternehmensrecht I, 6. Auflage, Köln 2014.

Schmidt-Aßmann, Eberhard: § 24, in: Isensee/Kirchhof (Hrsg.), Handbuch des Staatsrechts Band 1, Grundlagen von Staat und Verfassung, 2. Auflage, Heidelberg 1995, S. 987–1043.

Schnitger, Arne / Fehrenbacher, Oliver (Hrsg.): Körperschaftsteuergesetz, 1. Auflage, Wiesbaden 2012.

Schön, Wolfgang: Steuergesetzgebung zwischen Markt und Grundgesetz, in: Die Erneuerung des Verfassungsstaates, Symposium aus Anlass des 60. Geburtstages von Prof. Dr. Paul Kirchhof, Heidelberg 2003, S. 143–181.

Schulte, Wilfried: § 7 KStG, in: Erle/Sauter (Hrsg.), Körperschaftsteuergesetz, 2. Auflage, Heidelberg 2006, S. 204–217.

Seer, Roman: BB-Forum: Einkommensteuerreform – Flat Tax oder Dual Income Tax?, in: Betriebs-Berater (BB) 2004, S. 2272–2278.

Seer, Roman (Hrsg.): Gestaltung der Steuerrechtsordnung – Festschrift für Joachim Lang zum 70. Geburtstag, Köln 2011.

Seiler, Christian: § 11 EStG, in: Kirchhof (Hrsg.), Einkommensteuergesetz, 12. Auflage, Heidelberg / München 2013, S. 815–832.

Selder, Johannes: §§ 5, 7 GewStG, in: Glanegger/Güroff (Hrsg.), Gewerbesteuergesetz, 8. Auflage, München 2014, S. 423–435 und S. 438–524.

Siegel, Theodor: Zur Konstruktion eines verfassungsgemäßen § 34 EStG, in: Deutsches Steuerrecht (DStR) 2007, S. 978–982.

Sodan, Helge: Grundgesetz: GG, 1. Auflage, München 2009.

Stadie, Holger: Allgemeines Steuerrecht, Köln 2003.

Stein, Ekkehart / Frank, Götz: Staatsrecht, 21. Auflage, Tübingen 2010.

Stenz, Oliver: § 15b EStG – Verlustverrechnungsbeschränkungen bei Steuerstundungsmodellen, Aachen 2010.

Stern, Klaus: Das Staatsrecht der Bundesrepublik Deutschland Band 1, 2. Auflage, München 1984.

Stiller, Wojciech: Steuerplanung bei Verlusten einer ausländischen EU-Betriebsstätte unter besonderer Berücksichtigung der Gewerbesteuer, in: Betriebswirtschaftliche Praxis und Forschung (BFuP) 65, 2013, S. 409–425.

Strunz, Willi: Sale-and-lease-back, Deutsches Steuerrecht (DStR) 1984, S. 102–102.

Thiel, Jochen / Lüdtke-Handjery, Alexander: Bilanzrecht, 5. Auflage, Heidelberg 2005.

Tiedchen, Susanne: § 5 EStG, in: Herrmann/Heuer/Raupach (Hrsg.), Einkommensteuer- und Körperschaftsteuergesetz Kommentar, Stand 244. Nachlieferung Dezember 2010, Köln.

Tipke, Klaus: Steuerrecht – Chaos, Konglomerat oder System, in: Steuer und Wirtschaft (StuW) 1971, S. 1–17.

Tipke, Klaus: Die Steuerrechtsordnung Band 1, 1. Auflage, Köln 1993.

Tipke, Klaus: Der Karlsruher Entwurf zur Reform der Einkommensteuer, in: Steuer und Wirtschaft (StuW) 2002, S. 148–175.

Tipke, Klaus: Die Steuerrechtsordnung Band 1, 2. Auflage, Köln 2000.

Tipke, Klaus: Die Steuerrechtsordnung Band 2, 2. Auflage, Köln 2003.

Tipke, Klaus: Steuergerechtigkeit unter besonderer Berücksichtigung des Folgerichtigkeitsgebots, in: Steuer und Wirtschaft (StuW) 2007, S. 201–220.

Tipke, Klaus: Verteidigung des Nettoprinzips, in: Der Betrieb (DB) 2008, S. 263–265.

Tipke, Klaus / Lang, Joachim (Hrsg.): Steuerrecht, 20. Auflage, Köln 2010.

Tipke, Klaus / Lang, Joachim (Hrsg.): Steuerrecht, 21. Auflage, Köln 2013.

Vickrey, William: Averaging of Income for Income-Tax Purposes, in: Journal of Political Economy Vol. 47, 1939, S. 379–397.

von Groll, Rüdiger: § 10 d im System des Einkommensteuerrechts, in: Steuerrecht und Gesellschaftsrecht als Gestaltungsaufgabe, Freundesgabe für Franz Josef Haas, Herne 1996, S. 149–169.

von Mangoldt, Hermann (Begründer) / Klein, Friedrich (fortgeführt) / Starck, Christian (Hrsg.): Kommentar zum Grundgesetz Band 1, 6. Auflage, München 2010-

Wacker, Roland: § 34 EStG, in: Schmidt (Hrsg.), Einkommensteuergesetz, 32. Auflage, München 2013, S. 1945–1958.

Wacker, Roland: § 15a EStG, in: Schmidt (Hrsg.), Einkommensteuergesetz, 33. Auflage, München 2014, S. 1241–1282.

Waldhoff, Christian / Vogel, Klaus: Grundlagen des Finanzverfassungsrechts, Heidelberg 1999.

Waldhoff, Christian: § 116, in: Isensee/Kirchhof (Hrsg.), Handbuch des Staatsrechts Band 5, Grundlagen von Staat und Verfassung, 3. Auflage, Heidelberg 2007.

Waldner, Wolfgang: Bilanzidentität und Abschnittsbesteuerung, in: Deutsches Steuerrecht (DStR), 1962/63, S. 229–234.

Walter, Wolfgang: Die Gewinngemeinschaft – ein verkanntes Gestaltungsmittel des Steuerrechts, in: Betriebs-Berater (BB) 1995, S. 1876–1880.

Wassermann, Rudolf (Hrsg.): Kommentar zum Grundgesetz für die Bundesrepublik Deutschland, Band 1, 2. Auflage, Neuwied 1989.

Weber-Grellet, Heinrich: Steuern im modernen Verfassungsstaat, Köln 2001.

Weber-Grellet, Heinrich: Karlsruher Entwurf – ein Weg in die steuerstaatliche Vergangenheit, in: Zeitschrift für Rechtspolitik (ZRP) 2003, S. 279–285.

Weber-Grellet, Heinrich: § 20 EStG, in: Schmidt (Hrsg.), Einkommensteuergesetz, 33. Auflage, München 2014, S. 1615–1674.

Wendt, Michael: Besteuerung und Eigentum, in: Neue Juristische Wochenschrift (NJW) 1980, S. 2111–2118.

Wieland, Joachim: Freiheitsrechtliche Vorgaben für die Besteuerung von Einkommen, in: Besteuerung von Einkommen, DStJG 24, 2001, S. 29–47.

Wieland, Joachim: Art. 14 GG, in: Dreier (Hrsg.), Grundgesetzkommentar Band 1, 3. Auflage, Tübingen 2013, S. 1392–1499.

Wissenschaftlicher Beirat Steuern von Ernst & Young: Notwendige Reform der Verlustverrechnung, in: Der Betrieb (DB) 2012, S. 1704–1711.

Zacher, Hans F.: § 25, in: Isensee/Kirchhof (Hrsg.), Handbuch des Staatsrechts Band 1, Grundlagen von Staat und Verfassung, 2. Auflage, Heidelberg 1995, S. 1045–1111.

Zenthöfer, Wolfgang: Einkommensteuer, 11. Auflage, Stuttgart 2013.

Zwirner, Christian, / Busch, Julia / Reuter, Michael: Abbildung und Bedeutung von Verlusten im Jahresabschluss – Empirische Ergebnisse zur Wesentlichkeit von Verlustvorträgen in deutschen Konzernabschlüssen, in: Deutsches Steuerrecht (DStR) 2003, S. 1042–1049.

Rechtsprechungsübersicht

Bundesverfassungsgericht

BVerfG Beschl. v. 22.07.1991 – 1 BvR 313/88, DStR 1991, S. 1278.

BVerfG Urt. v. 20.07.1954 – 1 BvR 459, 484, 548, 555, 623, 651, 748, 783, 801/52, 5, 9/53, 96, 114/54, BVerfGE 4, S. 7.

BVerfG Urt. v. 24.06.1958 – 2 BvF 1/57, BVerfGE 8, S. 51.

BVerfG Urt. v. 29.07.1959 – 1 BvR 394/58, BVerfGE 10, S. 89.

BVerfG Urt. v. 24.07.1962 – 2 BvL 15, 16/61, BVerfGE 14, S. 221.

BVerfG Beschl. v. 24.09.1965 – 1 BvR 228/65, BVerfGE 19, S. 119.

BVerfG Beschl. v. 07.05.1968 – 1 BvR 420/64, BVerfGE 23, S. 242.

BVerfG Beschl. v. 26.02.1969- 2 BvL 15, 23/68, BVerfGE 25, S. 269.

BVerfG Beschl. v. 15.12.1970 – 1 BvR 559, 571, 586/70, BVerfGE 29, S. 402.

BVerfG Beschl. v. 01.04.1971 – 1 BvL 22/67, BVerfGE 31, S. 8.

BVerfG Beschl. v. 08.05.1973 – 2 BvL 5,6,7,13/72, BVerfGE 35, S. 41.

BVerfG Beschl. v. 05.03.1974 – 1 BvL 27/72, BVerfGE 37, S. 1.

BVerfG Beschl. v. 18.06.1975 – 1 BvL 4/74, BVerfGE 40, S. 121.

BVerfG Beschl. v. 24.05.1977 – 2 BvR 988/75, BVerfGE 44, S. 353.

BVerfG Beschl. v. 29.05.1990 – 1 BvL 20, 26, 184, 4/86, BVerfGE 82, S. 60.

BVerfG Urt. v. 27.06.1991 – 2 BvR 1493/89, BVerfGE 84, S. 239.

BVerfG Beschl. v. 25.09.1992 – 2 BvL 5, 8, 14/91, BVerfGE 87, S. 153.

BVerfG Beschl. v. 22.06.1995 – 2 BvL 37/91, BVerfGE 93, S. 121.

BVerfG Urt. v. 08.04.1997 – 1 BvR 48/94, BVerfGE 95, S. 267.

BVerfG Beschl. v. 10.04.1997 – 2 BvL 77/92, BVerfGE 96, S. 1.

BVerfG Beschl. v. 11.11.1998 – 2 BvL 10/95, BVerfGE 99, S. 280.

BVerfG Beschl. v. 05.02.2002 – 2 BvR 305, 348/93, BVerfGE 105, S. 17.

BVerfG Urt. v. 06.03.2002 – 2 BvL 17/99, BVerfGE 105, S. 73.

BVerfG Beschl. v. 18.01.2006 – 2 BvR 2194/99, BVerfGE 115, S. 97.

BVerfG Beschl. v. 21.06.2006 – 2 BvL 2/99, BVerfGE 116, S. 164.

BVerfG Beschl. v. 07.11.2006 – 1 BvL 10/02, BVerfGE 117, S. 1.

BVerfG Urt. v. 09.12.2008 – 2 BvL 1, 2/07, 1, 2/08, BVerfGE 122, S. 210.

BVerfG Beschl. v. 12.05.2009 – 2 BvL 1/00, BVerfGE 123, S. 111.

BVerfG Beschl. v. 24.03.2010 – 1 BvR 2130/09, NJW 2010, S. 2116.

Bundesverwaltungsgericht
BVerwG Urt. v. 12.02.1998 – BVerwG 3 C 55.96, BVerwGE 106, S. 177.

Bundesfinanzhof
BFH Urt. v. 06.12.1955 – I 155/54, BFHE 62, S. 259.
BFH Urt. v. 08.12.1965 – II 148/62 U, BStBl. III 1966, S. 148.
BFH Urt. v. 17.07.1970 – VI R 66/67, BStBl. II 1970, S. 683.
BFH Urt. v. 21.11.1980 – VI R 179/78, BStBl. II 1981, S. 214.
BFH Urt. v. 09.12.1980 – VIII R 11/77, BStBl. II 1981, S. 339.
BFH Beschl. v. 29.11.1982 – GrS 1/81, BStBl. II 1983, S. 272.
BFH Urt. v. 13.12.1983 – VIII R 64/83, BStBl. II 1984, S. 426.
BFH Urt. v. 13.12.1983 – VIII R 173/83, BStBl. II 1984, S. 428.
BFH Urt. v. 24.07.1986 – IV R 309/84, BStBl II 1987, S. 16.
BFH Urt. v. 06.03.1990 – II R 88/87, BStBl. II 1990, S. 446.
BFH Urt. v. 17.01.1991 – IV R 132/85, BStBl. II 1991, S. 607.
BFH Urt. v. 17.02.1993 – I R 119/91, BFH/NV 1993, S. 593.
BFH Urt. v. 19.04.1994 – IX R 19/90, BStBl. II 1994, S. 640.
BFH Urt. v. 23.10.1996 – I R 55/95, BStBl. 1998, S. 90.
BFH Urt. v. 07.07.1998 – VIII R 10/96, BStBl. II 1999, S. 729.
BFH Urt. v. 19.08.1999 – I R 77/96, BStBl. II 2001, S. 43.
BFH Urt. v. 01.02.2001 – IV R 3/00, BStBl. II 2001, S. 520.
BFH Urt. v. 17.10.2001 – I R 97/00, BFHE 197, S. 63.
BFH Beschl. v. 06.11.2002 – X B 30/02, *juris.*
BFH Beschl. v. 09.12.2002 – X B 28/02, *juris.*
BFH Beschl. v. 06.03.2003 – XI B 76/02, BStBl. II 2003, S. 523.
BFH Beschl. v. 22.10.2003 – I ER-S-1/03 (XI R 54/99), BStBl. II 2004, S. 414.
BFH Urt. v. 18.03.2004 – III R 25/02, BStBl. II 2004, S. 787.
BFH Beschl. v. 28.07.2004 – XI R 54/99, BStBl. II 2005, S. 262.
BFH Beschl. v. 17.02.2005 – XI B 138/03, *juris.*
BFH Beschl. v. 27.01.2006 – VIII B 179/05, *juris.*
BFH Urt. v. 14.12.2006 – IV R 57/05, BStBl. II 2007, S. 180.
BFH, Urt. v. 24.01.2008 – IV R 87/06, BStBl. II 2008, S. 428.
BFH Urt. v. 09.06.2010 – I R 107/09, BFHE 230, S. 35.
BFH Urt. v. 09.06.2010 – I R 100/09, BStBl. II 2010, S. 1065.
BFH Beschl. v. 26.08.2010 – I B 49/10, BStBl. II 2011, S. 826.

BFH Urt. v. 07.12.2010 – IX R 40/09, BStBl. II 2011, S. 427.
BFH Urt. v. 12.07.2012 – I R 23/11, BFHE 238, S. 344.
BFH Urt. v. 22. 08. 2012 – I R 9/11, BStBl. II 2013, S. 512.
BFH Urt. v. 20.09.2012 – IV R 36/10, BStBl. II 2013, S. 498.
BFH, Beschl. v. 26.02.2014 – I R 59/12, *juris*.

Finanzgerichte
FG Baden Württemberg Urt. v. 05.12.2002, 3 K 147/00, EFG 2003, S. 672.

Reichsfinanzhof
RFH Urt. v. 09.05.1934 – VI A 833/33, RStBl. 1934, S. 658.

Europäischer Gerichtshof
EuGH Urt. v. 13.12.2005 (Marks & Spencer), EuGHE 2005, S. I-10837.